中国智能城市建设与推进战略研究丛书
Strategic Research on Construction and
Promotion of China's iCity

国家出版基金项目
NATIONAL PUBLICATION FOUNDATION

中国智能城市
信息环境建设与
大数据
战略研究

中国智能城市建设与推进战略研究项目组 编

ZHEJIANG UNIVERSITY PRESS
浙江大学出版社

图书在版编目（CIP）数据

中国智能城市信息环境建设与大数据战略研究 ／ 中国智能城市建设与推进战略研究项目组编. — 杭州 ： 浙江大学出版社，2016.4

（中国智能城市建设与推进战略研究丛书）

ISBN 978-7-308-15801-5

Ⅰ. ①中… Ⅱ. ①中… Ⅲ. ①现代化城市－信息环境－研究－中国 Ⅳ. ①G201

中国版本图书馆CIP数据核字(2016)第089998号

中国智能城市信息环境建设与大数据战略研究

中国智能城市建设与推进战略研究项目组　编

出 品 人　鲁东明

策　　划　徐有智　许佳颖

责任编辑　许佳颖　金佩雯

责任校对　杨利军　刘　郡

装帧设计　俞亚彤

出版发行　浙江大学出版社

　　　　　（杭州市天目山路148号　　邮政编码　310007）

　　　　　（网址：http://www.zjupress.com）

排　　版　杭州林智广告有限公司

印　　刷　浙江印刷集团有限公司

开　　本　710mm×1000mm　1/16

印　　张　24

字　　数　418千

版 印 次　2016年4月第1版　2016年4月第1次印刷

书　　号　ISBN 978-7-308-15801-5

定　　价　98.00元

"中国智能城市信息环境建设与大数据战略研究"课题组成员

课题组组长

李国杰	中国科学院计算技术研究所	院　士

课题组成员

郑南宁	西安交通大学	院　士
洪学海	中国科学院计算技术研究所	研究员
徐志伟	中国科学院计算技术研究所	研究员
孙茂松	清华大学	教　授
曲　桦	西安交通大学	教　授
李晓明	北京大学	教　授
王　珊	中国人民大学	教　授
安小米	中国人民大学	教　授
季统凯	中国科学院（东莞）云计算育成中心	研究员
赵季红	西安交通大学	教　授
李翠平	中国人民大学	教　授
史忠植	中国科学院计算技术研究所	研究员
陶　品	清华大学	副教授
范灵俊	中国科学院计算技术研究所	博　士
赵衎衎	中国人民大学	博士生
曾　琛	中国科学院（东莞）云计算育成中心	工程师

序

　　"中国智能城市建设与推进战略研究丛书"，是由 47 位院士和 180 多名专家经过两年多的深入调研、研究与分析，在中国工程院重大咨询研究项目"中国智能城市建设与推进战略研究"的基础上，将研究成果汇总整理后出版的。这套系列丛书共分 14 册，其中综合卷 1 册，分卷 13 册，由浙江大学出版社陆续出版。综合卷主要围绕我国未来城市智能化发展中，如何开展具有中国特色的智能城市建设与推进，进行了比较系统的论述；分卷主要从城市经济、科技、文化、教育与管理，城市空间组织模式、智能交通与物流，智能电网与能源网，智能制造与设计，知识中心与信息处理，智能信息网络，智能建筑与家居，智能医疗卫生，城市安全，城市环境，智能商务与金融，智能城市时空信息基础设施，智能城市评价指标体系等方面，对智能城市建设与推进工作进行了论述。

　　作为"中国智能城市建设与推进战略研究"项目组的顾问，我参加过多次项目组的研究会议，也提出一些"管见"。总体来看，我认为在项目组组长潘云鹤院士的领导下，"中国智能城市建设与推进战略研究"取得了重大的进展，其具体成果主要有以下几个方面。

　　20 世纪 90 年代，世界信息化时代开启，城市也逐渐从传统的二元空间向三元空间发展。这里所说的第一元空间是指物理空间（P），由城市所处物理环境和城市物质组成；第二元空间指人类社会空间（H），即人类决策与社会交往空间；第三元空间指赛博空间（C），即计算机和互联网组成的"网络信息"空间。城市智能化是世界各国城市发展的大势所趋，只是各国城市发展阶段不同、内容不同而已。目前国内外提出的"智慧城市"建设，主要集中于第三元空间的营造，而我国城市智能化应该是"三元空间"彼此协调，使规划与产业、生活与社交、社会公共服务三者彼此交融、相互促进，应该是超越现有电子政务、数字城市、网络城市和智慧城市建设的理念。

新技术革命将促进城市智能化时代的到来。关于新技术革命，当今世界有"第二经济""第三次工业革命""工业 4.0""第五次产业革命"等论述。而落实到城市，新技术革命的特征是：使新一代传感器技术、互联网技术、大数据技术和工程技术知识融入城市的各系统，形成城市建设、城市经济、城市管理和公共服务的升级发展，由此迎来城市智能化发展的新时代。如果将中国的城镇化（城市化）与新技术革命有机联系在一起，不仅可以促进中国城市智能化进程的良性健康发展，还能促使更多新技术的诞生。中国无疑应积极参与这一进程，并对世界经济和科技的发展作出更巨大的贡献。

用"智能城市"（Intelligent City，iCity）来替代"智慧城市"（Smart City）的表述，是经过项目组反复推敲和考虑的。其原因是：首先，西方发达国家已完成城镇化、工业化和农业现代化，他们所指的智慧城市的主要任务局限于政府管理与服务的智能化，而且其城市管理者的行政职能与我国市长的相比要狭窄得多；其次，我国正处于工业化、信息化、城镇化和农业现代化"四化"同步发展阶段，遇到的困惑与问题在质和量上都有其独特性，所以中国城市智能化发展路径必然与欧美有所不同，仅从发达国家的角度解读智慧城市，将这一概念搬到中国，难以解决中国城市面临的诸多发展问题。因而，项目组提出了"智能城市"（iCity）的表述，希冀能更符合中国的国情。

智能城市建设与推进对我国当今经济社会发展具有深远意义。智能城市建设与推进恰好处于"四化"交汇体上，其意义主要有以下几个方面。一是可作为"四化"同步发展的基本平台，成为我国经济社会发展的重要抓手，避免"中等收入陷阱"，走出一条具有中国特色的新型城镇化（城市化）发展之路。二是把智能城市作为重要基础（点），可促进"一带一路"（线）和新型区域（面）的发展，构成"点、线、面"的合理发展布局。三是有利于推动制造业及其服务业的结构升级与变革，实现城市产业向集约型转变，使物质增速减慢，价值增速加快，附加值提高；有利于各种电子商务、大数据、云计算、物联网技术的运用与集成，实现信息与网络技术"宽带、泛在、移动、融合、安全、绿色"发展，促进城市产业效率的提高，形成新的生产要素与新的业态，为创业、就业创造新条件。四是从有限信息的简单、线性决策发展到城市综合系统信息的网络化、优化决策，从而帮助政府提高城市管理服务水平，促进深化城市行政体制改革与发展。五是运用新技术使城市建筑、道路、交通、能源、资源、环境等规划得到优化及改善，提高要素使用效率；使城市历史、地貌、本土文化等得到进一步保护、传承、发展与升华；实现市民健康管理从理念走向现实等。六是可以发现和培养一批适应新技术革命趋势的城市规划师、管理专家、高层次科学家、数据科学与安全专家、工程技术专家等；吸取过去的经验与教训，重视智能城市运营、维护中的再创新（Renovation），可以集中力量培养一批基数庞大、既懂理论又懂实践的城市各种功能运营维护工程师和技术人员，从依靠人口红利，逐渐转向依靠知识与人才红利，支撑我国城市智能化健康、可持续发展。

综上所述，"中国智能城市建设与推进战略研究丛书"的内容丰富、观点鲜明，所提出的发展目标、途径、策略与建议合理且具可操作性。我认为，这套丛书是具有较高参考价值的城市管理创新与发展研究的文献，对我国新型城镇化的发展具有重要的理论意义和应用实践价值。相信社会各界读者在阅读后，会有很多新的启发与收获。希望本丛书能激发大家参与智能城市建设的热情，从而提出更多的思考与独到的见解。

我国是一个历史悠久、农业人口众多的发展中国家，正致力于经济社会又好又快又省的发展和新型城镇化建设。我深信，"中国智能城市建设与推进战略研究丛书"的出版，将对此起到积极的、具有正能量的推动作用。让我们为实现伟大的"中国梦"而共同努力奋斗！

是以为序！

徐匡迪

2015 年 1 月 12 日

前　言

2008 年，IBM 提出了"智慧地球"的概念，其中"Smart City"即"智慧城市"是其组成部分之一，主要指 3I，即度量（Instrumented）、联通（Interconnected）、智能（Intelligent），目标是落实到公司的"解决方案"，如智慧的交通、医疗、政府服务、监控、电网、水务等项目。

2009 年年初，美国总统奥巴马公开肯定 IBM 的"智慧地球"理念。2012年 12 月，美国国家情报委员会（National Intelligence Council）发布的《全球趋势 2030》指出，对全球经济发展最具影响力的四类技术是信息技术、自动化和制造技术、资源技术以及健康技术，其中"智慧城市"是信息技术内容之一。《2030 年展望：美国应对未来技术革命战略》报告指出，世界正处在下一场重大技术变革的风口浪尖上，以制造技术、新能源、智慧城市为代表的"第三次工业革命"将在塑造未来政治、经济和社会发展趋势方面产生重要影响。

在实施《"i2010"战略》后，2011 年 5 月，欧盟 Net!Works 论坛出台了 *Smart Cities Applications and Requirements* 白皮书，强调低碳、环保、绿色发展。之后，欧盟表示将"Smart City"作为第八期科研架构计划（Eighth Framework Programme，FP8）重点发展内容。

2009 年 8 月，IBM 发布了《智慧地球赢在中国》计划书，为中国打造六大智慧解决方案：智慧电力、智慧医疗、智慧城市、智慧交通、智慧供应链和智慧银行。2009 年，"智慧城市"陆续在我国各层面展开，截至 2013 年 9月，我国总计有 311 个城市在建或欲建智慧城市。

中国工程院曾在 2010 年对"智慧城市"建设开展过研究，认为当前我国城市发展已经到了一个关键的转型期，但由于国情不同，"智慧城市"建

设在我国还存在一定问题。为此，中国工程院于 2012 年 2 月启动了重大咨询研究项目"中国智能城市建设与推进战略研究"。自项目开展以来，很多城市领导和学者都表现出浓厚的兴趣，希望投身到智能城市建设的研究与实践中来。在各界人士的大力支持以及中国工程院"中国智能城市建设与推进战略研究"项目组院士和专家们的努力下，我们融合了三方面的研究力量：国家有关部委（如国家发改委、工信部、住房和城乡建设部等）专家，典型城市（如北京、武汉、西安、上海、宁波等）专家，中国工程院信息与电子工程学部、能源与矿业工程学部、环境与轻纺工程学部、工程管理学部以及土木、水利与建筑工程学部等学部的 47 位院士及 180 多位专家。研究项目分设了 13 个课题组，涉及城市基础建设、信息、产业、管理等方面。另外，项目还设 1 个综合组，主要任务是在 13 个课题组的研究成果基础上，综合凝练形成"中国智能城市建设与推进战略研究丛书"综合卷。

两年多来，研究团队经过深入现场考察与调研、与国内外专家学者开展论坛和交流、与国家主管部门和地方主管部门相关负责同志座谈以及团队自身研究与分析等，已形成了一些研究成果和研究综合报告。研究中，我们提出了在我国开展智能城市（Intelligent City，iCity）建设与推进会更加适合中国国情。智能城市建设将成为我国深化体制改革与发展的促进剂，成为我国经济社会发展和实现"中国梦"的有力抓手。

目 录
CONTENTS

第4章 智能城市的网络信息环境建设

第5章 智能城市大数据管理与知识中心

第8章 政府数据开放与共享

第9章　智能城市的数字连续性管理

第10章　智能城市大数据应用链的个人信息保护

附　录

第1章

iCity

绪　论

一、城市智能化的发展阶段

（一）什么是城市的智能？

"智能"是一个动态发展的概念，它始终处于不断向前推进的计算机技术的前沿。人工智能的权威学者马文·明斯基（Marvin Minsky）定义人工智能的任务是研究尚未解决的计算机问题。智能应用问题往往没有确定的求解算法，故通常采用搜索的办法。一旦人们对某一问题掌握了足够丰富的知识，即已找到了不需要搜索的确定性算法，可以预见其行为与效果，这个问题一般就不再被认为是一个智能问题了。从应用的角度看，如果一项人工智能的研究成果已经成熟并被广泛采用，人们已经了解它的运行机制，那就不再视之为智能技术了。这种压力迫使从事智能技术研究的科研人员必须不断提出新概念、新方法，不断攻克新的技术难关。

"智能"这个词很时髦，近些年已经出现了使用过度的迹象，其含义也变得模糊。多数学者认为，所谓智能，主要是感知能力（包括自适应性）和认知能力（包括理解、判断和学习能力等）。从计算机科学的本源看，今天所说的"一个系统是智能的"大体上有三类含义。

（1）计算机化。系统已经具备计算机的基本特点，即自动执行程序，并且可编程、可演化，不是一个固定的、僵硬的系统。手机从功能手机（feature phone）到智能手机（smart phone）的发展就是计算机化的一个典型例子，它促成了移动互联网产业的大发展。智能手机之所以称为智能，是因为具备计算机的特点。用户可以从许许多多个第三方应用软件（application，APP）中挑选所需，在智能手机实现手电筒、音乐播放器、电视机、电子书、游戏机、社交网络终端等功能。

（2）密集计算。系统可以执行大量复杂计算，而不只是简单地采集数据并对原始数据做简单处理。例如，装备制造业中正在兴起的智能装备（intelligent equipment），它通过执行大量计算，实现更高的精度、速度、灵活度。智能硬件（intelligent hardware）和智能设备（intelligent devices）类似。它们与"非

智能"的硬件相比,计算能力大幅度提升。出于这个原因,国际数据公司(International Data Corporation,IDC)在 2011 年定义了一个"智能系统"(intelligent systems)的市场大类,与传统嵌入式系统的主要区别就是具有更高的计算能力(至少是 32 位的处理器、高级操作系统等)。

(3)人工智能特征。系统具备传统人工智能(artificial intelligence)特征,如呈现感知计算与认知计算能力。这方面的研究例子包括美国国防部的城市无人车竞赛(DARPA Urban Challenge)、IBM 的华生计算机赢得"危险边缘"电视节目竞赛、接近实用的人脸识别系统、机器翻译系统等。

要提升城市的智能服务,首先要大幅度提升居民、企业和政府的信息消费水平。目前,我国的人均信息消费水平还很低,不仅远远低于发达国家,也显著低于巴西、俄罗斯等国家,增长潜力巨大(见表 1.1)。我国的经济学家指出,与物品市场供给过剩的情况不同,我国服务市场的主要矛盾是优质服务供给不足。智能城市的建设运营,有很大潜力发展成为优质的城市信息服务,从而成长为提升信息消费的重要措施。智能城市不仅仅意味着政府的服务更加智能,更应该为我国信息消费增长营造重要市场。

在推动智能化之前,信息化的主要工作是数字化和网络化。不管是数字化还是网络化,都有较明确的可检查的指标,如机器可读的文档的占比、网络的带宽等。而智能化是一个模糊的、抽象的概念,很难提出具体的可考核的指标,这就容易使智能城市建设陷入盲目攀高的误区。由于对人工智能技术的预计过于乐观,不少城市对智能化提出了过高的要求,往往造成巨大的投资浪费。实际上,对于智能交通、智能环保、智能物流等业务,都应根据需求和技术成熟程度提出可检查的考核指标,对数据和应用的集成融合也要提出可度量的目标,避免将智能城市建设变成一个遥不可及的、虚幻的追求。

2009 年,维也纳技术大学在开展欧盟的相关项目中提出体现城市智慧的六个维度:智慧经济、智慧市民、智慧治理、智慧交通、智慧环境、智慧生活。许多城市在实施智慧城市的过程中还提出了其他维度。概括而言,智能城市应具有四大基本特征:灵活及时的感知、宽带泛在的互联、全面深入的分析和无缝智能的应用。

表 1.1　2013 年各国人均信息消费及其占 GDP 比例[①]

国家	人均ICT[②]支出/美元	人均GDP/美元	占GDP比例/%
美国	3 356	53 042	6.33
英国	2 754	41 781	6.59
日本	2 495	38 633	6.46
德国	2 040	46 251	4.41
巴西	876	11 208	7.82
俄罗斯	557	14 611	3.81
中国	294	6 807	4.32

（1）灵活及时的感知。智能城市利用各种感知设备可随时随地感知城市的位置、环境、状态等信息，根据需要，及时、全方位地捕捉各种信息变化，能根据环境做出自适应的灵活响应，使城市各个关键系统和谐高效地运行。

（2）宽带泛在的互联。宽带泛在网络是智能城市的"神经网络"，可实现城市中人、机、物的泛在实时的互联互通，为智能城市的信息传递提供强有力的通信基础。

（3）全面深入的分析。通过云计算平台对城市大数据进行深入分析，"集大成，得智慧"，将广泛获取的数据转换成知识和价值。

（4）无缝智能的应用。通过融为一体的城市信息环境为城市提供无缝的智能服务，发挥"城市即计算机"（city as a computer，CaaC）的效能，提高居民生活质量，提升政府决策和应急指挥能力。

（二）城市的数字化和智能化

智能城市的基础是"数字城市"（digital city）。早期的数字城市建设是数字地球计划的一部分，主要内容是地理信息。早期的城市数字化以计算机技术为基础，以宽带网络为纽带，运用遥感遥测、全球定位系统、地理信息系统、仿真等技术，对城市进行多分辨率、多尺度的三维描述，在网络上对城市的过去、现状和未来进行虚拟实现。现在数字城市的概念已打破了地理系统的局限，扩展到为城市提供完善的数字信息服务。

数字城市与今后要实现的智能城市有以下几大区别。

---

① 数据来源：世界银行、欧洲信息技术观测站（European Information Technology Observatory，EITO）。
② ICT：信息通信技术，information and communications technologies 的简称。

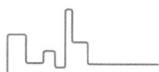

（1）数字城市通过城市地理空间等信息的数字化，在虚拟空间再现一座城市；而智能城市注重在此基础上进一步利用传感技术、智能技术，实现对城市运行状态的自动、实时、全面的感知。

（2）数字城市通过城市各行业的信息化，提高各行业的管理效率和服务质量；而智能城市强调从行业分割、各自封闭的"烟囱式"信息系统架构走向整合协同的城市信息化架构，提高决策的科学性和时效性，发挥城市信息化的整体效能。

（3）数字城市基于互联网形成较松散的业务联系；而智能城市注重通过泛在网络、移动技术，实现无所不在的互联和随时随地随身的智能融合服务。

（4）数字城市关注工作流程按程序自动进行；而智能城市更关注根据现场环境灵活反应和自适应处理。

（5）数字城市注重利用信息技术提升社会生产效率；而智能城市则更强调以人为本的个性化服务，通过大数据分析体现"长尾效应"。

（6）数字城市致力于办公自动化、服务城市管理和发展；而智能城市则更强调通过政府、市场、社会各方力量的参与和协同，创造城市的独特价值。

数字城市与智能城市在内涵上的区别如表 1.2 所示。

表 1.2　数字城市与智能城市的内涵比较

角度	数字城市	智能城市
社会背景	计算机技术的普及进入信息社会，改善生活质量，拉动经济增长	在"新四化"发展战略下的中国城市发展道路选择
发展目标	实现城市信息的数字化和自动化，减少或取代传统的手工流程操作	实现城市的网络化与智能化，基于城市大数据做优化判断和明智的决策，实现"城市即计算机"
技术支撑	地理信息系统、互联网、数据存储、文字图像识别、计算机辅助设计等技术	灵活感知、物联网、移动互联网、云计算、大数据、人工智能等技术
实际效果	机器可读信息急剧增加，在虚拟空间再现城市，各行业孤立的信息化，工作流程按程序自动进行	灵活及时的感知，对环境的自适应反应，宽带泛在的互联，基于大数据的深入分析，个性化的智能应用

用一个"我出门上班"的生活小场景也许更能说明数字城市和智能城市的区别。在数字城市阶段，我在某终端查看了公交车即时时刻表，判断了出门的时间；又查询了一下天气状况，从橱柜里取出伞；结果我在上公交车的时候发现钱包忘带了。在较初级的智能城市阶段，"我出门上班"的过程已被标准化和逻辑化，终端根据程序自动显示即时公交车时刻表和天气预报，

6

出门时会自动提醒我带钱包钥匙，我再从橱柜里取出伞。但出门后遇到路面维修，公交车临时改道，我比平时晚整整一小时到公司。在更高级的"智能城市"阶段，我的终端（私人随行虚拟管家）会提前告诉我今天路面维修，巴士改道的消息，它会呼叫出租车（通过计算得到搭乘出租车是今天上班的最优选择），当出租车到来时，机械手会递给我钱包、钥匙和伞；我下车时，它已帮我支付车费。

智能城市的未来应用场景还可以有许多其他的想象，应用价值的大小与实现的困难程度都不一样。可以从应用价值和实现难度两个维度考虑，先做价值大、困难小的工程，有规划、有步骤地实现城市的智能化。

（三）中国特色智能城市

不同国家的城市发展基础和历史是不相同的。因此，在建设智能城市的过程中，各个城市应该根据自身的基础、历史和特点，有针对性地设计自己的智能化之路。

相对于西方发达国家的城市，我国的城市所处的历史阶段完全不同。总的来讲，西方发达国家已经走过了大规模工业化时期，目前其城市发展的需求是在良好的信息化基础上，更加灵巧地配置城市资源，更加灵巧地管理城市，更加灵巧地服务城市市民。

我国城市发展目前的需求不同于发达国家。经过多年的发展，我国城市化进程不断加快，全国城市人口以每年上千万的速度增长。预计15年后，城市人口将超过全国人口的2/3，城市人口的总数将居全球之首。我国人民的生活水平在城市化进程中不断提高，但也涌现出诸多社会问题，制约着城市的可持续发展。每个中国城市的市长既要管理城市民众的生活，还要关注城市的经济发展和精神文化建设等，这与西方国家城市的"市长"任务很不一样。因此，针对中国城市建设和管理的独特需要，我们需要走一条中国特色城市建设之路，充分运用新技术、新手段解决城市建设、管理和发展中面临的瓶颈问题。这就是西方发达国家与中国智能城市建设之路有较大区别的根源。为了强调这种区别，中国工程院建议在国内改用"智能城市"而不采用目前流行的"智慧城市"。

中国工程院建议以"智能城市"作为我国城市未来一段时期的建设目标，更加关注城市建设中的一些更基础、更广泛的问题，包括数字城市等信息化工作还未完成的任务，这是符合我国国情的建议。

国外的"智慧城市"规划往往聚焦于某项特定智慧工程，运用信息技术破解城市发展的一些具体问题，如交通、安全、健康等，基本上一次只做一件事，看清一件做一件，不会一次规划许多工程。这是一种分解问题、各个击破的思维模式，强调对单个问题的解决。所以国外很少做整体的智慧城市规划，重点关注单项工程的效益，其效果容易控制。而国内的智能城市建设往往要做城市整体规划，一次规划要做许多工程。因此国内智能城市建设是实施全面的信息化规划，必须考虑城市的整体效益，智能城市见成效的难度较大。但国内智能城市建设有更宏大的目标，希望一个城市又好又快地巧妙发展，走集约、绿色、宜人、可持续发展的道路，希望通过集成应用新一代信息技术，综合解决城市发展的各种瓶颈问题。

二、全球智慧城市发展的历史进程

城市作为人类的物质流、能量流、信息流和资金流的汇聚中心，是人类经济社会与其劳动生产力水平发展到一定阶段时的产物。早期城市的出现，是人类社会步入文明时代的标志，也是人类群居生活的高级形式。随着城市化进程不断加快，城市人口剧增，城市规模迅速扩大，城市作为区域经济和政治中心的地位不断增强。人类生产力水平的提高也推动城市的形态和功能不断演变，到目前为止，信息城市、数字城市、智能城市将成为人类社会进步发展追求的更高级形态（见图1.1）（袁远明，2012）。

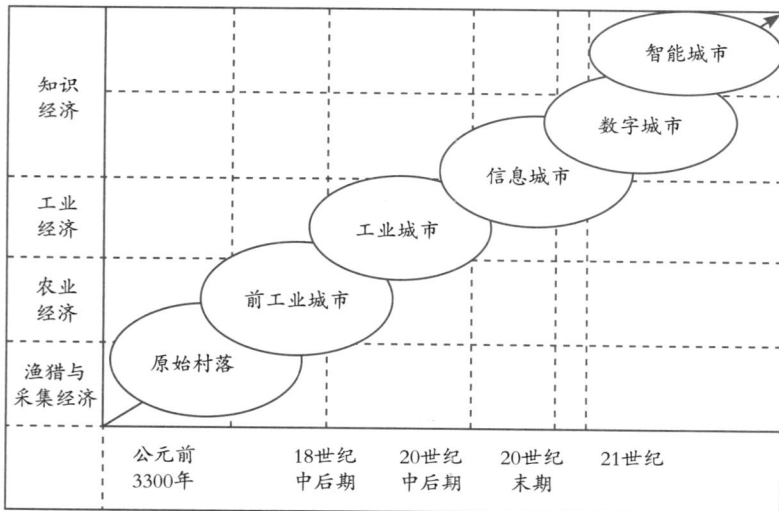

图1.1　城市发展历程

城市的飞速发展也是社会问题不断涌现的一个过程：交通系统拥堵、城市管理低效、环境监测体系不完善、教育资源不均衡、应急系统不通畅等等问题层出不穷。在此情境下，以物联网、云计算、大数据等新一代信息技术为核心的智能城市建设理念成为一种未来城市发展的全新模式。

随着信息网络带宽的增加，网络速度快速发展，各类信息技术日益成熟，人们对 e-everything 的认识开始逐渐深入。自 2005 年开始，泛在的信息及服务概念逐渐兴起，人们开始考虑应对泛在的信息社会，u-everything（ubiquitous[①] everthing）逐渐进入主流的信息化领域。新加坡提出"iN2015"（Intelligent Nation 2015），韩国提出建设 u-City，日本提出建设 u-Japan，欧盟开始研究智慧的城市。欧盟于 2006 年发起了欧洲 Living Lab 组织，它采用新的工具和方法、先进的信息和通信技术来调动方方面面的集体智慧和创造力，为解决社会问题提供机会，并发起了欧洲智慧城市网络。

此后，新一代信息技术逐渐成为信息领域发展的主流，大数据、智能计算、移动互联网、云计算、物联网日益成为世界各个国家的信息技术发展的主流方向。信息技术的广泛应用在社会的各个领域产生了积极影响，尤其是智能终端的大发展，深刻地影响了人们的生活。人们对信息的智能应用提出了新的要求，并通过实例展现了美好的愿景。与此同时，在这个时期，随着世界各个国家城市的发展，"大城市病"问题尤为突出，人们期望借助新一代信息技术来解决城市发展的交通拥堵问题、大气污染问题、环境监测问题，以及教育、医疗等问题。2008 年 11 月，IBM 提出"智慧地球"这一理念，引发了智慧城市建设的热潮。2010 年，IBM 正式提出了"智慧城市"愿景，希望为世界和中国的城市发展贡献自己的力量。

但是，随着智慧城市在全世界的广泛推进，世界各国也开始认识到各国城市发展存在的问题是不同的，因此，不能用一个统一的智慧城市的建设模式来设计本国的智慧城市建设路径，而需要探讨各个国家各个城市各自的符合国情和城市发展规律的发展道路。全球智慧城市的发展轨迹就是在探索利用信息技术解决城市发展问题的轨迹（见图 1.2）。

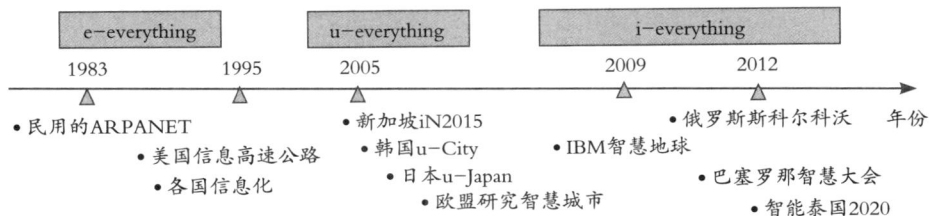

图 1.2 运用信息技术促进城市发展的历史轨迹

① ubiquitous 意为"普遍存在的，无所不在的"。

9

三、中国智能城市发展的历史使命与重大任务

中国城市化是 21 世纪全球最重要的事件之一，中国城市未来发展无疑将为全球诸多领域带来机遇与挑战。随着城市化进程的加快，中国的农村人口将大量进入城市（城镇）。一个显著的结果就是各个城市的人口（包括常住人口和流动人口）急剧增加，同时城市的交通车辆也急剧增加，而城市的发展空间有限，导致"大城市病"在中国各个城市普遍存在。

目前，中国城市未来发展有四大趋势：全球化、多样化、社会化、协同。另一方面，中国城市发展也面临四大挑战——转变城市的竞争方式、治理方式、发展方式和合作方式（见图 1.3）。多重使命和任务都集中在中国当前城市发展的战略路径选择上。

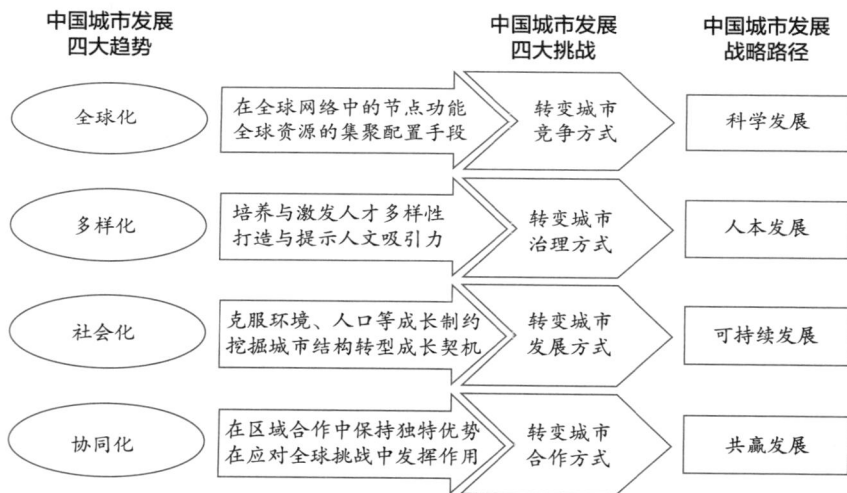

中国城市发展 四大趋势		中国城市发展 四大挑战	中国城市发展 战略路径
全球化	在全球网络中的节点功能 全球资源的集聚配置手段	转变城市 竞争方式	科学发展
多样化	培养与激发人才多样性 打造与提示人文吸引力	转变城市 治理方式	人本发展
社会化	克服环境、人口等成长制约 挖掘城市结构转型成长契机	转变城市 发展方式	可持续发展
协同化	在区域合作中保持独特优势 在应对全球挑战中发挥作用	转变城市 合作方式	共赢发展

图 1.3 中国城市发展的四大趋势和四大挑战

为实现中国城市的发展使命，走通一条适合中国城市发展的战略路径，中国自 20 世纪 90 年代开始就开展了大规模城市信息化建设，先后进行了数字城市建设、无线城市建设、宽带城市建设，2009 年启动了智慧城市建设的示范（见图 1.4）。

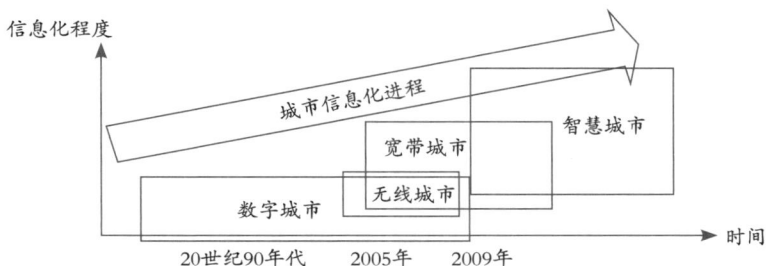

图 1.4 中国城市信息化发展进程

    住房和城乡建设部（简称住建部）办公厅和科学技术部（简称科技部）办公厅于 2015 年 4 月 7 日联合发布了《关于公布国家智慧城市 2014 年度试点名单的通知》（下称《通知》），确定北京市门头沟区等 84 个城市（区、县、镇）为国家智慧城市 2014 年度新增试点，河北省石家庄市正定县等 13 个城市（区、县）为扩大范围试点，航天恒星科技有限公司等单位承建的 41 个项目为国家智慧城市 2014 年度专项试点。加上前两批公布的 193 个城市，截至 2014 年年底，我国的智慧城市试点已有 300 个左右。

    有专家总结了中国智慧城市未来发展的十大趋势[①]：

（1）部委角力——智慧城市监管的"势力范围"逐渐清晰；

（2）评价体系——智慧城市基础评价标准值得期待；

（3）城镇化——智慧城市建设新的"政治正确"的外衣；

（4）所谓共识——智慧城市从"模式之争"转向"特色之争"；

（5）引爆点——云计算和大数据成为智慧城市建设的攻坚方向；

（6）重点方向——智慧民生成为智慧城市建设的主要力场；

（7）企业策略——跨国企业对智慧城市市场侧面突击；

（8）投融资——财政资金只是鼓励，社会资本进入才是关键；

（9）融合交汇——智慧城市成为互联网最新趋势与新兴技术载体；

（10）信息安全将成为智慧城市建设和发展的关注重点之一。

    这十大趋势一方面是对中国智慧城市示范工程未来状况的预测，同时也包含对智慧城市未来发展的技术重点、主力战场等方面的预测，可能有些偏颇，但不失为一个参考。

    从中可以看到中国智慧城市建设已经取得一定的成绩，但发展的思路、技术、标准和政策等还存在一定的不确定性或模糊性。这一点，本课题组在湖南省进行智慧城市建设调研时已经有一些总结，主要观点如下。

[①] 详见 http://www.chinacity.org.cn/csfz/fzzl/99581.html。

（1）缺乏对中国特色智能城市建设内涵和道路的正确认识。国外没有哪一个国家像中国这样掀起一股大规模建设智能城市的风潮，但我国许多城市对城市的经济社会发展阶段、自身产业特色和信息化基础等缺乏足够的认识，缺乏对中国城市未来发展模式的理论上的认识，只是一味地模仿国外智能市建设，没有认识到中国走智能城市建设特色道路的内在本质要求。据世界银行测算，100 万以上人口的智能城市建设，当其应用超过 75% 时，在投入不变的情况下，该城市 GDP 将增加 2.5 倍。事实上，我国很多城市的实际应用并没有达到这个标准，很难体现出 GDP 增加的效益。实际上，多数城市在没有弄清智能城市内涵之前，已经开始跟风建设，导致愿景不清、规划不周、重复建设、效益低下等问题。我国现有的智能城市建设大多是技术导向型的，偏重于城市信息化硬件的基础建设，但是往往盲目追求技术上的先进性，忽视了为百姓提供宜居、便捷的生活环境等诉求。

（2）缺乏战略性的国家级顶层规划设计，缺乏国家层面的牵头。我国智能城市建设应结合城市产业发展、人文历史等特色，因地制宜地进行。但目前在国家层面缺乏关于智能城市建设的基本原则、战略目标和战略任务的顶层设计，使得各地智能城市建设成为一个模式，没有特色。此外，智能城市建设是一项系统性的工程，单一部门或少数几个部门不能真正实施好中国智能城市建设的战略性任务。现在推进智能城市工程，存在体制、机制与投入等方面的巨大问题。

（3）缺乏信息技术标准，信息孤岛问题日益严重。我国智能城市建设信息技术的标准体系尚未建立，各城市与智能城市建设相关的大量信息化工程都已上马，城市中各个信息系统相互不通不联，产生了大量的信息孤岛和应用孤岛，重复建设现象普遍存在，也产生了大量的资金浪费，带来了巨大投入的经济风险。

（4）尚未掌握真正的核心技术，信息安全成隐患。无论是在物联网还是在大数据技术方面，我国掌握的核心技术还处于初级阶段，还不能有效满足实施智能城市建设工程的所有技术需要。如物联网起步较早的欧美和日本掌握着物联网关键环节的技术（如高端传感器）和核心专利。目前我国智能城市建设中大量采用国外的信息技术产品，因而我国智能城市的信息完全暴露在别人的眼皮底下。这就导致我国现有的信息安全防护体系存在着比较大的漏洞与问题，已对国家和市民信息安全构成了威胁。

（5）缺乏相关法律制度保障。目前智能城市建设由于缺乏相关法律的保障，使得各个部门各自为政，各行其是，造成信息共享难以实现、信息技术标准难以统一、信息安全得不到保障，以及责任不明、目标不清、重复投资等诸多问题，带来一系列风险和巨大的资源浪费。

四、智能城市的信息环境

（一）智能城市信息环境的内涵

智能城市信息环境是由新一代信息技术支撑的，对城市范围内的各类物质、环境、能量、人文等各类信息进行采集获取、传输、存储、处理、应用的信息生态系统。这个信息生态系统在信息链的各个层次、各个环节都有各自独立的技术实现，最终能够实现城市的人与自然的"聪明"的协调与统一（见图1.5）。

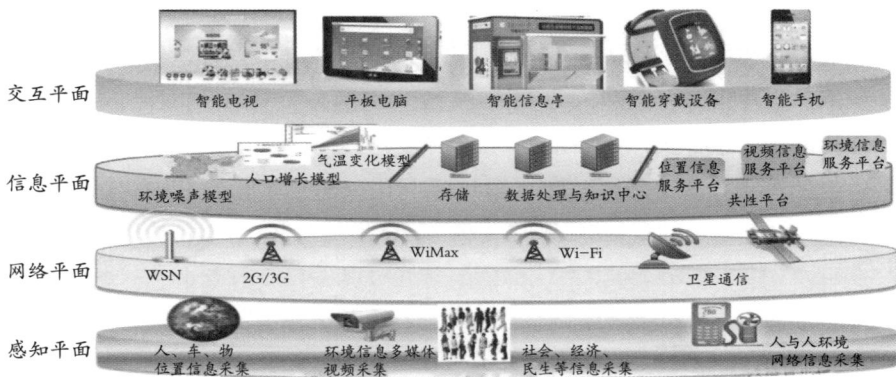

图1.5 智能城市信息环境的四层模型

信息环境建设任务之一是建设智能城市信息的感知平面。智能城市的信息感知涉及"人、机、物"，需要研究感知信息的管理策略与方式（集中还是分散），研究社会企业、政府和个人管理数据的措施和政策（公开、保护、保密等）。

信息环境建设任务之二是建设智能城市的网络平面。信息网络传输是重要的桥梁，要研究分析信息网络建设（含近场通信、短距离通信、互联网通信等）中存在的问题，研究分析各类网络信息传输的安全保障等问题。

大数据获得高效应用是智能城市信息环境建设的最终目的。智能城市的大数据分布在整个信息环境中，数据的分析处理和应用集中在信息平面。大数据如何存储？如何弹性化地组织管理数据中心汇聚的各类大数据？大数据应用的服务模式是什么？如何克服大数据的应用面临的挑战？这些问题都需要进行系统的研究。

城市信息系统要和人打交道，这一任务由交互平面完成，常见的人机交互终端包括智能电视、平板电脑、智能信息亭、智能穿戴设备、智能手机等。

从更高的视角看，城市的信息环境即城市的社会信息生态，是与城市社会信息交流活动相关的社会因素的集合，是影响整个城市社会信息交流活动的具体社会条件和社会基础的表征。从特定的组织或个人来讲，所谓城市信息环境即城市的组织信息环境或个人信息环境，就是城市社会中各组织或个人可能接触的信息资源和各种影响因素共同构成的环境。

（二）智能城市信息环境的关键要素

根据苏联学者谢尔比茨基的信息论观点，信息环境的基本要素有：信息主体及与主体相互作用的信息客体，信息主体的作用与反馈联系，主体知识水平在信息作用下发生的变化，信息感知对主体记忆的依存关系，主体利用信息的目的和结果等。从系统论的观点来看，信息环境是人与物质、信息相互作用的集合，构成"人、机、物"三元世界融合的复杂巨系统。从本质上讲，城市信息环境要实现数据流到信息流、比特流到智能流的转变。

智能城市信息环境在逻辑上应该是一体化的，建立信息环境要克服城市信息互联互通中信息孤岛、信息烟囱的弊端。智能城市信息环境应建立在"云平台"上，努力建设安全、可信的公共服务云化大数据中心，破解城市"管理墙"带来的问题。

智能城市信息环境具备如下五个要素：

（1）智能化的感知系统，构成智能城市的"神经末梢"；

（2）互联互通的信息网络，构成智能城市的"神经网络"；

（3）基于云计算的城市新型业务应用平台，构成智能城市的"中枢系统"；

（4）城市的海量数据，构成智能城市的"血液和养料"；

（5）知识型的劳动者，构成智能城市的"细胞和生命元"；

智能城市的信息元素、环境元素、运营元素之间有交集（见图1.6）。智能城市信息环境的美好愿景是城市的"人、机、物"高度融合。人在城市中，城市在信息中，信息在人的眼里和大脑里。由人、机、物三元融合的世界带来的是信息环境中积累起来的各类数据和信息，这些数据和信息就是人、机、物三元世界的映射。这就是智能城市中的大数据，这些大数据已成为城市社会的宝贵资源，人们随时随地能够获取或反馈任何需要的信息。

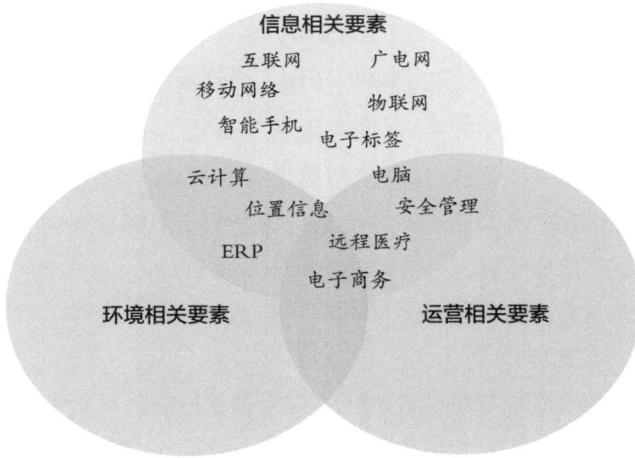

图1.6 智慧城市信息环境相关要素

　　智能化的信息技术已经成为解决城市发展问题的重要手段,通过全面且透明地感知信息、广泛而安全地传递信息、智慧且高效地处理信息,提高城市管理与运转效率,提升城市服务水平,促进城市的可持续、跨越式发展。以此构建新的城市发展形态,使城市自动感知、有效决策与调控,让市民感受到智能城市带来的智慧服务和应用。因此,在智能城市的建设中,各类数据、信息等已成为最重要的元素。

　　信息技术是智能城市的基础,目前的技术热点是以物联网(传感网)、云计算和大数据等为代表的新一代信息技术。在新一代信息技术中,物联网技术是以射频识别(radio frequency identification, RFID)等传感设备为基础,通过物联网网关建立传感设备与互联网的连接,并实现信息通信与交换,构建物体识别与跟踪的智能管理环境。物联网的精髓可以归纳为:"有效的感知、广泛的互联互通、深入的智能分析处理、个性化的体验"。云计算是一种新的基于互联网的软硬件服务模式,旨在通过最小的管理代价和可配置的计算资源(如服务器、存储器、网络、应用软件等),为用户提供高效、易动态扩展的虚拟化资源服务。用户只需有简易的终端设备,经身份验证后即可使用浏览器获得软硬件服务。大数据技术是实现异构、多源、海量数据处理的新兴技术,可以处理结构多样、体量巨大的数据,是有别于传统数据方式的新型数据处理技术。

　　从信息技术的角度看,智能城市中信息技术呈现"五化"特征:泛在化、效用化、智能化、绿色化、软性化。

　　(1)泛在化:信息技术的应用无处不在,人与自然、人与社会、自然与

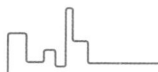

社会都联结在泛在网络中，信息能够畅通地流通、融合，网络变成信息社会的基本生产工具。

（2）效用化：基础设施的部署、应用和管理将如同水、电、气一样，使用原则是"集中服务、按需使用、虚拟拥有、使用方便"。

（3）智能化：基础设施及其应用更加智能便捷，数据融合下的信息分享技术以及智能感知和尊重用户体验的应用系统正影响着人们生活的各个方面，智能城市将塑造"惠及人人"的美好生活愿景。

（4）绿色化：环境友好的低功耗信息技术、低碳经济和可持续发展逐渐成为城市发展关注的焦点。

（5）软性化：强大的数据处理中心以及智慧的软件与服务在城市运行中发挥的作用远超过硬件生产与制造业的作用（袁远明，2012）。

（三）信息环境建设是智能城市建设的必然过程

世界城市的发展经历了漫长的过程，当今世界著名城市如伦敦、纽约、东京、罗马、北京等都经历了几百年甚至上千年的发展。总的来讲，人类社会发展的目标是向更高程度和更高水平的现代化迈进。智能城市是城市现代化发展过程中的一个表现形式。但由于各个国家的社会生产力和科学技术发展水平不同，人口的素质不同，城市现代化的演进过程和水平也会不同。即使在同一个国家内，各个城市由于具体情况和特点不同，现代化进程及其所追求的具体目标也不完全相同。中国的智能城市是城市现代化进程中的工业化、信息化、城镇化、农业现代化在特定历史时刻交汇的产物。随着新一代信息技术更加全面发展，智能城市将促使新模式、新技术、新应用的另一种"融合"与"交汇"，将对智能城市的市民生活、产生和政府管理等各个方面产生"化学反应"。

党的十八大报告中提出："坚持走中国特色新型工业化、信息化、城镇化、农业现代化道路，推动信息化和工业化深度融合、工业化和城镇化良性互动、城镇化和农业现代化相互协调，促进工业化、信息化、城镇化、农业现代化同步发展。"在"新四化"战略中，信息化是实现新四化的驱动器。在实现中国城市现代化的过程中，智能城市是重要的载体，城市信息环境建设是城市现代化的重要组成部分。良好的智能城市信息环境建设是城市现代化实现的必然过程。

1. 信息环境是智能城市可持续发展的基础设施

城市是一个复杂的巨型系统。中国城市基础设施除了交通、能源、饮水、通信等供给外，已经扩展到环境保护、生命支持、信息网络等新领域。因此，一个城市已经成为自然环境、信息环境、社会环境，以及在这三个环境基础上各种业务合作协同的复杂巨系统，能够实现信息、能量和物质的有效流动（见图1.7）。

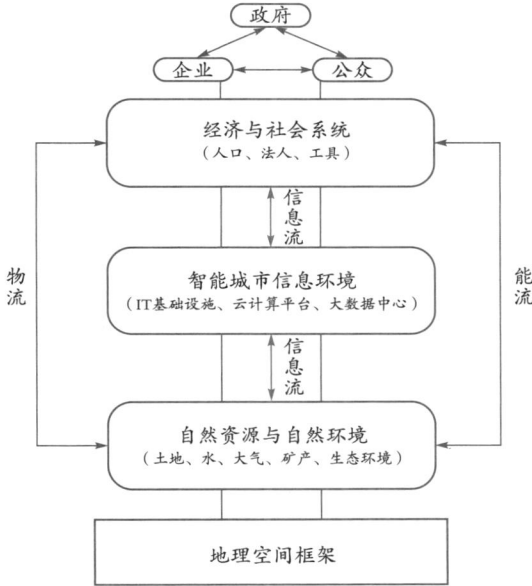

图1.7 智能城市系统框架

城市基础设施（包括基础设施信息化和信息基础设施）是社会经济发展和人们生活的基础和必备条件，是实现城市现代化的保证（见图1.8）。城市基础设施是指为直接生产部门和人民生活提供共同条件和公共服务的设施。传统的基础设施主要包括能源动力、环保水利、交通运输、邮电通信、商用或居住建筑等项目，它是企业、居民工作和生活的共同物质基础，是城市主体设施正常运行的保证，既是物质生产的重要条件，也是劳动力再生产的重要条件。而在当今世界，人类社会已经进入信息社会，城市信息化基础设施将成为城市基础设施的重要环节。城市信息化基础设施可以把人、家庭、学校、医院、政府与企业一一关联起来，可以获得各种各样公用和专用的信息资源，可以传送文字、音频、图片、图像和多媒体等各种形式的信息，同时满足不同类型用户所需的不同应用和不同性能要求。也就是说，人们可以通过网络进行交流，进行学习、生活、办公、社交、购物等。信息基础设施应该成为城市基础设施建设的重点。

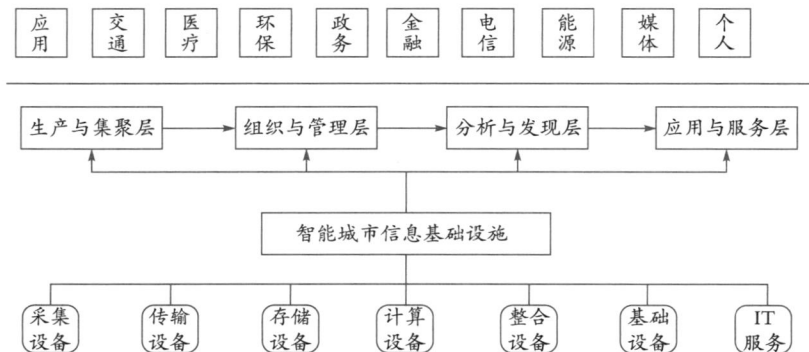

| 应用 | 交通 | 医疗 | 环保 | 政务 | 金融 | 电信 | 能源 | 媒体 | 个人 |

生产与集聚层 → 组织与管理层 → 分析与发现层 → 应用与服务层

智能城市信息基础设施

| 采集设备 | 传输设备 | 存储设备 | 计算设备 | 整合设备 | 基础设备 | IT服务 |

图1.8　智能城市信息基础设施

信息和网络环境建设是当今城市不可或缺的基础设施建设。城市的发展往往伴随着基础设施的更新或升级换代。如同道路和运河等基础设施在农业社会具有重要作用，铁路、港口和石油管道等基础设施在工业社会具有重要作用，信息和网络环境建设是当今城市基础设施建设的重要内容。以云计算、大数据、物联网、移动互联网等为代表的新一代信息技术的迅速发展和广泛应用，带来了生产方式和生活方式的深刻变革。另一方面，随着城市化进程的加快，交通、能源、人口、安全、基础设施建设和专项整治监管等方面的挑战日益凸显并趋于复杂化，利用信息技术改善城市发展已成大势所趋，信息化基础设施实现现代化的重要性已经不言而喻。作为一个现代化的中心城市，除了具有传统资源配置中心、生产控制中心和经营管理中心等功能外，还必须是一个现代化信息和大数据中心。随着信息技术的突飞猛进以及城市的辐射和集聚功能的增强，城市发展将越来越依赖信息化水平，依赖于信息化基础设施。发达国家十分重视信息化基础设施建设。早在1993年，美国政府就发表"国家信息基础设施行动动议"（The National Information Infrastructure: Agenda for Action），提出在全美建设通达全国各地的信息高速公路，完成美国从工业时代向信息时代的过渡，开发更大的潜在市场，从而刺激美国经济的繁荣和发展。信息高速公路是美国掌握世界经济竞争先机的枢纽。因此，加快城市信息化基础设施建设，是实现城市现代化的重要保证，也是智能城市的重要内涵。

2. 智能城市信息环境是利用信息技术解决"城市病"问题的基础

近年来，我国城市化虽然取得了显著成效，但我们也看到，随着城市规模的扩大和人口的不断增长，城市环境承载力长期超负荷所积累的矛盾使城市管理的压力也与日俱增，"城市病"问题比较突出。如前文所述，利用信息技术解决我国城市发展过程中出现的"城市病"问题，成为优先的选项。尤其是借助智能城市信息环境建立的信息采集、处理、分析等各类信息系统，在大量的数据分析、处理和应用的基础上，实现高效、科学地管理城市，成为人们普遍的期望。

3. 城市信息环境建设水平是城市现代化发展的重要指数

人口、面积、资源、产业、科技水平等，都是衡量一个城市发展水平和发展潜力的因素。如果说科技是城市的第一生产力，那么信息技术的利用水平就是科技的第一动力。信息技术水平包括信息环境建设、信息技术发展和信息技术利用。智能城市各要素的数字化、信息化、网络化、智能化、可视化的全过程就是智能城市信息环境生态系统的建立过程。

以计算机技术、传感技术、网络技术、多媒体技术和大规模存储技术为基础，将整个城市涉及的各方面的信息以数据的形式进行采集或获取，通过计算机和网络进行统一存储、处理、分析和再现，基本上完成了信息环境建设需要实现的目标。城市信息环境建设和发展涉及城市的数字化、网络化和智能化交互的过程。数字化是指城市的各种信息以数字化形式采集、存储、处理和使用；网络化是指城市数字化信息通过网络流动与分发的过程；智能化是指信息采集及系统调控的自动化过程。三者之间是相互作用的，数字化是城市信息化的基础，网络化是保障，智能化是新的目标。但是由城市发展问题求解以及政府管理和民生发展的目标驱动，智能城市信息环境中的数字化、网络化和智能化的过程是相互递进的。如城市管理复杂问题求解要更准确、更及时、更有效，这就需要促进智能化的信息处理技术的应用并及时传输城市运行管理中的各类信息，使之能够更加高效、实时、快速地传输到智能信息处理端。同时，传输的数据和信息必须足够丰富，才能在海量信息分析后得出科学的决策支持。因此，必须在数据信息采集端获得大量的各类数据信息，才能支持大数据的决策分析。

五、智能城市信息环境建设发展的战略框架

（一）智能城市信息环境建设发展战略与智能城市总体发展战略的关系

智能城市信息环境建设发展战略同智能城市总体发展战略密切相关。城

市发展战略是指在较长时期内，人们从城市发展的各种因素和可能变化的趋势出发，做出关系城市经济、社会、文化、建设等发展全局的根本谋划和对策，是关于城市发展的目标、城市定位、城市资源与能力运用，以及实现目标的方针、政策、措施的高度概括。

城市发展战略的制定可以分为问题导向、目标导向和竞争力导向。问题导向是以寻找问题为出发点，解决城市发展中目前面临和潜在的问题；目标导向是从城市目前的状况、环境、区域条件的基础出发，确定新一轮的发展目标；竞争力导向是综合前两种方法，综合考虑城市面临的问题和目标，以提高城市在竞争和发展过程中所具有的吸引、控制和转化资源的能力，为居民提供福利（陈志成等，2011）。

无论哪一类导向的智能城市信息环境建设发展战略，都要服务于智能城市总体发展战略。智能城市信息环境建设发展战略需要适应智能城市总体发展战略，而不是一个单独的封闭的环境。借用企业IT战略的思想，智能城市信息环境战略与城市总体发展战略之间存在适配（fit）、协同（coordination）、联系（linkage）、集成（integration）和匹配（alignment）等各种关系。

城市的总体战略环境是在城市的总体定位及其发展目标驱动下的竞争力所构成的环境。城市的信息环境是由城市信息化发展能力和信息技术应用能力构成的信息生态系统，与城市总体发展战略相适应（见图1.9）。

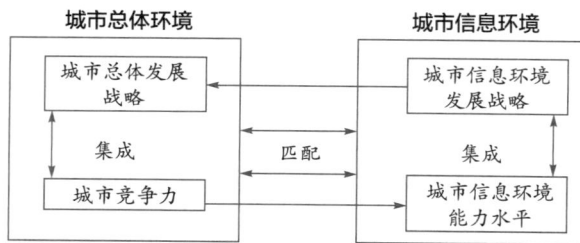

图1.9　城市总体发展战略与信息环境建设发展战略匹配模型

当前，中国城市发展面临多种战略目标需要齐头并进的考验。既要建设绿色生态文明的城市，又要解决经济、就业、文化发展等问题；既要考虑节能减排，又要提高经济总量；既要保持城市特色和历史文化环境，又要满足人们出行畅通；既要突出城市总体优势和竞争力，又要推动城市"新四化"发展同步前进；等等。这其实是中国城市总体发展战略中多目标函数的优化问题。从战略的观点来看，就是战略元素和战略资源之间的匹配性和互补性的问题。城市信息环境就是城市的战略资源，是城市总体战略实现的基础之一。

但是一个不能忽视的问题是智能城市信息环境的成熟度。它影响着智能城市总体战略目标的实现。同时，从实践来看，智能城市信息环境也是从基础到发展进而走向成熟的，这是一个逐步实现、完善、再实现、再完善的螺旋式提升的过程。从近几十年来看，从数字城市、信息化城市到智能城市，人类推动城市信息环境优化、升级的进程一刻也没有停滞。因此，我们需要以发展的眼光看待智能城市信息环境的建设过程。

同任何事物发展的规律一样，智能城市信息环境的发展也可以分为初始阶段、扩展阶段、优化阶段和成熟阶段（吴伟萍，2007）。借用城市信息化的成熟度模型，我们提出智能城市信息环境的成熟度模型，如图 1.10 所示。

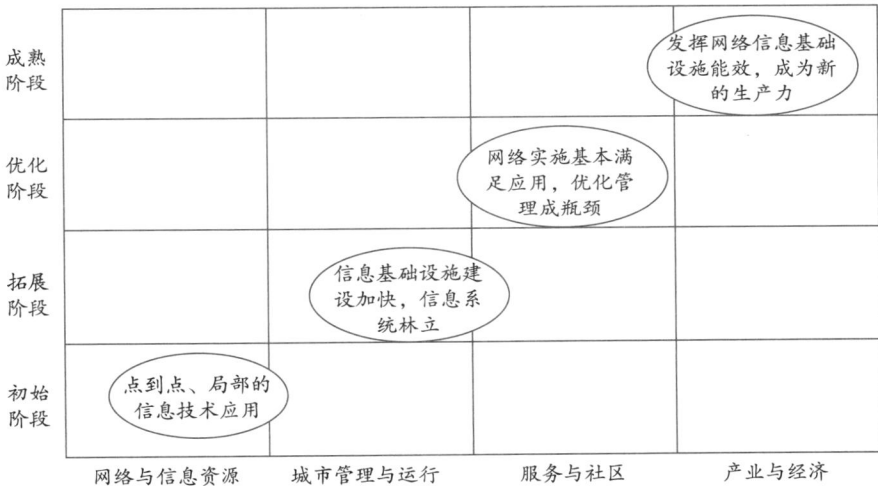

图 1.10　智能城市信息环境成熟度模型

在智能城市信息环境建设的初始阶段，信息基础设施局限于点对点的传输信息通道的建立，引入信息技术的初步应用。信息基础实施在人们的生活中还属于孤立事件，对城市经济产业发展和对人们生活、生产的影响还比较弱。此阶段基于城市信息环境建立的业务系统还比较简单，业务面比较窄，信息系统也不具有统一性。即使有信息化的系统，也是比较孤立的，只是简单的文档初步电子化和单一业务的计算机化。城市的运行和管理基本上还停留在各自为政的局面。

在智能城市信息环境建设的拓展阶段，构成信息环境基础的信息设施成为城市规划建设的重要组成部分，或者是必须考虑的单元之一。在此基础上的信息技术应用基本得到推广，但是各种信息系统林立，部分业务流程实现集成化，并开始围绕市民生活提供服务。信息技术设施建设快速发展，但应用和基础设施的建设缺乏全局性的通盘考虑，欠缺顶层设计，各种单项信息化的应用之间相互不协调，投资效应与预期相比差距较大，技术与标准规范不统一，信息未能充分共享，政府管理职能条块分割。信息产业初具规模，但对经济社会发展的拉动力量尚未充分显现。随着信息化的充分实践发展，必须考虑在标准、规范的基础上进行数据共享管理和深度应用开发。

在智能城市信息环境建设的优化阶段，网络基础设施已经足够支撑信息化的要求，对城市信息的分析和知识的生成、应用能力加强，能够提供多层次用户需求的服务，主要业务流程实现集成和优化。此时，信息要素成为显著的生产要素。"信息孤岛"从技术层面上基本得到解决，必要的数据共享和系统整合已在进行中。但业务流程的合理性和优化成为最主要的信息化问题，如何通过优化流程来提高管理效率成为关键。这既是信息化发展的飞跃阶段，也是走向城市管理现代化的必由之路。

在智能城市信息环境建设的成熟阶段，充分发挥信息技术和信息网络资源的效能，同时业务流程在现有的信息技术层面达到最优化，实现信息资源共享和业务协同工作。信息化涵盖了城市全部的社会经济等各个领域，与城市发展相适配。这一阶段能够充分实现系统化知识的应用和服务创新的价值，是新技术变革前的等待期。

智能城市信息环境的成熟度模型可以用来判断一个城市的信息环境处于何种阶段，也可以判断城市的信息化水平处于哪个阶段、信息化将向何方向发展、采取何种管理措施指导城市信息环境建设更有效，进而以一种可行、适当的方式转至下一个阶段。在确立与智能城市总体发展战略相适配的智能城市信息环境建设发展战略的过程中，智能城市信息环境成熟度模型可以帮助我们认识城市信息环境是一个动态调整和发展的过程，不可能一蹴而就，这对于我们深刻认识智能城市总体发展战略是一个必须认真理解的现实问题。

（二）智能城市信息环境建设总体框架

智能城市信息环境的建设任务几乎涵盖了城市信息化建设的全部内容。由于各个城市在不同发展阶段所面临的重点任务不同，其信息环境建设的内容也不尽相同。这也是信息环境成熟度的区别之一。因此，对于城市信息环境的总体框架的设计应该审时度势，提出重点，有所为，有所不为。智能城市的信息环境的总体框架应该包含三个方面，即支撑体系、应用体系和保障体系。这三个体系是高度协同的。

抛开具体的技术实现细节，我们在智能城市信息环境建设总体框架的愿景上有如下期待（见图 1.11）。

（1）智能城市信息环境在逻辑上应该是一体化的。建立智能城市信息环境应要克服城市信息互联互通中信息孤岛、信息烟囱的弊端。

（2）智能城市信息环境应建立在"云平台"上，努力建设城市安全、可信的公共服务云数据中心，破解城市"管理墙"带来的问题。

（3）从单一的数据收集到云端管理数据和应用大数据的处理方式进行智能城市信息环境中的大数据处理，发现新的知识，真正服务于城市各类应用的需要。

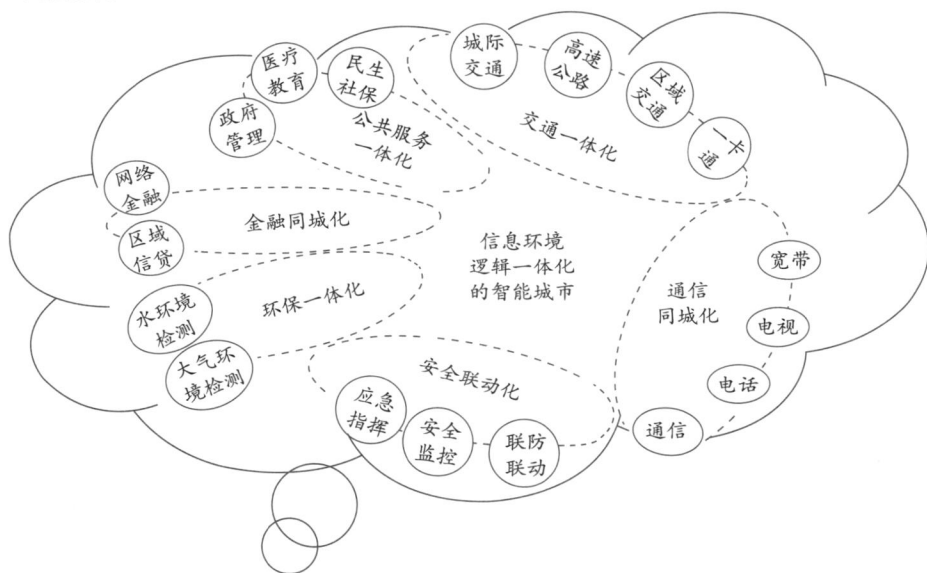

图 1.11　智能城市信息环境建设总体框架的愿景

总体来看，智能城市信息环境建设就是要围绕城市经济社会发展目标，以提升城市竞争力和吸引力为核心，以信息技术在各个领域有效应用为主线，以基础设施和共性平台建设为支撑，以发展环境不断完善为保障，扎实推进信息社会建设。充分发挥信息化在促进城市经济发展、解决城市现实问题、创新城市发展动力、提升城市管理效能、提高市民生活品质、凸显城市发展特色等方面的作用，逐步使城市发展成为具备知识型经济、网络化社会、数字化生活、服务型政府四大特征的智能城市。为此，智能城市信息环境建设总体框架应包含上述三大体系以及愿景的内涵（见图 1.12）。

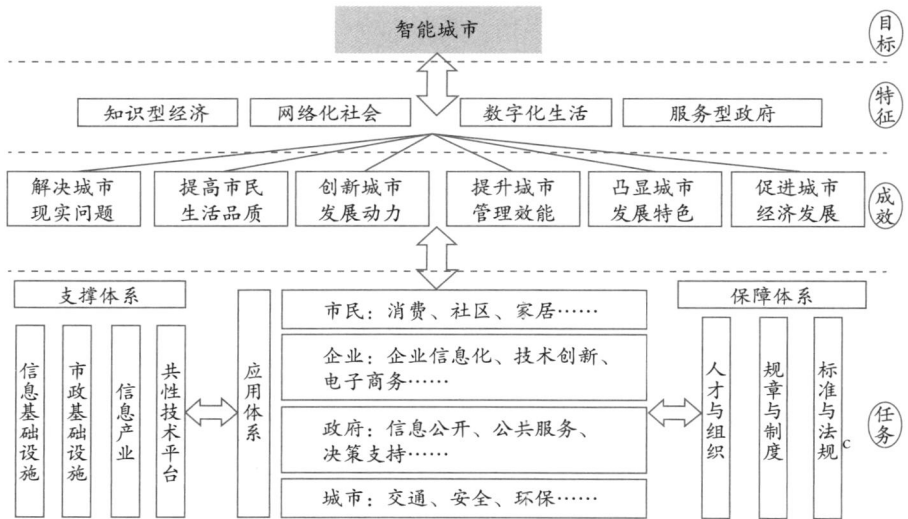

图 1.12　智能城市信息环境建设总体框架

其中，支撑体系建设的主体内容包括信息基础设施、市政基础设施、信息产业等。应用体系建设是智能城市应用体系建设的核心任务。根据智能城市的基本特征和建设任务要求，可以从知识型经济、网络化社会、数字化生活和服务型政府等领域分别构建各类应用体系。保障体系由组织、人才、资金、制度、法规、标准、安全等要素构成，各要素的不断完善是智能城市建设取得成效的重要保障（张新红等，2012）。

六、智能城市大数据发展战略分析

（一）智能城市大数据是"百宝箱"和"手术刀"

与智能城市相关的大数据有哪些？经本课题组分析，主要有如下数据。

（1）政府数据，即政府各级各部门掌握的管理城市经济、民生（医疗、就业、教育等）、环境、土地等数据。这些政府部门采集与管理的数据目前主要服务于城市管理者对整个城市的管理和服务，这些数据是开展城市大数据服务的主要数据来源。

（2）网络数据，主要指自媒体数据，即社交网络、博客、微博等用户生成的数据，区别于日志数据等。这些数据是网民对城市生活、生产、城市管理等各类信息的反映，是网络舆情分析的最好来源。

（3）传感数据，主要是通过城市各类传感器系统（如摄像头等）获取的城市环境、城市交通等数据。这类数据具有形式多样、量大、流式、实时等特点。对这些数据的处理可形成反馈回路，为改进现有服务提供依据。

（4）行业数据，如金融数据、地理数据、交通数据、电力数据、物流数据、农业数据、新媒体数据、医疗数据、教育数据、食品数据、制造业数据、贸易数据、港口数据、电商数据等，是一类无比巨大的数据，其蕴含的商业机会、政府决策、企业战略、个人发展等价值巨大，是名副其实的"金矿"所在。

上述与智能城市相关的这些不同的数据，可能有时描述的是同一实体、事件，但角度不同。政府数据提供客观事实，网络数据提供主观民意。对同一个问题，不同的数据能提供互补信息，可对问题进行更深入的剖析。

涂子沛先生于 2014 年在《数据之巅》一书中对数据的价值有很好的描述："数据就是静态的历史，历史就是动态的数据。历史的碎片，就是游离的数据；历史的迷雾，就是模糊的数据；历史的盲点，就是缺失的数据。用数据构建的历史，因为精确的细节而永远鲜活，数据越丰富，后世的历史学家也就越能经由数据更好地再现当时的社会。"

城市大数据一方面映射城市方方面面的鲜活的历史和现实，同样也能够预演城市发展的未来。大数据运用将推进人类认识城市的发展规律。大数据将极大地延伸人类观察与研究发展规律的能力，为城市现代化提供新的强大工具。同时，大数据将促进在城市经济学和社会学的研究中引入基于数据的量化方法，使得城市社会科学的研究更加科学和精确，从而深刻理解城市的发展规律，辅助城市的规划和决策的制定。

此外，城市大数据将触发城市各个行业运作模式的深刻变革。在商务领域，亚马逊、阿里巴巴等通过收集和分析用户兴趣爱好，可准确判断用户需求，自动将商品属性与用户需求匹配，促进交易达成。Google、Facebook、腾讯、百度、阿里巴巴等很多互联网公司也正在逐步转型为"数据公司"，未来经营的战略核心将更多地依托挖掘、分析和运用沉淀在其平台上的海量数据，并和全社会分享。

因此，智能城市大数据与城市的自然资源、人力资源一样，成为智能城市重要的战略资源。城市大数据研究和应用是城市现有产业升级与新产业崛起的重要推动力量，如果落后，就意味着失守战略性新兴产业的制高点。

城市大数据也正在引发研究城市的科学思维与研究方法的一场革命。智能城市是大数据的百宝箱。智能城市的建设使得各类信息资源在智慧城市的离散框架下获得有效的"感知"，并为智能城市集成建设获得数据信息的积累和沉淀，为智能城市的知识集成提供各类数据汇集的百宝箱的资源。对基

于这些百宝箱的大数据资源的深刻应用的一个可能的观察认识是：

智能城市（一体化知识）＝∑智慧城市（行业知识）＋大数据技术

在智能城市获得大数据资源的基础上，再应用大数据的信息分析技术和挖掘技术，可以使得人们在传统地分析海量数据的基础上，分析不相干的事件之间可能存在的因果关系和其他联结关系，大大拓展人们认识事物的视野，摆脱传统的行业统计数字对规律或潜在关系的认识的局限性。从这点来看，大数据是求解智能城市问题的"手术刀"，是破解智能城市建设发展过程中诸多问题的必然选择之一。无论是涉及政府、企业还是个人的问题，可能都离不开大数据分析方法。

大数据技术和方法不是现有科学技术的简单应用，它对科学技术的发展具有变革性的推动作用。我们不但需要突破传统的数据分析技术的限制，还需要更多地考虑将大数据技术与蓬勃发展的其他新一代信息技术结合起来，形成智能城市大数据处理"技术簇"，使得智能城市大数据的处理既快又好，真正挖掘出大数据的大价值。这一技术趋势已经比较明显。香港科技大学的倪明选（2013）提出了一个观点：逐渐融合的云计算与大数据。这对我们深入研究城市大数据具有很大的技术参考价值。

（二）城市大数据将成为智能城市的基础设施的组成部分

未来信息环境建设不再以系统为核心，而是以大数据为核心。城市大数据处理系统将成为智能城市的基础设施之一，它是智能城市的软基础设施。未来制定智能城市的发展规划，需要将城市信息环境与大数据的规划纳入城市的总体规划之中。过去的城市规划比较强调"硬空间"的规划，未来的城市规划需要将大数据基础实施纳入"软空间"的规划，成为智能城市总体规划的有机组成部分。

未来城市大数据系统将如同城市硬件基础设施一样，有数据提供方、管理者、监管者，数据的交叉复用将大数据变成一大产业。大数据的计算和存储需求推动着存储硬件、网络基础设施和新的计算处理方式的发展。大数据技术通过快速采集、发现和分析，从大量多类别的数据中提取价值，将是 IT 领域新一代技术的主要方向。采集、存储并处理快速激增的数据已成为大数据系统必须面对的一个挑战。电子交易、社交媒体、传感器等都提供了丰富的新数据源，非结构化数据在数据中所占比例极高，催生了大数据的全新分布式计算范例的发展，并将推动分析技术的发展，如面向非结构化数据设计的 Hadoop、NoSQL 等。

对于大数据分析而言，最重要的基础设施是存储设备。随着数据量的飞速增长，存储设备也必须可扩展。大数据分析涉及对社交媒体和交易数据的跟踪，需要进行实时决策，不能出现大的延迟。存储设备还必须能够在同一时间处理来自不同源系统的数据。

大数据的出现为数据中心带来了前所未有的新型工作负载，处理这些工作负载需要使用不同的基础设施。在基础设施中安装大量商用服务器需要调整电源、调节温度以及其他物理设施。埃森哲研究表明，"以数据为中心"的设计理念显得格外重要。这就包括分析数据中心的容量、存储和网络要求，确定可能的数据来源，计算需要管理的数据集大小，了解分析工作负载（数量和速率）以及 CPU 和 I/O 工作负载，明确大数据平台与传统商务智能工具的集成程度。

数据在基础设施层面有三类技术：存储、管理和计算。IOE 模式①从 20 世纪 70 年代就逐步成型了，当时对数据的认识是线性维度。到了大数据时代，数据的巨大规模和快速变化超过了硬件能力的增长，而且数据之间的复杂关联使得线性思维无能为力。此外，还有社会因素，数据与人在不断互动，甚至人就是动态的数据集。在这种情况下，采用原有的 IOE 模式就难以应对大数据处理了，数据中的价值也无法被有效挖掘出来。现在大数据有许多应用，例如：通过 Google 查询，可以知道流行病在某区域的分布；通过舆情的分析，可以预测选举的结果。

大数据存储不同于传统的 EMC，它是一种高效率、低成本、多层次柔性的存储架构，不是集中到一起存储，而是把数据放在云和端。实际上，数据存储的分布很关键，哪些在主服务器、哪些在客户端，这要比提高单个存储的性能更重要。目前，Hadoop 开源分布式系统已成为大数据处理的主流技术，包括资源调度、存储管理等各种数据工具。

在大数据管理方面，过去的关系数据管理在解决冗余、一致性、复杂查询优化上做得非常好，在 Hadoop 体系下，数据规模、增量速度和灵活性远远超过 Oracle，但在数据价值挖掘和分析方面还不能提供较好的技术支持。所以，大数据管理只是打碎了旧的模式，新的模式还没有规范化和体系化。

---

① I 指 IBM 的服务器，O 指 Oracle 的数据库，E 指 EMC 的存储。

七、构建无缝的智能城市信息环境

（一）无缝的智能城市信息网络

无缝的智能城市信息环境的建设是智能城市追求的目标之一，也是智能城市信息环境建设成熟度的标志之一。所谓"无缝"就是人们在城市的各个场所都能够畅通地获取和传输信息，实现人与城市的自然连接。

从信息系统的体系结构看，智能城市的建设模型一般由感知层、网络层、平台层和应用层四个层级构成。感知层主要侧重于信息的感知和监测，通过全面覆盖的感知网络（如各类光/电/声/热/湿度感应器、RFID 设备等）实现对各类信息透明、全面的获取；网络层由覆盖整个城市范围的互联网、通信网、广电网和物联网融合构成，实现各类信息广泛、安全的传递；平台层由各类应用支撑公共平台和数据中心构成，利用云计算、数据仓库（data warehouse）等技术实现信息有效、科学的处理；应用层则涵盖城市生活、城市管理各个领域的综合、融合应用。智能城市的这个四层模型实际上表示了无缝智能信息环境构成的基本元素集合。

智能城市信息环境的网络架构一般可以分为接入层、承载层、控制层和平台层等（见图 1.13）。接入层直接面向各类终端，要求支持各种接入方式，且保证带宽和业务质量，目前已存在的接入方式包括 PSTN[1]、xDSL[2]、LAN[3]、PON[4]、Wi-Fi[5]、无线接入（WCDMA、GSM[6]、CDMA2000、TD-SCDMA）、HFC[7]等。接入网的发展趋势为移动化、光纤化、宽带化、IP[8]化，预计无线接入方式将逐渐统一到 LTE[9]技术，有线接入方式将逐渐统一到 FTTx[10]+PON 的方式，但在一段时间内各种接入方式将长期共存。对于智能城市来说，可以根据业务需求及使用范围、终端类型等选择几种合适的接入方式，需要政府和各运营商之间进行有机合作。承载层的主要作用是传输和

---

[1] PSTN：公众电话交换网，public switched telephone network 的简称。
[2] xDSL：x 数字用户线，是各种类型数字用户线路（digital subscriber line，DSL）的总称，包括 ADSL、RADSL、VDSL、SDSL、IDSL 和 HDSL 等。
[3] LAN：局域网络，local area network 的简称。
[4] PON：无源光网络，passive optical network 的简称。
[5] Wi-Fi：无线保真，wireless fidelity 的简称。
[6] GSM：全球移动通信系统，global system for mobile communication 的简称。
[7] HFC：混合光纤同轴电缆，hybrid fiber-coaxial 的简称。
[8] IP：网际协议，internet protocol 的简称。
[9] LTE：长期演进，long term evolution 的简称。
[10] FTTx：接入网络光纤化，是 fiber to the cabinet、fiber to the curb、fiber to the building、fiber to the home 等技术的集合。

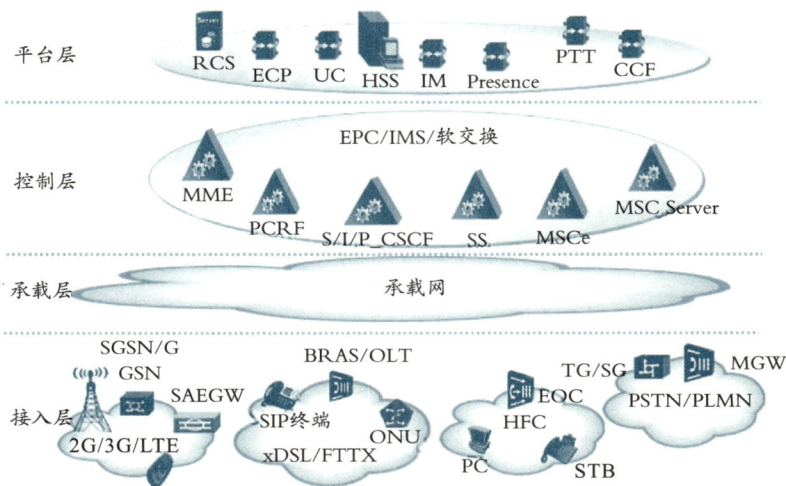

图 1.13　智能城市信息环境的网络架构

路由，可以利用运营商已有的城域网进行承载，需要在现有的 OTN[①]、PTN 网络中增加更多的 IP 化内容。智能城市对承载网的要求：更高的传输带宽需求、分组化及多业务统一接入需求、更高的 QoS[②]优先级调度能力、更灵活的业务调度能力、同步需求、接入层面对点到多点接入拓扑结构的支持、业务识别能力、业务疏导能力、多接入能力。控制层的主要作用是进行用户注册和鉴权、会话控制、业务触发、选路和互通等，目前各运营商的核心网基本上是软交换和 IMS[③]架构，今后将向 EPC[④]+IMS 的全 IP 架构演进。对于智能城市这种以 IP 多媒体业务为主的系统，应直接承载在 EPC 和 IMS 上，可以要求各运营商事先进行网络建设。平台层应包括综合数据中心和各类基本业务引擎，可以采用云计算技术建设，建议数据中心由政府统一建设，业务引擎可以由运营商分别建设，通过 IaaS[⑤]或 PaaS[⑥]的方式供政府部门开发各类应用（寿航涛，2012）。

（二）无缝智能城市信息环境中的大数据融合

总的来讲，智能城市是以物联网、云计算、大数据、移动网络、智能计算等为代表的新一代信息技术与城市化发展相结合的产物。随着新一代

---

① OTN：光传送网络，optical transport network 的简称。
② QoS：服务质量，quality of service 的简称。
③ IMS：IP 多媒体子系统，IP multimedia subsystem 的简称。
④ EPC：演进分组核心网，evolved packet core 的简称，是 LTE 的核心网。
⑤ IaaS：基础设施即服务，infrastructure as a service 的简称。
⑥ PaaS：平台即服务，platform as a service 的简称。

信息技术的发展，人们通过各种传感和通信手段获取城市方方面面的数据，导致智能城市信息环境中的数据量急剧增多，甚至达到了"存不起、看不完、理解不了"的程度。因此，如何快速有效地管理、分析和整合这些大数据，从中提取有价值的信息并转化为知识，是智能城市信息环境建设的目标出路之一。

然而如何将智能城市信息环境中的多源、分散、异构的数据有机地整合起来，如何有效地实现不同数据源的共享和融合，这些问题现在还没有从技术上得到真正的解决。目前人们普遍采用传统的数据融合技术来解决这个问题，如传统的数据仓库、中间件和联邦数据库等。这些技术建立在规模较小又不太分散的系统上，主要解决企业多个异构数据集数据的共享和融合问题。传统的数据共享技术主要有语义标注和 Web API 技术，但是这些技术存在接口不一致、反馈的数据没有关联等问题（陈真勇等，2014）。因此很多科研人员还在致力于面向智能城市信息环境中大数据共享与融合的方法和技术研究，这个方向已经成为大数据领域研究的一个关键问题。

面对政府各部门的独立运营、信息分散、互不联通的局面，大数据融合首先要进行数据整合。从具体实施来看，首先要实现政府所管理的相关数据的整合，包括基础要素数据、城市感知数据和部门业务数据。基础要素数据是指人口数据库、企业数据库、地理数据库和宏观经济数据库；城市感知数据是指事关城市运行的物联传感数据，包括定位信号数据、RFID感知数据、交通流量感知数据、人口流量感知数据、空气水质感知等海量数据；部门业务数据是指各部门的业务专题数据，如社保、教育、卫生、税务、财政等。

（三）无缝智能城市信息环境建设与大数据技术体系

智能城市是一个复杂巨系统，是"系统的系统"。因此就智能城市信息环境建设而言，需要解构"系统中的系统"，将其中的信息环境整体剥离出来，构成信息环境系统，然后再分解信息环境系统中的各类子系统，分别设计并进行建设。这是目前在建设智能城市过程中常用的思维模式，也是整体设计和分解、分步实施的具体操作方法。但是需要注意的是，我们强调智能城市信息环境建设的一体化。也就是需要在信息环境系统的整体设计与规划下进行分解动作，而不是简单地对单个信息系统的设计、规划与建设。因此，自上而下的顶层设计成为智能城市环境建设必需的环节。

顶层设计是政府及城市管理部门在城市发展战略指导下，自上而下地为智能城市信息环境建设提供指导的控制性规划，进而明确智能城市信息环境建设的重点内容、各重点内容之间的内在逻辑关系。与一般性全局规划设计不同的是，顶层设计更关注信息资源和基础设施体系结构一致性的技术性。利用新一代信息技术，构建一个较为完整的城市信息环境，完善智能城市的信息化基础设施建设和信息环境整体架构建设，成为智能城市信息环境建设顶层设计技术一致性的重要保障。智能城市信息环境技术一致性如图 1.14 所示，这也是城市信息环境建设中新一代新技术融合创新的生态图（郑杨硕等，2014）。

当前，智能城市的建设已经转变到以数据为主导的建设阶段，数据成为智能城市建设的中心。智能城市基于物联网来感知、采集城市数据，利用云服务来存储和传递数据，依赖大数据技术来整合、分析和预测数据。通过云服务和大数据技术的结合，实现基础设施智能化，在应急保障、市场监管、环境监管等社会治理领域实现社会管理精细化；通过社交网络和移动互联的融合来运营和推送有价值的数据，实现公共服务便捷化，从而形成覆盖数据全生命周期的城市智能化。

国家"863"计划智慧城市（一期）专家组提出的以数据为中心的智慧城市总体技术框架（王静远等，2014）如图 1.15 所示。该技术框架将智慧城市技术体系依照相互依赖关系划分为城市感知层、数据传输层、数据活化层、支撑服务层、应用服务层和行业应用层，同时引入标准与评估体系和安全保障体系。这个框架基本上设计了未来智能城市无缝的数据感知、数据传输、数据融合与共享及数据应用的完整体系，对于建设智能城市信息环境和发挥大数据的价值具有很好的参考价值。

图 1.14　智能城市信息环境技术一致性生态图

智慧政务	智慧交通	智慧能源	......	智慧医疗		
行业应用层						
专用技术	智能交互平台	现代信息服务平台	社会组织生态与治理服务平台			
	应急联防服务平台	公共安全服务平台	视频监视网的共享感知和服务平台			
	行业内务共享平台	跨行业共享服务平台	综合环境评估与灾变预警平台			
应用服务层						
专用技术	网络监管工具与平台	面向业务数据集成和聚类服务	多模数据互连技术与支撑	多层多维智能决策平台		
	空天地融合的智慧城市信息共享	城市信息多层次智能决策	以人为中心的智慧城市公共服务			
	多源信息实时接入与异构信息加载	运行管理的数据分析与支撑平台	动态运行数据呈现与服务			
通用技术	SOA	云平台	智能搜索引擎	可视化与仿真技术	虚拟现实增强现实技术	个性化智能门户技术
支撑服务层						
海量数据存储	城市数据挖掘	海量数据清洗	关联数据动态建模	数据进化理论		
数据描述与认识	数据维护与管理	多模式数据互接	数据关联和生长	活化数据安全与隐私保护		
数据活化层						
面向智能城市的传输控制技术	面向智能城市的无线宽带新技术与产品	面向智慧网络传输的应用基础技术	面向专用智慧网络系统传输的控制技术			
传输控制技术	实时接入技术	多源汇聚技术	可信可控可管网络技术	网络与信息安全技术		
专网技术	物联网技术	WSN网络技术	社会网络	新一代互联网技术	新型网络体系和机制	
通信技术	宽带聚合网	HSDPA与无线宽带网	光网络	IPv6	4G通信	宽带超宽带通信	三网融合
数据传输层						
感知系统	环境与灾变检测感知	智慧城市立体感知网	空间信息感知获取系统			
	城市基础设施感知系统	航拍建模系统	车载感知网络			
感知技术	感知建模技术	动态感知技术	地球观测与导航技术	可信采集技术		
设备技术	泛在传感器	RFID	SoC	汇聚设备	采集设备	内容安全获取设备
城市感知层						

左侧（纵向）：标准与评估体系

右侧（纵向）：安全保障体系

图 1.15　以数据为中心的智慧城市总体技术框架

八、智能城市"人、机、物"三元融合的信息环境愿景

未来的智能城市必将是"人、机、物"三元融合的系统。在今后的几十年内，通过信息化和工业化融合，走新型工业化道路，我国将逐步进入信息社会。而智能城市是信息社会结果最直接的呈现。

信息社会与工业社会的主要区别是在物理世界、人类社会之外存在的一个由计算机和通信等信息资源构成的信息世界（cyber world）。物理世界、人类社会、信息世界通过传感器和人机界面（终端设备）连通组成三元世界（见图1.16）。从某种角度看，信息世界是一个网络化、服务化的虚拟世界。在信息社会中，这个信息世界在人类的生活中发挥了决定性作用（李国杰，2010）。

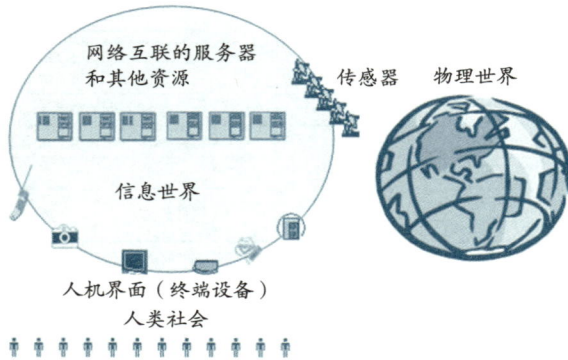

图1.16　物理世界、信息世界、人类社会组成三元世界

人们对40年后呈现智能城市的信息社会有以下的期望。

信息成为最重要的社会战略资源，信息不仅是生产力，而且是最活跃的生产力。信息的生产加工与处理成为创造社会财富的基础，提供知识和信息服务成为社会主导。

生产、交换、流通、管理和消费等关键的经济活动过程已经实现信息化，信息技术成为影响生产效率和生产过程的关键因素，信息化、网络化成为社会的主要特征。

泛在网络与空间、地面、接入等网络全面融合，实现人与人、机器与机器、人与机器之间任何时间、任何地点的通信联络，网络通信无所不在而且有可靠的服务保证，通信成本极低。

提供一体化、服务化的信息网络基础设施（信息网络）。信息网络不只是交流和知识共享的平台，也将演化成为知识处理、知识计算的平台。人们将按照自己的需求来消费并且生产信息。每个用户在家不仅有电源插座，还会有信息源插座。家庭中的"信息表"会像今天的电表一样，统计人们使用的信息资源量和服务量，作为收费的依据。

使用成千上万种高效、可信、省电的信息功用设备（绝大多数信息功用设备目前还没有出现，要通过今后的创新来实现）。用户可自由选择功能和使用模式，自由消费信息。用户能方便地开发新的应用，设计新的功能和界面，而不是一切应用功能都由厂商事先定好。用户可像切换电视频道那样自由切换厂商。消费与生产融为一体，互相促进。这种创造不需要厂商的许可，也不受底层资源提供者的控制。

形成多人多机组成的动态开放的网络社会，交互创造、交互贡献。机器善解人意，人机交互十分和谐。信息网络不再只执行人们事先编好及部署好算法的计算机，而能够不断进化，不断从人们的使用中变得更加智能。从人人增智扩展到人机增智、机机增智，最终出现社会智能的涌现现象。

不同于农业社会的个性无序和工业社会的强制有序，信息社会的特点是协同自序。工业社会把人和自然、人和人对立起来，对资源进行掠夺性开发，而信息社会强调通过信息的协调作用，使每个社会单元找到相对优化的生存空间，通过信息的自组织作用实现社会的协同自序。

在未来的信息社会中，纳米、生物和认知技术将与信息技术结合，促使器件与系统进一步微型化和智能化，微型芯片可嵌入人体和大脑，可监测人体内部机能和血液系统。机器人将成为人们生活的伙伴，量子密码技术将使信息系统更加可靠，对信息和业务流程的访问将通过 DNA 识别来实现。信息技术将成为一种简洁、宁静、和谐的技术，成为像今天用电一样的"不可见技术"，用户看到的只是由信息技术支撑的生活、教育、生产的价值。

绝大多数中国人都成为网民，数字鸿沟已经基本消除，每个公民具有最低信息资源保障。信息产品的应用市场超过产品本身市场，信息服务大大超过软件和硬件产品本身的生产与消费。信息技术大大促进环境保护和改善，信息产业成为可持续发展的产业。

从信息网络技术发展的角度，信息社会的发展可粗略分为 e 社会和 u 社会两个阶段目标：2020 年以前为迈向信息社会奠定坚实基础，称为 e 社会；2050 年的目标是 u 社会，u 是"无处不在"（ubiquitous）的意思，在过去讲的"3A"（anybody、anytime、anyplace）的基础上增加了 anything，变成"4A"目标，强调不仅任何人之间要能实现随时随地的通信，各种设备之间、设备与人之间也要做到随时随地通信联系。在未来的信息社会中，智能化的微型设备数以万亿计，信息设备之间的通信比人与人之间的通信要多得多。e 社会是信息社会的初级阶段，u 社会是信息社会的高级阶段。

九、智能城市信息环境建设与大数据应用面临的挑战

（一）信息环境一体化建设与碎片化角力的挑战

未来智能城市的信息社会必将是人与物高度互联、信息高度发达的社会，打造一体化的智能城市信息环境是发展智能城市的重要的基础性工作。智能城市信息环境的显著特征是信息密集、处理复杂。面对如潮水般涌来的"信息洪流"，如何从纷繁复杂的信息大数据海洋中分离出有用的信息为城市管理决策服务，为老百姓生产和生活服务，便成了一项非常复杂、艰巨的工

作。因此，未来智能城市的信息环境是一体化的生态系统，各类信息系统之间是没有"围墙"的。只有这样，才能及时、快捷地应对智能城市信息的洪流，才能服务城市各类人群的各种需求。

但是，在建设智能城市的过程中，由于技术、观念及利益驱动不同，现在智能城市信息环境建设还没有上升到一体化生态系统建设的高度。人们还是习惯先建立各个信息系统，应对眼前的各类智能应用需求，形成各类信息孤岛或信息烟囱。在国家相关部门推进智能城市建设的过程中，我们所见到的示范项目都是这样的建设模式。因此，目前的信息环境必然是碎片化的，不能形成一个完整的信息生态系统。但是这个过程也是必需的，因为目前的技术和观念还需要进一步发展和转变，这是一个必然的渐进的过程，很可能是一个比较长期的过程。因此，在可以预见的将来，在智能城市信息环境建设的过程中，这种信息化环境一体化建设与碎片化建设的角力过程还将持续下去。

（二）大数据应用为城市信息环境建设带来的技术挑战

大数据技术的战略意义不在于掌握庞大的数据信息，而在于对这些含有意义的数据进行专业化处理。换言之，如果把大数据比作一种产业，那么这种产业实现盈利的关键在于提高对数据的"加工能力"，通过加工实现数据的增值。对于"大数据"，高德纳（Gartner）咨询公司给出了这样的定义："大数据"是需要新处理模式才能具有更强的决策力、洞察发现力和流程优化能力的海量、高增长率和多样化的信息资产。也就是说，大数据只有变成可用的知识，才能真正发挥其价值。

随着智能感知、移动互联、社交网络、电子商务等广泛应用，各种数据正在迅速膨胀。互联网（社交、搜索、电商）、移动互联网（微博、微信）、物联网（传感器）、车联网、GPS、医学影像、安全监控、金融（银行、股市、保险）、电信（通话、短信）等等都在疯狂产生着数据。物联网、云计算、移动互联网、车联网、手机、平板电脑、PC 以及遍布地球各个角落的各种各样的传感器，无一不是数据来源或者载体。若全球每秒钟发送 290 万封电子邮件、一分钟读一封，足够让一个人昼夜不息地读 5.5 年；若每天有 2.88 万个小时的视频上传到网上，足够让一个人昼夜不息地观看 3.3 年……

这些大数据同过去的海量数据有所区别，其基本特征可以用 4 个 V 来总结（volume、variety、value 和 velocity），即体量大、多样性、价值密度低、速度快。①数据体量巨大，从 TB 级别跃升到 PB 级别。②数据类型繁多，如交易信息、网络日志、视频、图片、地理位置信息等。③价值密度低，以视频为例，连续不间断监控过程中，可能有用的数据仅仅有一两秒。④处理速度快。

大数据技术是指从各种类型的巨量数据中快速获得有价值的信息的技术。目前所说的"大数据"不仅指数据本身的规模，也包括采集数据的工具、平台和数据分析系统。大数据研发目的是发展大数据技术并将其应用到相关领域。因此，大数据时代带来的挑战不仅体现在如何处理巨量数据并从中获取有价值的信息，也体现在如何加强大数据技术研发（包括做好大数据基础设施的建设）以抢占时代发展的前沿。

管理大数据易，理解大数据难，真正的问题在于挖掘大数据的价值，让大数据真正有意义。目前大数据管理多从架构和并行等方面考虑，解决高并发数据存取的性能要求及数据存储的横向扩展，但对非结构化数据的内容理解缺乏实质性的突破和进展，这是实现大数据资源化、知识化、智能化的核心。

当今大数据的运用仍面临多种技术难关，主要有：大数据的去冗降噪技术，大数据的新型表示方法，高效率低成本的大数据存储，大数据的有效融合，非结构化和半结构化数据的高效处理，适合不同行业的大数据挖掘分析工具和开发环境，大幅度降低数据处理、存储和通信能耗的新技术。有些行业的数据涉及上百个参数，其复杂性不仅体现在数据样本本身，更体现在多源异构、多实体和多空间之间的交互动态性。而当前技术尚且难以用传统的方法描述与度量，处理的复杂度很大。

（三）智能城市信息环境与大数据安全面临的挑战

随着智能城市的深入推进以及信息技术的快速发展，随之而来的就是城市信息环境的信息安全面临着更严峻的形势。人们对网络环境的要求越来越高，对网络安全也越来越重视。无论是网上交易，还是网络信息的传递，都对网络安全提出很大的挑战。现在网络信息安全已经成为国防安全和国民经济的重要组成部分。城市中任何一个已经在线运行的信息化业务系统的瘫痪都将极大地影响城市的运行状态，给政府管理城市带来极大的隐患。现在如果城市的整个信息网络瘫痪了，其效果不亚于一场较大的自然灾害。因此，在智能城市信息环境推进的过程中，我们必须认清城市信息网络环境的脆弱性和潜在的威胁。所以，采取强力的安全措施是必要的，这对保证网络信息的安全传递十分重要。而目前并没有任何的计算机技术能完全保证网络信息的安全性，所以我们除了要加强技术方面的发展，还必须考虑非技术方面的

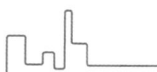

因素，如人们的安全意识等。

（1）需要法律法规的保障。法律是网络安全的第一道防线，可以说，完备的信息安全法律法规是有效保障信息安全的重要措施。目前，国家先后出台了《中华人民共和国信息安全条例》《中华人民共和国计算机信息系统安全保护条例》等一系列的法律，先后从不同的角度制定了计算机安全网络信息安全的法律法规，通过信息立法有效防范和及时处理信息犯罪问题，使信息安全越来越有保障。但是不容忽视的是，所谓"道高一尺，魔高一丈"，这样的博弈过程在智能城市信息环境建设与管理的过程中将会一直持续下去，因此，保障城市信息环境安全的法律建设也应当不断地深入下去。

（2）需要相关政策的保障。保障网络信息安全的政策需求是多方面的、多层次的，因而需要不断地制定出科学合理的信息安全政策，以指导信息安全方面的行政管理指导信息安全立法与司法，促进信息安全技术措施的制定与实施。

（3）需要管理机制的保障。组织机构建设是管理机制的核心。组织机构是指有关信息安全管理机构的建设。信息环境安全的管理包括安全规划、风险管理，应急计划、安全教育培训，安全系统的评估，安全认证等多方面的内容，因此只有靠完善的信息安全管理机构才能设法解决这些问题。此外，信息环境安全管理还需要高技术、高素质的管理队伍。特别是对于网络的管理者们来说，加强职业道德和基本社会公德的修养是十分必要的。要在源头上杜绝网络信息的不安全因素，这是这些管理者们责无旁贷的重任。

在智能城市大数据方面，大家都知道大数据具有巨大的潜力和价值，然而大量事实表明，大数据的不妥善处理会对用户的隐私造成极大侵害。人们面临的威胁不仅限于个人隐私泄露，基于大数据，人们的状态行为可能被预测到。

大数据系统收集海量的未分类、未经分析的数据，这些数据没有得到像传统数据库对数据部署那样的保护（如加密），可以被伪造。错误的数据往往导致错误的结论，数据在传播过程中逐步失真。密码学中的数字签名、消息鉴别码等技术可以用于验证数据的完整性，但是应用于验证大数据的真实性时就面临很大的困难，这是数据粒度的差异造成的。因此，虚假或错误的数据可能导致安全灾难。2013年4月，一家新闻机构的社交账号被黑客攻击，该黑客发出了虚假消息，声称白宫正受到攻击。这则消息导致几家投资机构开始抛售股票，最终让这些公司蒙受巨大的财产损失。智能城市大数据的涉密、隐私等问题如果处理不好，会给社会带来极大的困扰，也会影响智能城市的整个推进进程。

此外，大数据访问控制的难点在于：难以预设角色、实现角色划分，难以预知每个角色的实际权限。也就是说，对于大数据的安全，有时候防不胜防。因此，需要像重视信息环境安全一样高度重视智能城市大数据安全。

（四）大数据应用对现有观念及政策法规的挑战

已有研究表明，我国在数据资源的开放性、流动性、交互性上还远远不足。丰富的高质量数据资源是大数据产业发展的前提。近几年在互联网产业及金融、电信信息化快速发展的带动下，我国数据资源总量有了快速增长，但其他行业受信息化水平制约，数据储量仍不丰富。已有数据资源还存在标准化、准确性、完整性低、利用价值不高的情况。同时，我国政府、企业和行业信息化系统建设受到各种因素制约，形成了众多"信息孤岛"，数据开放程度严重滞后。因此，建立良性发展的数据资源储备与共享体系，是我国城市大数据发展的首要问题。智能城市应加快推动数据资源的开放与共享，明确开放共享的内容范围和相关标准，使数字资源实现社会价值的最大化，同时搭建数据共享平台。数据只有不断流动和充分共享，才有生命力，才能促进大数据成果的广泛应用。

此外，大数据相关的法律法规有待完善。我国个人信息保护、数据跨境流动等方面的法律法规尚不健全，这成为制约大数据产业健康发展的重要原因之一。随着大数据挖掘分析越来越精准、应用领域不断扩展，个人隐私保护和数据安全变得非常紧迫。当前无论是电商企业还是信息资源开发利用企业，在利用各类大型数据时处于一种灰色状态，对大数据应用还缺少规范的引导以及制度的建设。

在隐私保护方面，现有的法律体系面临着两个方面的挑战：①法律保护的个人隐私主要体现为"个人可识别信息"（personally identifiable information，PII），但随着技术的推进，非 PII 的数据也可能会转化 PII，使得保护范围变得模糊。②以往建立在"目的明确、事先同意、使用限制"等原则之上的个人信息保护制度，在大数据场景下变得越来越难以操作。

因此，加强对数据安全保障的研究，制定国家数据安全及网络用户隐私保护标准和法律，才能为大数据技术的进步和大数据应用的发展保驾护航。我国需要及时制定大数据技术标准和运营标准，并尽快制定关于数据主权划分、数据安全和个人隐私保护的法律，为大数据产业发展创造健康的环境。

第2章

i City 智能城市信息环境建设的
需求分析

智能城市信息环境建设的需求分析，实际上是回答建设智能城市信息环境需要"做什么"的问题。国内外研究智能（智慧）城市的论文、报告以及正在从事智能（智慧）城市建设的建设者们都有各自的角度，并有自己的认识和观点。本章希望从一个新的角度和思维方式来分析智能城市信息环境建设的需求。

一、智能城市的感知需求

（一）智能城市的反射弧模型

　　智能城市以物理设备、网络资源／程序资源／数据资源、人脑智慧为基本框架。广义上，智能城市是人类社会和现代科学技术的有机结合，而且"人"始终起着主导作用；狭义上，我们不妨将智能城市理解为延伸"人"的感官和能力的工具，譬如钢铁侠那套几乎无坚不摧、无所不能的钢盔铁甲。

　　现在，我们将智能城市想象成一个庞大的躯体，它具有感知自然环境和人类社会的基本能力，能通过媒介将信息传递到躯干的各个部分，还能与人互动互通消息，且能做出一定的"非条件反射"[①]。

　　我们就用类比反射弧（见图2.1）的思维来探索智能城市。感受器和效应器囊括了大部分的物理设备，传入神经和传出神经包括了网络物理设备和网络资源，神经中枢相当于程序资源和数据资源及相关的物理设施。

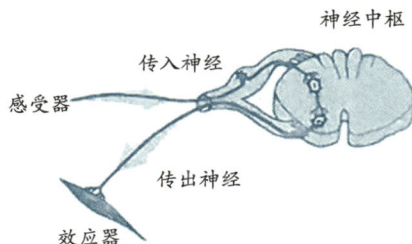

图2.1　人的反射弧模型

---

① 这里的"非条件反射"是为了与人工智能学习习得的"条件反射"区分开。

（二）智能城市的感受器

智能城市靠什么感知人类社会和自然环境？自然就是反射弧模型中的感受器部分。人有五感，即视觉、听觉、嗅觉、味觉、触觉，那么智能城市也自然有它的眼、耳、鼻、口、手。

（1）视觉。最常见的视觉系物理设备就是摄像头。例如马路上的测速摄像头、大楼里的监控摄像头，甚至是家庭电脑上的摄像头，这些都可以成为智能城市的"眼睛"。在智能城市视觉方面已有很多优秀的应用案例。例如韩国金浦市的老城区有1 074个摄像头，新城区有749个。这套智能城市监控系统配合多图像分析解决系统，能进行目标追踪、漫游检测与分析、暴力因素检测与分析、安全监测与分析、人群检测与分析以及垃圾丢弃检测与分析，极大地保证了该城的治安。不仅如此，上述两个系统与停车场控制系统配合，广大市民就可以通过智能手机的APP查询到公共停车点、可用停车区域等信息。智能城市的"眼睛"不但能接收人眼所能看到的光线，还能看到肉眼看不到的物体，因为手段多样、灵敏度高的物理设备还能接收光谱380 ~ 780nm之外的光线。例如红外热像仪（infrared thermal camera），穿上迷彩服也许可以迷惑人类的眼睛，但是人体散发的热能却逃不过红外热像仪。

（2）听觉。听觉系物理设备也种类繁多、功能多样，包括监测噪音的声级探测器和噪音剂量计、探测水下环境的声呐、探测生命迹象的声波探测仪等。厦门市环保部门在许多小区里安装了无线噪音监控系统，这解决了以往工地作业、娱乐场所噪音投诉后无法取证的问题，保证了小区市民安静的生活环境。

（3）嗅觉和味觉。人类的嗅觉和味觉是相互整合、相互作用的，本质上都是化学物对人体器官的刺激。从这一点上讲，智能城市的各类嗅味觉器官可探知人类已知的各种化学物质，例如PM2.5探测器、花粉探测器等。美国贝肯研究所和IBM公司联合开发的传感器网络"河流与河口观测网络"将有数百个传感器，每个传感器都拥有独立的计算机芯片，实时收集和分析河流的生物、水质、化学物质等信息。

（4）触觉。这类物理设备能感受到力，并将接收的信息数字化，不仅包括传感器、重力传感器等直接反映力的设备，也包括键盘、鼠标、触摸屏等与人互动的设备。

通过上面的"五感"分类和案例佐证，我们应该意识到，通过跟反射弧类比，我们可以有效推测到智能城市可以具备哪些感知功能，而且智能城

市在同类感知上要比"人"感受得更广、更深、更精确。此外，世上现有的所有可将物理世界数字化的仪器设备都可以成为智能城市的感受器，这就意味着能作为智能城市感受器的现有物理设备很多。就拿智能手机来说，不仅有标配的录音设备和两个摄像头，还有磁力传感器、重力传感器、距离传感器、温度传感器、光纤传感器、气压传感器、心率传感器等等的感受器。如何善用现有设备，减少建设智能城市的开支，也是一个很有价值的课题。

（三）智能城市的输入/输出神经

假设智能城市的感受器/效应器/神经中枢都是一个一个的点，智能城市的输入/输出神经就是连接各点的线。更确切地说，智能城市拥有的传递信息到各个节点的神经网络不仅包括宽带网络（如家庭光纤接入、无线网络、主要公共场所 Wi-Fi、下一代广播电视网等）、3G/4G、RFID，同时也包括小范围临时建立的网络（如蓝牙、红外线、手机热点等）。

（四）智能城市的效应器

效应器是对外界刺激做出反应的仪器设备。从这个定义讲，世界上所有的物理设备都是效应器。没有外界作用（主要是人），机器不可能自觉开动。所以缩小一点范围，智能城市的效应器是能作用回外界的物理设备，或显示信息，或对外界做出反应。例如显示屏，大到时代广场的广告显示屏，小到手腕上智能手表显示器，总在闪变着信息；又例如工厂流水线上的机械臂，它们能将零件组装成一个一个的器件。

（五）智能城市的神经中枢

神经中枢就是智能城市处理信息、储存信息以及实现业务自动化的地方，它包括定义框架中的程序资源、数据资源及其相关的物理设施。例如广州市政府内部的信息共享平台就属于这座城市神经中枢的一部分，政府各个部门的数据在这个平台上沉淀交换，以供各部门依法使用。

我们可以把这样抽象的定义具体类比到人类神经中枢，其实智能城市的神经中枢就是能达成人类某个特定目标的各个系统的集合。人体的神经中枢虽然复杂，但功能相同的神经元共同调节某一生理功能，且各神经元群的作用不重复。同理推测智能城市建设，实现某一目的的整套业务流程最好汇聚在一个系统里，这种一体化的思想可以避免重复建设的浪费。日本政府现今大力构建一体化的电子政府平台，正是因为在其构建之初并没有从整体把握电子政府的建设，所以产生了大量重复的情报系统，增加了公众的负担（需要重复操作申请/申报流程），也增加了运营成本。他们计划在 2018 年将现有的 1 500 个情报系统减半，2021 年运营成本降低 30%。

同时，神经中枢是自动化非常高的部位，比如我们从未主动意识去呼吸，但呼吸这项基本生理机能却时时刻刻在进行。智能城市的神经中枢也应有这样的特质。在城市中，机械重复的业务都应由智能服务系统完成，从而把人的精力、时间解放出来。但长久以来，数据资源的重要性一直被强调，而能实现自动化处理业务的程序资源似乎并没有同等的待遇。我们在一直强调大数据能为决策提供更多更好依据的今天，是否也应将同等的精力和时间投入到体现自动化的程序资源开发？这是一件值得思考的事情。

二、政府和市民对智能信息环境的需求

广义的智能城市在狭义的基础上囊括了人类社会。由于人类社会的复杂性，建设智能城市信息环境的更多困难并不在设计或技术上，而在人类社会的利益分配上。

（一）政府管理对建设智能城市信息环境的需求

智能城市管理可以具体到很多实际内容（譬如智能政府、智能交通、智能医疗、智能环保等），而且现在每项内容都可以找到已有案例以供参考，例如智能政府就有新加坡的"一站式公共服务城市治理应用"，智能交通可参考某市的"中兴智慧交通公共服务平台"，等等。尽管在技术设计上有反射弧模型可作参照，实际内容有具体案例作为参考，但政府在智能城市的建设上依旧非常困难。

在实地考察中，数据资源共享/开放的困难尤为突出。这并非技术难题，而是数据持有部门拒绝共享/开放，或以涉及国家安全为由，或以涉及个人隐私为由。还有第三种情况：数据本身并非涉密涉私，但出于数据部门本身的利益不愿意公开。建设智能城市固然能给人类社会这个整体带来利益，但不一定给共享/开放数据的部门带来利益，"播种"与"收割"的利益分配问题是一大阻碍。

所以，对作为城市管理者的政府来说，它们建设信息环境最迫切的需求是建立一套与之相关的法律法规以及形成配套且多方认可的共识。广州市电子政务中心建设政府信息共享平台来实现数据共享的过程是一个值得借鉴的

案例，它为第三种情况提供了一个解决思路，从"如何让数据共享比数据封锁为数据持有部门带来更大的利益"这一问题入手，逐步打破"拒绝共享"的僵局，并在此过程中建立大家达成共识的政策、标准和规范。因该案例在第 12 章有详细说明，此处不再赘述。

（二）市民对信息环境与大数据的需求

在现阶段，我国市民对信息环境和大数据的需求体现了以下两个特点。

（1）绝大多数市民对信息环境和大数据的需求都是非主动的。问卷调查和实际考察[①]的结果都倾向这一结论。所谓非主动，就是市民本身在这方面不会主动、自发地提出具体需求。普遍状态是一项信息化服务被提供之后，他们才会做出反馈，而且这种反馈大多数也是非主动的。在政府开放数据的服务中，这种特点非常明显。政府向市民开放政府数据的服务并不是市民方主动向政府要求的，这项服务的提供是自上而下的。当市民被提供这项服务后（例如上海）或有被提供这项服务的可能时（一些城市在考虑提供服务前做了民意调查，例如东莞），他们一般都不会主动发表意见。虽然在被问及时（例如东莞的民意调查），市民以压倒性比率表明需要这项服务，但从国内各个开放政府数据平台以及相关民意调查网站的访问量、回访率等数据来看，事实可能并非如此。不过非主动和被动还是有区别的。当某项服务真的触碰到他们的切身利益时，市民还是会采取措施来表达他们的意见。例如在东莞的民意调查中，是否开放"环保行政处罚信息（自然人）"这个目录下的数据，就明显有了相当的反对意见。所以，市民是以"是否符合自己的切身利益"作为标准，非主动地对信息环境与大数据的需求进行投票。

（2）市民对信息环境与大数据的需求是简单直接的。这意味着，智能城市若给他们提供信息，最好是经过处理能直截了当回答他们问题的信息；若给他们提供服务，最好是一步到位、简单便捷的服务。例如港澳通行证网上签注办理服务，以往市民都得跑到特定的办事大厅，填写纸质的申请表格附加上必要的申请材料，再排队到指定窗口递交，程序复杂、耗时久。现在，只要直接在网上填好表格，单击递交按钮，剩下的就是快递小哥和办理部门的事情了，一步到位、耗时短。

通过以上分析得出的一个初步结论是：通过问卷调查／民意调查探知市民对智能城市大数据和信息环境的需求这种由下至上的方法并不是行之有效

---

① 参见第 12 章第 4 节。

的；自上而下、先建设后分析的方法反倒更有优势。此外，为市民提供信息的查阅数据和为市民提供服务的使用数据才是市民真正的需求。

（三）国内外对智能城市需求的差别

通过收集案例以及实地考察，不难发现，每个城市智能化偏重的内容不同，各有成效。

（1）我国幅员辽阔，城市众多，各个城市的智能化发展水平差别极大，若要从智能化城市上升到智能化国家，还需要不断地修建"反射弧"的缺失部分。相比之下，对于像新加坡这样的城市国家，一个系统既是城市级别的，又是国家级别的。

（2）欧美一些国家政府数据资源已经可以做到国家级别的开放，例如美国（www.data.gov）、英国（www.data.gov.uk）；我国政府数据开放一般都是城市级别，如上海（www.datashanghai.gov.cn），甚至是区一级的，例如宁波市海曙区（data.haishu.gov.cn）。这种各自为政的局面在某种程度上是重复建设的浪费，也不符合以后建立国家级别系统的要求。

（3）市民对智能城市的参与度不同。我国市民对智能城市的需求是非主动的，而且接受服务后的反馈一般也是非主动的，这与欧美国家的情况大相径庭。在英国，政府开放数据运动是自下而上的，社会团体和民众对此要求强烈；英国向民众开放海军自杀数据，英国民众会因自己的国家在这方面比美国更透明而感到骄傲。同时，我们要意识到，这股世界范围内政府开放数据浪潮的源头是西方国家程序资源的开源运动，大量热爱编程的普通人在社区中分享自己的程序代码——而程序资源同样是组成智能城市中枢神经的重要部分。这一点恐怕是我国和其他国家差距最大的地方。

三、基于大数据的智能城市对知识中心建设的需求

智能城市是指在城市发展过程中，充分利用新一代信息技术，在城市基础设施、资源环境、社会民生、经济产业和政府管理等领域中，对居民生活工作、企业经营发展和政府职能行使过程中的相关活动和需求，进行智能感知、网络互联、智能处理和分析协调，将城市构建成一个涵盖市民、企业和政府的新型城市生态系统，为市民提供舒适的生活和工作环境，为企业创造更多的商业机会和可持续发展的商业环境，为政府科学管理城市提供一个决策支持平台。

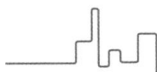

建设智能城市大数据管理和知识中心是智能城市信息环境建设的核心，是智能城市建设可持续发展的技术关键。智能城市需要进行大数据的生产与存储、组织与管理、处理与分析、应用与服务，以提高城镇化质量，改造并提升社会公共管理职能，促进城市管理和服务智能化发展。在智能城市建设中，如下许多方面将成为大数据应用的重点领域。

（一）智能交通大数据应用

我国大部分城市交通管理呈现出条块分割现象，由于数据信息只存在于垂直业务和单一应用中，造成交通管理的碎片化（如交通信息分散、信息内容单一）等问题。而大数据具有信息集成优势和组合效率，有利于数据的同步采集和分析处理。随着智能交通传感器数据的引入，数据规模从过去的 TB 级爆发性增长到 PB 级，由此带来对海量数据的存储与计算的挑战，迫切需要寻求新的管理和处理技术。同时，交通领域对海量的图像和视频数据的实时处理分析也提出很高要求。

（二）智能医疗大数据应用

伴随着医疗技术的发展，医院积累了大量不同类型的数据，比如医疗数据、音频、视频、图片等，这些数据已成为医院宝贵的财富。大量的医疗系统数据是非结构化、半结构化的，包括文本信息、图片、影像、多媒体信息等。根据估算，中国一个中等城市 50 年所积累的医疗数据量就达到 10PB 级，而随着健康医疗的不断发展，非结构化数据增速将持续加快。传统关系型数据库在存储大数据集、处理和查询大数据集时遇到了挑战，亟须针对大数据设计和优化数据存储、管理和查询平台。

（三）平安城市大数据应用

平安城市的建设目标是满足治安管理、城市管理、交通管理、应急指挥等需求，同时要兼顾灾难事故预警、安全生产监控等方面对图像监控的需求。这种从"事后查看"到"事前预警"的需求变化，要求做到对海量视频数据的精准分析，这也是平安城市以视频为核心的大数据应用需求所在。

（四）构建新一代智能工厂

智能工厂中的大数据，是"信息"与"物理"世界彼此交互与融合所产生的大数据。大数据应用将带来制造业创新和变革的新时代。在以往传统的制造业生产管理的信息数据基础上，大数据应用通过物联网等带来的物理数据感知，形成"工业 4.0"时代的生产数据的私有云，创新了制造企业的研发、生产、运营、营销和管理方式。在德国"工业 4.0"中，通过信息物理系统（cyber-physical systems，CPS）实现工厂、车间的设备传感和控制层的数据与企业信息系统融合，使得生产大数据能够传送到云计算数据中心进行存储、分析，形成决策，并反过来指导生产，促进产业升级。

（五）智能政府

大数据应用更加强烈要求数据共享，政府管理层需要通过高效的互联互通，极大地提高政府各部门间协同办公的能力，提高为市民办事的效率，大幅降低政府管理成本，最重要的是为政府决策提供有力的支撑。智能城市的建设首先需要一个"智能政府"。

四、本章小结

本章首先构建了智能城市的反射弧模型。这个模型的核心是类比的思维方式，建立在科技是人类感官和能力延伸的前提之上[①]。使用这套模型，向后看，我们能对智能城市信息环境建设至今的发展有个直观和宏观的认识；向前看，我们可以推测今后智能城市还能在哪些方面有所作为。这两者间的差距，就是建设智能城市信息化环境的需求，即我们需要做的事情。

但是建设智能城市并非只是技术问题，在广义上溯其本质，是生产力和生产关系相互作用的问题。智能城市代表着人类生产力发展的一个里程碑，它反作用于生产关系时，使利益分配问题成为主要矛盾。本章并未就这个方面进行深入分析，仅在浅层表象的一些突出问题和特点上做了概述。针对这些问题和特点，要使智能城市的信息环境建设能和谐可持续地发展下去，还需要建设与之匹配的人文环境：一是要形成广泛存在且普遍接受的共识，并规范成法律形式；二是要提高市民参与度，要让市民级别（不仅是政府级别）的"人"主动自发地提出建设需求并做出积极反馈。如何做到这两点，应该是智能城市今后建设工作中的重中之重。

---

① 当人工智能技术成熟、机器有自我意识的时候，科技将会是独立于"人"的存在。

第3章
i City

智能城市的
信息感知环境

传感是智能城市系统中最末端的神经，是智能城市系统建设的基础。本章介绍了智能城市系统中最常用的五类传感技术的技术概况、发展历史、市场情况以及最前沿的发展趋势；通过调研当前国内外智能城市中传感器布设与应用的典型案例，分析了智能城市传感技术与传感系统建设的规律和主要问题；最后针对智能城市中传感信息的有效利用，从技术的角度给出了两点建议：一是需要重视和加强传感数据融合的技术研发，二是应该以需求为导向，提升图像视频感知数据的分析理解技术与应用的结合。

一、智能城市的基本传感技术

感知是智能城市建设的基础，通过感知城市中的信息为市民和城市管理者提供服务是最终目标，因此，对人和与人相关的物（如汽车、环境）的感知是智能城市的主要方向。我们将智能城市中感知的方式按技术来源分为五类：标识感知、遥感、通信感知、摄像头感知、其他类型的传感器感知。

（一）标识感知

智能城市的主要感知对象是人和物，特别需要感知人和物是如何在城市中流动的，这就需要对人和物建立标识以进行区分和识别。在智能城市的理念被提出之前，为了城市中各运营部门自身业务开展的需要，标识技术已经被广泛应用在城市的各个角落，比如超市里所有的商品，人们持有的银行卡、公交卡，等等。从技术实现方式来看，标识技术包括条码、二维码、电子标签、磁卡等，这些标识技术分别具有各自独特的特性，城市中的实际系统根据应用的需要选择不同的技术来标识对象。

1. 条　码

条码是由宽窄不同的黑条纹与白条纹组成的图案，通常被印刷在商品的包装上，方便产品的生产、销售单位用识读器快速高效地统计、管理产品或商品的流动情况。条码最初于 19 世纪 20 年代诞生于美国，经过若干次改进和发展，成为现在的条码技术。从 20 世纪 70 年代开始，条码被广泛应用于商品标识、图书管理、物流、医疗等各个领域，全球每天扫描条码的次数已达到数十亿次的级别，产生了海量的信息。

条码通过宽窄条纹来描述商品或目标物品（如快递单）的标识，首先根据通用的规范或应用单位自定义的规则对目标物品给出标识编码规则，通过编码规则生产一串数字或字母，再将数字或字母转化为二进制的 0 和 1，这样就可以用连续的黑白条纹来描述了。常见的条码采用宽的黑条纹或白条纹代表 1，窄的黑条纹或白条纹代表 0。不同宽窄的黑白条纹间隔排列，既可以表达连续的 1 或连续的 0，也可以表达 1 和 0 轮流出现的所有情况，且黑白条纹总是间隔出现有利于识读器读取的健壮性。

印刷在商品或物品上的条码需要用专门的识读器来进行读取，其工作原理是基于黑白条纹对光的反射特性不同，黑色吸收各种波长的光，白色反射各种波长的光。当识读器的光源产生的光照射在条码上时，通过识读器的光电转换器件读取到光的反射情况，即可被识别出 0、1 的序列，再通过教研和译码等步骤，即可解码出人可阅读的编码信息，并通过计算机和网络存储到系统中。目前识读器的技术已经非常成熟，成本低廉，因此条码技术在商品、物品标识领域得到广泛的应用。

条码技术的主要优点是系统实施成本非常低，条码本身只需要通过印刷技术印制在产品的包装上。由于产品包装上本身就要印制商品信息和图案等内容，因此附带印刷条码使得条码的印刷成本几乎为零。条码的识读器由于技术成熟，现在的市场售价一般在 100 元左右，为应用单位带来的成本很低，且识读功能稳定，因此条码技术的应用范围很广。条码技术主要有两个方面的不足：①条码技术能容纳的信息量较小，在几十个字节左右，只能表达物品的基本编号，当需要描述更多信息时容量不足，因此人们后续发明了二维码来标识更多的信息；②条码的识读要求距离比较近，且有对准要求，这就使得条码的应用必须由人工参与操作，不能自动化大规模地进行识读，进而限制了条码的应用领域。

2. 二维码

二维码用特定的几何图形在二维平面上绘制出黑白相交的图案，通过黑白图案相交的不同来实现对二进制信息的编码和表达。目前二维码已广泛应用于互联网信息获取与转递、广告信息发布、电子商务、促销、支付等领域，具有比条码更广阔的应用前景。二维码的研究与设计起始于 20 世纪 80

年代,随着互联网的快速崛起而得到广泛应用。二维码能表达的信息量远远超过条码,且随着智能手机的普及而无须使用专门的识读器硬件,因此近年来得到了快速发展和广泛应用。

条码利用宽窄黑白条在一维方向上表达信息,而二维码是在条码基础上的扩展,从一维扩展到二维,可以在水平和垂直两个方向上都绘制黑白图案,用黑色的点表示 1,用白色的点表示 0,将所有的黑白点组织在一个正方形的范围内,因此二维码可以表达的二进制位置更多,信息描述能力是条码的近百倍。同时,二维码在正方形区域的三个角部具有定位标志,可以使识读器在没有严格对准二维码的情况下仍然能够正常读取二维码中所描述的信息。

二维码利用光学原理进行识读,充分借助了信息技术发展带来的优势。除了专门的二维码识读设备之外,也可以使用带摄像头并安装了相应软件的智能手机识读、译码、处理和传输二维码,这极大地扩展了二维码的应用领域,提升了二维码的普及速度。我们可用智能手机等识读设备对准二维码拍摄图像,但拍摄距离和对正的约束要求比条码宽松。拍摄得到图像后,通过软件识别二维码中的三个定位标志即可自动找到二维码的位置,并将二维码图像旋转到正确的识读角度,然后通过分析二维码中的黑白点位置,即可解码出相应的 0、1 序列,并通过校验、解码等操作,得到人可阅读的信息记录,再结合互联网服务将更丰富的信息呈现在智能手机等识读器的屏幕上,为用户提供阅读、确认、下单等服务。

二维码通过印刷技术印制在物品包装上或者以图片的形式展示在互联网的页面上,因此与条码一样实施成本几乎为零。在识读器方面,由于信息技术和电子产业的迅猛发展,即使是并非为二维码识读而设计的具有显示、处理、联网和通信等多种功能的智能手机,其价格也可以控制在千元以内,且由于大部分消费者都拥有自己的手机,二维码识读设备的部署成本也非常低。二维码几乎可以应用于条码的所有应用领域,但是由于条码的应用系统已经部署了很长时间,整个系统的升级和替代还需要较为漫长的时间。事实上,二维码凭借信息容量大、识读设备直接与普通消费者对接的优势,已经从条码的限制中突围,广泛应用在电子商务、购物、互联网 + 应用、产品溯源、广告投放、证件管理、信息传输与下载、定位等应用中。二维码虽然比条码的信息容量更大,使用更便捷,但也存在一些不足:①受限于摄像头清晰度和识别设备的处理能力,二维码的识读距离还不够远,一般在 30cm 以内,无法满足远距离识读的需求;②很多二维码中的信息都包含网络链接,通过链接来容纳更多的信息和服务，因此二维码在应用中对网络基础设施的要求比较高。

3. 电子标签

电子标签通过芯片和电子技术将信息保存在芯片内部，然后用专门的电子识读器通过发射无线电波与电子标签进行通信，读取标签中所保存的标识信息，实现对目标物品的标识。电子标签技术起源于英国，最早用作军事用途，从 20 世纪 60 年代开始进入民用领域，当前在高价值物资管理、食品溯源、门禁管理、药品管理、生产控制和管理等领域得到了较为广泛的应用。

电子标签是一大类技术的统称，根据无线电通信的频率可以分为低频电子标签、高频电子标签，根据标签是否自带电池可以分为无源电子标签、有源电子标签。电子标签的工作原理是电子标签内部的芯片保存有特定的标识信息，当电子标签处于识读器无线电波的工作范围内时，识读器通过电磁波发出查询、读取标签信息的命令，电子标签得到命令后侦听是否有其他标签也在周围，如果发生冲突则延迟一定的时间再给予相应应答以避免电磁波信号冲突，如果没有冲突则向识读器返回自身的标识信息，从而完成标识信息的读取流程。在上述过程中，有源标签利用自己电池中存储的能量进行通信；而无源标签则利用识读器发来的无线电波作为能量来源，在很短的时间内将标识信息所收集到的能量发送出去。低频电子标签收集能量的方式是电磁感应耦合，同时工作频率较低，比如 125kHz、13.56MHz；而高频电子标签收集能量的方式是后向散射耦合，工作频率一般为 915MHz 左右。

电子标签的核心组成部分包括芯片、天线、封装。芯片是电子标签的核心，芯片中设计有信息存储区域，标识信息就存储在芯片中。同时，芯片中还包含逻辑处理部件和计算部件，能完成标签读取相关的各种功能。天线是电子标签发射信号所必需的部件，同时也是无源电子标签收集电磁波能量的装置，天线的大小从根本上决定了通信距离的长短和能量收集能力的强弱。因此虽然芯片本身可以很小，现在已经可以做到 $1mm^2$ 以内，但是天线必须具有一定的尺寸，通常实际的电子标签天线占据的面积在 $4 \sim 25cm^2$。电子标签的芯片和天线都属于电子器件的范畴，在实际应用中还需要为电子标签提供一定的封装形式以便于使用，比如封装到不干胶贴纸中可以方便图书管理员将标签直接贴在图书中，又如封装到塑料中成为门禁卡、公交卡、停车卡等。

相比于条码和二维码几乎为零的制造成本，电子标签具有一定的应用成本，因为其具有非接触、远距离读取的能力，在需要远距离或非接触读取的应用场景中具有广泛的需求。比如在高速公路的速通卡应用中，电子标签可以免去人工收费的环节，提高了公路通行效率，同时可监控高速公路车流状态。电子标签在智能城市中推广应用的主要问题是部署成本还比较高。无源电子标签本身具有 2 ~ 5 元的制造成本，有源电子标签的成本在 20 ~ 30 元，因此当前电子标签主要应用在 500 元以上的高价值物品或重要物品的标识领域，比如高档电子产品、枪支印章等。随着电子标签成本的降低，其应用范围有望进一步扩大。有源电子标签需要电池供电，最长的有源电子标签供电时间为 2 年左右，安装电池使得标签的尺寸变大、成本变高。无源电子标签虽然尺寸小、成本低、可长期工作，但识读距离则还不够远，最远也只能达到 7m 左右，在库存盘点、物流管理等领域的应用受到限制。此外，电子标签在安全等方面还有待进一步研究和改善。电子标签的非接触读取的特点为非法信息窃取者提供了信息访问渠道，为电子标签的安全性带来隐患。相较而言，条码和二维码通过光学原理识读，只要遮挡住就可以保障信息安全。

4. 其他标识技术

除了上述三种标识技术以外，智能城市中还存在一些其他的标识感知方式。比如很多银行卡和会员卡等采用磁卡技术，通过将信息保存在磁条中来标识记录，并采用特殊的磁卡识读设备读取磁卡中的信息。磁卡技术由于诞生较早，已在银行卡等领域得到了广泛应用。未来电子标签技术将代替磁卡，从而使得卡中包含的信息更加丰富，保密安全效果更好，但是其替代过程将是缓慢的、渐进的。在餐饮等领域，还可通过在卡片上打孔的方式来标识 0、1 序列，识读器发射光线。有孔的地方让光线透过，则被识读为 1，没有孔的位置遮挡光线，则被识读为 0。该方式也具有信息标识的能力，通过专门的识读器可以读取信息，在历史发展过程中也已经在很多领域得到了应用。

此外，还有通过其他传感器直接识读人的独有特征的标识传感方式。指纹识别技术已经逐步走向成熟，已经应用在海关出入境管理、学校企业打卡记录等方面，但由于部分人群的指纹不够清晰或者录入异常，指纹识别装置在应用中还存在一些困难，需要人工处理识别。虹膜识别、人脸识别、步态识别等技术也在逐渐成熟中，已经在一些特定的应用场景中开展了一些试点应用，但是大规模应用还存在技术难点。

（二）遥　感

遥感是利用卫星、飞机等运载工具，使用遥感器从高空获取地面对电磁波的反射、辐射和散射情况，从而感知地面总体面貌的技术。遥感所使用的电磁波波段主要包括紫外线、可见光、红外线和微波。地面不同属性的物体（如草地、建筑物、水源、土壤、气象等）对电磁波的响应特性不同，因此可以通过遥感所获得的图像进行分析、处理，标识出具有不同属性的目标区域。这些遥感数据可以帮助智能城市的管理者了解和掌握所管辖的城市区域的总体情况，并通过不同时期遥感图像的对比研究，掌握城市发展变化的情况，了解城市发展态势，同时也为智能城市进一步发展规划的制定提供依据。

遥感可以利用一切运载工具从高空进行远距离感知，在实际应用中一般可以通过卫星、探空气球、飞机、无人机等进行探测。遥感技术在智能城市领域应用的主要技术特征包括遥感影像的分辨率、遥感影像的获取周期。

我国已经向社会开放的卫星遥感影像的精度约为5m，更高分辨率的影像受制于卫星技术和高分辨率遥感器技术以及国家遥感数据保密要求，还未能向社会开放和提供服务。卫星遥感影像的获取周期取决于卫星的轨道以及所需遥感区域的天气状况，一般经 1 ~ 6 天可以对同一目标区域进行第二次遥感。国外的遥感卫星商业应用更为积极，比如美国的 Planet Labs 公司在2014年发布了商业卫星遥感数据服务。该系统由 71 个名为 Doves 的微型高清影像遥感卫星组成，可以提供全球范围内任何区域的 3 ~ 5m 分辨率的遥感影像数据服务。

由于卫星运转轨道在数百千米高空，距离地面距离较远，因此，为了提高遥感影像分辨率和数据获取频率，可以用其他航空飞行器来获取数据。通过在探空气球上搭载高分辨率遥感器，将探空气球或驻空飞艇放飞到距离地面 10 ~ 30km 的平流层。在该高度，探空气球可长期准静止悬停，可以采集到分辨率和频率更高的遥感影像。

在 10km 以下更低的航空高度，可以在飞机上搭载遥感器进行遥感探测。但由于飞机的飞行成本较高，在科技发展的今天，已经更多地采用无人飞机进行航空探测。

当前单架无人机的市场售价在 50 万元左右，飞行高度在距地面 1 000m 左右，可以在一天内探测 200km^2 左右的地面区域，由 1 ~ 2 名工作人员即可完成放飞和回收操作，不需要专门的起降场地。可以根据事先的遥感规划，利用 GPS 在指定区域巡航探测，遥感影像分辨率可以达到 0.1m 左右，并有能力在一小时内取回数据，从而支持智能城市中的应急决策需求。除此以外，四旋翼飞行器在近几年也快速兴起，通过搭载高清传感器，可以比无人机具有更高的响应速度，更容易操作和使用，设备单价更低。但四旋翼飞行器受能量限制，一般滞空飞行时间较短。

从卫星到无人机的各个层面的遥感技术可以为智能城市的建设和管理提供强有力的数据支撑。卫星遥感数据在智能城市建设规划、污染治理等方面发挥着重要作用，比如北京市房山区长阳镇的智慧城市试点就通过与中科院遥感地球所国家遥感应用工程技术研究中心进行合作，将遥感技术应用在智慧社区等新型城镇化建设中。航空层面的遥感数据可以为智能城市提供更加实时和应急的服务，比如一些研究单位已经在研究通过遥感影像分析，实时计算并分析获得整个城市的实时交通流量和拥堵状态等信息，从而为城市的道路交通参与者提供更加准确、即时的交通信息服务。

（三）通信感知

当前移动通信技术已经广泛应用于人类的生产生活中，我国手机用户数在 2014 年已经达到 13 亿部，也就是几乎每人都有一部手机。手机在为用户提供通信服务的同时，也为智能城市提供了人群位置的重要数据，对智能城市的智能化管理具有非常重要的作用。

用于定位的移动通信装置有 GPS 定位、基站定位、Wi-Fi 定位几种方式。大部分手机内置 GPS 模块，在用户使用相关应用（如导航应用）并开启 GPS 功能的同时，也向导航应用的服务提供商报告了自身的位置信息。服务提供商通过汇集海量用户的位置信息，运用大数据分析技术，就可以得出智能城市的交通流量、拥堵情况、人群迁移状态等有意义的结果，并且这些信息都是动态的、实时的。

但是并非所有用户都开启 GPS 功能，而且 GPS 只能在室外的开阔区域进行定位。基站定位可以弥补 GPS 定位的缺陷，可以全天候地对所有移动通信设备进行定位，因为一旦移动通信设备要进行通信，必须与遍布整个城市的成千上百个通信基站中的某一个建立通信连接，而运营商事先已知晓基站位置，因此与某个基站进行通信连接就意味着这个移动通信设备在基站附近，也就意味着使用该通信设备的人在相应位置。这个定位方法还比较粗略，根据基站分布的密度该方法的定位精度在 500 ~ 2 000m，只能获得城市中人的大致位置。进一步地，可以通过测量移动通信设备与不同基站通信延时的差别，估算通信设备与不同基站距离的差异，从而利用三角几何公式

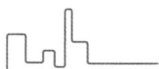

更加准确地定位结果，有可能把定位精度控制到 50m 左右。基站定位并不要求移动通信设备开启定位功能，只要设备处于通信或待机状态即可。移动通信设备若放置于室内，也同样可以进行定位。我国的移动通信公司一般都在地方政府管辖范围内，智能城市的建设可以充分利用移动运营商的定位信息为智能城市中的交通管理、公共事件应急处理、商业和经济建设提供决策支持。

同时，移动运营商、大型企事业单位和无线热点供应商在城市中铺设 Wi-Fi 热点，为用户提供 Wi-Fi 网络接入服务。Wi-Fi 热点和移动基站的基本工作原理类似，也可以在提供网络接入服务的同时进行定位，而且 Wi-Fi 热点一般部署在建筑物、室内以及人员密集区域。Wi-Fi 的通信距离相对较短，一般在 100m 以内，因此利用 Wi-Fi 的定位功能可以将定位精度提高到 10m 左右，且能对建筑物内部的位置进行定位，包括移动通信设备所在的楼层、房间等。这对智能城市中大型商场、酒店、超市等公共区域的管理和服务而言有很高的价值。

在智能城市中，移动通信设备的位置在很大程度上等同于移动通信设备的拥有者的位置。因此，通信感知所得到的位置信息对于智能城市的管理具有非常重要的价值，通过对人群密度、流动规律的分析，可以在智能交通等多个领域开展智能化管理和服务。在智能交通中，根据对人群密度和流动规律的分析，可以合理安排交通运力，调度交通指挥能力，提高智能城市的运转效率。在城市大型公共设施（如机场、火车站、大型商场、影院等）管理中，或者在城市大型活动（如大型演出、运动会、音乐节等）过程中，人群定位技术也可以帮助城市管理者观察和掌握人群流动的实时状况，对人群聚集的危险等级进行预判，协助管理部门及时启动应急预案，以应对公共安全事件。此外，根据人群的聚集、运动规律，还可以帮助城市的管理者和商业机构判断商机（包括商场、超市、餐厅的选址，户外广告的投放力度，以及市场价值计算等），使得城市的运营更加精准，从而实现城市社会效益和经济效益的双丰收。

移动通信设备通过定位技术可以为智能城市提供有力的支撑，除此之外，通信本身也对智能城市的建设具有重要意义。通过城市人群之间的通话时长分析以及通信频率、通信关系等海量数据的分析，结合大数据分析技术和"互联网+"应用模式，可以在宏观上把握城市发展的态势，规划城市之间的交通、能源、网络等基础设施建设，并为城市人群提供其他服务。

（四）摄像头感知

由于摄像头拍摄的图像具有直观、信息丰富的特点，在城市安全管理、交通管理的需求牵引下，近十年来，国内各大、中、小型城市中均已安装布设了海量的摄像头。通过摄像头感知城市运转的脉搏，保障城市运转的安全，已是大势所趋。

早期的监控摄像头是模拟摄像头，最初分辨率只有 300dpi 左右，摄像头的清晰度不高，布设基建成本高。随着技术的提升和网络基础设施的完善，当前高清摄像头已经在监控领域不断普及，视频采集录制的分辨率已经达到 1 920dpi×1 080dpi，并且利用有源以太网（power over Ethernet，PoE）技术可以直接通过以太网线缆给摄像头供电，节省了布线和架设施工的成本。未来 5 年，监控摄像头设备的技术发展趋势会向超高清（4 096dpi×2 160dpi）演变，帧率有望从 30fps 提高到 60fps，并且具有视频分析功能的智能摄像头将逐渐成为主流趋势。这其中的发展趋势主要有两个：提高图像的质量，提高图像传感设备自身的智能水平。

虽然现在高清摄像头的清晰度已经达到 1 920dpi×1 080dpi，但图像的清晰度还是不能达到人眼正常视力分辨的水平。也就是说，摄像头还比不上人眼。但随着摄像头清晰度的提高，视频数据量将翻倍增长，城市监控的摄像头数量也在不断增长，这无疑对数据的传输带宽和存储容量提出了更高的要求，将进一步推动视频压缩技术的研究。从 1992 年制定的 MPEG-1 标准发展到 2013 年制定的 HEVC 标准，视频压缩效率已经提高了近 10 倍，进一步提高压缩效率的研究工作仍在继续开展中。除了提高压缩效率，提高图像清晰度的努力还体现在摄像头对夜晚、雨雾天气等外部环境异常的适应能力上，目前大部分摄像头已配备红外光源和低亮度图像处理功能，这在一定程度上解决了对夜晚监控图像的适应能力。此外，摄像头对雨、雾等异常环境的处理算法也已经取得较好的研究结果，并逐渐应用到商用产品中，后续将会不断提高图像处理性能，使摄像头在各种环境中都能采集到清晰的图像。不久的将来，摄像头清晰度将超过人眼的分辨能力。

摄像头另一个重要的发展方向就是智能化。由于城市中监控摄像头的数量很多，实际应用中没有足够的人力观看摄像头数据，遇到特定的需求时也很难高效地从海量视频数据中找到相应的视频片段。因此对监控摄像头所拍摄的图像进行智能分析具有非常强烈的需求，但是受限于视频分析的技术难度，现有的摄像头还不能有效地满足应用的需求。智能城市对摄像头智能分

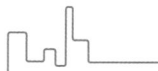

析的典型应用需求包括车牌识别、车辆检测与计数、行人检测、人脸检测与识别、异常物体检测、异常事件检测、对同一目标的多摄像头关联追踪、视频语义挖掘与查找等。以上功能的实现尚面临两方面问题：一方面是相关研究需要取得进展，另一方面是需要探索上述分析功能的实现方式。

要实现视频分析功能，一种方法是建立云分析中心，通过聚集强大的计算服务器，在云计算中心对视频数据进行分析，得出分析结果。该方法便于将现在仍然处于研究阶段的视频分析算法部署到系统中，可以在现有的条件下快速部署视频分析能力，提升已有监控系统的智能化水平。但是由于城市中的监控摄像头数量巨大，数据量具有海量特征，该方法给云中心的计算能力带来了很大的挑战。即使世界上最大的亚马逊云计算中心的服务器数量也不过 15 万台左右（2013 年数据），面对一个大型城市动辄几十万台的监控摄像头，其计算能力也是力不从心的。因此，摄像头本身具有智能分析的能力已是大势所趋。

目前市场上已经出现了一些智能摄像头产品，具有简单的运动侦测和特定目标发现的功能，从而在目标区域没有活动或没有发现特定目标时，视频并不被记录或不被上传到监控中心。这样不但极大地缓解了视频的存储需求和带宽需求，而且通过摄像头所感知到的视频包含了一些高层语义信息（如事件发生的时间、目标物体的位置、运动轨迹等），从而为后续的视频语义理解以及目标物体和目标事件检索查找提供了基础。逐渐随着应用需求的牵引，未来会出现越来越多具有智能处理能力的监控摄像头设备。目前我国在这方面的研究和应用水平同国际先进水平基本同步。在国内研究界和智能城市应用部门的共同努力下，我国的智能监控传感设备将建立完整的产业链，并在国际上处于领先水平。

（五）其他类型的传感器感知

除了上述四类主要的感知方式以外，智能城市中还存在很多其他传感器和感知方法，但是每一种感知方法都有其特殊的特点和应用模式。

比如随着我国大气污染状况逐渐严重，大气污染程度受到了城市管理者和公众的高度关注。大气污染的各类指标，如 PM2.5、PM10 等，需要由环保部门借助布设在城市不同位置的传感器按照采集规范得到。这些气象、空气质量传感器采集城市的空气质量、温度、湿度、风力、噪声等指标，为城市治理和市民生活提供支持和服务。环保部门在河流、湖泊、土壤、地下水等位置也布设了传感器，采集有关城市的各种信息，每一种传感器都和具体

要感知的物理特性有关。

在智能交通中，除了前文提到的标识感知等方法，交通管理部门还根据自身业务的需要布设了其他传感器，比如通过埋设在公路下面的磁传感器可以感应到是否有车辆在公路上的通过，还可以检测出所通过的车辆大小等信息，并进一步根据通过车辆的计数结果来得出公路上车流量的大小。再比如一些高速公路收费站安装有地磅秤，用于检测货车的载重量，这实际上是一种压力传感器，通过对车辆重量的感知检测超载车辆，保障公路安全。

在城市的地铁站、火车站、机场、体育场馆等地点，出于公共安全的需要，也会布设危险品检测感知设备，通过磁场和 X 射线等方式探测通过人员是否携带了爆炸物、易燃物和刀具等危险品，保障城市的安全。

此外，还可通过埋设在周边山区和河流中的传感器来探测是否存在山体滑坡、洪涝等地质灾害。比如 2014 年江苏省无锡市在惠山、新区等易涝区域布设了降水量和水位检测传感器，对城市的洪涝灾害实现智能预警，为突发性洪涝灾害的科学决策提供支持。

城市的供水公司还会在水厂和城市主要供水管线中布设水质检测传感器，保障城市供水水质，避免水体污染造成的大规模公共卫生安全事件。而且随着传感技术的成熟，市民也会在家里安装水质检测和空气质量检测的传感器。这些数据如果聚集到网络数据中心，也是城市安全的重要数据支撑。

二、智能城市中传感技术应用案例

随着全球化、城市化进程的深入发展，以及信息技术和信息产业在近 20 年内突飞猛进的快速发展，智能城市建设得到了国内外的普遍重视。城市管理者普遍认为，智能城市的建设有助于解决城市发展中存在的交通、安全、管理等问题，可以促进国民经济发展和经济结构战略性调整，提高社会生活的效率，实现可持续发展。许多城市已经开展了智能城市实践，我们以国外城市、国内大型城市、国内小型城市（区）为例，给出下述三个传感技术应用于智能城市建设的案例。

（一）国外城市的传感技术应用案例

2009 年 9 月，美国爱荷华州的迪比克市与 IBM 共同推动了美国第一个"智慧城市"的建设。该城市是一个由 6 万人组成的社区，通过采用 IBM 推荐的信息化技术，将城市的所有资源（供水、供电、燃油、天然气供应、智

能交通和其他公共服务等）都连接起来，可以侦测、分析和整合所采集的数据，并做出智能化响应，服务于社区市民的日常需求。

欧洲也是智能城市的积极倡导者。比如爱尔兰将信息技术应用于自然环境保护方面，在爱尔兰戈尔韦湾（Galway Bay）的数百个浮标上安装了感应器以获取信息，并收集渔民提供的信息，从而检测海面危险漂浮物的信息，避免渔船失事，同时检测涨落潮的时间，帮助渔民建立海产品销售渠道。在瑞典，斯德哥尔摩的交通状况本来很拥挤，在 IBM 公司的支持下，瑞典城市管理部门利用信息技术所感知到的信息，建立了"道路堵塞税"的计量和管理机制，通过使用 RFID 技术、激光技术、摄像机监控技术等，自动识别进入市中心的车辆，并向在工作日 6:30 到 18:30 之间进出市中心的注册车辆收税。实施这一措施之后，城市的交通拥堵状况得到有效缓解，市区拥堵降低了 25%，交通排队所需的时间下降了 50%，道路交通废气排放量减少了 8% ~ 14%，二氧化碳等温室气体排放量下降了 40%。

亚洲各国也是智能城市建设的积极参与者。日本在 2009 年 7 月推出"i-Japan"（智慧日本）战略，目标是通过信息技术改善电子政务、医疗健康服务、教育三大公共事业的效率。2009 年，韩国仁川市宣布与美国思科公司合作，打造网络这一信息化基础设施，力图改善城市管理效率，打造环保的、信息化的、无缝连接的智慧城市。新加坡则早在 2006 年就启动了"iN2015"计划，力图基于物联网等信息技术的支撑，将新加坡建设成为经济、社会发展水平一流的国际化都市。新加坡的智能交通系统可以为道路使用者提供实时、丰富的交通信息，帮助市民较为准确地预判交通出行时间，提高城市运转效率。

（二）国内大型城市的传感技术应用案例

在我国的智能城市建设中，以北京、上海、深圳为代表的一线大城市和宁波、合肥、南京等大中型城市都在开展智能城市的建设。

以上海市为例，其信息化建设水平一直处于全国领先地位，上海世博会的口号就是"城市，让生活更美好"，与智能城市的理念和目标不谋而合。上海市的智能城市建设从网络基础设施入手，以打造网络基础设施为智能城市的基石，以建设宽带有线网络和遍布城市的无线网络为代表。网络基础设施是提升上海智能城市建设水平、提升城市竞争力的重要一环。从 2009 年到 2013 年，上海整个市域范围（包括 16 个市辖区和崇明县）内的公共 Wi-Fi 热点明显增多，并由中心城区向周边各区县逐步扩展。2009 年，大约 60% 的

Wi-Fi 热点处于距离核心市区人民广场 10km 内，超过 70% 的 Wi-Fi 热点部署在外环高速路附近。2013 年，上述核心区的 Wi-Fi 热点数量已经降至全市全部 Wi-Fi 热点数量的 40% 左右，但是核心区 15km 内的无线局域网（wireless local area network，WLAN）热点比重仍然占一半以上。2009 年，浦东新区、徐汇区和长宁区三个重要市区的 Wi-Fi 热点数量约占全市总量的 36%。2013 年，另外两个区（松江区、闵行区）则成为 Wi-Fi 热点部署数量最多的前三名。经济发展最为活跃的浦东新区仍然是最多的，部署了超过 1 000 个 WLAN 热点，是 Wi-Fi 热点部署数量最少的崇明县的 6.7 倍。

通过无线网络基础设施的牵引，上海市的智能城市建设有条不紊地开展，为后续智能城市的建设提供了良好的榜样。从上海的案例可以看出，对于大中型城市的智能城市建设而言，从基础设施的建设入手不失为一种扎实的建设方案。伴随着大中型城市的发展进程，基础设施的"中心→外围"可建设推广模式可逐步将智能城市的优势推广到整个城市建设中。

（三）国内中型城市（区）的传感技术应用案例

重庆万州是一个人口规模约为 100 万的中型城市。在当前我国的城镇化建设和转型的过程中，万州的城镇化率接近 60%，面临着生态保护、交通拥堵治理、城市产业升级、信息技术发展水平不高等城市管理难题。因此，万州的智能城市建设思路是：以信息技术基础设施为引导，构建面向公路、民航、铁路和消防的公共安全和突发事件监控信息网络；加快万州的家庭和企业高速宽带网的建设，接入带宽分别达到 100Mbps 和 1 000Mbps；加快 3G 无线网络到 4G 无线网络的升级，实现主城区无线宽带的全覆盖；建设面向各类公众、企业和政府用户的云计算中心，计划将各类基础数据电子化并整合到云计算中心的数据库中；建设位置服务基础设施，为未来城市的高精度基于位置的服务提供支撑。此外，万州还围绕城市周边旅游、智能化物流体系、环保、教育、公共卫生、交通、药品与食品安全、城市管理、城市规划等城市管理和服务中最重要的问题，制定了短期和中长期的建设规划。从总体上来说，中小城市由于基础水平和需求牵引的差异，与一线大城市的智能城市建设还有一些差距；但随着中国城镇化进程的加快，中小城市也有强烈的智能城市建设需求。

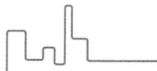

三、对智能城市传感技术的思考

智能城市建设过程中，从物理世界感知是相对容易的，如何把来源不同的感知数据融合汇总起来，根据需要提供给不同的业务部门使用，以及提取视频、图像等非结构化数据的信息是智能城市建设中的关键技术难点。城市的管理者只有提升了数据资产的管理与处理技术能力，才能从数据融合中创造出更多的社会价值和经济价值。本课题组建议从国家总体的战略层面，在智能城市感知的技术方向上重点开展如下两个方面的研究和产业化工作。

（1）重视历史数据处理和融合技术的研究与产业化，从技术上支撑智能城市从试点转向大面积推广，在全国范围内通过促进数据融合创造更大的经济价值和社会效益。

（2）重视对视频、图像等由监控摄像头等传感器拍摄的非结构化数据语义信息理解技术的研究和产业化，推动智能城市从浅层感知到深层感知的发展，让智能城市的智能化变得更加强大。

（一）数据融合是智能城市中传感系统建设的重点

通过对部分已经开始实施智能城市试点工作城市的调研，我们观察到，智能城市的建设和管理部门通常无须为智能城市的建设专门拨款部署传感器，即使未来出现部署专门传感器的需求，在整个智能城市的感知系统中也只会占比较小的部分。就我国国情而言，智能城市建设和管理通常相关市镇的政府及其下属的专门机构管理，因此智能城市的建设不会明显增加政府的财政支出，但是可以明显提升城市的功能、效用，提高城市的管理效率。

以本课题组参与调研的北京市房山区长阳镇的智能城市建设为例，长阳镇 2013 年入选国家智慧城市试点，提出了"无线城市智慧长阳"的发展战略。镇领导班子研究制定了《2013—2020 智慧长阳建设总体规划》，希望以智慧城市的建设为牵引，提升城市的魅力、层次和管理效率，实现长阳新城的平稳、健康、可持续发展。长阳镇在智慧城市的建设过程中，充分整合城市原有各职能部门的数据（如出租车数据、公交数据、城市遥感数据、城市监控数据、移动通信数据等），建立数据感知中心，将来自各方面的数据整合、融合在一起。这里的数据来源基本没有专门新建：出租车数据来自出租车管理公司以及城市的交通管理部门，公交数据来自公交公司、地铁公司等交通相关企业，城市遥感数据来自国家遥感中心和研究所，城市监控数据来自公安部门和其他机构，移动通信数据来自移动通信运营商。传感装置也不是相关部门（如公安部门或移动通信运营商）专门部署的，而是各部门或企业为了本身业务开展的需要而部署的，因此装置布置和数据来源接近零成本。当然，有了智能城市以后，数据变得更加有价值，不同部门之间的协调以及商业机构或普通个人产生的数据未来也会变得有价值，从而让数据形成市场定价。但单从智能城市建设的角度来说，传感器的部署成本是非常低的，政府主导的智能城市建设可以充分利用城市中各部门和商业机构已有的感知系统来构建，但政府部门需要从中进行大量的协调和整合工作。

通过调研我们发现，目前智能城市建设的主要应用需求有指导城市规划、有效管理交通并为市民提供交通服务、促进居民消费与经济发展、监测城市水源与空气状态并提供公共服务、感知公共安全与公共卫生事件并予以应急处理等。利用已有的传感器就已经能提供足够的数据，满足这些应用需求。

（1）卫星遥感数据可以提供全局的城市建设状态，帮助城市规划专家和城市管理者从宏观的角度高效地审视城市建设的状况，并为未来的建设和发展规划提供数据支撑。

（2）安装在出租车上的浮动车信息由出租车公司掌握，如果能与智能城市其他感知数据相配合，能在很大程度上让智能城市管理者了解整个城市动态、实时的交通信息；也可以通过网络服务将这些交通数据提供给市民，为市民出行提供建议服务，引导城市交通良性运转。

（3）城市公交公司的乘客刷卡信息、地铁刷卡信息，高速公路的车牌识别、公路状态监测、卡车重量监测等都是非常有价值的城市交通数据，通过对这些数据的分析和归纳，可以为城市管理者和参与交通的市民提供很好的数据支撑服务。

（4）绝大部分城市市民都拥有手机。通过手机基站对通信记录的分析，可以感知城市人口之间的关系，还可以用于发现异常情况。通过手机基站可以对手机进行定位，通过与手机厂商、APP厂商、导航软件厂商的协调，可以获得更加精准的手机位置信息。而手机位置信息也基本上可以代表市民的出行状态信息，因此这些感知信息可以实时、动态地感知到城市中人口的流动情况，从而为城市建设与规划、人口密集事件的应急响应、城市商业的发展和经济活动提供非常有价值的数据支撑服务。

（5）城市中的各商业机构（如商场、商店、饭店、银行、小商品交易市场、汽车4S店、理发店、移动通信营业厅等）每天都在发生着大量的消费行为。其中，通过刷卡消费的信息最容易被感知到，现在大部分现金交易

也被电子化记录了，相关商家通过打折卡、会员卡等形式也记录了海量的数据。如果这些数据通过银行和工商的渠道可以融入智能城市的数据库，无疑也可以对智能城市的建设起到重要的推动作用。

（6）城市的汽车站、火车站、机场、学校、医院，每天也都通过各机构的内部信息管理系统记录了大量的数据，比如学校的食堂餐卡消费记录、校园网上网登录记录、机场的免费 Wi-Fi 数据访问记录、医院的市民就医用药情况记录等等，都可以是智能城市感知的重要数据来源。

（7）城市的供电局、供水公司、供气公司、环境监测部门通过计量设备或收费渠道，也在实时感知着城市运转的脉搏，通过监测城市的用电、用水、用气和空气质量等信息，可以反映出城市运转的各种状态。城市用水的质量监测、城市空气质量的监测等对城市的形象和市民的健康也具有非常重要的意义。

智能城市建设中的数据感知来源已经非常丰富，但是在现阶段，这些数据还未能在智能城市的总体目标下汇聚和融合在一起，还未能很好地集成到智能城市的统筹管理之下，大量城市感知数据还有待逐步融入。因此，虽然智能城市建设无须投入巨大的资金来部署传感器，但是政府的有效协调和统筹非常重要。在这方面，国内还没有非常完善和成熟的智能城市感知数据汇聚融合的运作经验，未来这方面的建设途径还有赖于政府部门的不断摸索和创造性的尝试。

本课题组认为，智能城市感知数据的融合主要有如下三点工作需要推动：①数据融合的规范需要制定；②应该逐步建立数据的有偿定价机制；③政府主管部门应该自上而下统筹协调感知数据的融合。

（二）图像、视频大数据智能分析是主要技术难点

在本课题调研过程中，我们发现智能城市中大部分数据都是结构化的数据，即数据的语义信息明确且便于检索和处理，比如公交刷卡数据、GPS 数据、金融消费数据等等。这些数据的使用技术一般没有太大的困难，但是智能城市中众多监控摄像头拍摄下来的图像和视频数据却让智能城市的管理者和应用开发部门面临很大的技术困难。这些图像和视频数据具有以下特点：数据本身很宝贵，包含了大量信息，且非常直观，但是数据量巨大，无法获得语义信息，难以使用。因此，管理者对这些监控摄像头拍摄的图像和视频数据又爱又恨，爱的是数据本身很有价值，恨的是现有的技术手段还无法有效利用这些数据，且这些数据所占用的带宽、存储、计算、能耗、管理等成

本远远高于其他结构化的数据。

在摄像头数据的分析技术研究方面，学术界在长期研究，并且在过去的 20 多年取得了长足的进展，即计算机视觉研究。计算机视觉研究现在已经在车牌识别、人脸检测两个重要的技术领域达到了基本产业应用的水平。其中，车牌识别技术在近两年已经开始逐渐应用在停车场、道路违章监测等应用中，并且达到了较为理想的应用效果。人脸检测技术也已经可以在一些特定场景的应用中达到实用水平，比如机场、办公室、超市等场景中的人脸检测，同时，基于人脸检测的人脸识别应用也有小范围的示范应用。在学术领域，通过国际上计算机视觉领域研究的发展和视觉领域相关赛（如 Pascal VOC 等）推动，计算机视觉在应用方面也在不断进步，比如更多种类的目标识别、事件检测、视频语义理解等。这方面的研究成果也在逐步渗透或应用到智能城市的建设发展中。

如果能够从整体的高度协调智能城市建设发展与计算机视觉研究的关系，通过一系列措施促进计算机视觉研究为智能城市建设服务，那么这将是一个对两方面都有极大促进作用的战略决策。对智能城市而言，可以更加有效地分析海量的视频和图像数据，直接服务于某些特定的应用，提升我国制造业水平，促进产业升级，促进高科技就业，在世界取得领先地位；对于学术研究而言，可以有效推动研究的深入开展和落地应用，为学术界提供真实的数据和指明研究方向，活跃学术界的研究热度，提高学术研究水平。

本课题组建议的具体措施包括如下四项。

（1）建立一个国家层面的智能城市媒体数据分析应用领导小组，由国家智能城市的中央职能管理部门、主要智能城市建设的地方政府负责人、计算机视觉领域的知名专家组成，从全局的高度统筹规划和协调学术研究和产业应用的协调发展，包括制定发展规划，总结和预测智能城市对技术的需求和应用时间表，设立研究课题和确定研究目标，协调产学研结合与研究成果的落地应用等。

（2）总结归纳智能城市中视频数据分析的技术需求，根据专家的评估与决策，组织力量将智能城市中的应用需求梳理出来，并整理相关的实验数据集合，通过赞助国际知名学术会议等形式组织技术挑战赛，推动学术研究向智能城市应用的方向优先发展，促进面向智能城市应用的计算机视觉研究尽快取得进步。

（3）通过设立产业化为导向的项目，推动企业与学术界的合作，促使企业把学术研究成果转化为实际的产品和系统，打造智能城市视频数据分析新

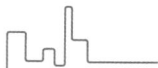

兴产业链，提升制造业附加值和科技含量，为国民经济在高科技领域的发展再加一把力。

（4）制定智能城市中视频数据处理技术规范，使得全国智能城市的建设更加标准化和互通，降低产业壁垒，通过产业竞争促进产业发展，使得具有技术优势和产业实力的企业可以脱颖而出、做大做强，同时也创造一个公平竞争的环境，让不同企业在同样的技术标准和框架要求下进行竞争，降低智能城市中视频数据分析智能化的门槛。

第4章

iCity

智能城市的
网络信息环境建设

一、网络信息环境的地位和目标

信息网络技术在实现具有泛在、服务、绿色、自治、开放特征的智能城市中起到关键性作用。信息网络技术作为智能城市的基础设施，在实现城市智能化、信息化中发挥着基础支撑作用，是智能城市发展的根基和支柱。智能城市是以网络信息为基础的城市信息体系，智能城市中的信息网络技术作为关键纽带，建立起人与人、人与设备、设备与设备之间的互联，并实现信息通信与交换，构建智能管理环境，实现有效的感知、广泛的互联互通、深入的智能分析处理以及个性化的体验。如今，智能城市业务已经发展到各个行业领域，如智能交通、智能医疗、智能电网、智能商务、智能物流等（Correia et al.，2011），这些行业应用都离不开基础的城市信息网络，信息网络是智能城市行业应用的基础平台。通过信息网络建立起覆盖城市的信息采集、信息交换和信息服务的通信系统，满足智能交通、智能医疗、智能电网、智能商务、智能物流等城市功能的需求，连接起组成智能城市的所有功能元素，无缝化地提供用户服务。

当前，信息网络技术正呈现出诸多新的发展趋势，而我国在该领域的核心技术掌握、基础设施建设、市场开发等方面与发达国家相比存在较大的差距，同时面临着包括产业结构、规模、创新能力、均衡发展等方面的挑战。在推进智能城市建设中，信息网络技术需紧跟智能城市发展趋势，以智能城市对网络信息环境的需求为指导，全面建设发展网络信息环境基础，推动智能城市建设发展。

（一）网络信息环境在智能城市中的地位和作用

为了实现智能城市这种无处不在的感知、四通八达的网络、智能的信息处理以及用户的感知体验，智能城市的建设包括感知平面、网络平面、信息平面和交互平面四个平面（见图1.5）。其中网络平面建立起覆盖智能城市的信息采集、信息交换和信息服务的通信系统，是智能城市的核心，是智能城市各专业应用服务系统（如智能交通、智能医疗、智能城管等）的支撑系统以及互联互通平台，其核心是打破各部门间的信息壁垒，实现信息融合和数据共享。

网络平面负责信息的互联互通与共享，并与智能城市的感知平面、信息平面和交互平面一起，实现智能城市的感知、鉴权、监测、控制和云计算功能（见图 4.1），其根本任务是要完成所有感知平面数据的接入，同时提供安全、可靠、准确、及时的数据传送，实现更全面的互联互通和共享。通过网络能力的扩展和各种异构网络间的协同，构建起有线无线结合、宽带窄带结合的，具有泛在特征的网络平面，智能城市的海量节点可以随时接入，海量信息可以无障碍传输。网络平面通过各种形式的高速率、高带宽的通信网络，将各种电子设备、组织和政府信息系统中收集和存储的分散信息和数据连接起来，进行交互和多方共享，从而更好地对环境和业务状况进行实时监控，从全局的角度分析形势并实时解决问题，使得工作和任务可以通过多方协作远程完成。

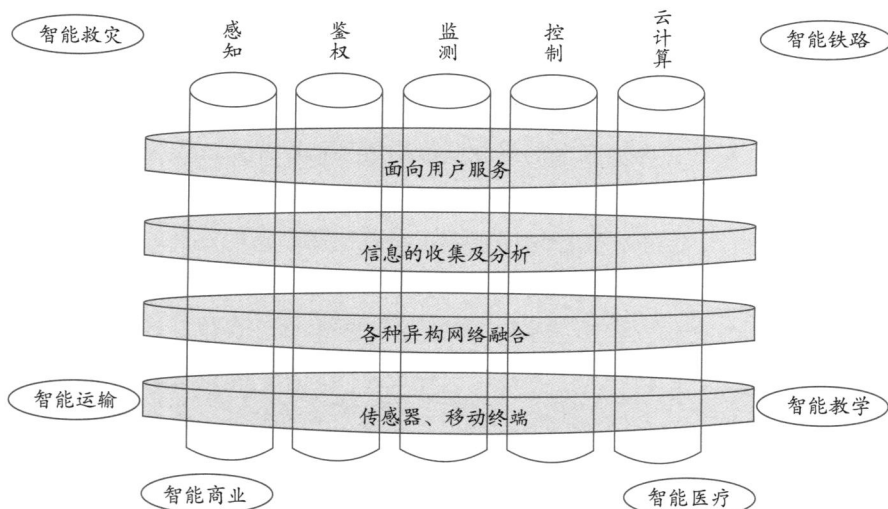

图 4.1　智能城市的功能

网络平面由通信网络构成，包含有线和无线等各种采用不同技术的通信网络，不同的网络间协同工作，高效、准确、安全地传输各种数据。网络平面可以细分为物联网、无线接入网、有线接入网、传送网、承载网等。物联网能够实现物与物之间的连接，完成与物相关的数据采集；无线接入网、有线接入网将采集到的数据汇集到传送网上，无线移动通信网包括 2G、3G 以及 4G 网络；传送网是公共数据传输网络，将采集到的数据传输到数据中心或传输给最终用户；承载网面对下层传送层面和上层业务层面起到承上启下的作用，能够实现按照上层业务层面的要求把每个智能应用业务的信息流从源端引导到目的端。网络技术关系如图 4.2 所示。

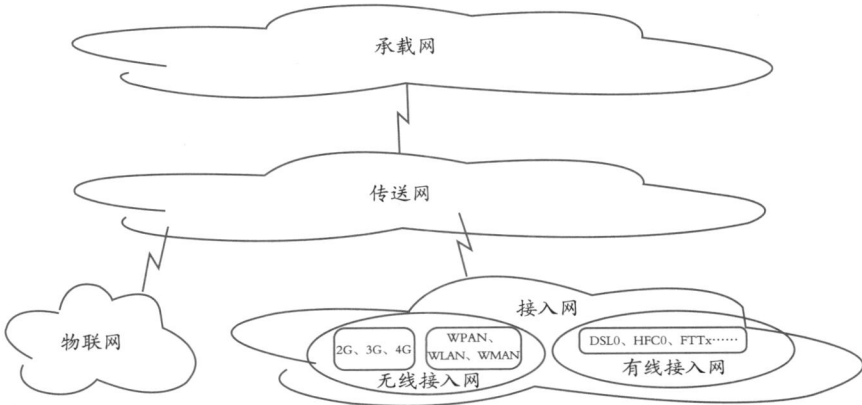

图 4.2　网络技术关系

　　智能城市的内涵之一是能够对城市信息资源全面感知、全面整合、全面挖掘、全面分析、全面共享和全面协同，整合信息资源。为了实现任何人、任何物、任何时间和任何地点的信息感知，网络信息环境通过多种网络信息技术，包括物联网、无线接入网、有线接入网等为任何人、任何物在不同的环境下实现无缝灵活的接入，通过融合的网络环境提供满足性能需求的智能业务，实现智能城市的物联化、泛在化，收集关于城市生活的海量数据，并对数据进行有效的聚合。同时，智能城市不仅需要向用户提供信息推送、查询、交流等普遍服务，还需要提供实时多媒体交互、娱乐、视频、内容等推送服务。随着广泛的接入和智能业务愈加细化、丰富和多样化，用户海量信息将爆发性增长。海量数据有效、可靠地传送，为各种业务提供有效的信息是实现城市智能化、信息化的基础，而高效能、高带宽的网络信息环境正是业务数据有效、可靠地传送的载体。通过智能城市的内涵和特征可见，网络信息环境是智能城市的基础和支柱，是实现智能城市的前提。

　　智能城市需要充分了解各行各业在城市运行中产生的海量数据，通过对海量数据的分析处理发现城市运行过程中存在的问题，发掘、捕捉城市运行过程中的商机。由于城市中各行各业存在复杂的关联性，某一行业的无用数据有可能成为另一行业的商机，为了提升城市运行管理的智能化程度，发挥数据的潜在价值，未来智能城市要求城市运行过程中产生的海量数据不仅要得到高效传送，更要能够在各部分、各行业内充分交流沟通。而要实现信息

共享，提供各行业内资源共享服务需要基础的网络信息环境的支持，依靠网络之间的互联互通，进而实现数据、信息和业务的全面的互联互通和共享。

智能城市中不同行业、不同部门对基础设施提供的服务具有不同的要求，如公安系统要求基础设施提供图像视频采集和传输服务，医疗机构要求基础设施提供数据共享、信息推动服务，交通部门要求基础设施提供车流采集、信息发布、事故快速反应等服务。因此，提供开放的业务系统，便于各行各业根据其需求开发特色行业应用的网络信息环境，这是智能城市中至关重要的基础设施。

智能城市中用户所处环境、互联时间以及连接终端各式各样，且终端随着用户的移动位置在随时发生变化，而在未来移动特性将愈加普遍。同时，考虑到终端与业务属性的关系，如手机与语音服务的天然属性，需要在差异化的终端上提供融合业务。因此，终端融合、终端与业务融合、普遍的移动性支持在智能城市中将是普遍的需求。而能够支持智能城市上述需求的网络信息环境就起到关键作用，依靠技术不断提升的无线接入网可以满足移动性的要求。

通过上述分析可知，网络信息环境建设是智能城市发展的基础和支柱，是实现智能城市的前提，起到至关重要的纽带作用。同时智能城市的内涵、特征、需求和发展目标对网络信息环境建设具有指导作用，能够指引网络信息环境建设的发展趋势和发展目标。智能城市的发展不仅离不开网络信息环境，而且对网络信息环境提出了新的需求，如泛在需求、性能需求、融合性需求等。网络信息环境必须围绕智能城市发展的内涵、需求、目标不断完善自身，起到有效的基础支撑作用。

（二）网络信息环境建设的总体目标和技术特性

网络信息环境全面深化建设是智能城市建设的必要条件，智能城市的内涵、特征、需求和发展趋势决定了网络信息环境建设的发展目标，同时，网络信息环境建设为城市的智能化、信息化奠定良好的基础。为了满足智能城市的发展需求，网络信息环境建设的总体目标是构建一个泛在、融合、高容量和高可靠的网络环境，能做到无处不在的全面感知以及信息传输的全面覆盖，实现任何时间、任何地点、任何人和物的互联，具有无缝性和泛在性。

泛在化是网络信息环境建设的重要目标，是发展智能城市的基础动力。在智能城市中每个人、每个物都将成为信息发布个体，是信息交互的个体，特别是传感器的广泛应用极大地扩大了信息的获取范围，真正实现了产生、交互、传送的泛在化。泛在基础是建构网络信息环境建设的基础，将有效提高信息提取、传输、交互的广度与深度。一个城市要实现高效、智能的运转，离不开信息交互的广泛性、深入性、及时性，这需要信息感知无处不在，信息传输处处覆盖且畅通，即需要网络信息基础设施足够泛在化。目前中国各地已开始实施光网城市、无线城市等工程，正是为了实现城市的个体可随时随地接入网络，而物联网工程就是让每一个人、每一个物都成为信息感知单元，实现信息的广泛提取。

　　智能城市中多种网络信息技术之间的融合将是网络信息环境建设的重要目标，这需要多种通信方式和技术的共同支持和协同工作。网络基础是由物联网、无线网、移动网、有线网、互联网等各种网络技术组成的，这些网络使用不同的技术，具备不同的优势和特征，服务于不同的市场。随着网络技术的不断发展，从宽带、覆盖范围、移动性和成本等方面综合考虑，没有任何一个单一技术可以满足智能城市所有的应用场景。网络信息技术需要和谐共存，多种网络技术正在向着融合的方向发展，不同网络技术间的差别将慢慢缩小，不同网络间的协同能力将进一步提高，不同的网络将能够协作提供集成业务。同时，网络间的融合可以有效实现数据、信息和业务在网络间的传送，从而有利于业务的扩展和信息的互联互通与共享。网络融合包括业务融合、核心网融合、接入网融合、终端融合和运维融合等多个方面。通过融合和互联互通，网络信息环境将成为一个可互操作的网络集合，它能够支持数据、音频、图形、视频等业务需求，能够协同工作提供高性能、高带宽、高速率的服务，共同支持不断增加的个体，传输爆炸式增长的数据量，灵活而且容易扩展地承载各种智能应用。

　　高容量和高可靠是智能城市网络信息环境建设的另一发展目标。智能城市中无处不在的泛在性要求意味着网络信息环境需要传输的数据、承载的业务将不断增长，提升网络的容量和性能是网络信息环境建设的发展目标。现今网络信息环境主要是为人与人通信的目标建立的，因此，不但在网络容量方面是依照人与人通信的业务模型来计算的，而且在性能和可靠性方面也是参照人的通信行为来估计的。而智能城市中不仅有人与人之间的通信，还包括人与物、物与物之间的互联，很多应用都将是无人干预的自动操作，其跟人与人之间的通信行为有很大的不同，对网络的容量、网络性能等要求也会不同。从规模而言，可能要面对上千万乃至上亿的海量节点，规模将远超过现有的通信规模，网络信息环境高容量、高带宽就成

为发展的目标。从对网络性能的要求而言，智能城市不同的应用对网络性能有不同的要求，有些应用对网络性能的要求低于人与人的通信要求，而有相当一部分的应用对网络性能的要求远高于人与人的通信要求，那么网络具备提供高性能的差异化服务就是网络信息环境建设的另一发展目标。虽然目前应用规模不大，数据传输要求不高，现有网络可以满足智能城市的通信要求，但从智能城市未来的发展趋势考虑，高容量和高性能的网络环境是发展的需要，也是发展的重要目标。

智能城市下的网络信息环境建设的目标使得作为基础设施的网络信息环境有了发展的内在动因和方向，同时网络信息环境建设的发展支撑着智能城市的不断演进。

智能城市网络信息通信系统是多种技术的融合和集成，网络之间协同、高效、准确、安全地传输各种数据，共同支持智能应用业务。如前所述，智能城市网络信息环境中的主要技术包括物联网、无线接入网、宽带移动网、Wi-Fi、光接入网、承载网、传送网等。

1. 物联网

物联网是新一代信息技术的重要组成部分，是继计算机、互联网、无线通信技术之后的第四次信息技术革命，是当前最具发展潜力的产业之一。物联网是利用局部网络或互联网等通信技术把传感器、控制器、机器、人员和物等通过新的方式联系在一起，形成人与物、物与物相联，实现信息化、远程管理控制和智能化的网络。它是互联网的延伸，包括互联网及互联网上所有的资源，兼容互联网所有的应用，但物联网中所有的元素（所有的设备、资源及通信等）都是个性化和私有化的。这包含两层意思：其一，物联网的核心和基础仍然是互联网，是在互联网基础上延伸和扩展的网络；其二，其用户端延伸和扩展到了任何物品与物品之间，进行信息交换和通信，也就是物物相息。依靠物联网，人们以更加精细和动态的方式管理生产和生活，提高资源利用率和生产力水平（王烁棋，2013）。物联网的出现将从生活、生产、社会、经济、政治、军事、科技等方面影响人类。利用物联网来解决城市中与人类生活有关的问题，正在世界范围成为探索热点。

欧洲智能系统集成技术平台（European Technology Platform on Smart Systerms Integration，EPoSS）在《物联网 2020》（*Internet of Things in 2020*）报告中分析，未来物联网的发展将经历四个阶段：2010 年之前被广泛应用于物流、零售和制药领域，2010—2015 年物品互联，2015—2020 年物品进入

半智能化，2020 年之后几乎所有事物进入全智能化时代。现阶段物联网技术还处于初级阶段，关键技术和主要研究内容包括物联网的网络架构，物联网的通信技术、物联网的数据融合、物联网的异构网络融合、物联网的智能终端、物联网的信息安全、物联网相关标准研究等方面。

物联网的核心在于实现人与人、人与物、物与物之间的互联互通，充分发挥人与物各自的特性，最终实现任何时间、任何地点、任何人、任何物都能够方便地通信。物联网将成为一类新的基础设施，是实现智能城市的关键技术和重要标志。借助物联网，可以促进城市规划、建设、管理和服务智能化的新理念和新模式，对能源、交通、医疗、环境、安全等智能城市的诸多方面，产生重要的推动作用。IDC Government Insights 研究人员指出，到 2018 年，地方政府的物联网投资在政府支出的占比将达到 25% 以上。

因此，积极推进物联网及网络协议的标准化是智能城市网络建设的核心要求之一。

2. 无线接入网与蜂窝移动网

智能城市要实现广泛化的互联，灵活便捷地接入网络是至关重要的，而无线接入网能够满足用户设备接入的便捷性，并且能够实现无处不在的网络覆盖。未来，智能城市中的设备更可能是移动状态的，终端随着用户的移动位置在随时发生变化，且高速移动特性将愈加普遍，如高速行驶环境下的通信，要实现移动下的网络接入，需要无线接入网的良好支持。此外，部分应用可能作用于小范围设备通信，如智能家庭、传感器网络等，这种场景就可能需要无线局域网、无线个人域网的有效支持。未来的无线接入网将向着移动化、宽带化、IP 化不断发展。无线接入技术主要包括移动通信技术、无线个人域网技术、无线局域网技术、无线城域网技术。其中移动通信技术主要包括 2G 技术、3G 技术、LTE 技术。根据无线接入技术的不同，其支持的终端类型、使用范围、性能特征以及支持的业务各不相同，在智能城市中协同工作，发挥各自的作用。下面将对不同无线接入技术的特征进行概要说明。

无线个人域网是一种采用无线连接的个人局域网，是为了实现活动半径小、业务类型丰富、面向特定群体、无线无缝的连接而提出的无线通信网络技术，用于诸如电话、计算机、附属设备以及覆盖范围相对较小（工作范围一般在 10m 以内）的数字助理设备之间的通信，实现同一地点终端与终端间的连接，能够有效地解决"最后几米电缆"问题。无线个人域网设备具有价格便宜、体积小、易操作和功耗低等优点。在智能城市中，智能家庭设备管控和部分传感器网络便是应用无线个人域网络技术来实现的。支持无线个人域网的技术包括蓝牙、ZigBee、超宽带（ultra wideband，UWB）、HomeRF（home-radio frequency）等。ZigBee 是一种短距离、低功耗的无线通信技术，具有近距离、低复杂度、自组织、低功耗、低数据速率的特征，主要适用于智能城市中自动控制和远程控制领域，可以嵌入各种设备，针对低电压和低成本家庭控制方案提供 20Kbps 或 250Kbps 的数据传输速度。UWB 则支持用于多媒体的介于 20Mbps 和 1Gbps 之间的数据传输速度。HomeRF 主要为智能城市中的家庭网络设计，为家庭用户建立具有互操作性的话音和数据通信网，旨在降低语音数据成本，具有安全可靠、成本低廉、简单易行、不受墙壁和楼层影响、无线电干扰影响小、支持流媒体的特点。

无线局域网是计算机网络与无线通信技术相结合的产物，它具有组网灵活、扩容方便、与多种网络标准兼容、应用广泛等优点。无线局域网既可满足各类便携机的入网要求，也可实现计算机局域网远端接入、图文传真、电子邮件等多种功能。Wi-Fi 技术是应用尤为广泛的无线局域网技术，使用 IEEE 802.11 系列标准，具有方便灵活、价格低廉等特点。作为智能城市的无线宽带网络承载技术，Wi-Fi 技术具有以下优点：可提供的峰值接入速率高；小范围覆盖；通过频分复用方式，网络总体容量巨大；设备安装方便、投资较少。同时，Wi-Fi 技术也存在一些问题：单个无线接入点的覆盖范围仅几十米，很难实现全网覆盖，若要进行城市全覆盖则需要的接入点数量巨大，投入会很大，并且后期维护复杂；Wi-Fi 技术使用 2.4 GHz 公共频段，且仅有三个可用频点，目前频率使用混乱，各种 Wi-Fi 设备也在不断增加，网络环境较差，通信质量无法得到保障；Wi-Fi 技术是一种面向静态或慢速移动的无线接入技术，对高速移动用户的支持较差。

无线城域网技术主要指 WiMax[①]技术，WiMax 是一种为企业和家庭用户提供"最后一公里"的宽带无线连接方案，也称为 802.16 无线城域网。WiMax 能提供面向互联网的高速连接，数据传输距离最远可达 50km，具有服务质量保障、传输速率高、业务丰富多样等特征。随着技术标准的发展，WiMax 逐步实现宽带业务的移动化，而 3G、4G 则实现移动业务的宽带化，融合向智能城市网络的无线化、移动化和宽带化方向发展。

蜂窝移动通信技术中 2G 技术是第二代移动通信技术的简称，主要特性是为智能城市中的移动用户提供数字化的语音业务以及低速数据业务，只支

---

① WiMax：全球微波互联接入，worldwide interoperability for microwave access 的简称。

持移动通话和一些较小数据量传送等功能。目前，我国广泛应用的是 GSM 系统，具有以下技术特点：网络容量大、手机号码资源丰富、通话清晰、稳定性强且不易受干扰、信息灵敏、通话死角少、手机耗电量低。尽管 2G 技术在发展中不断得到完善，但随着智能城市的不断发展，用户规模和网络规模的不断扩大，频率资源已接近枯竭，语音质量不能达到用户满意的标准，数据通信速率太低，无法在真正意义上满足移动多媒体业务的需求。

蜂窝移动通信技术中 3G 技术是第三代移动通信技术的简称，是将无线通信与国际互联网等多媒体通信结合的移动通信系统，支持高速数据传输，提供包括网页浏览、电话会议、电子商务等多种信息服务。3G 技术作为智能城市无线宽带网络承载技术具有以下特点：速度更快、选择更个性化、网络覆盖面积更广泛、城区全覆盖所需基站数量不多、业务更加丰富、技术成熟、性能稳定、支持用户高速移动。同时，3G 网络在使用中也显现出一些问题：3G 的频谱利用率比较低，所能分配的频率资源不多，单个基站覆盖范围内可提供的总吞吐量有限，部分热点区域不能满足用户的使用需求，造成高峰时段用户使用感知较差；3G 技术所能提供的峰值速率偏低，不能很好地满足智能城市中日益增长的各种高带宽业务需求。

蜂窝移动通信技术中 4G 技术是第四代移动通信技术的简称，国际电信联盟将 LTE-Advanced（long term evolution-advanced）作为 4G 标准。LTE 技术是 3G 技术的演进，与 3G 技术相比，峰值速率更高，在 20 MHz 频谱带宽下能够提供 100 Mbps 以上的下载速率，并且提高了小区的网络容量，降低了网络延迟。LTE-Advanced 是一个后向兼容的技术，完全兼容 LTE 技术。4G 技术的特征包括：①高速率，用户在高速、中速、低速移动时，数据速率可分别达到 2Mbps，20Mbps，100Mbps；②良好的兼容性，能兼容 2G、3G；③灵活性较强，能根据用户通信中变化的业务需求进行相应的处理，能自动适应资源分配；④多类型用户并存，能根据动态的网络和变化的信道条件进行自适应处理，使低速与高速的用户和各种各样的用户设备共存与互通，从而满足系统多类型用户的需求；⑤多种业务相融，可以支持智能城市中更丰富的媒体应用，如视频会议、高清图像业务、实时在线播报等。4G 技术能够满足智能城市中用户移动性、高带宽、实时性等需求，是未来无线接入网的重要发展和支撑技术。

3. 有线接入网

虽然智能城市中对无线接入的需求不断增强，但对于一些高性能、高带宽、高可靠性需求的智能业务依然需要有线接入网的支持，智能城市下的有线接入网向着宽带化、光纤化不断发展，向超宽带和视频化业务为主要特征的环境发展，在智能城市中与无线接入技术协同工作，共同为用户提供业务服务需求的网络接入基础支持作用。有线接入网中有线接入技术包括基于双绞线的不对称数字用户线（asymmetrical digital subscriber line，ADSL）技术、HFC 技术、以太网接入技术、光纤接入技术。

ADSL 技术是指非对称数字用户线系统，是充分利用现有电话网络的双绞线资源，实现高速、高带宽的数据接入的一种技术。在保证不影响正常电话使用的前提下，利用原有的电话双绞线进行高速数据传输。ADSL 能够向终端用户提供 8Mbps 的下行传输速率和 1Mbps 的上行速率。基于 HFC 网的 Cable Modem 技术是指基于光纤和同轴电缆混合网的电缆调制解调器技术，是宽带接入技术中最先成熟和进入市场的，具有巨大的带宽和相对的经济性，无须拨号上网，不占用电话线，可提供随时在线连接的全天候服务。基于五类线的高速以太网接入特别适合密集型的居住环境，尤其适合发展光纤到小区，再以快速以太网连接到户的接入方式。以太网接入能够快速进入家庭，为每个用户提供 10Mbps 或 100Mbps 的接入速率，拥有的带宽是其他方式的几倍甚至几十倍，能够满足智能城市中用户对带宽接入的需要，同时用户费用也相对较低，具有较高性价比。

光纤接入网指的是接入网中的传输媒质为光纤的接入网。光纤接入网从技术上可分为两大类，即有源光网络（active optical network，AON）和无源光网络（PON）。有源光网络又可分为基于同步数字系列（synchronous digital hierarchy，SDH）的 AON 和基于准同步数字系列（plesiochronous digital hierarchy，PDH）的 AON。光纤通信具有通信容量大、质量高、性能稳定、防电磁干扰、保密性强等特点。无源光网络是一种纯介质网络，避免了外部设备的电磁干扰和雷电影响，减少了线路和外部设备的故障率，提高了系统可靠性，同时节省了维护成本。在接入网中应用 SDH 的主要优势在于 SDH 可以提供理想的网络性能和业务可靠性。在智能城市网络接入中，光纤接入技术与其他接入技术（如铜双绞线、同轴电缆、五类线、无线等）相比，最大优势在于可用带宽大，此外还有传输质量好、传输距离长、抗干扰能力强、网络可靠性高、节约管道资源等特点。光纤接入网在支持高带宽、高可靠性和抗干扰性智能业务需求方面有广泛的适用性。

4．承载网

在智能城市中的承载网面对下层传送层面和上层业务层面起到承上启下的作用，承载网由业务元传递层、控制／路由层、管理层三个子层组成。面对智能城市对承载网的需求，承载网能够实现按照上层业务层面的要求把每个智能应用业务的信息流从源端引导到目的端，按照每种应用业务的属性要求调度网络资源确保业务的功能和性能，能够实现智能城市中高特性的多媒体业务对通信的特殊要求，能够适应多种类型数据流的非固定速率特性，并提供统计复用功能。此外，通过在承载层组建不同的承载虚拟专用网（vitual private network，VPN），可以为不同类型和性质的通信提供其所需要的 QoS 保证和网络安全保证。

智能城市中承载网需要实现更高传输带宽需求、分组化及多业务统一接入需求、更高的 QoS 优先级调度能力、更灵活的业务调度能力、同步需求、接入层面对点到多点接入拓扑结构的支持、业务识别能力、业务疏导能力以及多接入能力，从而满足面向智能城市应用业务的特定需求。

5．传送网

在网络信息环境建设的多种网络技术中，物联网主要实现物与物之间的连接，完成与物相关的数据采集，基于移动通信技术和计算机网络技术的无线接入网、有线接入网则是将采集到的数据传输并汇集到传送网上。而电信传送网作为公共数据传输网络，将采集到的数据传输到数据中心或传输给最终用户，提供各种业务信息传送通道，实现信息的透明传输。

传送网能够向智能城市提供超高速、高集成度、高可靠、面向未来城市智能应用需求的传送通道，是以光或电为载体传送信息的网络，由具有发送、转移、接收信息功能的各种节点和链路组成，在不同地点的各点之间完成转移信息传递功能。电信网的基本功能分为传送功能与控制功能，传送网是实现其传送功能的网络。传送网主要分为多业务传送平台（multi-service transport platform，MSTP）、分组传送网（packet transport network，PTN）和光传送网络（OTN）三大类传送网。通过传送网实现海量带宽、瞬间可达、高可靠、有 QoS 保证、易于扩展并且能够承载多种新旧业务的性能，能够有效满足智能城市对网络传送的多种需求。

MSTP 多业务传送平台是指采用 SDH 平台，实现时分复用（time division multiplex，TDM）、异步传送模式（asynchronous transfer mode，ATM）、以太网等业务的接入、处理和传送，具有可靠的传送承载能力、灵活的复用技术、强大的保护恢复功能和维护管理能力，但其无法适应以大量数据业务为主的 3G、4G 和全业务时代的需要。PTN 分组传送网以分组业务为核心并支持多业务承载，可以差异化地对不同业务进行分类传送，具有高可用性和可靠性、高效的带宽管理机制和流量工程、便捷的运行管理维护（operation administration and maintenance，OAM）、可扩展、较高的安全性等。OTN 光传送网是以波分复用技术为基础，在光层组织网络的传送网，是下一代的骨干传送网。OTN 跨越了传统的电域（数字传送）和光域（模拟传送），是管理电域和光域的统一标准。OTN 处理的基本对象是波长级业务，它将传送网推进到真正的多波长光网络阶段。由于结合了光域和电域处理的优势，OTN 可以提供巨大的传送容量、完全透明的端到端波长／子波长连接以及电信级的保护，是传送宽带业务的最优技术。

二、智能城市建设对网络信息环境的需求

智能城市的建设在总体上需要网络信息环境能够满足任何人或物在任何时间、任何地点，通过任何设备、任何网络，实现任何业务（语音、视频、文字、图片等）的互联互通和协作，要摆脱时间、地点、设备差异、网络差异、组织隔阂所带来的诸多协作障碍，要以人为本，面向业务，打破技术和组织壁垒（Minerva，2011）。为此，网络信息环境需要具有接入灵活、移动互联、高带宽、无缝服务、健壮性、业务多样性、泛在性、实时性和互联互通性等特征。

（一）接入灵活

智能城市的内涵、特征、需求和发展目标不仅需要网络信息环境的基础支撑，同时对网络信息环境建设起到指导作用，对网络信息环境提出了新的需求。未来智能城市网络信息环境需要能够对城市信息资源全面感知，实现任何时间、任何地点面向业务需求的设备数据的全面接入，这需要信息网络接入具有灵活性。具体而言，未来智能城市应用的形式将更为细化而丰富，如智能交通、智能医疗、智能电网、智能商务、智能物流等诸多功能，对应引入智能城市的设备或接入对象将更加多样，将不局限于手机、电脑。面对业务驱动的各种接入设备，网络必须做到便捷灵活的接入，支持不断扩展和多样化的设备或接入对象，满足业务实现的基本前提条件。

接入灵活性的另一个需求体现在智能城市的内涵方面，要满足任何时间、任何地点的数据的全面接入，需要网络实现全面覆盖，而全面的覆盖、

各种不同应用场景及使用范围的支持需要网络信息环境中多种通信方式和技术的共同支撑和协同工作。面对无时间和地点限制的设备接入，网络需要能够根据业务的特定需求选择性能最优的接入技术，满足高性能、高带宽、高可靠性等要求的网络服务；同时，根据当时当地网络环境的变化、用户业务需求的变动，抑或用户发生移动使得网络环境发生变化，能够灵活有效地平滑切换网络或者多种网络技术共同支持服务，为用户提供连续的最优服务。例如，用户在多种接入网络技术共存的网络环境中接入数据业务时，网络能够选择性能最佳的接入技术为用户服务，而当用户需求变化或者位置移动使网络环境发生变化时，网络应能够灵活地切换接入，在新的网络环境下满足用户新的数据业务需求，依靠网络的融合发展实现多种接入技术协同且同步为用户提供数据业务的接入。

智能城市中网络信息环境与用户和智能应用的关系如图 4.3 所示，各种应用设备都可以实现无缝地接入网络，并根据需求灵活地接入适合的网络技术中（Hamaguchi et al.，2012）。在企业和政府部门中，需要运用灵活的接入方式提高商业效率和便捷性，通过各种接入技术，可以访问商品的流通信息、设备或者应用环境的状态信息。在家庭中，家用电器、汽车、手机、个人计算机等产品将接入家庭网络并实现互联，这将使得生活更加便捷和舒适。在城市中，智能交通、运输、服务灵活地接入合适的网络中，提供更加可靠、自由的新型服务。只有满足接入灵活性的要求，在智能城市中的人们才能够灵活无缝地接入各种服务。

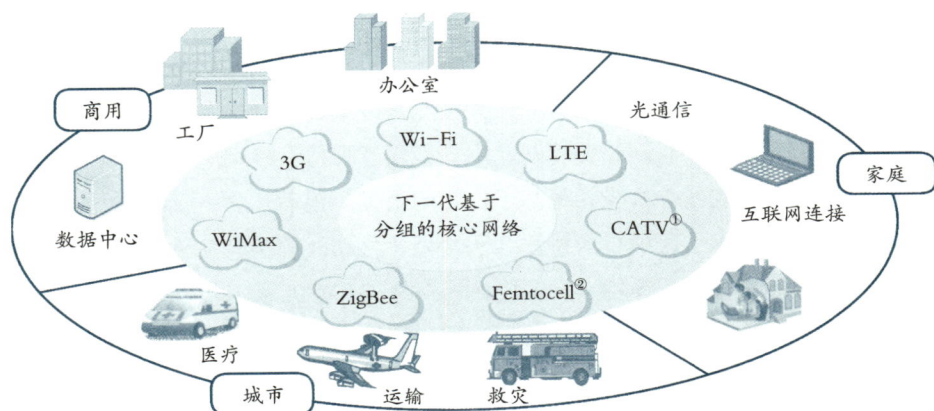

图 4.3 智能城市中的网络通信系统与用户和智能应用的关系

---

① CATV：广电有线电视系统，community antenna television 的简称。
② Femtocell：飞蜂窝，也被称作家庭基站。

由此可见，灵活可靠的通信网络接入技术，是实现在智能城市中泛在化、无缝化地提供各种业务需求的关键技术。网络接入的灵活性影响到智能应用的扩展性、用户的服务体验等方面，是智能城市建设对网络信息环境建设的基本需求。为了实现灵活的接入，需要进一步发展多种网络接入技术，扩展其接入设备能力，并且通过实现网络之间的融合来增强多种网络技术的共同支持业务和协同工作能力。

（二）移动互联

智能城市建设中，移动互联是网络信息环境的核心要求之一。随着无线接入技术的发展和移动终端的日渐多样性，如何充分利用不同网络的互补特性以及异构终端的协作能力，实现用户业务体验性能的高效提升，是考察智能城市网络信息环境优劣的一个重要指标。在多终端多网络的智能城市网络环境中，在不同区域不同时间，业务可用的网络和终端可能会存在较大差异。保证用户在移动过程中，能够及时地选择最优终端并接入最优网络，是移动互联的一个重要要求。移动终端、基于位置服务（location-based service，LBS）的普及，使得通过分析用户移动过程中的位置信息，提前做出合理的决策，保证业务的移动互联，成了目前智能城市网络建设的重要需求。

移动互联的要求促进了移动终端的发展。国际数据公司（IDC）《全球可穿戴设备季度跟踪报告》（*Worldwide Quarterly Wearable Device Tracker*）的最新预测数据显示，预计到 2019 年，该类设备的总出货量将高达 1.261 亿单位，五年的年均复合增长率为 45.1%。

伴随着移动终端的广泛应用，智能城市建设需要网络在具有互联网的能力的基础上还要具有移动网的特性，并在此基础上进行延伸和扩张，其能力要远远大于传统的互联网和移动网。用户利用各种移动终端随时随地通过移动通信网接入互联网并享受各种基于位置的服务。移动互联不仅继承了桌面互联网开放、协作、无中心的特征，还继承了移动网的实时性、隐私性、便携性、准确性、可定位等特点。智能城市网络的移动互联，将推动一大批新兴服务的兴起。利用运营商提供的大批用户移动轨迹数据，结合大数据技术的发展潮流，可以挖掘用户之间的相似度、地点之间的相关度，为用户提供兴趣点和好友推荐，极大地提升用户的服务体验（黄文良，2010）。

移动互联的实现，将为运营商和服务商提供大批的轨迹分析数据，促进移动性预测技术的发展，是实现多终端多网络协同、保证服务无缝连接的前提条件。

（三）高带宽

在智能城市中，网络信息环境不仅需要实现全面覆盖，同时需要保障数据传输、交换的有效性，为各种智能功能提供高性能的服务。面对当前智能城市中物联网和信息化方面的各种应用，如智能交通、智能医疗、智能电网、智能商务、智能物流等对网络资源与日俱增的需求，原有的通信管道无论是形式上还是能力上已经不适应这种智能化、信息化发展的要求。现今各种智能行业应用具有以下特性：首先是"大数据"特性，智能城市的特征之一是物联化、泛在化，接入的设备无处不在，时刻都可能需要互联，海量信息爆发性增长。而有效可靠地传送海量数据，为智能城市的上层提供有效的信息是实现智能化、信息化的基础。其次，行业应用趋向于视频化。智能城市管理、智能交通等需要实现视频监控，智能教育、高清电视等需要传输大量视频数据，因而网络信息环境须实现高带宽、高效能的数据传输和交换，为行业应用提供服务。

智能城市中用户和设备产生的数据量正爆炸性增长，据统计，2013 年已经达到 200PB 以上，我国智能城市的城市数据量估算如图 4.4 所示。IDC Government Insights 关于 *Smart Cities and the Internet of Everything* 的白皮书指出：到 2017 年，将有 35 亿人连接到互联网，其中有 64% 通过移动设备接入；到 2020 年，将有 2 120 亿个体连入互联网（Clarke，2013）。人们和被连接的事物所产生的数据量将超过 40ZB，这相当于地球上每个人产生 5 200GB 的数据。即从现在到 2020 年，所有数据每两年将翻一番。从现在到 2020 年的大部分数据将不是由人类产生，而是由机器、包括机器传感器以及与其他设备通信的智能设备。IDC 估计，到 2020 年，33% 的数据将包含有价值的信息。

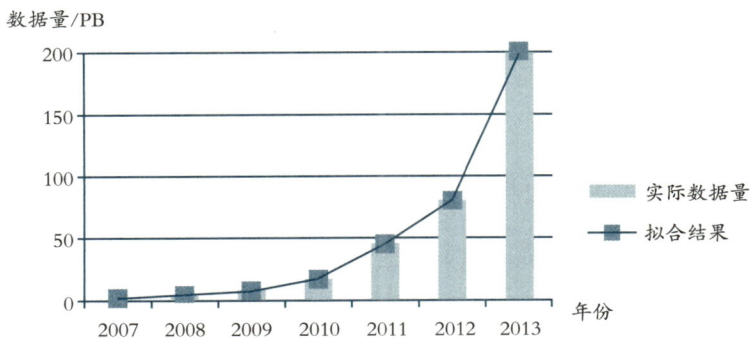

图 4.4　智能城市数据量

数据量的急剧膨胀对网络带宽提出了进一步需求，我国为应对网络带宽需求，提出并实施了一系列具体的方案。

2014 年，工业和信息化部推进实施"宽带中国 2014 专项行动"。2014 年，全国共计新增 FTTH 覆盖家庭 8 859 万户，建成 4G 基站 73.3 万个，完成 1.38 万个行政村通宽带。截至 2014 年年底，我国固定宽带用户超过 2 亿户，3G、4G 移动宽带用户超过 5.8 亿户，其中 4G 用户达 9 700 万；使用 8Mbps 及以上接入速率的宽带用户比例达到了 40.9%，我国主流固定宽带接入速率从 4Mbps 迈向 8Mbps 时代，用户可用下载速率达到 4.2Mbps。2015 年，工业和信息化部提出"宽带中国 2015 专项行动"的主要引导目标。一是宽带网络能力实现跃升：新增光纤到户覆盖 8 000 万户，推动一批城市率先成为"全光网城市"；新建 4G 基站超过 60 万个，4G 网络覆盖县城和发达乡镇；新增 1.4 万个行政村通宽带。二是普及规模和网速水平持续提升：新增光纤到户宽带用户 4 000 万户，新增 4G 用户超过 2 亿户，使用 8Mbps 及以上接入速率的宽带用户占比达到 55%，用户上网体验持续提升。三是积极支撑和服务智能制造：支撑 100 家规模以上工业企业积极探索智能工厂、智能装备和智能服务的新模式、新业态，支持 1 000 家工业及生产性服务企业的高带宽专线服务，新增机器到机器（machine to machine，M2M）终端 1 000 万个，促进工业互联网发展。

面对网络发展要求，2014 年电信业全年投资 3 992.60 亿元，同比增长 6.30%；2015 年 1 月，电信固定资产投资 107.80 亿元。2014 年 12 月，移动基站设备 3 609 万信道，同比增长 25.8%，累计同比增长 105.7%，全年基站设备产量保持快速增长。2010—2014 年电信投资情况如图 4.5 和图 4.6 所示。

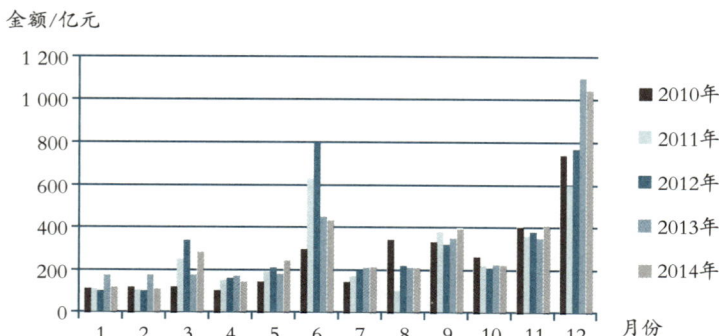

图 4.5　2010—2014 年电信固定资产投资情况

基站设备/万信道

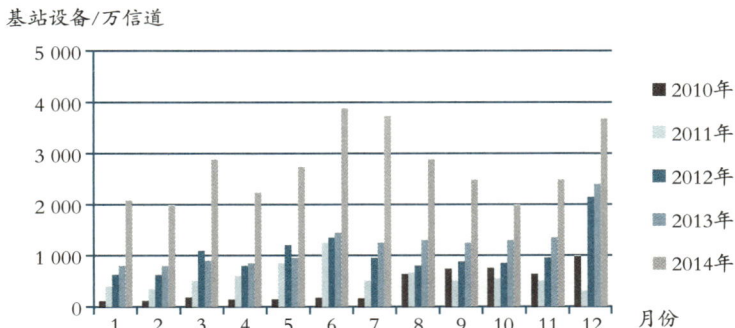

图 4.6　2010—2014 年移动基站设备投资情况

面对带宽需求，虽然我国已做出多方努力并不断增加投入量，但依然存在多种问题，如城市与农村在带宽覆盖方面发展不均衡，全国整体互联网速依然落后，内容分发网络供应商 Akamai 提供的 2014 年第四季度数据中，中国（不含港澳台地区）平均网速 3.4Mbps，亚太地区排名第 10，全球排名第 82。无线网络在网速方面的问题更为突出，移动网络平均速度达到 5Mbps，亚太地区排名第 6。网络信息环境仍需加强无线网络覆盖，提升无线网络性能，同时需加快高速光网络基础设施的建设，提升有线宽带接入能力。

无论是各种行业应用中与用户和城市密切相关的海量数据信息，抑或是应用视频化趋势，都对基础网络在规模、容量，尤其是带宽提出了要求，因此实现高带宽、高速化是对网络环境的必然要求，特别是作为传输主导的运营商，需要肩负网络环境建设的责任，通过高性能、高带宽的网络环境支撑智能城市中的各种行业应用。

（四）无缝服务

多种接入方式并存的智能城市网络信息环境，使得为用户提供无缝服务成为可能。无缝服务的实现建立在移动互联的基础上。用户在移动过程中，随着位置的变化，网络状态等可能严重影响服务质量。为了保证无缝的服务，需要借助多终端、多网络协同及业务适配等技术，在服务变差之时切换服务终端和网络，选择最佳的组合提供连续服务，保证服务质量。如何进行切换以及如何进行终端网络选择和业务适配，是无缝服务应当考虑的核心问题。

在多终端、多网络并存的智能城市网络环境中，无缝服务主要包含两方面内容：①在用户网络环境发生变化时的服务连续性；②接受业务的终端发生变化时的服务连续性。实现场景如下：用户 A 正在咖啡馆和用户 B、用户

C 一起看网络直播节目。用户 A 携带了平板电脑和手机，用户 B 和用户 C 分别携带了手机，他们所在的环境可连接的网络有咖啡馆提供的 Wi-Fi 和通用移动通信系统（universal mobile telecommunications system，UMTS）网络。他们携带的终端单独连接一个网络无法满足业务的带宽需求或者费用过高。此时，将显示能力较强的平板电脑设定为主控终端，将三人终端联系起来构成虚拟终端，协作调用网络资源，统一进行服务，如图 4.7 所示。

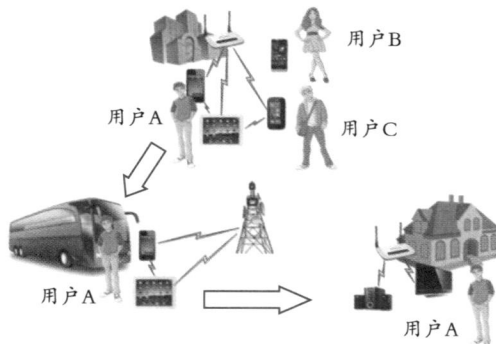

图 4.7　多终端、多网络协同业务场景示例

节目播放到一半时，用户 A 有事需回到家中。用户 A 能够使用的终端有手机和平板电脑，可使用的网络只有 UMTS 网络。这时平板电脑中的环境上下文感知模块自动感知到网络环境和终端环境的变化，平板电脑根据这些变化以及用户偏好和业务需求自动计算出新的虚拟终端的组成，并将信息传送到网络控制平台进行终端注册。同时平板电脑根据网络环境和用户偏好计算出适应当前环境的业务的传输速率，并将其传送到业务控制平台。业务控制平台根据此信息调整内容服务器的发送速率，以适应当前环境的变化。这时用户 A 的手机和平板电脑都连接到了 UMTS 网络。

当用户 A 到家之后，他可使用的终端包括智能电视、投影仪、音响等多媒体设备。同时，家中的宽带接入可以满足业务需求，无须接入 UMTS 网络。平板电脑感知到这些变化，它根据各个设备的功能计算出最能满足用户需求的虚拟设备聚合形式，然后将控制权交给智能电视。业务控制平台将内容的不同分量（视频、音频等）发送给不同的设备，多个多媒体设备共同为用户提供最佳的业务体验。从图 4.7 可知，用户 A 的智能电视和音响都连接到了家庭 Wi-Fi，视频流和音频流分别传输到智能电视和音响。

智能城市的网络要能够实现不同网络中的不同终端上的业务之间的融合与协作，而目前大多数网络中的技术与业务仍然是彼此相隔的。用户在办公电话、手机、平板电脑以及桌面电脑之间很难用相对统一的操作方法实现跨平台的操作，且语音、视频、文字、图片等业务还很难实现协作互通、随时调用。因此，为了实现无缝服务，智能城市网络建设应注重异构网络融合和多终端、多网络协同机制的研究，合理利用不同接入技术和不同种类的终端为用户提供最佳服务。

（五）健壮性

在智能城市中，由于各种行业应用对基础网络的需求，网络环境承载的业务会变得愈加广泛、更加细化，服务的对象将不局限于人之间。同时，业务越重要对网络的可靠性就有越高的要求，当网络出现任何低级的失误或故障时，可能影响不止个别应用业务，对社会和大量用户的影响将会显著增加，甚至可能是灾难性的影响，那么建设一个安全可靠、具有高健壮性和抗毁能力的网络就显得尤为重要，这同时是智能城市对网络环境建设的必然要求。

2005 年 12 月，台湾海峡地震造成多条国际海底通信光缆发生中断，导致整个亚太地区的互联网服务几近瘫痪，中国大陆至台湾地区、美国、欧洲等方向的通信线路受此影响亦大量中断。再如电信骨干网络发生故障期间，国内某网站的性能历史曲线如图 4.8 所示。该网站的性能数据波动明显，访问时间骤然增加，可用性急速下降，网站访问受到影响。此外，在用户访问某服务器下载任务中，在长达 43 秒的时间里，下载字节数为 0。通过此例足以见得，网络发生故障对业务的实现和用户的体验都有消极影响。智能城市中，人和物的量更为庞大，业务应用类型更为丰富，数据量亦更是爆炸性地增加，如果网络信息环境无法具有高健壮性，显然会对智能城市中的业务和用户产生巨大的影响。

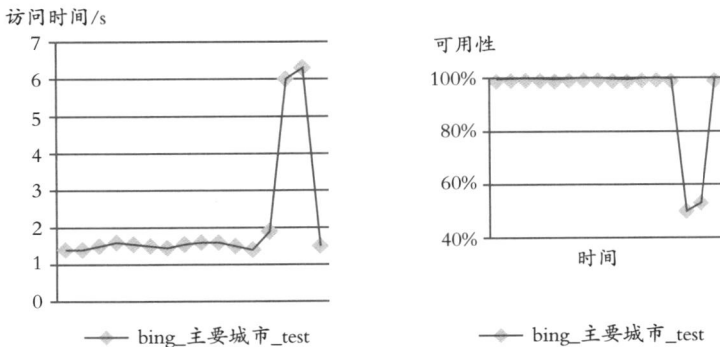

图 4.8　某网站的性能历史曲线

智能城市网络信息环境建设的目标之一是高性能，高性能的内涵包括健壮性、高可靠性和稳定性。在智能城市中，由于社会和用户的数据量庞大，并且数据信息依据不同的行业应用又各不相同，随着城市的智能化、信息化建设还将涌现出更多的业务类型和业务量，这些业务不仅仅对承载网提出了高带宽的需求，更为重要的是对传送网提出了应对庞大业务量的高可靠性、健壮性以及抗毁性的要求。智能城市中的应用特性对网络环境的性能要求包括：①有效性，智能城市中广泛的业务类型和用户数量对网络的容量和服务等级提出了要求，对用户而言，网络的信息时延和信息丢失率都是非常重要的指标；②抗毁性，智能城市中通信网络的健壮性和抗毁性是指当网络中出现确定性或者随机性故障，或遭受破坏的情况下，网络维持或恢复性能到一个可接受程度，仍能够完成特定网络功能的能力；③安全性，即智能城市在实现广泛数据传输、交互和共享过程中，保障网络中的信息抗搜索、抗截获，防止被定向、分析，以及保密的能力。这些网络的性能要求互相关联、互相制约。面对健壮性的性能需求，网络信息环境建设应增强网络的抗毁性和生存性，保障可靠性和安全性，为智能城市提供一个安全可靠、稳定的基础网络环境是智能城市对网络的发展要求。

（六）业务多样性

智能城市复杂的网络环境也给业务形式的发展带来了机遇。在多种网络并存、异构终端协同的条件下，各种服务提供商可以提供的业务和应用种类也应多样化。针对不同用户的网络环境、终端条件，设计多样性的业务，满足城市居民的最佳体验需求是智能城市网络信息建设的一个重要内容。

在智能城市网络环境中，由于用户的移动和动态变化的网络因素，用户连接的网络特性会发生变化，进而导致用户所能接收到的数据形式也发生变化。为提升用户体验，业务需要随时感知用户的网络状态和终端状态，调整业务的执行方式，以适应网络状态和终端状态的变化。因此，多样性的业务形式满足用户不同条件的需求是智能城市网络建设的一个重要内容，如图4.9所示。

业务多样性的重要应用是进行业务适配，即及时感知用户、网络和终端（群）的状态变化，适当调整业务的执行方式，以适应业务的执行环境，充分发挥多终端、多网络的业务提供能力，为用户提供最佳的业务感受。业务适配应该包括三个方面：对用户终端能力的适配、对网络状态的适配和对用户偏好的适配（常洁，2012）。在多终端协同通信中，用户拥有多个终端，此时业务适配需要具有适配多个终端的能力，这比适配单终端复杂得多。在智能城市网络环境中，业务适配也需要适配多个可用网络的网络状态。对用户偏好的适配是业务适配必须要考虑的问题，对用户偏好的适配能够为用户提供个性化的业务，从而提高用户体验。

图 4.9　多样性的业务形式

智能城市网络的多样性和异构性以及用户终端的多样性，使用户可以根据自己的偏好灵活地选择业务的执行方式，即应当能够通过管理用户的偏好信息，实时感知时间、地点以更新用户偏好，并根据更新的用户偏好调整业务的呈现方式。

（七）泛在性

随着芯片制造、无线宽带、射频识别、信息传感及网络业务等信息通信技术的发展，信息网络将更加全面、深入地融合现实物理空间与抽象信息空间，并向无所不在的泛在网络（ubiquitous network）方向演进。网络与应用"无所不在"的通信理念逐步深入人心，"泛在性"将成为信息社会的重要特征。泛在网络作为未来信息社会的重要载体和基础设施，已得到国际普遍范围的重视，各国相继将泛在网络建设提升到国家信息化战略高度。

智能城市网络建设中尤为重要的一点便是实现人与人、人与物、物与物之间，按照个人和城市的需求进行信息获取、传递、存储、认知、决策、使用等服务，这就要求智能城市网络必须具有泛在性。这里的泛在性有两方面的含义：①强调网络的无处不在，即用户能随时随地接入需要的网络；②网络应用和服务的无处不在，即要求网络具有超强的环境感知、内容感知等智能性，为个人和城市提供泛在的、无所不含的信息服务和应用。智能城市网

络建设的泛在性需要实现泛在物联和泛在协同。泛在物联即物联网阶段，是实现泛在性的重要一步；泛在协同即在智能城市架构的各个层面都相互协同发展、数据共享，从而集成各类应用的优势和资源，真正实现智能城市。根据 IDC 关于"智慧城市与万物互联"的报告（Clarke，2013），2017 年将有 35 亿个体连接到互联网，2020 年将有 2 120 亿个体连入互联网，足见智能城市对网络泛在性的要求。

智能城市中体现泛在性的应用包括 M2M、传感器网络、近程通信和射频识别。M2M 指机器与机器间实现数据通信的交互，广义上包括机器到机器、人到机器、机器到人。通过 M2M，无论你的车在哪里，车辆行驶的相关数据都能被实时获取；不需要派人每天到自助售货机的每台机器处查看是否已缺货，系统将会自动告知哪台机器少了哪类货物；老人或小孩无论走到哪里，你都可以知道他们的确切位置，无须担心他们走失，生活中习以为常的现象都可以通过 M2M 得到改善。M2M 按行业应用于安全监测、机械设备、公共交通、工业流程自动化、城市信息化等，按功能类别分为定位服务、智能测量、智能远程服务等。传感器网络是由使用传感器的器件组成的分布式无线自制系统，通过传感器协作实现监控不同位置的物理或环境状况（温度、声音、震动、压力），例如自动地监控和检查公共基础设施的状况，确保设施提供准确高效的服务，用于工业中进行监测和控制，同时用于环境与生态监控、健康监护、家庭自动化、交通控制等智能业务中。上述这些应用无疑依靠泛在的网络，是智能城市对网络泛在性需求的具体体现。正是通过无处不在的 M2M 传感器网络，依靠智能城市中的网络环境，实现了各种业务在任何地点、任何时间实现任何人或任何物间的信息获取、传递等服务。

智能城市网络建设的泛在性需求是物联网建设，以及实现异构网络融合和多终端、多网络协同的前提，多元化的网络覆盖使得智能城市网络的服务前景更具有发展潜力。

（八）实时性

智能城市中业务应用的特性趋向于视频化，同时必须保障重要的数据信息实时传输和分析，这些对网络环境的实时性提出了要求。随着通信和互联网的不断发展，视频已经日益成为决策和沟通的重要组成部分，而智能城市对视频化的要求更为突出，多媒体服务也将成为智能城市的核心应用，只有依靠实时网络才能够实现实时视频传输，将众多应用业务推向有效的即时互

联化和视频化。例如，在某些突发事件中和某些应用场合下，可以通过视频获取更为具体有效的信息，而视频等应用的实现必须要满足实时性要求。这些业务要求智能城市的网络环境能够为某些特定应用提供实时的网络资源，以及保障服务质量的实时互联和通信。智能城市网络环境通过满足实时业务的需求能够为用户提供更为个性化的服务，包括实时远程智能医疗、实时远程智能教育、实时视频通信、实时工业监控和远程故障预警等，这些实用的业务将广泛用于城市、政府、企业、公共基础设施、教育等行业。在智能城市中，网络信息环境应满足任何人、任何物之间特定的实时性、可靠性保障的业务需求。

　　然而，目前跨因特网服务提供者（Internet service provider，ISP）网络延迟严重，根据时延性检测，80% 的网络处于非健康状态。统计得到的中国各省（市、区）的 ISP 的网络健康状况数据见表 4.1。足以见得，现今网络并非健康有序的发展，网络中存在着严重的时延问题，这对于用户体验、实时业务实现、面向智能城市更为丰富的实时业务需求而言，无疑是不可行的。

表 4.1　网络健康状况数据 [①]

网络状况	ISP所占比例
健康	17.41%
警示	49.73%
危险	32.85%

　　当前网络的时延状况意味着在智能城市的网络建设中，面对应用业务日益增长的实时并且高带宽需求，网络需要得到进一步优化，减少网络时延，提供优质、可靠、高效的实时业务服务。未来智能城市不仅需要提供基本的低性能要求的数据业务，同时需要提供具有实时性要求的多种类型的智能行业应用业务，实现人与人、人与物之间的零距离互联。

（九）互联互通性

　　智能城市网络环境中由于存在着多种网络技术、多个电信运营者等因素，对于承载在网络上的业务而言，如果不能及时、科学地解决各网络之间、各运营者之间的业务互联互通问题，用户将只能在各个网络范围内使用各自提供的网络业务，这将限制网络上层业务的广泛发展。因此，网络间的

---

① 　健康＜90ms，90ms ≤警示＜180ms，危险≥180ms。

融合和互联互通是未来智能城市网络信息环境建设的重要目标和发展需要，它涉及用户、运营商、网络技术、设备与解决方案等各个方面。从用户的角度来看，希望能够通过融合的接入方式和简单易行的通信方式来享受无处不在的个性化服务。对于运营商来说，希望通过统一的方式向用户提供全业务运营，提高市场份额和利润。

支撑智能城市的网络信息环境需要多种通信技术，而不同技术具备不同的优势和特征，从宽带、覆盖范围、移动性和运营成本等角度综合考虑，网络信息技术需要和谐共存，向着融合和互联互通的方向发展，不同网络间的协同能力需进一步提高，实现不同的网络能够协作提供集成业务。同时，网络间的互联互通可以有效实现数据、信息和业务在网络间的传送，有利于业务的扩展和信息的互联互通与共享。

智能城市对网络的互联互通性要求可以体现在信息共享方面。由于城市中各行各业存在复杂的关联性，某一行业的数据可能能够应用于另一行业，为发挥数据的潜在价值，未来智能城市要求海量数据能够在各行业内充分交流沟通。而要实现信息共享，需要基础的网络信息环境的支持，通过网络之间的互联互通实现数据、信息和业务的全面互联互通和共享。

智能城市对互联互通的需求还体现在实现业务的生存性、扩展性方面。多种网络技术长期共存发展，协同工作，共同支持上层业务，而部署在基于多种网络技术支持的智能环境下的上层业务要实现传送交换，必然要求业务在网络间的互联互通。通信网络中的用户要求各种应用能够跨越网络基础结构，进行无缝操作。例如，熟悉的短信息服务需在不同运营商网络间互通传送，用户可能要求可以使用某区域的任何网络连接应用。网络信息环境需要提供一个灵活而动态的基础环境，不但使网络之间能很好地协同和融合，而且能满足业务应用跨网络的无缝切换、操作和互联互通，这对于智能业务的生存性、扩展性及发展具有重要的意义。如果不能够有效实现网络之间业务的互联互通，则无法满足用户在任何时间、任何地点都可以方便地通过符合性能要求的网络使用业务的需要，并且局限于一定范围内的网络业务对用户也缺乏吸引力，不利于业务的推广和展开。

三、智能城市中网络信息环境建设的建议

（一）加强物联网建设及网络协议的标准化

智能城市网络建设中，物联网是核心内容之一。借助物联网，可以促进

城市规划、建设、管理和服务智能化的新理念和新模式的推广，对实现智能能源、交通、医疗、环境、安全等智能城市的诸多方面，产生重要的推动作用。

在智能城市中，物联网的应用极其广泛，遍及智能交通、环境监测及保护、政府工作、公共安全、平安家居、智能消防、工业监测、老人护理、个人健康、花卉栽培、水系监测、食品溯源、敌情侦查和情报搜集等多个领域。目前，很多物联网技术已经应用到城市建设中，如上海浦东国际机场防入侵系统、济南国际园博园中的 ZigBee 路灯控制系统、上海世博园区中监控系统等都有赖于物联网技术的使用。然而，我国物联网在发展过程中也存在着一些亟待解决的问题，主要集中在以下几个方面：网络信息安全尚不可靠、缺乏应用的统一标准、核心技术依赖国外、商业模式尚未成熟、统一管理平台仍在建设中。

国外物联网发展的相关经验可参考美国。美国是物联网的主要起源地之一，发展历史较长，主要推动措施如下（苏逸，2011；李朝英，2014）。

（1）政府高度重视。物联网一经产生就被业界认为是下一个万亿美元经济产业。自从 2008 年金融危机之后，美国经济处于低迷状态，为了保证美国经济始终走在世界前列，美国政府高度重视物联网产业，把它当作复兴美国经济的主要动力。为此，2009 年 2 月，美国政府制定了《经济恢复与再投资法案》，大量投资与物联网有关的产业，如批准推进"智慧地球"中智慧电网和智慧医疗的发展，分别为其投资了 110 亿美元和 190 亿美元。

（2）大力发展物联网技术。物联网作为一种新型的战略产业，要想真正发挥其重要作用，就必须具有强大的物联网技术，进而最大限度地发挥物联网促进经济发展、带动其他产业升级的作用。美国政府大力发展物联网技术主要依靠两个方面的力量。①企业。美国政府鼓励科技企业参与物联网技术研发，使得一大批美国科技企业参与物联网技术研发，如微软、谷歌、英特尔等。②科研院校。美国政府每年都会拨大量经费用于物联网技术研发。如鼓励美国大学开设物联网工程专业，对进行物联网技术研发的大学实行联邦财政支持等。

（3）强化技术应用。美国政府为了最大限度地利用物联网技术，不仅仅只在传统的商业零售、物流领域应用物联网技术，更是把物联网技术扩展到了汽车行业、运输行业、生物医疗以及电子产业等多个领域中。如思科已经开发出"智能互联建筑"解决方案，为硅谷的美国网域存储技术有限公司节约了 15% 的能耗。

因此，为了积极推动物联网发展，完善智能城市网络环境建设，提出以下几点建议。

（1）加强政策扶持，促进产业发展。充分发挥政府在物联网产业发展初期的引导和推动作用，加大各级财税、金融、人才、土地等政策扶持力度。鼓励企业研发创新、产品创新和服务创新；发挥财政资金的引导作用，推动风险投资和民间资本投向物联网产业，促进金融机构加大信贷支持力度。

（2）统筹规划协调，形成推进合力。科学制定发展物联网的各种规划、计划。加强统筹协调，明确分工协作，形成推进物联网发展的合力。推动物联网自主创新和科技成果转化，促进物联网产业快速发展。

（3）加强物联网产业基地建设。建立应用示范园区和产业园区，鼓励物联网相关企业向产业园区集中。在资金、税收、用地、用房、研发补助、立项审批等方面向基地和园区内企业倾斜，并通过政府采购，积极培育市场的发展。

（4）加快推进应用示范工程。以企业为主体，加快推进物联网应用示范工程，推进应用体验，促进应用技术的发展。重视科技协会类的社会组织牵头作用，建立以用户为中心的用、产、学、研各方面资源为一体的组织，辅助推进政府的物联网应用。

（5）加强物联网产业领域人才引进和培养工作。加大人才引进和培养力度，通过各种方式引进产业技术领军人才和产业化高端人才。制定实施股权激励等扶持政策，集聚一批物联网领域高层次科研人才和研发机构。

（6）扩大开放和交流合作。以开放合作的方式，引进技术、创意和创业团队，吸引国内外企业共同发展，扩大对外交流合作，积极参与国际物联网标准的制定。举办物联网创意大赛、发展论坛等活动，探索研究物联网产业发展推广之路。

在物联网建设中，标准的制定是发挥自身价值和优势的基础支撑。目前，美国、德国、韩国和中国是制定物联网标准的四大主导国，我国必须加快相关技术标准的制定，只有抢占先机，才能在行业内掌握话语权。由于物联网涉及不同专业技术领域、不同行业部门，物联网的标准既要涵盖不同应用场景的共性特征以支持各类应用和服务，又要满足物联网自身可扩展性，适应其系统和技术等内部差异性。所以，物联网标准的制定是一个历史性的挑战。目前，很多标准化组织均开展了与物联网相关的标准化工作，但尚未形成一套较为完备的物联网标准规范，市场上仍有多项标准和技术在争夺主导地位，这种现象严重制约了物联网技术的广泛应用和产业的迅速发展，亟须建立统一的物联网系统架构和技术标准体系。

　　针对物联网的不同使用情况，可以选择使用不同的标准，如工业机械等应用采用一套标准，而远程医疗采用另一套标准。物联网作为一种新的技术应用，具有自身独特的需求和设计挑战，这些可能都是现有标准无法解决的，因此尽管现在已有大量可用的标准，但是物联网很可能需要一套全新的标准。

　　物联网标准体系中很重要的一部分内容是网络协议的标准化。物联网的应用需要标准化的网络协议来支持，然而推动物联网网络协议的标准化进程并非易事。如无线连接，现在已有大量开发完善且经过时间验证的无线标准、蓝牙、Wi-Fi、ZigBee、蜂窝通信（CDMA[①]、GSM、LTE 等）以及增强型数字无绳通信系统（digital enhanced cordless telecommunications system，DECT）均已应用于物联网设计中。同时，谷歌在 2014 年针对物联网推出了一种新的无线连接技术 Thread，它专门为物联网做优化，支持低功耗、支持 IPv6、自组网、多台设备连接等。网络协议的情况也是如此，TCP/IP、MQTT[②]、HTTP、CoAP[③]及众多其他协议都在争夺物联网设备与云之间信息和数据通信的主导地位。甚至在物体的数据分析方面，也有 SQL[④]和 Hadoop 两种数据库选项。

　　物联网标准需要形成以需求方为主导，通信行业标准积极配合的局面。从横向上考虑，各行业和部门间要协调合作，保证各自标准相互衔接，满足跨行业、跨地区的应用需求；从纵向上考虑，确保网络架构层面的互联互通，做好信息获取、传输、处理、服务等环节的标准配套。特别是加强各个物联网相关标准化组织之间的协调沟通，建立及时有效的联络机制，使其明确各自的定位和范围，共同做好物联网标准体系建设。

　　目前，通用的物联网标准体系如图 4.10 所示。

　　另外，关于物联网网络协议，虽然目前还没有一个统一的标准，但是根据实际要求，建议的物联网网络协议标准格式如下：

　　（1）该协议根据 ASCII 字符，而不是二进制；

　　（2）所有的数据帧符合公认的标准，即 JSON、XML 等这些已经被很多程序语言广泛支持的帧结构；

　　（3）在网络服务和微控制器中必须可以执行；

　　（4）可以使用网关或是代理服务进行网络连接；

　　（5）数据加密和安全具有可扩展功能。

---

① CDMA：码分多址，code division multiple access 的简称。
② MQTT：消息队列遥测传输，message queuing telemetry transport 的简称。
③ CoAP：受限应用协议，constrained application protocol 的简称。
④ SQL：结构化查询语言，structured query language 的简称。

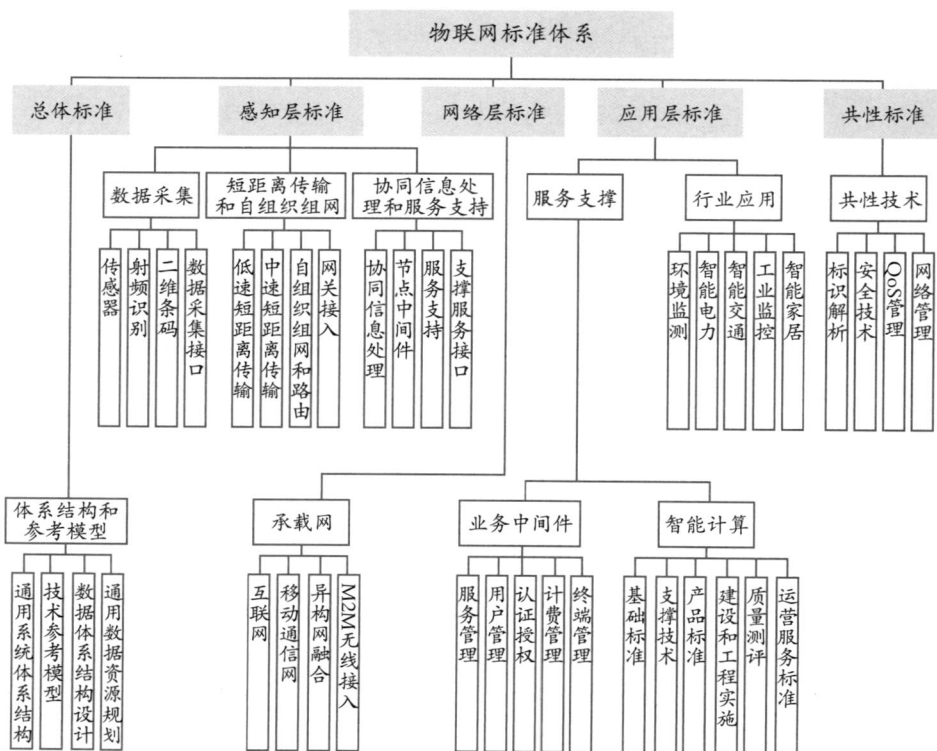

图 4.10　物联网标准体系

（二）避免基础设施重复建设，实现资源的整合和优化

　　智能城市网络建设中基础设施共建共享，随着技术更新加快、竞争日益加剧、客户新增放缓、电信成本管理约束加大等问题不断出现，网络运营商之间的合作成为必然。在我国，基础设施的重复建设一直是行业发展的顽疾。基于目前的网络运营环境，如何避免基础设施重复建设，提高基础设施利用率，逐步实现由"单赢"到"多赢"，是智能城市网络建设的重要问题。

　　国际电信联盟（International Telecommunications Union，ITU）统计显示，截至 2011 年，超过 160 个国家要求铁塔、基站、管道等设施共享，超过 120 个国家要求开放移动接入网络，以便新进入运营商或移动虚拟运营商（mobile virtual network operator，MVNO）租赁。在某些国家或地区（如加拿大），由于自然条件等原因，更是提出强制性要求，将网络共享作为获得频谱使用牌照的必要条件之一。

　　在企业层面，由于近年来巨额的网络投资，以及移动数据流量激增，移动运营商普遍陷入了增量不增收（所谓的投资与收入的"剪刀差"）的窘境，

100

降低资本支出（capital expenditure，CAPEX）和运营支出（operating expense，OPEX）成为主流运营商的共性需求，故网络共享有着不断增强的吸引力。例如，饱受经济危机困扰的欧洲运营商在 2007 年以后开始加快移动网络共享的步伐。沃达丰、Orange、Telefonica、T-Mobile 等运营商，在不同国家市场已签订了多个两两之间的移动网络共享协议，从简单的站址共享到较为深入的有源共享，从 2G/3G 网络到 4G 网络，在这些共享协议中均有所涉及。

目前，国际上单独的电信基础设施公司（或单一批发网络公司）的管控（治理）模式主要有：①公共治理与运营模式，如澳大利亚的国家宽带网络（national broadband network，NBN）模式；②政府参股的批发模式，如新加坡模式；③企业股份制模式，如印度的 Indus Towers、瑞典的 Net4Mobility、俄罗斯的 Yota 和美国的 Lightsquared。但这些模式似乎均是探索性的。国内，2014 年，4G 开始商用，4G 基站建设也大规模启动。由于 4G 频段较高，基站覆盖半径较小，4G 基站要实现 2G 的覆盖效果，须成倍增加基站数量，因此出现了一系列问题，如基础设施的重复投资、过度消耗土地与能源、老站址要求拆站、新站址难找难谈，甚至出现居民反对建站或要求拆站的同时又投诉信号覆盖不到位的情况，这些都严重影响 4G 的发展进程。

在基础设施避免重复建设方面，国外相关经验以印度和美国为例（卢安文等，2012）。

（1）印度采取的措施是多家运营商通过剥离资产实现无源基础设施共建共享，一家运营商剥离其现有基础设施资源并成立独立运营公司，其他运营公司向其租用。政府发挥重要作用，通过立法明确无源基础设施的定义，鼓励大家积极采取措施来实现资源共享，这样就促使很多运营商意识到在激烈的竞争环境下，把资源盘活并剥离出去才是比较明智的经营方式。

（2）美国的情况是独立第三方参与资源共享。第三方投资建设，拥有并管理资源，为运营商提供专业的服务。美国通信基础设施市场已经由第三方投资管理公司主导，占据了 72% 的市场份额。在第三方管理市场中，现有的三大上市公司（American Tower、Crown Castle 和 SBA）最多占有 63.6% 的市场份额。

根据国内外通信网络基础设施共建共享发展现状，目前网络共建共享的发展趋势主要有以下几点。

（1）网络共享对成本的节约不是一成不变的，随着时间和网络的发展，这种成本节约的比例是逐渐变化的。随着技术的不断进步，业务复杂度不断升级，网络共建共享的副作用将逐渐显现。对基站资源的共享，大多数国家的态度是允许或鼓励；对核心网络的共享，基于竞争、商业机密以及可操作性的考虑，目前大多数国家的态度是不允许。

（2）第三方建设网络基础设施将成为网络共建共享的一个主要发展趋势。第三方建网可以减少站址资源的浪费，使运营商的注意力逐步转移到业务和服务上来。但这对第三方参与者具有较高的要求，如 Crown Castle 和 Gridcom，它们都具有"强电"或"弱电"的工程背景，并且本身就拥有一定量的站址资源。

根据智能城市网络建设的要求，为了避免基础设施重复建设，实现资源的整合和优化，给出如下几点建议。

（1）将移动通信基站、室内覆盖、驻地网等基础设施纳入统一配套规划，由政府协调各运营商，整合各方需求和资源，共建共享，减少资源浪费。

（2）在基础设施共建共享工程方面，建议城市移动基站、室内覆盖、机房等基础设施坚持有偿使用的原则，采取租赁、出售等方式分配给各运营商或其他信息服务商，其中的公用配套资源日常维护也采取有偿服务的方式，形成稳定、可持续的发展模式。

（3）在无线接入网共建共享工程方面，建议政府统一规划和建设综合 Wi-Fi 无线接入网，改变当前由运营商或其他服务商分别建设 Wi-Fi 引发的频率干扰、重复建设的无序局面。综合 Wi-Fi 无线接入网统一建设后，向各运营商及众多信息服务商公平开放，各家共同接入，实现"无线地铁""无线机场""无线图书馆"。

（4）在驻地网共建共享工程方面，建议采用融合统一的方案进行建设，确保新建小区光纤到户，保证用户可在不同运营商之间灵活选择、切换，减少重复建设。

（5）在资源整合方面，采用基于虚拟运营的驻地网融合方案，能够避免光纤接入的重复建设，使得用户真正实现可以任意选择不同运营商或广电业务，同时促进运营商更好地提高网络质量，搞好服务工作。这也是国际电信联盟电信标准化部门（ITU Telecommunication Standardization Sector, ITU-T）对下一代网络标准要求的一项重要内容。

（三）加强无线网络的覆盖

智能城市中，为了实现用户或设备在任何时间、任何地点都能够接入网络，实现数据的传输与交互，网络信息环境建设需要具有广泛、无缝的覆盖，满足无缝性、泛在性的网络需求。同时为了实现接入的灵活性，需要多

种无线接入技术协同工作，为用户提供全面的网络覆盖和最优化的服务。在各种接入技术中，无线网络由于具有安装代价低、布局设计能够便捷改变、覆盖范围广泛等特性，是智能城市的重要基础设施，是满足城市网络无缝覆盖的重要保障。城市网络应推进无线宽带网络的全城覆盖，为实现城市的智能化奠定良好的基础，使得用户或设备随时、随地、随需都可以接入网络中，满足业务需求。我国在无线网络全覆盖方面起步较晚，无线网络的覆盖面窄、性能不够高效可靠以及在城镇和农村覆盖不均衡等问题依然存在，只有加强无线网络全覆盖才能满足智能城市全面感知的业务需求。

在无线网络实现城市全覆盖方面，国际上提出了无线城市的概念，即使用高速宽带无线技术，覆盖城市行政区域，提供给公众。随时随地接入、高速的无线网络，让公众可以充分利用无线终端或无线技术获取信息。这是城市信息化和现代化的一项基础设施，也是衡量城市运行效率、信息化程度以及竞争水平的重要标志。无线城市的概念最初由美国费城提出，美国费城提出了基于 Wi-Fi 802.11b 标准的 Mesh 网络计划，随后城市 Wi-Fi 网络铺设高潮开始席卷全球。紧随费城之后，奥克拉玛哈市也实施了相同的计划，使用 1 000 个室外无线 Mesh AP（access point）来覆盖 620km^2 的城区。此外，美国波士顿以及新加坡和伦敦等地，也已开展无线城市计划，新加坡更是把范围推广到整个国家，提出建设无线国家。

中国的无线城市建设起步较晚，2008 年 5 月上海嘉定无线城市一期正式建成，随后国内多个城市制订并启动了无线城市计划，致力于建设无线城市。运营商方面，2010 年中国移动提出"无线城市"业务发展转型战略，在移动互联网、物联网、云计算和分时长期演进（time division long term evolution，TD-LTE）等方面进行了大量尝试和探索。2011 年中国移动通信集团公司与上海市相关部门共同签署了《共建智慧城市合作框架协议》，投资超过 130 亿元在上海构建全球移动通信系统（GSM）、时分同步码分多址（time division-synchronous code division multiple access，TD-SCDMA）、TD-LTE 与 WLAN 四网协同的无线城市宽带网络。2015 年 2 月工业和信息化部召开"宽带中国 2015 专项行动"会议，"宽带中国 2015 专项行动"的主要目标之一是新建超过 60 万个 4G 基站，4G 网络覆盖县城和发达乡镇，新增 4G 用户超过 2 亿户，如图 4.11 所示。与国外无线城市发展状况相比，国内发展起步较晚，同时由于我国地域广阔，城市和人口较多，实现无线网络可靠高效的全覆盖还需进一步努力。

新增4G基站/万个　　　　　　　　　　　新增4G用户/亿户

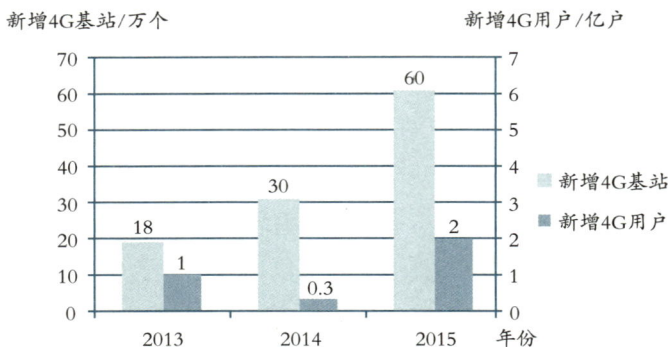

图 4.11　2013—2015 年工信部 4G 发展目标

此外，在城市无线局域网发展方面，艾瑞咨询发布了《iResearch——2015 年中国商业 Wi-Fi 行业研究报告》，报告分析了商业 Wi-Fi 市场的行业发展背景、Wi-Fi 产业链及商业模式、市场发展现状及发展趋势和存在的问题。报告指出：2014 年中国商业 Wi-Fi 市场规模为 3.6 亿元，同比增长147.1%；作为 Wi-Fi 市场的新兴领域，商业 Wi-Fi 市场整体处于初（早）期阶段；商业 Wi-Fi 市场构成的主要收入来源是广告收入、硬件收入和增值收入，如图 4.12 所示。其中有着互联网基因的树熊网络是增值收入的先行者，而传媒出身的迈外迪主要依靠广告收入实现营收。该报告分析市场热点时指出：商业 Wi-Fi 提供商的热点数量是推进各种商业模式的根本基础，2013—2018 年中国商业 Wi-Fi 热点数量如图 4.13 所示。可见，实现无线覆盖将为网络运营商带来极大的发展潜力。

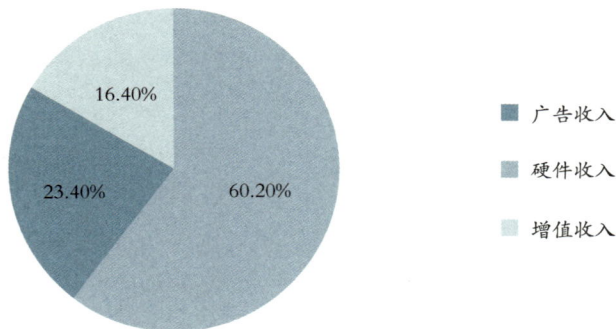

图 4.12　2014 年中国商业 Wi-Fi 市场构成

图 4.13　2013—2018 年中国商业 Wi-Fi 热点数量

2014 年 5 月，IMT 2020（5G 推进组）提出了未来无线网络系统的发展目标，满足智能化、信息化社会发展的需求，包括更高的移动数据量、更多的接入设备、更快的用户终端数据速率、更低的时延、更长续航的低功率设备，如图 4.14 所示。无线网络的建设不仅需要加强无线网络的全覆盖，更需要实现用户在智能业务应用中满足接入性能的需求。

| 1 000 倍
更高的移动
数据速度 | 10～100 倍
更多数量
接入设备 | 10～100 倍
典型终端
数据速率 | 5 倍
更低的时延 | 10 倍
更长续航 |

图 4.14　IMT2020 未来移动无线通信发展目标

在智能城市中全面的无线网络覆盖的主要实现内容是无线宽带接入，最早以 Wi-Fi+Mesh 为主要技术，首次提出无线城市的美国费城的技术实现方式是基于 Wi-Fi 802.11b 标准的 Mesh 网络计划。随着 WiMax 技术走向成熟，以及其本身技术的优越性，目前普遍的技术实现方式是 Wi-Fi+WiMax+Mesh。同时，运营商的移动通信技术也是实现无线宽带覆盖的重要方式。从之前的技术分析中可知，移动通信技术和 Wi-Fi 技术单独承载智能城市均存在问题：移动通信技术的网络容量不足，高带宽业务承载能力有限，Wi-Fi 网络全城无缝覆盖难度较大，网络质量难以保障。因此，加强无线网络覆盖需要多种无线技术协同实现，充分发挥各种技术制式的优势，形成综合化的无线网络架构。具体而言，移动通信技术作为主承载网络实现全

---

① e 指预测数据。

城无缝覆盖，主要承载智能城市中中低流量的业务，而在一些热点区域和智能城市高带宽业务需要覆盖的区域可以建设 Wi-Fi 网络，主要承载特定的高带宽业务以及对质量要求不高的业务。当前我国经过几年的建设，3G 网络已实现主要城市城区全覆盖，4G 网络正紧锣密鼓地建设中，Wi-Fi 网络在主要热点区域也不断扩展部署。

我国虽然在无线网络覆盖方面做出了巨大投资和多方努力，但依然存在现实问题：城镇覆盖与农村覆盖不均衡，网络性能差异较大；城市无线覆盖存在阴影区域，并不能实现无处不在的良好接入；在用户高速移动环境下无线接入性能可能急剧下降，影响用户体验；在城市部分热点区域，网络已经不能满足用户的使用需求，造成高峰时段用户使用感较差，可能出现网络拥塞现象；提供的峰值速率还不够高，不能很好地满足智能城市中日益增长的各种高带宽业务需求；此外，无线城市需实现多种无线接入技术的多层次全覆盖，使得用户可以根据应用和场景灵活切换网络，随时接入最佳网络。

通过扼要的分析可见，无线城市的全覆盖还需进一步加强和推进，具体建议如下。

（1）加强规划引导、政策支持和资金投入。将无线网络基础设施建设纳入城乡规划，依据工信部的发展目标推进无线网络发展和移动通信建设。完善电信普遍服务补偿机制，加快农村和中西部地区无线网络的发展。

（2）完善 4G 网络覆盖，推进 4G 加快发展。指导基础电信企业加快 4G 发展，推进城市地区 4G 网络深度覆盖，实现城市、县城和乡镇的连续覆盖以及农村热点区域的有效覆盖。进一步投入移动网络建设，建设移动通信宏基站、微站、拉远直放站、室内分布系统，实现城市无线网络的深度覆盖和无线网络信号的城乡一体化。

（3）加强商用 Wi-Fi 的信号，提高上网速度。在一些热点区域，如在交通系统、商住系统、教育医疗系统、休闲娱乐场所进行深度覆盖，实现公共场所的 WLAN 覆盖，为用户提供随时接入的便捷。并且分析评估网络流量，以充分利用网络资源。

（4）加大无线技术方面的研发。深入落实国家创新驱动发展战略，促进移动无线通信等战略性产业发展，推进异构无线网络融合，研发新一代移动通信技术。

（5）随着农村经济的发展，农村移动用户发展潜力巨大，完善农村区域的网络覆盖。同时，农村地域广阔、人口居住分散、单位面积话务量较低，可选择简易配置方式进行广覆盖。

（6）市区的网络盲区主要集中在室内覆盖，如在一些大商场、居民住宅区、写字楼和隧道、车库、地下通道等宏蜂窝覆盖不到的地方。因此，应根据需要安装室内或室外微蜂窝来满足覆盖要求，在热点区域利用多种接入技术多层覆盖。

（7）在高速移动环境下，如高速公路、高速动车等，在小范围盲区段可采用微基站的简易配置方式，实现低成本解决高速公路、城间公路的盲区覆盖问题。在大范围盲区段可通过加站或采用完全配置方式解决覆盖问题。

（8）注重改善用户体验，提升网络性能。发展多种无线网络技术多层覆盖，增加接入带宽能力，协同工作为用户提供最优服务体验，提升服务能力和服务水平，满足用户高性能需求。

（四）实现基于网络位置数据的开放与共享

当前城市中的数据信息资源已经成为社会经济发展极为重要的战略资源，网络实现互联互通的重要需求之一是实现信息的共享。运营商通过实现智能城市中网络位置数据的开放与共享，使多个行业企业能够合理利用位置数据信息资源，最大限度地实现信息的价值转换和增值，推动智能城市中智能交通、智能城管等各种功能的应用，促进城市管理和经济发展。然而，实际城市背景下运营商的网络位置数据难以得到有效的开发利用，数据无法在运营商和其他行业企业之间实现有效的数据互联互通、信息共享，这些并不利于让网络位置数据真正实现价值。

国外方面，美国是最早实行数据开放共享政策的国家，其中就包括网络位置数据开放共享，2009 年 5 月美国政府 data.gov 激活，实时开放政府战略。2013 年 12 月，美国政府发布行动方案——《开放政府合作伙伴——美国第二次开放政府国家行动方案》。英国是较早进行数据开放共享的国家之一，2009 年 9 月英国政府 data.gov.uk 激活，提供包括网络位置数据在内的多种公共领域数据。智能城市实现网络位置数据信息的开放与共享已得到广泛认可，通过建立完善的网络位置数据共享机制，才能让其实现价值，最大限度发挥运营商位置数据资源的作用。

网络环境实现基于网络位置数据的开放与共享，其中网络位置数据主要包括运营商的数据、地理信息系统（geographic information system,GIS）数据、浮动车辆数据等信息，可以使得数据得到充分利用，并产生最大效能，为智能城市中的用户提供更为细致准确的服务。具体的实现基于网络位置数据的开放与共享，可依据以下内容。

（1）发展基于网络位置数据的开放与共享的前提是实现网络的互联互通和融合，保证数据、信息和业务在网络之间有效地传递，实现信息在行业间的共享。

（2）可以通过建立网络位置数据的公共支撑平台，将分散的、异构的、与用户设备相关的多种位置数据进行有效聚合，通过统一的访问入口，实现行业应用对用户位置数据的无缝接入访问，提供一个支持位置数据访问、安全传递以及应用间协作的集成化环境，发挥网络位置数据的潜在价值。

（3）就具体实例而言，运营商和业务提供商达成协议，运营商通过网络位置数据公共平台向第三方业务提供商开放用户的实时位置信息，如室外车辆的位置数据、用户位置的定位信息等，用于紧急救援或是交通监控等智能应用场景。例如，运营商和某救援机构签署协议，当某一区域发生火灾时，急救机构向运营商请求提供该区域内用户的数量，以提前准备救援计划。其中区域的定义可以参考移动开放联盟（open mobile alliance，OMA）中定义的区域内容。运营商可以把第三方提供的区域信息翻译成第三代合作伙伴（3rd generation partnership project，3GPP）可以理解的内容，如位置区（location area，LA）、跟踪区（tracking area，TA）等信息，来获取该区域内的用户数量。救援机构可以参考该辅助信息安排救援行动。

网络环境是实现位置数据的开放和共享的重要传递者，通过网络来汇集城市公共数据，能够提供与位置相关的环境数据，并有效实现城市中用户位置数据信息在行业间、应用间的开放共享，如智能交通、智能城管等将能够有效分享数据，便捷地利用数据为社会、城市和用户提供无缝化的服务，达到数据的最优化利用和最大效能。

（五）实现有线与无线的融合

智能城市中多种网络技术共存并逐步实现协同工作，共同支持用户对业务的需求。移动通信技术从 2G、3G 到 4G，有线通信从电路交换、IP 到下一代网络，同时语音与数据的融合、有线与无线的融合成为智能城市中网络信息环境的关注点。正如之前对多种网络技术共存的分析，单一的基础设施已经无法满足用户的多样性需求，未来智能城市中的业务将更为丰富多样，这对有线和无线网络都提出了巨大的挑战。实现有线与无线融合，可以使运营商同时经营有线业务与无线移动业务，实现无缝连接、统一管理，并且增加价值和收益。同时对用户而言，亦希望实现接入的灵活性，获得全方位和一站式的服务。因此，实现有线与无线的融合就成为智能城市中网络信息环

境建设的重要发展方向，同样亦是通信行业未来的发展趋势之一。

20 世纪 90 年代中期，业界已提出了有线与无线融为一体的固定与移动网络融合的概念，使用户不论在固定环境中，还是在移动环境中都能享受到相同的服务，获得相同的应用。但由于当时技术不成熟、缺乏公开标准等原因，有线与无线的融合并没有发展起来。直到 2004 年，一些国际标准化组织为了顺应固定与移动运营商合并所带来的行业结构的变化，在进行 NGN（next generation network）标准化时，ITU-T 和 ETSI（european telecommunications standards institute）都把无线与有线的网络融合放在了 NGN 标准化工作的核心位置。它们强调要实现使有线和无线用户完全进行无缝通信的网络融合，运营商使用一个公共的网络来提供固定与移动业务。在实现有线与无线网络融合方面可以从以下三个角度出发。

（1）网络结构融合。通常运营商的网络是由多个分离的网络构成的。这种分离的网络建设模式，给运营商开展业务和网络管理带来了很大的困难。因此，在网络结构的融合方面，实现一个全 IP 的无缝宽带融合网络成为发展趋势。

（2）用户终端融合。用户终端融合即 3C（computer，communication 和 consumer electrics）融合，通过某种协议使 3C 实现信息资源的共享和互联互通，从而满足用户在任何时间、任何地点通过信息关联应用来提升生活品质、提高效率。

（3）业务融合。业务融合是指综合运用有线与无线网络技术及基础设施，为增强业务能力和业务扩展性，面向不同用户提供的电信业务。

目前，电信用户大多同时享用移动网和固定网的服务，但两者都存在着一定的不足和局限性。用户或运营商都渴望打破这种局限性，扩大业务范围，丰富业务种类，从而满足智能城市下不断增长的业务需求。通过实现融合，综合两网优势，可以为用户提供更加全面、高效的电信业务，同时在一定程度上弥补单个网络业务的不足。对运营商而言，通过实现有线与无线网络的融合，可以屏蔽用户终端、网络类别，提供统一、综合的业务；减少网络建设成本；简化网络维护和管理；方便扩展新的业务；与现有网络实现互联互通，保证网络的平滑演进。

IMS（IP multimedia subsystem）是第三代通用合作计划 3GPP 在 R5 版本提出的支持 IP 多媒体业务的子系统，其核心特点是采用会话发起协议（session initiation protocol，SIP）和与接入的无关性，为未来智能城市需求的多媒体应用提供通用的业务平台，是向全 IP 网业务体系迈进的重要一步。

IMS 能够支持有线与无线的多种接入方式，实现固定网和移动网的融合。IMS 的平台架构如图 4.15 所示。

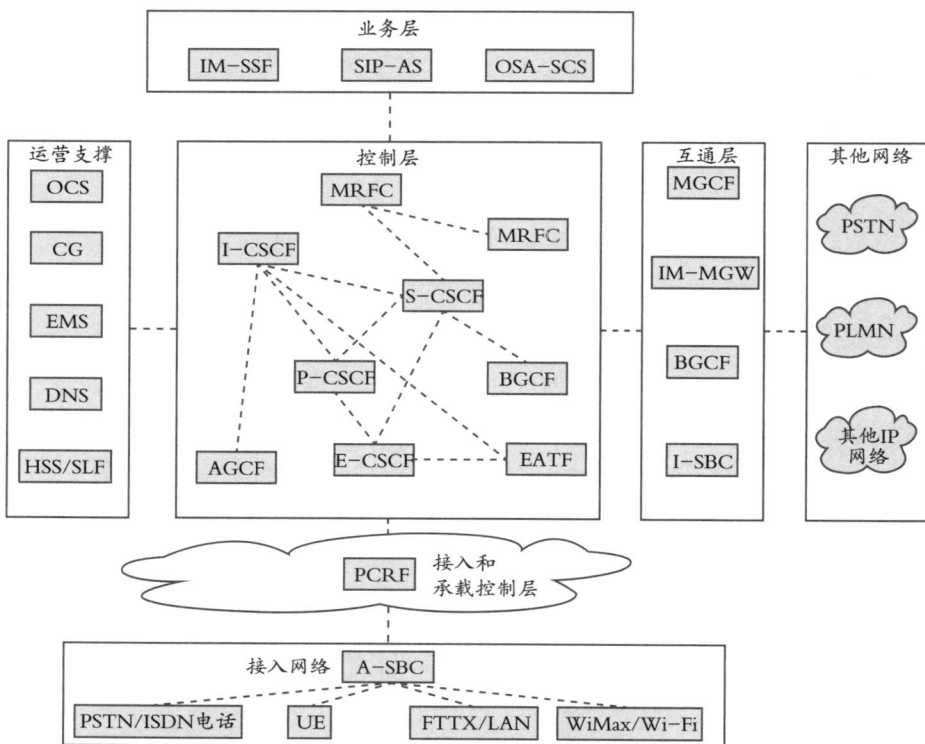

图 4.15 IMS 的平台架构

IMS 平台在承载网络和业务网络之间部署控制层，屏蔽了下层网络的差异性，并为上层业务提供集中的会话管理、业务接入控制、呼叫路由、服务质量控制、鉴权计费和安全管理等功能。其首要特征是实现多种接入方式融合，支持多种有线与无线接入方式的融合，提供无缝的移动性和业务连续型管理，为全业务运营提供便利。此外，IMS 平台还有完善的管理控制能力、良好的可扩展性、开放的网络架构、灵活的业务提供能力、安全可靠的网络设计等特征。

在实现基于 IMS 的有线与无线网络融合的过程中，融合方案虽然有诸多优点，但同时对网络的运营和管理提出了挑战。运营商需要针对网络融合的新结构，研究相应的运营和管理对策。

（1）认真评估实现网络融合的价值。目前，运营商都已建立了大量分离的网络，如何发挥现有网络的价值、平滑地实现网络演进是很重要的。运营商在融合的过程中，还要注意技术的后向兼容与互操作、业务整合、客户关

系管理等问题。

（2）探索新型的业务模式。基于 IMS 的网络融合会给运营商带来提供新业务的能力，运营商需依据智能城市的大背景并站在用户的角度来考虑用户的需求，保证既能满足用户需求，又可以增加业务收入。

（六）实现多终端多网络的协同

智能城市的网络环境复杂，各种异构网络并存，接入的终端类型也多种多样。伴随着信息通信服务高带宽化、内容形式多元化、提供方式智能化的发展，用户周围将能够发展或找到更多的智能终端，同一用户或不同用户之间的终端可以相互协同，各个终端还可以借助不同的接入网络，突破单一终端在功能、性能、接入资源等方面的限制；而且在物联网环境里，利用终端智能感知能力，还可以给用户提供前所未有的智能服务。同时，对运营商而言，对终端连接资源的协同，在不改变已有网络设施的基础上，可以提供更广的网络覆盖范围、更高的网络容量和速率支持；通过终端业务能力协同，还可以通过终端之间的业务协同和互动来创造更加丰富、灵活的业务应用，这也是物联网终端融合的动力所在。

智能城市的网络服务中，将出现多个终端设备协同为用户提供信息服务的场景，如蜂窝移动网、国际互联网、家庭网、固定电信网、广播电视网，甚至是物联网。为了有效管理异构网络中的终端及相关网络资源，实现智能城市网络环境中移动互联、无缝服务、业务多样性等需求，研究多终端多网络协同机制是必要的。

目前，国内和国外的众多研究组织、产业界各大公司和国际标准化组织（International Organization for Standardization，ISO）都支持异构网络融合的终端协同技术作为其面向下一代无线通信网络研究的重要组成部分，并做了大量的研究和试验工作。许多国际知名大学和研究组织都针对基于异构网络融合的终端协同技术提出了新的网络模型，并试图解决其中的一些关键技术。例如，贝尔实验室和加利福尼亚大学联合提出的融合蜂窝网和自组网的无线网络框架（a unified cellular and ad hoc network architecture，UCAN）、耶鲁大学提出的支持自组织中继的蜂窝系统（pervasive ad hoc relaying for cellular systems，PARCeLS）、斯坦福大学提出的基于移动节点辅助的数据转发网络模型（mobile-assisted data forwarding，MADF）、美国自然科学基金资助的分组多跳无线网项目（self-organizing packet radio ad hoc networks with overlay，SOPRANO）、美国乔治亚技术学院开展的 Sphinx 研究项目、纽约州立大学提出的支持中继的蜂窝和自组织集成系统（integrated cellular and ad hoc relaying systems，iCAR），这些都是将蜂窝网络与移动自组织网络相结合，在混合无线网络中实现终端间自组织中继与协同的典型技术。此外，欧盟委员会资助的项目由研究组织、产业界及政府部门等 16 家机构共同参与，充分利用现有或未来的网络基础架构和移动自组网（ad hoc）的最新研究成果，通过协同技术使得在发生事故、事变、灾难、危机等情况时，网络仍然能够提供最有效的通信方式和信息获取途径。卢森堡大学的研究项目 ABASSMUS[1]、HyWercs[2]和 SoNI[3]均基于骨干网络与自组织网络的结合架构，使得移动终端可以作为服务的提供者实现协同。

多终端多网络协同的实现需要各种接入技术密切配合，不仅能使用户享受到协同传输带来的速率上的提升，而且满足用户的移动性。为保持用户移动时的业务连续性，3GPP 提出了 UMTS 和 WLAN 融合的紧耦合和松耦合模型，实现了蜂窝网和 WLAN 这两种互补性较强的接入技术的互联互通。此外，3GPP 引入的 IMS 概念的目标是建立与接入技术无关的、能够融合多种接入技术的核心网，这有助于多终端多网络协同的实现。多终端多网络协同不是静态地聚合用户的可用终端为用户提供服务，更重要的是在移动场景中动态重构终端群组，因此它的实现需要移动互联网相关标准的支持。IETF 提出了 MIPv4、MIPv6、SIP、mSCTP、RFC3963 等支持移动互联网的标准，这些协议相互配合，能够实现不同接入点之间的切换和位置管理等功能。此外，IETF 还提出了几个 MANET 的路由协议，对群移动场景下群内 ad hoc 路由技术会有所支持。移动场景下的多终端多网络协同一定会涉及异构网间的切换问题。为协调异构接入技术之间的切换，国际电子与电气工程师协会（Institure of Electrical and Electronics Engineers，IEEE）专门成立了 IEEE 802.21 工作组，研究异构接入技术间独立于介质的切换（media independent handover，MIH）功能。IEEE 802.21 在协议栈第二层和第三层之间引入了 MIH 层，通过 MIH 服务向高层屏蔽了各种异构底层网络的差异。

智能城市中多终端多网络协同通信是一种新的通信场景，它的实现需要对场景的合理定义、整体架构的设计和涉及的具体技术问题的分析，对这些问题的标准化有助于推动多终端多网络协同通信的发展。因此，针对智能城市网络中的多终端多网络协同问题，建立多终端多网络协同架构，如图 4.16 所示。

---

[1] ABASSMUS：基于代理的移动用户自适应和安全服务配置，agent-based adaptive and secure service provisioning for mobile users 的简称。
[2] HyWercs：混合无线网络通信，hybrid wireless network communications 的简称。
[3] SoNI：自组织网络基础设施，self-organized network infrastructures 的简称。

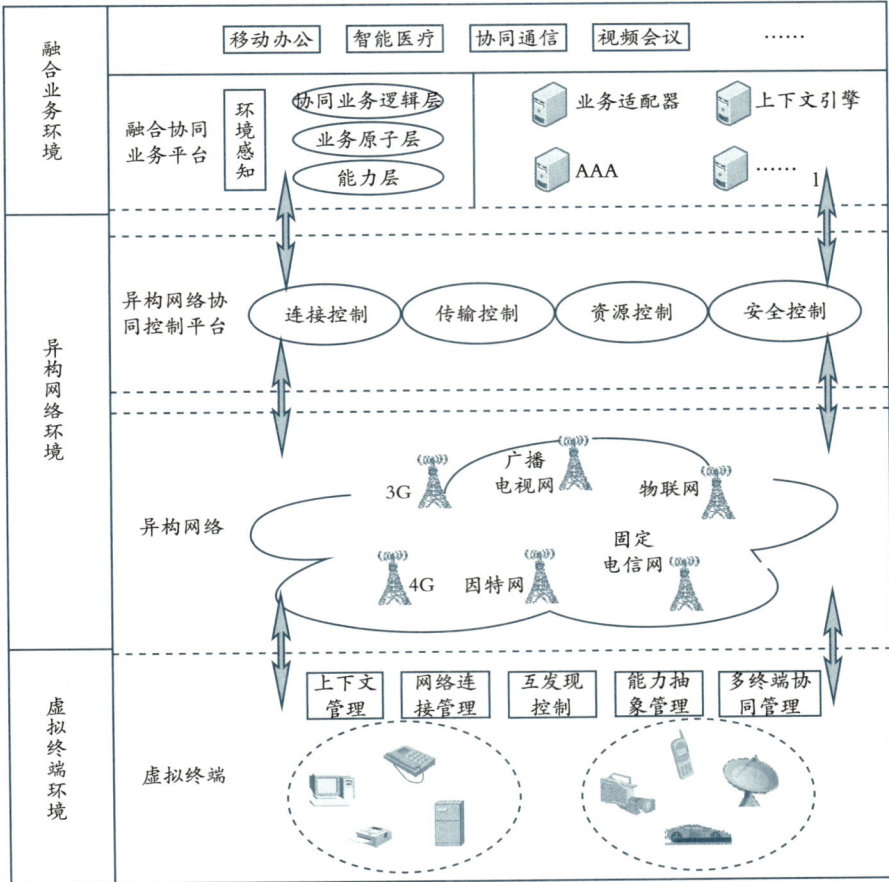

图 4.16　多终端多网络协同架构

多终端多网络协同机制面临多宿主接口、多流并发传输、群移动性、终端重构性、能力受限性等特征带来的挑战,需要突破相关的关键技术。在多终端环境资源模型构建基础上,需要研究网络侧面向终端群的控制架构和技术、业务触发与适配技术、基于跨层上下文的终端聚合与重构控制技术、多流多宿主下网络传输控制技术,以及群移动性场景下的移动性管理和业务连续性技术。针对以上各技术点,提出以下建议。

1. 多终端多网络协同的群组移动性管理

智能城市网络环境中,多终端多网络协同的服务场景可以看作是终端群组在移动过程中选择合适终端和网络来适应业务和用户需求的过程。终端群组的移动性管理主要包括两方面的内容:①伴随着用户移动的整个终端群组位置的改变,称为群组的位置管理;②由位置变化、网络状态、终端状态、用户状态等改变引起的业务服务终端群组构成的改变，这涉及终端的加入或退出，称为群组的结构管理。

在多终端多网络的智能城市网络环境下，群组位置管理和群组结构管理是息息相关的，具体表现在以下方面。

（1）随着位置的改变，用户的状态、周边网络的状态、可用终端的状态以及可连接的其他用户资源状态都可能发生变化，为了满足业务需求，此时构成群组的终端也会随之变化，从而影响群组的结构管理。

（2）在不同状态（包括网络、用户、终端、坐标等因素）的位置，为用户服务的终端群组是不同的，为用户提供的服务体验也有优劣之分。在类似智能医疗、应急救灾等业务质量要求高的情况下，在用户前往目的地时，应该选择一条最能满足业务需求的路径，使路径上可以使用的终端群组能保证较高的服务质量。这就相当于群组结构管理对位置管理的指导作用。

（3）群组位置管理和结构管理相互影响，为了协调这两部分内容，在移动过程中通过多终端的协同为用户带来更好的业务体验，需要建立一个具备管理功能的群组移动模型，由它根据不同的场景、不同的环境状态来协调群组位置管理和群组结构管理的工作。

2. 移动性预测技术

在智能城市网络环境下，随着用户的移动，网络的覆盖以及用户周围可用的终端都会动态地变化。而在这种情况下，为了保证用户在移动过程中的业务连续性，终端的协同模式以及接入的无线网络都需要根据周围环境的改变做出相应的变化。由此可以看出，在未来智能城市的泛在网络环境下，不仅要考虑泛在网络下的异构性、协同性和智能性，更要考虑在移动环境下，用户的移动性引起的网络异构、终端协同的新变化。

因此，为了在智能城市网络环境下保证无缝服务，并带给用户最佳体验，需要通过移动性预测技术这种积极的方案，提前预测用户的周围可能的环境，包括网络状态、终端状态等，从而保证终端接入的网络以及终端的协同模式能够根据环境的变化即时做出相应的变化，保证用户能够在移动的状态下无缝获得无所不能、无所不包的服务。

移动性预测技术与泛在网络环境下的网络异构性、终端协同性、智能性三个特点相结合，主要面临的挑战如下：①对于单个终端来说，如何在异构网络的环境中预测即将进入区域的无线网络覆盖情况，以辅助网络切换或小区切换；②对于多个终端来说，如何通过移动性预测技术使多个终端保证在任何环境下都有最佳的协同模式,以使网络资源及终端资源的利用率达到最高;③如何能够为用户提供智能化的移动性预测服务。

因此,根据对智能城市泛在网络环境下的移动性预测技术的需求及挑战的理解,关于未来研究移动性预测技术的关键思想路线可以概况如下:在屏蔽网络异构性的基础上,通过对环境的预测保证多终端始终能够以最佳的模式协同;同时基于用户的需求,提供智能化的移动性预测,最终实现用户的无缝移动及最佳的业务体验。

3. 异构网切换管理

在移动过程中实现多终端多网络协作,需要着重关注以下两方面内容。

(1)多模终端在异构网中的切换

异构网和多模终端的出现使得用户可以自由地选择使用的网络。选择合适的网络需要考虑三个方面的因素:网络参数、应用要求和用户偏好。网络参数包括信号强度、信噪比、信干比、比特错误率、带宽、时延、时延抖动、安全性、网络负载等。应用要求即不同类型的应用对网络参数的不同要求,如非实时的视频业务对带宽的要求较高,对比特错误率的要求较低,而实时的语音业务对时延的要求较高,对带宽的要求较低。用户偏好包括用户对费用、安全性的要求,用户喜好的网络等。在静态情况下,当用户启动某个应用时,终端侧或网络侧的网络选择算法会根据网络参数、应用要求和用户偏好三方面的信息利用一定的决策算法选择某个最优的网络。

用户移动时,可能离开正在使用的网络的覆盖范围或进入某一新的网络的覆盖范围,因此他正在使用的网络可能不再是最能满足各方面需求的网络。这时,应当重新启动网络选择或切换算法选择新的最优网络。如果重新选择的网络与之前的网络相同,那就不用启动切换过程;如果新选择的网络与之前的网络不同,那么就启动垂直切换过程。

当前异构网的典型场景是蜂窝网络和无线局域网(WLAN)的联合覆盖。蜂窝网络提供广阔的覆盖范围,但是带宽有限,并且费用较高;而 WLAN 能够以较低的价格提供较高的带宽,但是它只是热点覆盖。因此,这两种网络能够优势互补。然而,由于 WLAN 的覆盖范围有限,移动用户在 WLAN 覆盖范围内逗留的时间越长,意味着他能够连接到 WLAN 并获得越多的性能提升,他从蜂窝网络切换到 WLAN 的动机也就越强。反之,如果快速移动的用户接连触发了两次切换(从蜂窝网到 WLAN 的向下切换和从 WLAN 到蜂窝网的向上切换),那么他在连接到 WLAN 的短暂时间之内所获得的性

能提升不足以弥补因两次切换造成的性能下降。因此，对于快速移动的用户而言，切换到 WLAN 是得不偿失的。

综上所述，对于多模终端在异构网中的切换，需要解决两个问题：①如何在多个候选网络中选择最优网络；②在用户进入 WLAN 覆盖区时，判断是否进行向下切换。

（2）多个终端在异构网中的切换

智能城市泛在网络环境下的多终端多网络协同，不同于以往的单个多模终端在异构网中的情形，它涉及多个终端通过多个连接共同为某一用户服务，属于同一或不同用户的终端连接到不同或相同的网络共同为用户提供服务。这种协同方式的最大优势是能够极大地提高用户可感知的网络带宽，提升用户的应用体验。从用户的角度看，协同的各个终端组成了一个虚拟终端，它集合了统一的终端能力，向用户提供了如同单一终端所能提供的能力。

4. 上下文感知技术

智能城市网络建设的目标，除了提高传输速率以支持多媒体业务外，还需要网络对用户、环境等相关信息进行主动理解和把握，引入如情感、意愿、语言等新媒体，利用信息形成决策并向用户提供最合适的业务，使用户摆脱复杂的交互操作，更关注业务服务本身。上述环境信息都可称为上下文信息，具体包括业务上下文、网络上下文、用户上下文和终端上下文，如图 4.17 所示为上下文信息的内容。

上下文感知是指对上下文信息进行自动收集、分发、管理及利用，在不影响应用核心功能的前提下，为业务提供一定的自适应能力，从而减少个人业务体验过程中的人为干预，使得业务能够自动地根据网络、终端等环境的变化进行调整和适配，从而更好地利用网络资源。

当终端群在多种接入网间漫游时，终端群能够根据感知得到网络可用性、网络性能、终端状态、用户终端位置等信息来触发终端群的重构，并通过交互得到的终端软硬件能力以及用户偏好等信息完成业务的自动适配，保证在发生流切换时，终端群能够优化目标网络的资源分配。面对不断变化的异构网络环境、用户个人偏好以及业务执行环境，终端群必须能够在业务发起前或业务提供过程中监测和感知上下文信息的变化，根据感知到的上下文信息自适应地对业务和终端群进行重构和适配，从而提升个人的业务体验。

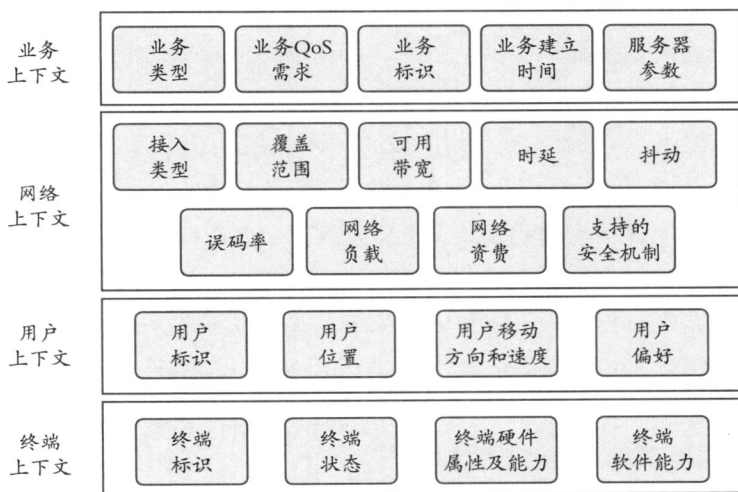

图 4.17　上下文信息的内容

5. 多路径传输控制机制

智能城市网络下，利用多终端多网络优势，通过异构接入技术建立多条并行数据链路，能够极大地提升端到端的带宽，提高网络资源的利用率，保证业务的正常使用，最终提升用户体验。多路径传输控制机制的主要工作在于多路径传输协议和传输调度算法的改进。

6. 业务适配技术

由于用户的移动和动态变化的网络因素，用户连接的网络特性会发生变化，进而导致用户所接收到的业务也发生变化。为提升用户体验，需要随时感知用户的网络状态和终端状态，调整业务的执行方式，以适应网络状态和终端状态的变化。在多终端多网络场景中，网络和终端状态变化更加复杂，因此多终端多网络场景下的业务适配需要实现更加复杂的功能。

智能城市中，针对业务多样性的需求，业务适配技术需要做到及时感知用户、网络和终端（群）的状态变化，适当调整其业务执行方式，以适应业务执行环境，充分发挥多终端多网络的业务提供能力，向用户提供最佳的业务感受。泛在网中的业务适配应该包括三个方面：对用户终端能力的适配、对网络状态的适配和对用户偏好的适配。在多终端协同通信中，用户拥有多个终端，此时业务适配需要适配多个终端，这比对单终端的适配复杂得多。在泛在网络环境中，业务适配也需要适配多个可用网络的网络状态。对用户偏好的适配是业务适配必须要考虑的问题，它能够为用户提供个性化的业

117

务，从而提升用户体验。

在泛在网多终端多网络场景中，由于网络状态和终端状态的变化，应用层业务必须根据底层可用资源的变化进行自适应调整，以保证用户在跨越异构网络时的业务连续性。在给用户提供业务的过程中需要引入业务的 QoS 适配机制，以便在资源的可用性发生变化时能够改变业务对资源的需求。

通过中间件结构的业务适配主要包括两个方面：网络层感知适配和应用层业务适配。网络层感知适配是指根据网络状态的变化为用户决定业务的 QoS 目标，以及相应的适配方法和策略。当前的网络适配技术包括流控技术、面向纠错、单播到多播、部分缓存及内容联合传输等。应用层业务适配是指为适应接入网络状态的变化和终端状态的变化，采取相应的技术和措施改变应用层码流的编码速率和格式。

业务适配过程与闭环控制系统非常相似。业务适配过程需要对网络和终端的相关参数进行检测，根据检测结果确定业务适配的具体措施，然后配置业务内容和形式。由此可见，适配过程遵循着与控制系统相似的模式。应用层的业务适配机制需要根据底层网络状态进行适配，相当于控制系统中的控制器嵌入应用程序中，底层网络只作为监测器对网络资源进行监测。根据实现功能的不同，适配业务提供平台中的协商与适配处理器和网络能力监测组件可以映射为控制理论中的任务控制模型，业务配置器可以映射为模糊控制模型。业务适配中的各组件与控制理论模型的映射关系如图 4.18 所示。

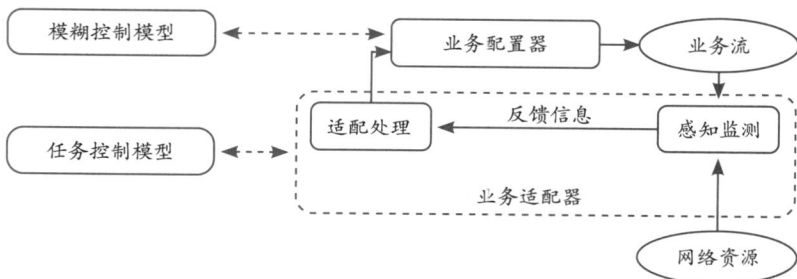

图 4.18 组件与控制理论模型的映射关系

最后，通过对智能城市泛在网络环境下多终端多网络协同各技术点的研究，得到整个多终端多网络协作的移动性管理流程，如图 4.19 所示。

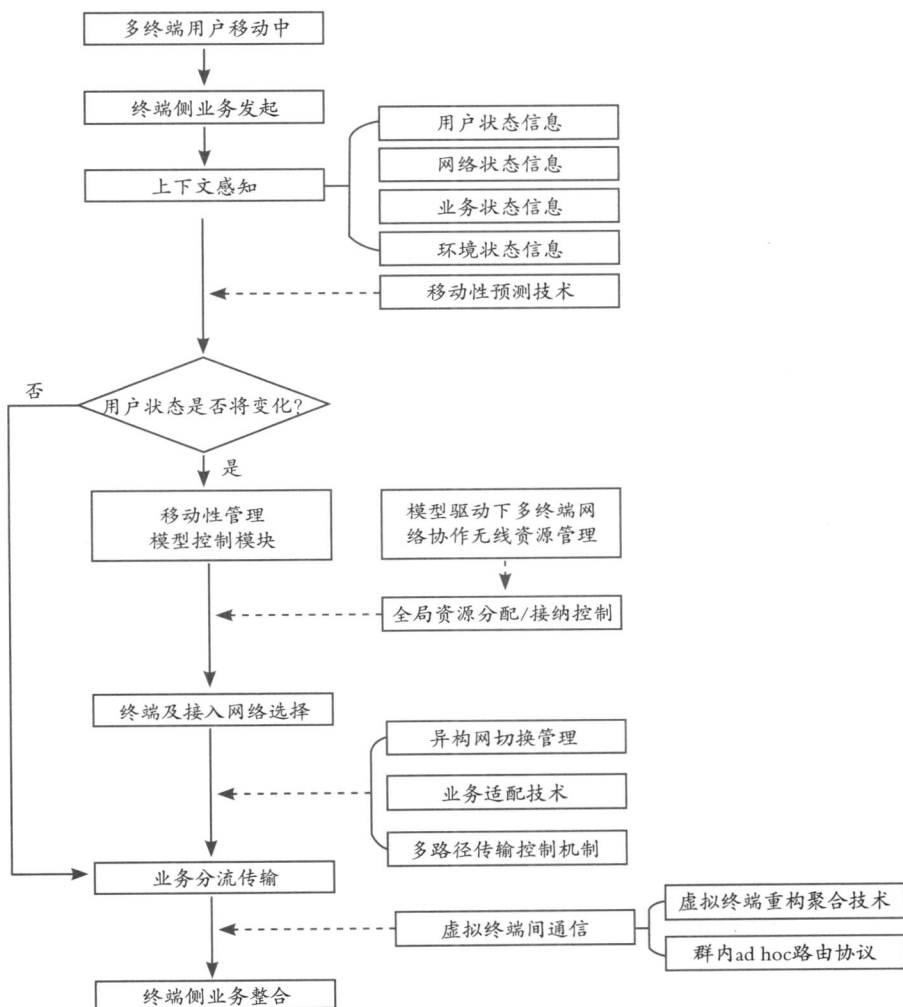

图 4.19　多终端多网络协作的移动性管理流程

用户在移动过程中为了保持业务的连续性和高质量，需要即时获取上下文信息，并根据情况进行移动性预测，判定当前或下一时刻的业务环境是否会发生变化，以便能够及时地做出调整。如果业务环境发生变化，则需要重新选择合适的终端和网络来接收和发送业务信息，这部分工作由上文中提到的移动性模型来完成。对比以往的群组移动性模型，多终端多网络协作下的模型不仅仅是预测，更应具有控制功能，根据收集的上下文信息和用户偏好等为用户提供一种终端和网络选择策略。当终端和网络重新选择确定完毕后，需要进行相关的业务适配，借助异构网，通过多路径传输机制，在异构终端和网络间收发信息。当业务信息传递到终端侧，各终端需要根据各自的能力和信息类型，选择各自的接收及发送任务，完成业务的终端侧整合功能。

当前，终端网络协同已进入应用阶段。2015长虹春季手机发布会在物联网环境下重新定义了手机，即"以传感器为主体的物联网控制、交互和协同中心"，实现了手机与其他智能终端的广泛连接、控制、协同、交互、共享，实现了人与手机端的协同、人与云端的协同以及人与内容服务的协同。将智能化、网络化和协同化作为新的"三坐标"发力方向，通过智能化终端，与网络化的云服务平台和大数据商业模式进行融合，有效整合了家电、手机和信息等各类消费电子业务。基于个人集成网关（integrated personal portal，IPP）框架，手机及各智能终端实现了跨屏、跨终端的信息共享及协同，构筑了"智能终端＋云端＋人"的多终端多网络协作系统。

（七）加强网络能力开放

智能城市包括各个行业，不同行业对数据采集、传输有不同的需求，要求信息环境能够针对智能城市开发个性化的服务与应用。信息环境包括各种异构网络，存在能力不开放、业务平台不统一的问题，阻碍了智能城市中各行业个性化业务与应用的快速开发和部署。因此，需要提高信息环境中网络能力的开放程度，建立统一业务控制平台，通过设计应用程序编程接口（application programming interface，API）并开放给第三方开发人员，实现个性化业务与应用的快速开发与部署，提高智能城市的建设水平。

智能城市的信息环境包括无线接入网、有线接入网、物联网、传输网等，不同网络采用不同的数据传输协议。网络能力开放首先需要实现各种无线接入网、有线接入网、传输网的融合，采用控制与传输分离的思想，在数据传输层由各种网络提供简单数据转发功能，实现异构网络的融合；同时构建智能城市信息环境的网络控制层，在控制层对各种异构的接入网技术和协议进行统一管理。由于控制层能够实现异构网络之间的互联互通，实现对各种异构网络资源的调度，因而使得在控制层向应用层开放网络能力得以实现，即由应用层根据智能城市各行业的特色应用设计网络控制与管理策略，实现对网络资源的调度，满足各种业务与应用对智能城市信息环境的需求（见图4.20）。

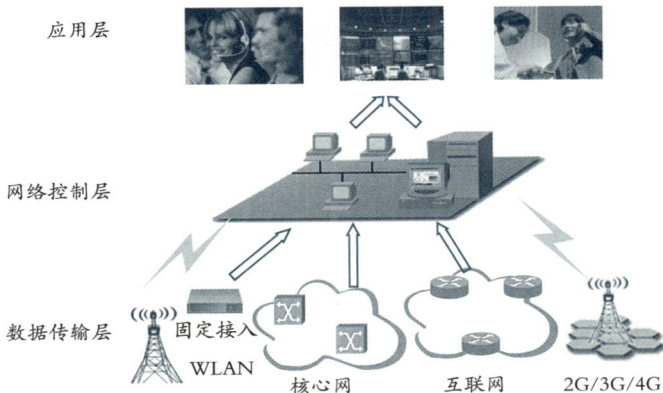

图 4.20　智能城市信息环境网络控制平台

在建立网络控制层，实现网络能力开放的基础上，构建业务控制平台，面向智能城市各行业的个性化业务与应用，实现对网络的控制和资源的调度，满足各种业务与应用对智能城市信息环境提出的需求。智能城市信息环境的业务控制平台通过封装开放的网络能力，在提供语音、数据传输、视频等基本业务的基础上，将其设计成 API 接口提供给应用层，由处于应用层的第三方开发人员对基本业务进行混搭，快速开发部署智能城市中各个行业的特色业务与应用，实现智能城市信息环境业务控制平台。图 4.21 所示为智能城市信息环境业务控制平台结构。

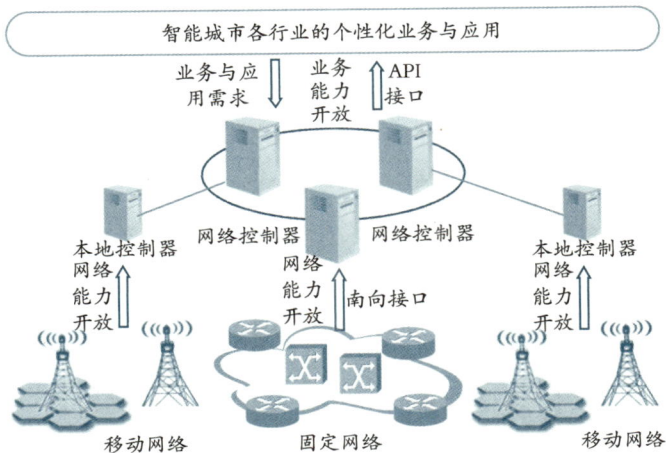

图 4.21　智能城市信息环境业务控制平台

加强网络能力开放，建立智能城市信息环境业务控制平台，实现网络能力开放，能够为解决不断涌现的智能行业应用的个性化需求提供有力的基础支撑。同时，对于网络运营者而言，能够支持其加深网络产业纵深，实现业务领域向智能业务的拓展。

（八）提高网络的灵活性

在智能城市的网络环境中，随着网络规模的急剧膨胀和承载应用类型的不断丰富，网络作为智能城市基础设施的重要部分，其结构和功能日趋复杂、僵化。例如网络核心的路由器，其承载功能不断扩展，而厂商只对外开放少量功能，这并不利于新型网络体系结构和网络技术的创新，严重影响了网络的不断演进和发展。尤其是，智能城市中不同业务对网络资源和网络性都有较为广泛又各具差异的需求，网络要实现不断演进，不断适配业务的需求，必须要提高网络的灵活性。

为解决网络体系结构面临的诸多问题，增强网络的灵活性和扩展性，以软件定义网络（software define network，SDN）、网络虚拟化技术为代表的网络技术正蓬勃发展，其最为重要的特性便是灵活性、开放性、可控性、可编程性以及可扩展性，这将有助于未来的城市网络更加开放、业务智能、软件可定义，更为灵活地适配用户的需求。

软件定义网络架构具有控制层与数据层解耦的特性，多设备制造商环境下的集中化控制，以及对网络资源的更细粒度控制，可以实现网络资源的可控性和可编程性，改善网络的可管理性、扩展性以及灵活性，从而利于信息网络领域的高速创新，带动信息网络领域新一轮的发展和变革。具体而言，软件定义网络构建了一个新的网络模型，试图通过数据转发平面和控制管理平面相分离，构建一个开放、可控、安全的网络。通过逻辑集中化的控制器对网络中的所有设备进行统一控制，而网络设备只负责完成网络数据包的转发处理，从而将网络分为控制平面和转发平面。这种控制与转发相分离和逻辑集中控制的机制使得对全局网络实现集中化的管理和配置成为可能，有利于实现网络的灵活性、可编程性、可控性以及可扩展性，并且能够有效地解决传统网络演进中的僵化现象。SDN 的架构如图 4.22 所示。同时，随着智能城市中提供智能业务的类型和数量越来越多，业务对网络资源的需求逐渐增加，而重新为各种业务部署网络设备将造成网络资源的极大浪费，并不利于网络和应用的演进，因此网络虚拟化技术应运而生。网络虚拟化技术允许多个虚拟网络共享物理网络资源，通过虚拟层将底层物理资源进行抽象，使得物理网络资源，如网络拓扑、带宽、内存和存储能力等对每个虚拟网络具有独有性，构建可扩展、易于管理的虚拟网络资源，为不同业务需求的虚拟网络分配合理的网络资源，提高网络资源的利用率，这对于解决网络僵化问题具有重要意义。

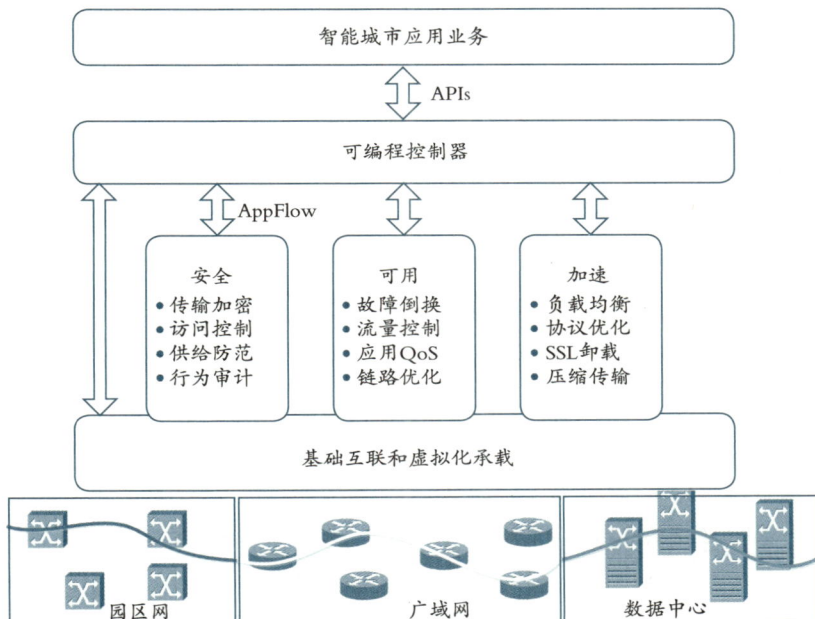

图 4.22　软件定义网络基本架构

2012 年中国联通智慧城市云平台建立，全球首个运营商智慧城市平台 SDN 正式开始商用。通过将 SDN 技术应用于智慧城市云平台的构建，中国联通在传统网络服务转型方面，成功实现了一次全新探索。云平台项目中，联通研究院采用华三 SDN 交换机、控制器与 SDN 云网融合 APP、一体化的监控和部署工具，使用在 1 个管理节点（北京）、4 个资源池节点（济南、上海、广州和西安）上，形成"1+4"方案，覆盖了联通全国智慧城市战略签约的 26 个省 200 多个城市。数据中心内所有的物理资源和虚拟资源实现统一化管理，实现智慧城市项目中的多租户隔离、虚拟机迁移网络策略自动跟随、网络的自动配置部署等功能，同时提高了平台的自动化程度与运维效率，新业务上线周期从以周为单位提升为即时可用，网络配置错误率下降到零，为云平台的行业应用奠定了坚实的网络基础。通过应用 SDN 解决方案，中国联通智慧城市云平台实现了 SDN 网络与上层业务系统无缝对接，真正做到了随需而动，大幅度提高了运维效率，减少了网络配置错误；同时，硬件设备通过实现网络虚拟化，大幅提高了设备性能，占用了极少的计算资源。

软件定义网络中网络的可编程性使得网络管理人员可以方便地控制网络设备和资源、部署创新型网络协议，同时能够支持用户定制各自的网络需求、网络规则和控制策略，这对于网络创新，面向智能城市的多种智能行业业务的复杂网络需求意义非凡。具体而言，软件定义网络对智能城市信息网络的变革性影响包括三方面内容。

（1）软件定义网络通过"通用硬件 + 灵活软件"的方式，可有效地帮助运营商简化网管与运维，降低网络运营成本。

（2）在城域网中，可通过软件定义网络技术部署统一的数据中心以实现内容资源的就近分发，能够有效解决城市范围内的流量冗余和被动扩容问题，为网络提供智能流量调度。

（3）在移动网络中，可通过软件定义网络技术实现 Wi-Fi 基站的统一接入管理，有效解决 Wi-Fi 的切换控制并实现绿色节能。

（九）增强网络的抗毁性

在智能城市中，接入的用户和设备不断增加，行业应用快速发展，网络环境承载的业务量变得愈加广泛和细化，产生的数据量持续暴增。对网络信息环境而言，承载的业务量越多，业务对基础网络的抗毁性、可靠性就有越高的要求。当因外界因素或内因使得网络出现失误或者故障时，都会对用户体验和社会效益产生负面影响，并且作用的不是个别应用业务和部分用户，甚至可能造成灾难性的影响。因此增强网络的抗毁性和生存性，保障可靠性和安全性，为智能城市提供一个安全、可靠、稳定的基础网络环境是智能城市对网络发展的要求，在网络信息环境建设中须不断增强网络的抗毁能力。

在网络信息环境建设中，设计和发展通信网络首先要考虑的问题就是网络中所有节点之间通信路径的抗毁性和可用性。这些特性主要取决于网络拓扑结构和通信链路容量、业务量分布以及网络元素的可靠性。智能城市中通信网络的抗毁性主要体现为当网络中出现确定性或者随机性故障或遭受破坏时，网络维持或恢复性能到一个可接受程度的能力，以使网络仍能够完成特定网络功能。有关网络系统抗毁性研究最早可追溯到 1955 年 Lee 对电信交换网络的研究，早期主要集中于通信网络领域。20 世纪 70 年代以前主要是以网络的联通作为网络可靠性、抗毁性规定功能来研究。20 世纪 80 年代，由于通信网络规模的迅速扩张，使用频度、网络负载的快速增加以及动态路由技术的采用等原因，网络拥塞和延时逐渐成为网络抗毁性的主要考虑因素，这一时期网络系统抗毁性研究主要集中于基于延时、拥塞等性能的抗毁性。20 世纪 90 年代后，随着网络化进程的加快，网络系统抗毁性成为网络设计和发展的关注点。

智能城市实现增强网络系统的抗毁性的方式有如下五方面。

（1）在整体城市网络环境建设中，进行物理加固和增加网络设施的冗余度。通过物理加固使得各个局部具有抗毁能力，从而提高网络系统的整体抗毁性。增加冗余度的措施除了增加备份之外，还包括采用多种传输方式工作等。

（2）针对智能城市中的某些应用业务，建立具有极强抗毁能力的小容量网络作为辅助手段，维持特定的网络传输。

（3）针对城市中的网络设备，采用模块式硬件结构，并使设备具有检测与报告自身故障的能力。通过网络监控与测试手段，及早发现网络工作的异常情况，及时采取应变措施，尽早做出错处修复或者更换设备等决策，保障网络为智能应用提供基础服务。

（4）提高城市网络间的互通性。由于当前存在着各种技术网络为城市和用户提供接入、传输交换等服务，通过合理的网络互通，包括不同网络的用户、设备之间的互相连通，实现一个网络的不同用户和设备可以通过其他网络技术实现连通和互补。

（5）对城市网络进行优化设计，减少网络的薄弱环节，例如针对各种网络的融合互联，对网络拓扑进行优化设计等。

（十）实现异构无线网络的融合

智能城市中运用到多种无线网络技术为数据的接入、传输和交换服务，如前文所述，层出不穷的无线网络系统为用户提供了异构的网络环境，包括无线个人域网、无线传感器网、自组织网、无线局域网、无线城域网、移动通信网等。尽管这些无线网络为用户和设备提供了多种多样的互联方式、接入方式，但是要充分利用全网无线资源，实现真正意义的随时随地无缝互联，提供保证服务质量的服务，需要充分利用不同网络间的互补性，实现异构无线网络的有机融合，这是未来智能城市中各种业务对城市网络的必然需求。

各种异构无线网络具有不同的特性，同时应用于不同场景满足不同的服务要求。这些网络从底层的接入方式到高层的资源管理与控制等技术，彼此互不兼容。对用户而言，需考虑携带适用于不同网络的终端或者能接入不同网络的多模终端时，如何确保正在进行的业务能在不同的网络间保持连续；对运营商而言，则需要考虑如何更好地整合网络资源、降低运营成本、提高客户满意度。此外，异构无线网络的差异性和不兼容性使得通信网络面临在频谱资源、组网接入技术、业务需求、终端与运营管理等方面的诸多问题和挑战，同时上述问题又进一步影响了网络的稳定性、可靠性、有效性。可见，实现异构无线网络的融合尤为重要。

实现异构无线网络的融合，首先需要解决无线异构网络带来的诸多问题，包括异构移动性管理技术、联合无线资源管理、中继节点功率分配、接入网络之间协同工作方式、端到端 QoS 保证、最优化异构网络的资源研究和安全性能等问题。国际组织对异构网络融合发展提出了多种建议，如3GPP 在 TS22.934 中建议了六种 3G 与 WLAN 融合的互操作情景模式，按照WLAN 与 3G 结合的紧密程度，分为松耦合和紧耦合两大类。3GPP2 重点研究 CDMA2000 与 WLAN 之间的互联互通方式，定义了三种场景。两个标准化组织提出的方案虽有差异，但核心思想都是能利用移动网络实现对 WLAN 的鉴权认证，并让 WLAN 终端能使用移动网的数据业务。IEEE 802.21 工作组主要研究如何在不同接入技术之间提供独立于媒体的切换能力，其中定义的切换包括 IEEE 系列接入技术之间的切换以及 IEEE 系列和蜂窝网络之间的切换。在推动无线网络融合架构实现方面，阿尔卡特朗讯发布了一项名为灵云无线（light radio）的新技术，集中化、云架构的基带池以及虚拟化的网络控制器支持多制式多功能融合。华为开发了高容量、小蜂窝、简运维的 SingleRAN（radio access network）系列产品，发布的 SingleSON（self-organizing networks）解决方案实现了多制式多层次网络的自配置、自优化和自维护。沃达丰发布了 LTE HetNet 立体覆盖解决方案，推动了多层异构网络的商用部署进展。随着用户的快速增加和业务的普及，多种无线网络技术共存将成为长期特征，在异构网络融合架构理念上，面向 LTE 技术引入，在 3GPP 体系中网络架构演进主要是演进分组系统（evolved packet system，EPS），基于 2G/3G/LTE 与 WLAN 在 SAE[①]架构下形成统一的核心网，SGSN[②]与 MME[③]融合、GGSN[④]与 SAE GW[⑤]融合、HLR[⑥]与 HSS[⑦]融合，实现资源有效共享，形成支持多种接入的分组融合目标网，进而构建融合开放的核心网络，提升网络在全 IP 环境下的多业务支持能力，降低投资和运维成本。异构无线网络融合目标网架构理念如图 4.23 所示。

---

① SAE：系统架构演进，system architecture evolution 的简称。
② SGSN：GPRS 服务支持节点，serving GPRS support node 的简称。
③ MME：移动性管理实体，mobility management entity 的简称。
④ GGSN：网关 GPRS 支持节点，gateway GPRS support node 的简称。
⑤ SAE GW：系统架构演进网关，system architecture evolution gateway 的简称。
⑥ HLR：归属位置寄存器，home location register 的简称。
⑦ HSS：归属签约用户服务器，home subscriber server 的简称。

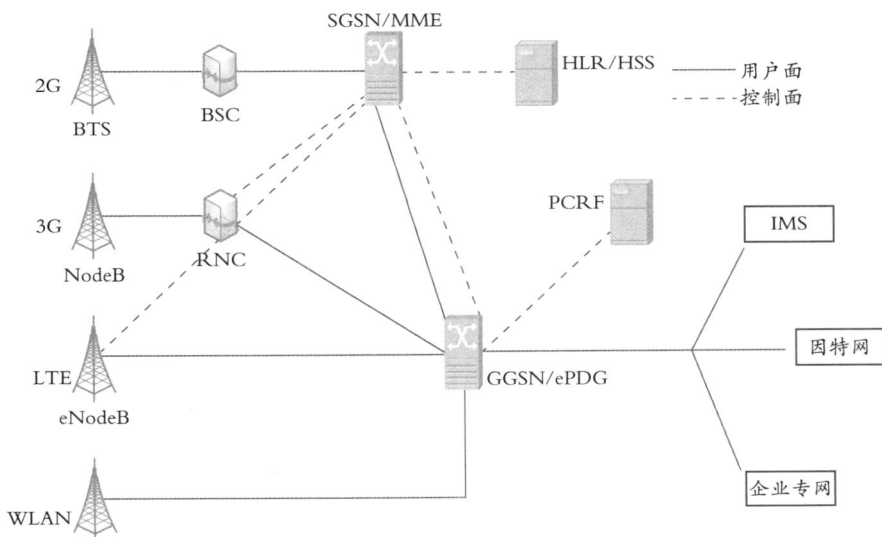

图 4.23　异构无线网络融合目标网架构

多类型网络共存和融合是无线网络的发展趋势。融合的无线网络使得运营商可以通过协商实现频谱资源的动态分配，提高频谱利用率，使用户可以无缝地漫游在多个运营商和无线接入的网络中，从而选择最优的价格和最佳的服务。在智能城市的特定环境下，必须要考虑并解决的关键问题是如何使任何用户和设备在任何时间、任何地点都能获得具有服务质量保证的服务，能否在此基础上扩大网络的覆盖范围并实现无缝连接，以及能否提高通信容量并实现异构网络的融合。

异构无线网络融合的目的是使异构网络对用户来说是透明的，而且融合结构不依赖各种无线接入技术。用户根据当时的业务需求，通过不同的接入技术，同时或分时地接入一个或多个无线网络，享受其提供的服务。为了安全通信和保证运营商的利益，多模终端漫游到相邻网络时需要重新进行认证，这就需要一种通用的接入认证机制，使多模终端可以在相邻网络之间安全频繁地切换。此外，移动性管理和无线资源分配也是融合网络真正实现的关键技术。因此，总结上述要求，对智能城市网络建设中异构无线网络融合提出如下一些设计建议。

（1）透明性：使用户感觉不到接入技术的异构性。

（2）可扩展性：能够集成现有各种异构无线接入网络，以及未来可能出现的接入网络形式。

（3）可选择性：终端能够根据自身的业务需求选择最佳的无线接入

网络。

（4）无缝切换性：能够支持终端在各异构无线网络之间进行无缝漫游与切换。

（5）业务均衡性：通过集中控制可使各种异构接入网均衡承载业务，具有较好的无线资源管控机制。

（6）平滑过渡性：尽可能利用现有基础设施，避免构建新的基础网络，确保经济性和快速部署等特点。

（7）安全性：能够以用户为中心，提供一套通用的认证机制，用户仅需维护一套认证信息即可在各种异构网络之间实现安全无缝漫游。

（十一）加速高速光网络基础设施的建设

面对城市信息的爆炸式增长，高清、3D 视频等新型业务对带宽的需求日益激增，智能城市的通信网络对大容量、高带宽、高可靠性的光网络建设提出了新的需求。城市光网为泛在网络的基础，物联网的引入使得人与人、人与物体之间的互联更为畅通，为打造智能城市奠定了坚实的基础。我国的信息基础设施还比较落后，网速在世界范围内已经排名靠后，这与智能城市的发展需求和用户要求并不相符，甚至制约了智能城市中新型业务的发展，加快高速光网络基础设施的建设变得愈加重要。

在智能化和信息化的道路上，良好的传输网络是智能城市的基础和保障。光纤接入则是提升网络速率的最佳途径，可以让网络传输更为高效可靠。城市高速光网络建设是近年来城市建设过程中的热门话题，通过全面的高速光网络建设提升宽带速率、扩大宽带普及率，并通过打造物联网，最终建成智能城市。国际上，已经提出了城市宽带发展指数（city broadband development index，CBDI）的概念，是指从宽带基础设施能力、宽带普及水平、宽带信息应用、宽带发展政策环境、宽带服务质量等五个方面综合反映各地区宽带的总体发展水平。CBDI 由 5 个一级指标和 17 个二级指标构成，指标体系如表 4.2 所示。CBDI 的计算方法为先对 17 个二级指标进行赋值，加权计算出各一级指标，再加权计算出发展指数。

表 4.2　CBDI 指标体系

一级指标	二级指标
A1：宽带基础设施能力	A11：城区家庭20Mbps及以上宽带接入能力
	A12：农村家庭4Mbps及以上宽带接入能力
	A13：无线宽带覆盖能力
	A14：重点场所无线宽带覆盖率
	A15：城市新建住宅FTTH覆盖率
A2：宽带普及水平	A21：互联网宽带接入家庭普及率（城区）
	A22：互联网宽带接入家庭普及率（农村）
	A23：3G/LTE移动电话用户普及率
	A24：8M及以上宽带用户比例
A3：宽带信息应用	
A4：宽带发展政策环境	A41：宽带网络基础设施建设纳入本省或本市城乡、土地利用规划
	A42：公共设施向宽带网络基础设施建设免费开放或提供通行便利
	A43：出台宽带基础设施保护及拆迁补偿的政策
	A44：对宽带网络基础设施提供资金、财税、土地、环评等政策支持
A5：宽带服务质量	A51：固定宽带接入速率符合度
	A52：移动宽带接入计费差错率
	A53：固定宽带接入用户可用下载速度
	A54：移动宽带接入用户可用下载速度

　　宽带作为承载信息的主体基础设施，已经被主要发达国家提升到国家战略层面，欧美和亚太很多国家近年来纷纷制定国家宽带战略。美国将在2020 年前向美国家庭提供更快速的网络，包括向 1 亿美国家庭提供速度为100Mbps 的网络。欧盟委员会则提出，到 2020 年所有互联网接口的速度将达到30Mbps 以上，其中 50% 家庭用户的网速要在 100Mbps 以上。世界主要发达国家普遍将 100Mbps 宽带作为升级的目标。国内在光网络建设方面，上海提出城市光网是上海建设智慧城市的关键，是上海加快建设"四个中心"、加快提升国际竞争力的重要基础设施，并提出要以"宽带、泛在、融合、安全"为核心，在"十二五"期间，把城市光网络建设放在重要的位置上全力推进。中国电信提出"光网城市"方案，利用运营商的多种网络覆盖，为政府管理、

企业运营、城市百姓生活等提供服务。2011 年 2 月，中国电信启动"宽带中国·光网城市"工程，计划宽带接入用户在 3 ～ 5 年内跃升 10 倍以上，并将持续快速提升；资费在 3 年左右迎来"跳变期"，并将持续下降；南方城市将全面实现光纤化，核心城区全部实现光纤接入，最高接入带宽达到 100Mbps，城市家庭接入带宽普遍达到 20Mbps 以上。2015 年 2 月，工业和信息化部召开"宽带中国 2015 专项行动"会议，该行动的主要指导目标之一是新增光纤到户覆盖家庭 8 000 万户，推动一批城市率先成为"全光网城市"，新增光纤到户宽带用户 4 000 万户。工信部提出的 2013—2015 年的网络发展目标如图 4.24 所示。

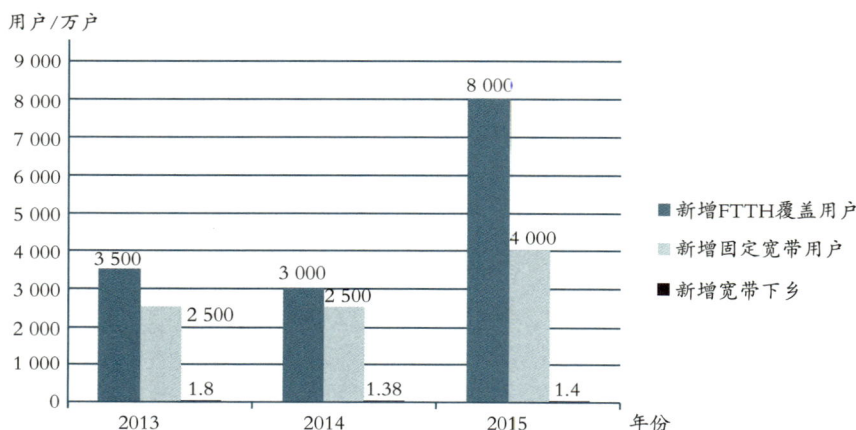

图 4.24　工信部 2013—2015 年宽带目标

虽然国内为推进宽带网络基础设施的建设做出了巨大努力，然而全球最大的内容分发网络服务商美国 Akamai 公司发布的互联网报告显示：2014 年第四季度，我国宽带网络平均网速 3.4Mbps，亚太地区排名第 10，在全球排名为第 82 位；我国峰值网速 17.8Mbps，亚太地区排名第 11，全球排名第 95；我国 10Mbps 以上网速覆盖率为 1.1%，亚太地区第 10，全球第 64。可见，我国的宽带基础设施发展还比较落后，并且还存在着实际宽带与理论明显不符的情况。据统计，与技术领先的美国、日本、韩国等国家的实际宽带速度达到理论的 90% 左右相比，我国一般在 50% ～ 80% 波动，这显然与理论值偏差较大。我国仍需进一步加快高速宽带光网络基础设施建设的步伐，尽快实现全光网城市，进而支撑和推动智能城市的产业发展。

实现高速光网络的全面覆盖，运营商将能够提供从底层网络接入服务到上层增值应用的全方位多层次通信、应用和外包服务，向政府、企业客户提供满足不同需求的高质量、高速率的网络接入；向各类行业用户提供宽带网络基础上的 IP、固话、移动通信业务，以及新视通、全球眼、协同通信等融合类应用；向金融、教育、医疗等行业用户提供满足个性化需求的行业应用解决方案。对于用户而言，光网络可以实现无线家庭网关的建设，用户可以使用网络协议电视（Internet protocol television，IPTV）看高清电视。高速高质的宽带使得"家庭全球眼"、传感器等终端为用户生活、工作等方面提供方便。通过家庭网关可以实现家庭安防，以及对家用电器、汽车、能源的监控，为用户提供更为便捷、舒适和智能的生活方式。光网络的全覆盖同样有利于智能城市中行业应用的实现，推动物联网等产业发展，促进新业务的不断涌现，使城市更加智能化。可见，高速光网络的基础设施的全面覆盖是实现智能城市的有力保障。

高速光网建设是推进国家信息化进程、实现智能城市的重要环节。在网络发展加速的当今，随着用户规模的逐渐扩大、业务应用类型的不断扩充，业务量爆炸性增加，加速城市光网络的建设，可以有效地提升宽带整体水平，进而提高城市的信息化水平，为实现智能城市提供有力的基础保障。在加强高速光网络基础设施建设方面，具体建议有如下五方面。

（1）城市提速升级与农村带宽发展同步推进。在城市不断推进宽带普及与提速，带动宽带整体水平不断提升；逐步加大公共财政对农村地区宽带发展的支持力度，努力推动缩小城乡差异。

（2）加快光纤到户建设，推动打造全光网城市进程。深入贯彻落实光纤到户国家标准，不断提升城市宽带基础设施服务能力；加大农村宽带投资力度，逐步推进光纤到村。

（3）优化宽带网络性能，提高宽带网络速率。进一步加大内容分发网络等应用基础设施建设投资，推动优化网络设计、增加接入带宽、提升服务能力和服务水平。

（4）网络容量提升与上层应用推广协同发展。在加快网络建设、促进网络升级的同时，加大 IPTV、双向数字电视等高速宽带应用产品的研发和推广，积极推动宽带在智能城市中的农业、教育、医疗、养老、交通出行、社会管理等领域的创新应用，推动建设智能城市。

（5）加强核心技术研发，实施创新驱动战略。加强高性能宽带技术、产品与系统的研发，发展新型宽带网络关键核心技术。

（6）对网络运营商而言，需大力实施企业战略转型，优化资源配置，响应国家政策，积极开展宽带网络建设与业务创新，进一步投入财力、物力和人力，尽快全面提升我国的宽带网络建水平；认真落实国家关于加快电信宽带网络建设、推进城镇光纤到户、扩大农村地区宽带网络覆盖范围的要求，积极推进"光网城市"建设，加快推进宽带网络的光纤化升级，建设超高速宽带接入网络，全面提升综合信息服务能力，提高国家信息化水平，更好地满足用户需求，充分发挥在扩内需、保增长、推进"两化"融合中的促进作用。

（十二）推进智能城市网络信息环境建设的标准化进程

现今国内外智能城市建设不断发展，但对智能城市中网络信息环境基础设施的建设同样没有形成统一的标准。统一标准是信息系统互通、互连、互操作的前提。智能城市标准化工作是推动智能城市建设实践的重要基础性工作。只有通过统一智能城市的技术要求、工程实施要求和测试认证方法等标准化手段，才可以保障信息化建设中智能城市相关工程的建设及软件产品的研发在全国范围内有章可循，形成一个有机的整体，规范和促进我国智能城市和行业信息化建设有序、高效、快速和健康地发展。

标准化是智能城市的基础性工作，是推动物联网、云计算、大数据等相关技术在智能城市中发挥作用的关键，是推进全球智能城市有序发展的前提保障。在国际上，国际标准化组织和各国都在积极推进智能城市标准化建设。2012年2月国际标准化组织成立了社区可持续发展技术委员会和智慧社区基础设施量化评估分技术委员会，并于2013年9月在国际标准化组织的技术管理理事会（Technical Management Board，TMB）成立了智慧城市任务组。2013年2月国际电信联盟（ITU-T）的环境和气候变化研究组成立了可持续发展智慧城市焦点组。同年11月，国际标准化组织/国际电工委员会的第一联合技术委员会（ISO/IEC JTC1）成立了智慧城市研究组。在我国，国家发展和改革委员会、工信部、住建部都提出了推进智能城市建设的计划，为了促进我国智能城市建设的统一发展，必须制定统一的智能城市标准体系，推进智能城市中网络信息环境建设的标准化进程。

2012年9月24日，中国通信标准化协会（China Communications Standards Association，CCSA）智慧城市系列标准起草组讨论会在北京召开，标志着由工信部电信研究院、中国普天、武汉邮电科学院联合牵头，中国电信、中国联通、上海贝尔等单位参与的国家标准和行业标准——《智慧城市术语》制定工作正式启动。CCSA TC10编撰了《智慧城市总体框架和技术要求》报告，以指导智慧城市的研发设计和建设实施，提高相关系统和产品的互操作性，促进智慧城市的持续发展和规模化发展。

CCSA TC10正在制定的技术标准：《支持智慧城市的泛在物联环境评价

指标体系及评估方法》《智慧城市管理系统总体技术要求》《智慧城市术语》《智慧城市跨系统信息交互技术要求》《智慧城市公共应用支撑平台》。

2013 年 6 月中国电子技术标准研究院发布了《中国智慧城市标准化白皮书》，关注国内外智慧城市的概念和发展现状，研究智慧城市建设的技术体系，分析智慧城市标准化工作现状，同时结合智慧城市建设实际需求，提出了智慧城市标准体系框架和急需研制的重点标准建议，为推动我国智慧城市国家标准体系、重点标准制定等工作奠定了基础。

在推进智能城市网络信息环境建设的标准化进程方面，应当坚持自主制定与采用国际标准相结合、基础技术标准制定与行业应用标准制定相结合、标准制定与示范应用相结合，推出与我国智能城市应用和产业发展相适应的网络信息环境建设的标准体系，并积极参与和推动国际智能城市网络信息环境建设标准的制定工作，强化智能城市网络信息环境建设标准的实施与服务力度，为我国智能城市建设和网络信息环境建设提供有力的支持和保障。具体而言，应在国家有关主管部门统筹指导下，标准化组织、地方信息化主管部门、行业协会和企业密切协作，积极研究智能城市建设和智能城市网络信息环境建设的共性需求，加强对通信技术、信息技术和应用领域标准化的协调，加快完善我国智能城市网络信息环境建设所需要的基础，制定运行、管理、维护等方面的指南。同时，建立我国智能城市及网络信息环境标准化总体推进组织和机制，通过组织机制统筹我国智能城市及网络信息环境标准化建设工作，推动智能城市及网络信息环境标准化行业应用，推动技术创新、产业发展。在组织机制的统筹下，建立我国智能城市及网络信息环境标准体系框架，明确各部分工作内容，使得智能城市建设工作不断向前推进。

（十三）智能城市系统、应用和业务的 QoS 与 QoE

智能城市网络的规划与优化不仅仅是组网和网络服务质量（QoS）的范畴，更需要通过对用户体验质量（quality of experience，QoE）的掌握和管理，深入挖掘用户需求，设计出丰富多彩的智能业务，并将用户体验质量映射到网络优化、业务支撑与服务中。用户的体验质量是用户端到端的概念，是指用户对业务的主观体验，是从用户的角度反映系统的整体性能。因而，用户体验质量是客户对服务商整体满意度的衡量。体验质量与服务质量密切相关，但又不尽相同。服务质量体现了这样一种概念——可测量、改进和有保障的硬件及软件特征。相比而言，体验质量代表用户的客观及主观满意度。影响体验质量的主要因素包括成本、可信度、效率、隐私权、安全性、用户友好界面和用户信心。

因此，构建用户体验质量体系成为智能城市网络环境规划、优化与运营中关注的重点。可以说，智能城市网络环境建设是体验经济的时代，一切网络业务的规划与优化，都要以用户体验为中心。

QoE 与 QoS 有紧密联系。ITU-T 最初定义 QoS 为"决定用户满意程度的服务性能的综合效果"，包含多个层面较为广泛的内容。QoE 是指用户对业务的主观体验，是从用户的角度反映的系统的整体性能。QoS 则是从网络及业务的角度体现的服务质量。就移动通信运营商而言，要想获得更好的QoE，就应该提供一个优良的端到端的 QoS。QoE 定义在用户层面。用户实际感受到的网络和业务的 QoS 就是 QoE，QoE 是 QoS 在用户心目中的主观体现。QoS 涉及的是应用和业务层面，同时与网络层也密切相关。从应用和业务层面来讲，QoS 是一种要求，为了满足这种要求，网络层需要实现一些相应的处理机制，这些机制用来保证不同类型的用户、不同种类的业务和应用可以有不同的处理方式，并同时确保网络资源的最优利用。因此，在保证网络 QoS 的前提下，网络规划和优化的方向必须向提升 QoE 转变。

QoE 不能缺少对关键网络性能指标（key performance indicator，KPI）和业务质量指标（key quality indicator，KQI）的关注，因为它们是保障 QoS 和QoE 需求的基础。KPI 通常是网络层面的可监视、可测量的重要参数。网络性能在 ITU-T Rec E.800 标准中被定义为"网络或网络的部分提供用户间通信机制的能力"。端到端 KPI 可以刻画网络提供给终端用户的服务等级。KPI包括网络的可用性（通过客观指标来定义）、可用带宽和有效带宽、延时和抖动、误比特率（bit error rate，BER）、误块率（block error rate，BLER）、数据包丢失率等。KPI 主要与网络有关，同时也和业务相关。KPI 指标的实现与改进不仅需要在网络设计、部署和优化时进行，还需要业务的保证。

目前，大唐移动率先提出了 QoE 评估体系，通过建立业务质量 KQI 和网络质量 KPI 之间的关联模型，建立了一整套反映用户感知的 KQI 评估体系，如网页打开延时、网页打开平均速率、收邮件平均速率、发邮件平均速率、文件下载平均速率等，并在日常的工作中进行实时监控，使影响用户感知的网络问题及时暴露，并进行主动预测和完整性能评估，提前进行干预优化。

第5章

iCity

智能城市大数据管理与
知识中心

一、基于大数据的知识中心总体建设思路

每一个城市的发展大都经历了数据化和信息化的阶段，目前正在进入智能化阶段。

在数据化和信息化阶段，大多数城市都建立起了面向各个企业和组织内部的数据中心，都收集了一定规模的数据，用于企业和组织内部的信息处理和辅助决策分析。可以说，城市的整体信息化水平已经达到了一个相对较高的程度。例如，有了比较先进的交通和城管系统，有了比较完善的医疗和气象系统等。但是，由于不同组织和企业间的数据不可共享，使得数据按照类别、部门、地域、行业被隔离的现象非常严重。为了打破这种"信息孤岛"现象，迫切需要以各个领域的数据中心为基础，建立跨组织、跨行业的知识中心，以重点解决多个领域信息的交叉与融合问题，实现数据的共享，为城市的管理以及战略性决策提供支持。这正是城市智能化阶段所要完成的任务。

通过对城市发展过程数字化、信息化和智能化三个阶段的解析，可以看到，智能城市的建设必须依赖坚实的信息化基础，方能实现城市智能化的目标（闫海，2013）。

智能城市的建设和发展，知识中心是其必经节点。智能城市知识中心将成为智能城市的运行"灵魂"和发展"大脑"。一方面它能充分发挥传统数据中心的作用；另一方面，它也能在更高的层次上辅助政府的决策、行业的日常运作和公众的日常生活，即知识中心能使智能城市更智能地为"人"服务，成为城市运行各方面参与者的"智力汇聚中心"（安小米，2013）。

知识中心作为辅助政府决策的系统工具，能够通过对城市运行数据的智能分析来监测政府既定政策的具体执行情况，为政府的行政改革提供依据，为政府下一步的决策提供导向。同时，由于知识中心的开放性，公众和民间组织能够共享知识中心的智能服务，而在享受其便利的同时，也将贡献更多的用户数据，其中蕴含的集体智慧能为知识中心的更加"聪明"贡献强大力量。

　　知识中心的建立和运行包括对多源异构数据的抽取、转化、存储、管理和分析，形成以政府为主导、社会力量共同参与的知识中心，实现社会创新管理和紧急突发事件的预测／实时反应决策，提高政府的行政效率，更好地服务于民生，增强城市顶层战略规划的科学性。

　　知识中心集中了公众的智慧，分析得出的知识精华在驱动政府政策导向的同时，也应该服务于整个城市的居民和行业系统。作为城市运行的辅助决策系统，知识中心的发展是与机器学习、数据挖掘、云计算、物联网和大数据处理等技术紧密结合的，其发展过程即不断加强知识中心的知识、智慧的渗透和服务能力，影响公众和行业的行为和规范的过程。未来知识中心将在社会可持续发展、经济绿色增长、提高城市生活品质、美化城市生活、促进社会和谐等方面发挥越来越重要的作用。

　　知识中心的建设难度来自于两个方面，一方面，智能城市建设引发了数据量的爆发式增长，大数据像血液一样遍布电子政务、交通、医疗、教育、环境、能源等城市的各个领域，如何使这些大数据服务于政府决策、行业市场和居民生活，是第一个难题。尤其是，大部分数据具有很强的时效性，若不能对其进行实时处理，数据中所蕴含的知识价值将大大减少甚至消失。另一方面，由于城市中各个行业、各个部门的信息系统在开发时缺乏统一规划，所采用的开发平台、开发技术、架构、后台数据库以及后台数据库的逻辑设计等均不相同，系统异构和数据异构问题非常严重。如何对这些数据进行有效集成，对这些系统进行协同互联，是有待解决的第二个难题（辜胜阻等，2013）。这两方面因素的存在大大增加了知识中心建设的难度。

　　为解决上述第一个难题，需要设计比较通用的智能分析平台。该平台能够完成各行业大数据的感知、抽取、转换、存储以及实时分析等功能。为解决第二个难题，需要建立以元数据管理为中心的数据标准，实现异构系统的协同和多源异构数据的集成，并最终最大限度地实现各领域数据的共享。为此，对于知识中心的建设，我们提出"以元数据建设为核心，以智能分析平台建设为基础"的总体建设思路。

二、基于大数据的知识中心基本体系结构

（一）总体架构

　　基于大数据的智能城市知识中心是一个三层的体系结构，这是一个宏观的系统结构，如图 5.1 所示。

```
┌─────────────────────────────────┐
│        智能城市知识中心          │
└─────────────────────────────────┘
                 ⇑
┌─────────────────────────────────┐
│ 面向应用领域和行业的数据中心与知识中心 │
└─────────────────────────────────┘
                 ⇑
┌─────────────────────────────────┐
│      各企业和组织的数据中心      │
└─────────────────────────────────┘
```

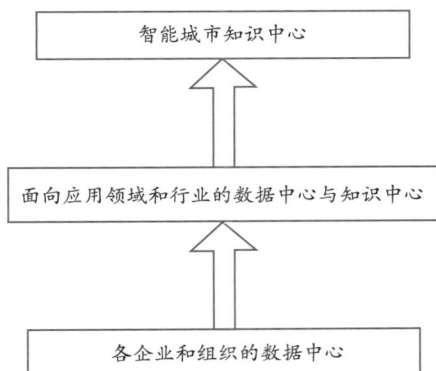

图 5.1 智能城市知识中心三层体系架构

在图 5.1 中，底层是各企业和组织的数据中心，是企业级的数据仓库。它们经过多年建设，已经趋于成熟，可以为各个组织和企业提供决策支持，将是智能城市知识中心的基础，不必重新建设。但不同企业间的数据不可共享，信息孤岛效应明显。中间层是面向应用领域和行业的数据中心与知识中心，比如金融行业知识中心、灾害管理知识中心等，可以为领域和行业的发展提供决策依据，它们的数据大部分来自于底层各个企业和组织的数据中心。顶层的智能城市知识中心的数据抽象程度最高，是跨行业、跨领域的，应该建立在面向应用领域和行业的数据中心与知识中心之上，为智能城市的整体管理以及政府战略性决策提供支持。

智能城市知识中心的三层体系结构中，底层各企业和组织的数据中心已有相当规模，在此我们不予赘述。因此，目前最主要的问题在于如何规划和建设面向应用领域和行业的数据中心与知识中心，以及最高层次的整个城市的知识中心。

（二）总体目标

知识中心的战略目标和终极使命是实现社会创新、业务创新和服务创新。其中，社会创新指经济效用的最大化，通过跨领域知识挖掘，促进基础设施和信息资源最大化地转换为经济效益。业务创新指行政效用最大化，通过对政务信息的开发挖掘，促进政府信息的公开透明及其对城市规划、产业结构影响的最大化。服务创新是指社会效用最大化，促进服务型政府建设和智能城市发展。作为战略目标，其表述是模糊的，具体的三类创新将体现在以下三个方面。

（1）城市信息资源有效共享长效机制的实现与建立（徐昊等，2014）。我们知道，各企业和组织的数据中心的建设已经趋于成熟。若该机制成功建立，假设当前某单位或者组织需要某类城市信息资源，我们只需要向其提供该类资源的接口，使其达到获取城市公共信息资源数据的目的即可。这样尽己所能、各取所需的数据共享机制，在最大程度上避免了底层数据中心的重复建设，避免了数据的冗余可能造成的数据不一致和硬件成本的上升，很好地保证了城市信息资源的共享最大化和效益最大化。

（2）城市信息资源集中统一管理的实现（徐昊等，2014）。这里所说的"管理"包括城市决策层政策上高屋建瓴的抽象规划，以及实际建设中的数据采集、传输、清理转换、存储、开发和维护等数据生命周期的各个过程。

（3）为智能城市后期的知识挖掘、知识管理和决策支持打下良好的基础。在公共数据中心的基础上，建立一套先进的数据挖掘与分析系统和平台，该平台需有良好的可扩展性，使得科研人员能够使用各类数据挖掘技术对各领域城市信息资源数据进行综合分析处理，为各层次和方面的受众提供高价值的决策参考。

（三）各领域知识中心的建设

由于早期的数据中心平台的开发所使用语言、规范、协议和数据存储方式等都各不相同，这对于更高层次领域知识中心的构建带来了很大的挑战。因此，要解决的重点问题在于如何使得本领域内相互独立的不同业务系统能够跨部门、跨系统进行数据共享和交换，消除同一属性不同形式的问题。另外需要注意的是，各个单位和组织的数据中心中的数据并不需要全部传输至领域知识中心，领域知识中心只是一个基于元数据库的中间层，负责从底层各个单位和组织的数据中心抽取所需的数据，并按照元数据库中数据规范对抽取的数据进行清洗、转换和规范化，然后再向上层提交。在领域知识中心的建设中，需要在政府统一规划的前提下，以分层原则为基础进行设计，建立起一套共同遵守的统一标准和规范，使得底层数据中心能够完成信息交换和互联共享等要求，并且具备宏观管理功能。应用领域的知识中心的体系架构如图5.2所示。

1. 数据获取

对于领域和行业知识中心，其数据来源于该行业和领域内各数据中心或者业务系统。底层单位和组织的数据存储形式多样，数据获取层必须为不同数据存储形式提供不同的接口，实现对包括结构化、半结构化和非结构化数

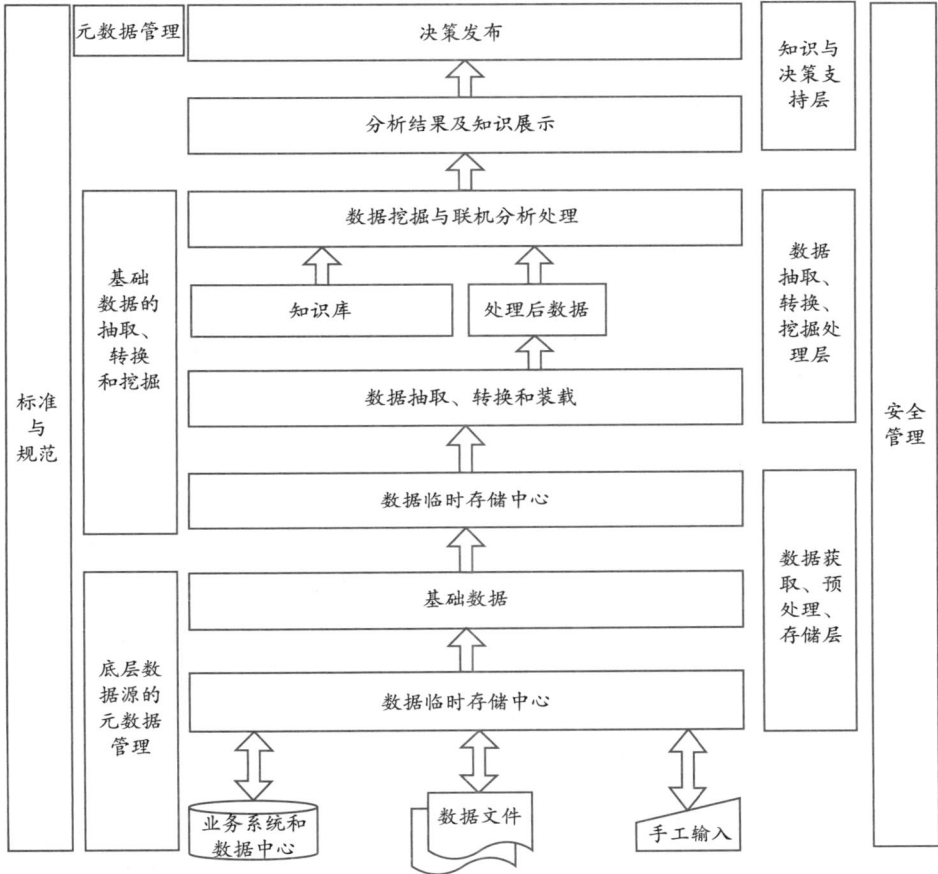

图 5.2　应用领域的知识中心的体系架构

据在内各类数据的动态采集、规整，最后形成基本数据。此外，我们需要的数据其实只是传输过来的数据的一部分，它们隐藏在含有大量噪音的原始数据中。如何从原始数据中过滤出有效数据，是数据获取层必须解决的一个关键性问题。

2. 数据清洗转换

　　尽管数据获取层已经完成了大量原始数据中有效数据的过滤提取工作，但是由于底层业务系统和数据中心的异构性，所得数据依然会存在感兴趣属性值的缺失（缺少属性值或者某些感兴趣属性，或仅包含聚集属性）、含噪声（包含错误或存在偏离期望的离群值），并且存在不一致（属性类型、相同属性不同名称等）。因此，数据清洗转换层必须对数据获取层获取输出的基本数据进行进一步的提取、检验和转换等操作。通过缺失值补充、噪声数

141

据光滑、离群点识别和删除、元数据属性规约等技术将输入的基本数据清洗转换为可供分析使用的纯数据并存储在知识中心的临时存储中（Han et al., 2007）。最后，根据网络请求来源，对数据直接进行挖掘和联机分析处理，或将数据上载至上一层并完成更高层次的跨领域分析决策。

通过上述分析可知，数据的清洗转换是一个非常复杂且耗时的操作，底层业务系统或数据中心存在多种异构形式，进而导致数据不一致等更多形式上的问题。例如：相同字段在不同系统数据库中具有不同的数据类型，相同字段在不同数据库中具有不同的命名，相同名称字段在不同数据库中可能具有不同的含义等。所以行业内必须尽早制定内部数据规范，极大地降低数据转换所花费的代价。

3. 数据存储

根据既定的领域和行业知识中心架构可知，该层次知识中心的数据存储是临时的，与传统的数据仓库不同，它并不存储所有底层业务系统和数据中心的历史数据，而是根据请求者的需要，直接从底层业务系统和数据中心获取数据，对数据进行清理转换后返回给请求者，所得数据只做临时存储。这样做的好处在于，不用设计数据仓库，规避了数据仓库前期设计复杂、数据存储代价高昂以及数据非动态定期导入滞后等问题。

而与采用数据仓库技术相同，该层知识中心的临时存储也是将清理后的数据以适于分析的方式组织存储起来。大数据时代已经来临，如何对海量数据进行卓有成效的分析，研究人员已经提出了各种体系架构、算法和数据结构。就物理存储而言，已有多种不同的存储技术来加速分析过程，例如基于键值对存储（key-value）技术、基于文档存储（key-document）技术、基于图存储技术等。这些存储结构各有利弊，需要针对具体的应用情形进行选择。

4. 数据处理

数据处理层主要负责利用各种模型和数据挖掘技术对数据进行处理分析，将海量数据转变为有用知识。由于数据挖掘、统计机器学习相关算法和模型的多样性以及具体分析场景的多样性，数据处理层应该具有高可扩展性，算法模型"松耦合"，数据能够通过统一的形式传入算法模型。这样极大地方便了研究人员随时加入新的算法和模型、进行模型融合以及将同一算法模型应用到不同领域。数据经过处理后，有价值的知识、规则就可以从海量历史数据中抽取出来，从而使数据为决策服务。

5．数据访问

数据访问层是用户对所需数据的各类属性选择（包括数据源选择、属性选择、数据时间区间选择、数据存储形式选择等）以及简单数据挖掘和分析处理结果的图形化展示，即用户获取数据增值服务的界面。

6．标准与规范

标准与规范模块的主要作用是提供在各数据层中应该遵守的规范和标准，如数据的输入输出格式、数据字典的管理维护、相关算法和模型的服务接口等。该模块的建立使知识中心具有更好的平台扩展性和交互性。

7．元数据库

元数据库的应用贯穿于整个知识中心体系层次。在中心的建设中，底层业务系统和数据中心存在较大的异构性，元数据库的建立有助于对纷繁复杂的信息资源数据进行有用信息的抽取和深度分析，并提供开放性数据的检索服务。

8．安全管理

安全管理实现对知识中心的统一安全管理。中心所管理和分析的信息资源数据属于敏感隐私数据，若泄露，会对城市及居民构成一定的安全威胁。因此，知识中心必须建立统一的安全机制，提供设备管理、病毒库管理、日常监控、安全预警以及敏感数据加密等技术手段。

（四）整个城市的跨领域知识中心的建设

跨领域知识中心的作用在于综合各领域数据，进行跨领域知识挖掘和联机分析处理，为决策层提供城市日常运行和战略规划的决策支持和价值导向，同时具有紧急事件预警和事后快速处理等作用。跨领域知识中心位于智能城市知识中心架构的最高层，各领域和行业的数据与知识中心是跨领域知识中心的基础；而元数据库作为知识中心抽取数据的依据，是知识中心的重要组成部分。跨领域知识中心的体系结构如图 5.3 所示。

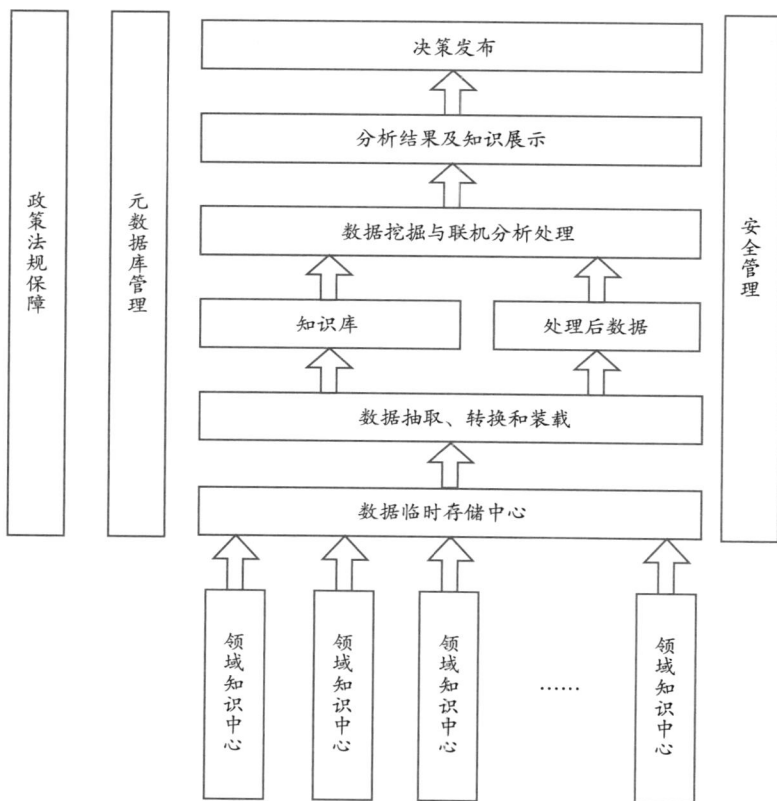

图 5.3　跨领域知识中心的体系结构

（五）元数据库建设

1. 元数据的内涵

元数据，最抽象的定义为"data about data"，可理解为"描述数据的数据，对数据及信息资源的描述性信息"，该概念起源于计算机科学。20世纪60年代，为了有效描述数据集，元数据的概念被提出。元数据是信息共享和交换的基础和前提，可以用于信息资源管理的各个方面，包括信息资源的建立、发布、转换、使用、共享等。

元数据描述数据的结构、数据的来源、数据的抽取和转换规则、数据的存储，描述操纵数据的进程和应用程序的结构、功能等。其主要目标是提供数据资源的全面指南，使得数据的使用者可以方便地了解知识中心中有什么数据，数据在什么地方，它们来源于哪里，以及知识中心是如何利用这些数

据、管理这些数据的。

元数据不仅定义了数据的形式、来源以及抽取和转换规则等，而且是整个知识中心运行的基础，即元数据把知识中心中各个松散的组件联系起来并组成了一个有机的整体。

元数据在知识中心的建设中有着重要的地位，知识中心三层架构中的每一层都涉及元数据管理。知识中心建设的各个阶段都会产生元数据，产生的元数据按照公用标准组织存储或者以特殊的格式存储。

2. 元数据标准

元数据在知识中心建设中占有十分重要的地位。但是，工业界的各种数据管理和分析工具常常使用不同的元数据标准，使得元数据管理、数据在不同系统之间的迁移、数据交换变得困难。因此，迫切需要建立一种统一的标准，使不同的系统之间可以相互交换元数据（王珊等，2012）。

从元数据的发展历史可以发现，元数据管理主要有以下两种方法：①对于相对简单的环境，按照通用的元数据管理标准建立一个集中式的元数据知识库；②对于比较复杂的环境，分别建立各部分的元数据管理系统，形成分布式元数据知识库，然后通过建立标准的元数据交换格式，实现元数据的集成管理。

近几年，元数据联盟（Metadata Coalition，MDC）的开放信息模型（open information model，OIM）为元数据管理提供了统一的标准。MDC 成立于 1995 年，是一个致力于建立与厂商无关、不依赖具体技术的企业元数据管理标准的非营利技术联盟。该联盟有 150 多个会员，其中包括微软和 IBM 等著名软件厂商。1999 年 7 月，MDC 接受了微软的建议，将 OIM 作为元数据标准。

OIM 的目的是通过公共的元数据信息来支持不同工具和系统之间数据的共享和重用。它涉及信息系统（从设计到发布）的各个阶段，通过对元数据类型的标准描述来达到工具和知识库之间的数据共享。OIM 所声明的元数据类型都采用统一建模语言（unified modeling language，UML）进行描述，并被组织成易于使用、易于扩展的多个工具集，主要工具集如下。

（1）分析与设计（analysis and design）：主要用于软件分析、设计和建模。该工具集又进一步划分为 UML 包（package）、UML 扩展包、通用元素（generic elements）包、公共数据类型（common data types）包和实体联系建模（entity relationship modeling）包等。

（2）对象与组件（object and component）：涉及面向对象开发技术的各个

方面。该工具集只包含组件描述建模（component description modeling）包。

（3）数据库与数据仓库（database and warehousing）：为数据库模式管理、复用和建立数据仓库提供元数据概念支持。该工具集进一步划分为关系数据库模式（relational database schema）包、OLAP 模式（OLAP schema）包、数据转换（data transformations）包、面向记录的数据库模式（record-oriented database schema）包、XML 模式（XML schema）包和报表定义（report definitions）包等。

（4）业务工程（business engineering）：为企业运作提供一个蓝图。该工具集进一步划分为业务目标（business goal）包、组织元素（organizational elements）包、业务规则（business rules）包、商业流程（business processes）包等。

（5）知识管理（knowledge management）：涉及企业的信息结构。该工具集进一步划分为知识描述（knowledge descriptions）包和语义定义（semantic definitions）包。

上述工具集中的包都是采用 UML 定义的，可以说 UML 语言是整个 OIM 标准的基础。

（六）智能分析平台建设

1. 大数据感知与抽取

根据产生数据的应用系统分类，大数据的采集主要有四种来源：管理信息系统、物理信息系统、科学实验系统、Web 信息系统。

（1）管理信息系统是指企业、机关内部的信息系统，如事务处理系统、办公自动化系统，主要用于经营和管理，为特定用户的工作和业务提供支持。数据的产生既有终端用户的原始输入，也有系统的二次加工处理。系统的组织结构是专用的，数据通常是结构化的。

（2）物理信息系统是指关于各种物理对象和物理过程的信息系统，如实时监控、实时检测，主要用于生产调度、过程控制、现场指挥、环境保护等。系统的组织结构是封闭的，数据由各种嵌入式传感设备产生，可以是关于物理、化学、生物等性质和状态的基本测量值，也可以是关于行为和状态的音频、视频等多媒体数据。

（3）科学实验系统，实际上也属于物理信息系统，但其实验环境是预先设定的，主要用于研究和学术，数据是有选择的、可控的，有时可能是人工模拟生成的仿真数据。

（4）Web 信息系统包括互联网上的各种信息系统，如社交网站、社会媒体、搜索引擎等，主要用于构造虚拟的信息空间，为广大用户提供信息服务和社交服务。系统的组织结构是开放式的，大部分数据是半结构化或无结构的。数据的产生者主要是在线用户。根据抽取过程中人工干预的程度，可以将 Web 信息抽取方法分为两大类：知识工程的方法和自动训练方法。在知识工程的方法中，由知识工程师手工创建抽取规则和模型，但是学习过程需要大量样本，在很多领域难以实现，且抽取结果的好坏严重依赖专家提供的种子样本集。为了降低领域专家的参与程度，自动训练方法被提出，借助机器学习技术，采用监督或半监督的方法来抽取数据。

大数据感知和抽取阶段的一大挑战是如何自动地生成正确的元数据。元数据用来描述数据抽取过程中哪些数据被记录了，以及它们是如何被记录和度量的。例如，在科学实验中，实验条件和实验过程等元数据对于实验结果的正确解释是至关重要的，需要将它们与观测数据一并详细而准确地记录下来。元数据采集系统可以最大限度地减少人类在记录元数据时的负担。数据抽取阶段中的另一个重要问题是数据的可溯源性。在数据产生时记录下的信息是毫无用处的，除非这些信息可以被解释并沿着数据分析的流水线进行传输。某个阶段的处理错误可能导致后续的分析结果无用，而通过数据溯源，可以很容易地识别出依赖这一错误步骤之后的所有处理流程。因此，既要研究如何生成正确的元数据，又要研究如何沿着数据分析流水线进行数据溯源。

2. 大数据存储与管理

大数据环境下的存储与管理，需要为上层应用提供高效的数据访问接口，存取 PB 甚至 EB 量级的数据，既要能够在可接受的响应时间内完成数据的存取，同时又要保证数据的正确性和可用性。对于底层设备，存储软件需要充分高效地管理存储资源，合理地利用设备的物理特性，以满足上层应用对存储性能和可靠性的要求。

根据为上层应用提供的访问接口和功能侧重的不同，存储与管理软件主要包括文件系统和数据库。在大数据环境下，目前最适用的技术是分布式文件系统和分布式数据库。分布式文件系统以 HDFS 为主。经过几年的发展，对分布式文件系统的需求已经有了很大的变化。一方面，数据中心的资源开始统一管理调度，存储系统从多个分离的单一目的的小集群慢慢转换成统一的大集群，对存储系统的容量上限、存储的空间效率、访问控制和数据安全有了更高的要求。另一方面，用户使用存储系统的模式发生了很大的变化：

147

之前是周期性的批式应用，现在是交互性的查询和实时的流式应用；之前是单引擎的处理，现在是多引擎的综合交叉分析，需要更高性能的数据共享。

分布式数据库包括事务性数据库和分析性数据库。事务性数据库主要包括 NoSQL 和 NewSQL。NoSQL 数据库摒弃了关系模型的约束，弱化了一致性要求，从而获得水平扩展能力。NoSQL 系统把一致性的维护交由用户来管理，对很多对一致性要求不高的应用来说是足够的，但是如果应用需要保证一致性，对开发人员来说就很困难了。NewSQL 系统就是在这样的背景下诞生的。它可以在提供类似 NoSQL 的可扩展性的同时保证事务的 ACID 属性，并且提供 SQL 用户接口。分析性数据库主要包括 Hive、HAWQ、Impala 和 Hadapt。

3. 大数据分析与挖掘

智能城市的知识中心利用各种数据挖掘和联机分析处理技术对跨领域的数据进行分析，以获取高层次的知识，辅助城市管理者决策。常用的挖掘分析技术有关联规则挖掘、聚类分析、分类、预测和时间序列分析等（郭骅等，2013）。

（1）关联规则挖掘

关联规则挖掘方法由 Agrawal 等人于 1993 年提出，并给出了相应的挖掘算法，但由于其性能太差，时隔一年 Apriori 算法被提出且得到广泛应用。关联规则挖掘方法的提出，最初的动机是针对购物车进行分析。通过关联规则的挖掘，我们可以发现哪些物品经常被同时购买，或者用户购买了一种物品后还会购买哪些其他物品，通过发现顾客购物车中的不同商品之间的关联，分析顾客的购物习惯。这种关联的发现可以帮助经销商提出更好的营销策略。

关联规则挖掘的原理是发现两个或两个以上变量的取值之间存在的某种关联性，目的在于找出数据集中隐含的关系网。在关联分析中，我们一般使用支持度（support）和可信度（confidence）两个阈值来度量关联规则的相关性，此外还可引入兴趣度、相关性等参数对已获得的关联规则进行更深层次的挖掘，找出符合应用场景的规则。关联又可以分为简单关联、时序关联和因果关联等，具体选择哪一种关联进行分析，要视情况而定。

基于规则的推荐方法实现机制相对简单，易于应用。它的主要缺点如下：①规则的数量随着数据量的增大急剧增加；②规则集的生成主要依赖支持度、可信度模型，支持度或可信度阈值的改变对规则集的影响较大，但它们并没有一个确切的标准；③只能根据当前已有的规则为用户推荐，不能发

现用户新的兴趣偏好，即不能实现奇异值发现。

淘宝网是国内较早应用推荐系统的电子商务网站，其推荐系统通过记录用户的历史购买行为数据，为每个用户建立相应的购物兴趣模型，然后使用关联规则和商品的统计信息主动为用户提供类似商品的推荐。

（2）聚类分析

聚类分析用于衡量数据之间的相似性，数据按照相似性归纳成若干类别，同一类中的数据彼此相似，不同类中的数据彼此相差较大，将数据分类到不同簇中。聚类分析通过建立宏观概念，发现数据的分布模式以及数据属性之间可能存在的相互联系。

在商业上，聚类分析能够根据消费者的消费信息及个人信息帮助分析人员区分出不同的消费群体，概括总结出每一类消费群体的消费模式和消费习惯。简言之，聚类分析作为数据挖掘中的一个重要分析技术，可以发现数据集中有关数据分布的一些深层次信息，并且概括出每一类的特点。在摸清数据分布模式后，研究人员可对某个特定类做进一步分析。因此，聚类分析也可以作为数据挖掘算法中其他分析算法的一个预处理步骤。

传统的聚类分析算法按照划分思想可以被分为五大类，分别是基于划分、基于层次、基于密度、基于网格和基于模型的方法（Han et al.，2007）。

□ 基于划分的方法。首先创建 k 个划分，即确定将数据集按照相似性或者距离划分为 k 个类别。然后不断迭代，按照新的中心点重新计算数据相似性或者距离，修正划分，帮助改善划分质量。典型的划分方法包括 k-means 和 k-medoids。

□ 基于层次的方法。基于层次的聚类方法是将数据对象构建成一棵聚类树。层次分解的方式有自下而上和自上而下两种，根据层次分解的方式，又可以将层次聚类方法分为合并的和分裂的两种。但是纯粹的层次聚类方法的不足之处在于，一旦合并或者分解执行，就不能修正。即如果某个合并或者分解决策在后来被证明是不好的，该方法也无法回溯更正。为弥补分解与合并的这一不足，层次合并经常要与其他聚类方法相结合，如循环定位。这类中典型的方法包括 BIRCH[①] 和 CURE[②]。

□ 基于密度的方法。基于密度的方法将簇看成是数据空间中被噪声数据

---

① BIRCH：利用层次方法的平衡迭代规约和聚类，balanced iterative reducing and clustering using hierarchies 的简称。
② CURE：利用固定数目代表对象表示的聚类，clustering using representatives 的简称。

（低密度区域）划分开的稠密对象区域，根据密度完成对象的聚类。典型的基于密度的聚类方法有 DBSCAN[①]和 OPTICS[②]。DBSCAN 根据基于密度的连通性分析增长聚类，能够从含噪声的数据集中发现任意形状的聚类。OPTICS 是对 DBSCAN 的扩展和改进，它并不明确产生一个聚类，而是通过一系列的参数设置生成一个增强聚类顺序。

□ 基于网格的方法。基于网格的聚类方法将对象空间划为有限个单元以构成网格结构，所有的聚类操作都在网格上进行，即利用网格结构完成聚类。该方法的主要优点在于处理速度快，其处理时间只依赖量化空间中每一维的单元数目。典型的基于网格的聚类方法有 STING[③]和 CLIQUE[④]。STING 利用保存在网格单元中的统计信息进行聚类，CLIQUE 则是基于网格和基于密度相结合进行聚类。

□ 基于模型的方法。基于模型的聚类方法基于这样的假设：数据根据潜在的混合概率分布生成。该方法试图优化给定数据和已有模型之间的拟合。典型的基于模型的方法包括 COBWEB 和 CLASSIT。COBWEB 是一个增量式的概念聚类方法，采用分类树的形式创建一个层次聚类。CLASSIT 是 COBWEB 的一个扩展，能够对连续的属性进行增量聚类，其分类能力相较 COBWEB 有所增强。COBWEB 是对离散属性值求和，而 CLASSIT 则是对连续属性求积分。但它们都不适合对大数据集进行聚类。

（3）分类

分类与聚类的不同之处在于，聚类是无监督的学习算法，数据集未标记类别，且要划分的类别是未知的。而分类则是有监督的学习算法，数据集中部分已标定类别，且类别确定。

分类的目的是利用标定数据建立一个分类函数或分类模型（也常常称作分类器），该模型能把数据集中的数据项映射到给定类别中的某一个类中。分类可被用于规则描述和预测，即从历史数据记录中自动推导出对给定数据的推广描述，从而对未来数据进行预测。

典型的分类方法有贝叶斯分类、贝叶斯信念网络、k 近邻分类器、支持向量机、决策树分类、神经网络等（Han et al.，2007）。

---

① DBSCAN：具有噪声的基于密度的聚类应用，density-based spatial clustering of applications with noise 的简称。
② OPTICS：通过点排序识别聚类结构，ordering points to identify the clustering structure 的简称。
③ STING：统计信息网格，statistical information grid 的简称。
④ CLIQUE：维增长子空间聚类，clustering in quest 的简称。

- 贝叶斯分类的原理是利用贝叶斯公式，通过计算每个特征下分类的条件概率，计算获得某个特征组合实例的分类概率，选取最大概率的分类作为分类结果。其前提是假设各个特征之间相互独立。

- 贝叶斯信念网络是贝叶斯分类的扩展，是基于概率推论的图形化网络。这个方法的基础仍然是贝叶斯公式，它在构建起网络节点关系后，进行概率估计，使之进一步构成一个有向图，有向边则表示一个概率依赖，有向边的两端事件具有一定的因果关系。训练的过程，即发觉这种因果关系可信度的过程。马尔可夫链就是一种特殊的贝叶斯网络。

- k 近邻分类是最简单的一个分类算法，原理是利用最接近新增点的 k 个点的类别作为新增点的类别判断。但是在数据集较大时，计算效率较低。

- 支持向量机算法是通过学习算法，自动找出那些对分类有较好区分能力的支持向量，构造出一个超平面将训练集中的数据分开，并且该超平面与类边界的距离应该最大。由此构造出的分类器可以最大化类与类的间隔。需要注意的是，支持向量只是少数的存在，待分类样本集中的大部分样本不是支持向量，移除后对分类结果并无影响。而正是由于支持向量的稀少，应该对噪声离群点进行一定的处理（软间隔最大化），且当数据本身线性不可分时，使用核函数进行变换，将低维数据扩展至高维，使其可分。支持向量机算法在小样本和高维数据下的分类效果较好。

- 决策树分类采用自顶向下递归的方式构造决策树，树的每一个节点上使用诸如信息增益来选择测试属性。从树根到叶子节点进行每个节点的判断，叶子节点处对应某个类别标号，即最终的分类结果。在决策树分类算法中，关键是树的构造。那么如何选择特征属性的判别顺序呢？常用的区分标准有卡方、信息增益。主要的决策树算法有 ID3、C4.5、CART、Quest 和 C5.0。

- 神经网络方法的原理是模拟人的神经反射功能，进行模型的自适应学习，然后不断地从错误中吸取教训，从成功中获得经验，最后得到较好的判断事物的能力。神经网络由众多复杂的节点构成，就如同人脑中的神经元一样，每来一条数据项，经过输入层、隐含层、输出层。将分类结果与真实分类相比较，若相同，则说明分类正确不需要优化；若分类错误，则需要在每层节点之间找原因，进行参数的调优。

神经网络的每层节点之间由函数连接，前一层节点的值通过函数计算，传递给下一层节点，下层节点利用阈值计算转化，得到这个节点的值。训练过程就是优化这个函数和阈值参数的过程。常用的神经网络络有反向传播网络、感知器、霍普菲尔德（Hopfield）网络等。

（4）预测

所谓预测，就是根据既有的数据预测新出现的数据的预测值。预测有两种方法：线性回归和非线性回归（Han et al.，2007）。线性回归是最简单的回归形式，常用最小二乘法对回归系数进行求解。但是在现实生活中，并不是所有的模型都是线性模型，实际问题中很多模型都是非线性的。解决这种问题的思路是将非线性模型转化为线性模型，然后再用线性回归的方法来解决。

通过一些求解回归问题的软件包（如 SAS、S-Plus、SPSS）很容易做这种回归问题的计算。

（5）时间序列分析

时间序列分析是指根据时间序列数据通过曲线拟合和参数估计的方法建立数学模型。与回归一样，它也是用已知的数据预测未来的值，但这些数据的区别是变量所处时间的不同，常用在国民经济宏观控制、市场潜量预测、气象预报、水文预报、农作物病虫灾害预报、环境污染控制等方面。

三、知识中心建设发展所面临的挑战

智能城市的建设是一个涉及管理、技术等多方面障碍的进程，其中管理障碍首当其冲。具体到智能城市的知识中心构建问题上，我们的首要任务是调研现有城市管理模式以及城市管理系统的政策保障机制，针对性地提出并设计智能城市管理的体制、政策保障机制等建设方案，从政策、管理机构体制上确保城市公有信息资源信息的采集、传输和融合，为知识中心的建设做好"后勤"保障。

在破除管理障碍后，要破解技术难题。前面我们对智能城市知识中心的整体架构及其有效组成单元已经有了明确的认知和理解，元数据库在知识中心建设中的重要性不言而喻。因此，破解智能城市知识中心技术难题的第一步是建立城市各类资源信息参数采集标准以及元数据库体系；第二步，研究并制定底层业务系统和数据中心所采集到的各类数据传输至各领域和行业知识中心，乃至跨领域的知识中心的传输模式和传输标准；第三步，研究并设计新的技术支撑体系，使各领域和行业知识中心以及跨领域知识中心平台具有高可扩展性，使其对多种知识挖掘技术和模型有很好的兼容性，并在知识提取完成后自动及时地发布并传播给不同群体。

在打破管理墙和技术墙后，便迎来了智能城市建设的最关键的问题，那就是从知识中心提炼得到的知识如何更好地服务于社会。即研究制定新型信息技术与城市经济融合发展的战略方案，运用新型信息技术所得知识有效促进城市的品质提升，促进城市自身软、硬件资源的充分利用，促进城市产业结构、空间布局的合理调整，使知识经济逐步成为城市经济建筑的下层基础核心，加速城市的创新，最终实现智能城市可持续发展。

通过对智能城市知识中心总的体系结构的研究，可以看到知识中心的建设不是"另起炉灶"的过程。要尽可能地利用现有的城市各类资源信息管理业务系统和数据中心，使其构成底层的直接信息采集、处理和存储池，避免软、硬件资源的二次投入。但是这样的底层设计又带来一项高难度挑战，那就是如何转化清洗这些从多样、异构的业务系统和数据中心中获取的数据，才能得到上层知识中心能够临时存储并直接处理的数据格式。因此，为保证数据转换和清洗的质量、效率和安全，必须进行底层信息服务系统信息标准化、元数据库标准以及信息安全标准建设，为已有的早期业务系统和数据中心的改造升级提供参照，使得底层数据传输过程相对安全，在此基础上设计各领域行业以及更高层次的跨领域知识中心数据处理引擎。构建知识中心时，应时刻注意知识中心建设与以往数据中心的区别，并注重其架构的弹性可调整，全力打造高兼容性和高可扩展性的智能分析平台。

（一）管理层面的挑战

管理墙主要涉及城市信息资源管理模式和知识中心运作管理模式及其各项政策保障机制。相比技术障碍，管理屏障更加难破除。

首先，当前城市各类公有信息数据均由不同城市部门掌握、管理和负责，且存在同一资源数据由多部门共管的情况。针对这一情况，政府需主导精简城市管理部门并明确划分职能。

关于知识中心运作管理模式以及政策保障机制问题，参考国外智能城市知识中心建设经验，主要可从以下三个方面入手。

（1）制定并颁布相关法律或行政法规，利用法律约束、保护城市知识中心的日常运作，并明确城市管理各部门对知识中心数据采集、传输等方面的义务（徐昊等，2014）。此类法律法规是有先例可追溯的，如《中华人民共和国统计法》和《中华人民共和国政府信息公开条例》。

（2）在完善相应的法律法规后，应着手按照既定法规组建智能城市知识中心的管理运营机构。该组织是非营利性质的，负责知识中心平台的运营、维护和扩展，其中最核心的工作在于针对获取到的信息利用数据挖掘技术进行知识发掘，及时将提炼所得知识传播给目标群体，为目标群体提供决策支持。

（3）在城市知识中心建设成熟后，逐步建立全省乃至全国的知识中心平台和机构，形成一个非行政体系的联盟。对下层知识中心提供的数据进行挖掘处理分析，形成有益于国家发展的知识策略，为国家层面的战略规划提供决策支持。

（二）技术层面的挑战

在技术层面，智能城市知识中心的建设需重点关注以下五个方面的问题。

（1）知识中心顶层设计问题，即总体架构。智能城市知识中心的建设是一个巨大的工程，其经费投入和时间投入是巨大的。最初的顶层设计关系到城市知识中心未来的发展方向以及是否能够达到预期目的，因此必须慎之又慎，需要各领域专家商讨后制订合理的方案，使城市知识中心生态系统具有良好的兼容性、扩展性和高性能。

（2）知识中心信息化标准和元数据库标准建设。早期底层业务系统和数据中心具有较大的异构性，因此为了向上层知识中心提供正确格式的数据，必须对早期系统进行改造，需要信息化标准和元数据库标准来具体确定改造方案。

（3）知识中心安全标准建设。在知识中心对原始所得数据进行知识挖掘时，有许多数据是涉及用户隐私的，如用户的就医数据、银行账户数据等。因此在数据传输和使用过程中，必须有一套完整的安全标准，根据安全标准对用户数据进行加密，如对用户隐私数据进行匿名化处理等措施。

（4）现在是大数据时代，每时每秒，城市都在产生各种各样的数据。从底层业务系统数据中心数据的采集，到海量数据的存储，到下层异构化海量数据至上层知识中心的传输，再到知识中心对大数据的知识挖掘与提炼等过程，都被大数据所困扰。因此需要利用新技术解决数据传输及分析高延时问题，如新的传输介质、分布式存储、新的实时分布式并行处理架构等技术。

（5）智能城市试点工程在我国已有范例，很多一线城市已经展开了"智能交通、智能医疗和电子政务"等一系列试水工作。如何将已有平台纳入知识中心体系，如何使已有平台与未来将要建设的平台统一起来，这是知识中心顶层设计时需要充分考虑的问题。

四、国内外智能城市知识中心建设现状和经验

（一）国　外

到目前为止，全球智慧城市发展建设，大致经历了三个阶段，分别是萌芽期、探索期和建设发展期，其发展历程如图 5.4 所示。

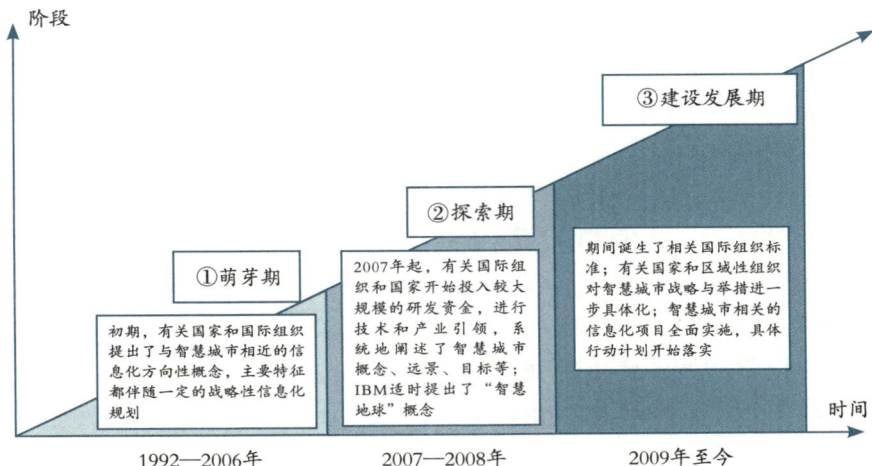

图 5.4　国外智慧城市发展历程

2006 年，继"智慧岛"计划后，新加坡通过并启动了"智慧国 2015"计划，旨在利用物联网、云计算等新一代信息技术，将新加坡建设成为一流的现代化强国。如今，经过多年的建设发展，新加坡在电子政务、民生服务（如智能交通系统）及泛在互联方面，取得了引人瞩目的成绩。其中，智能交通系统通过对各种传感数据、运营信息进行采集分析，为用户提供了丰富的交互体验，为市民的出行提供了实时、适当的交通信息。

2008 年 11 月，IBM 公司于纽约召开的外国关系理事会上提出"智慧地球"理念，引发全球性的智能城市建设热潮。

2009 年，迪比克市与 IBM 开展深度合作，着手建立美国第一个智慧城市。在该项目中，迪比克市选择在一个拥有 6 万市民的社区，利用物联网技术，将包括水、电、油、气、交通以及公共服务等各种公用资源连接起来，对采集到的各类数据进行监测、整合和分析，做出智能化的响应，以更好地服务市民。在项目的实施阶段，IBM 首先为该社区所有住户和商铺安装了数控水电计量器——利用低流量传感器技术，有效地防止了水电泄露造成的浪费现象的发生。其次，完成了综合监测平台的搭建，该平台的功能在于及时

对传输过来的各类数据进行监测、整合、分析和分析结果展示。最后，迪比克市向社区内居民公布这些信息，使他们对自己的耗能有更清晰的认识，在对自身资源使用习惯改进的同时，意识到肩负的可持续发展责任。

韩国在智慧城市建设方面采取的发展思路：以高速信息网络为基础，整合公共通信平台，全力打造绿色、数字化、无缝移动连接的生态智能型城市。在日常生活中，国民可以方便地进行税务办理、医疗服务和远程教育等活动；此外，利用物联网技术，还实现了家庭建筑能耗的智能化监控等。

欧洲在智慧城市建设方面主要关注如何利用现代信息技术在城市的环境、交通、医疗、家居等领域提高居民生活水平。希望能够借助知识共享实现节能减排，发展智能交通、智能电网，提升能源利用效率，科学应对气候变化，推动城市低碳、绿色、可持续发展，建设绿色智慧城市。

通过对国外智慧城市的建设情况进行分析，我们发现其知识中心的建设面向增值性服务，与服务需求直接关联，能够跨组织协同运作，关注跨领域的多维度、多层次社会创新服务和决策支持，能进行面向复杂性和不确定性的服务创新和跨网络的知识挖掘。国外学者提出的知识中心模型中，共有信息抓取、数据库、数据引擎和用户界面四部分（Castellano et al.，2005）。知识中心模型架构如图 5.5 所示（张波等，2007）。

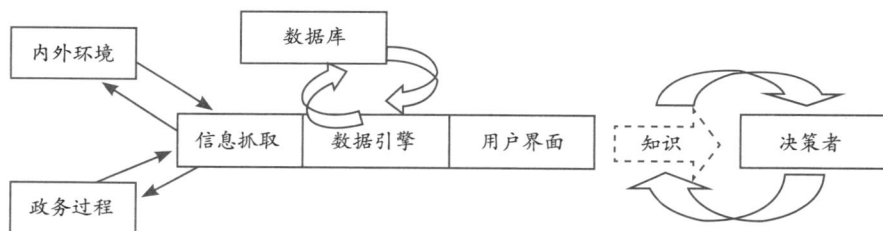

图 5.5　知识中心模型

（二）国　内

国脉互联智慧城市研究中心的研究结果显示，我国智能城市经历了两个发展阶段：萌芽期和推进期。各省市都纷纷加入智能城市建设阵营。2010年是我国智能城市建设的重要节点，在此之前中国智能城市建设处于萌芽阶段。具体发展过程如图 5.6 所示。

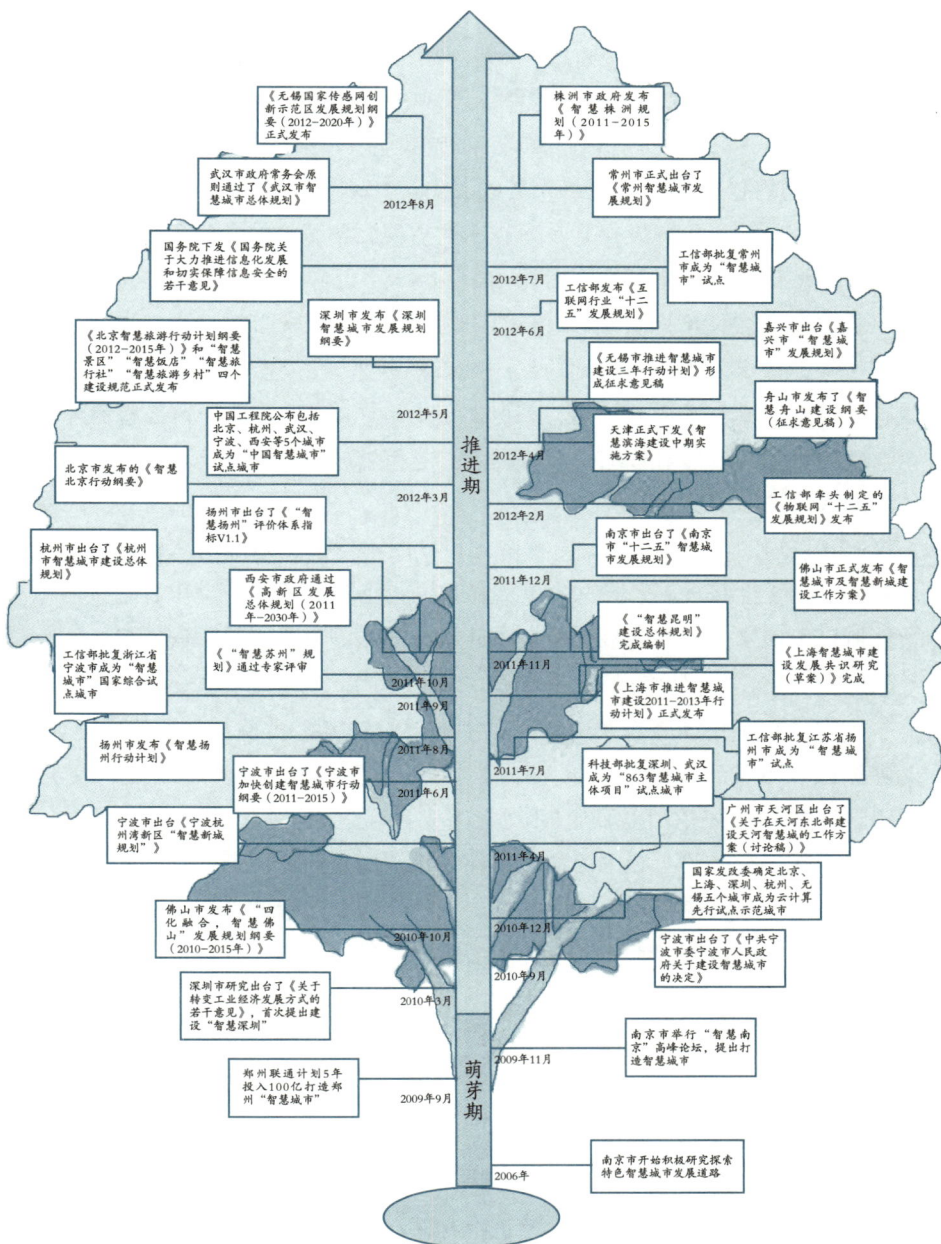

图 5.6　中国智能城市建设发展

《无锡国家传感网创新示范区发展规划纲要（2012—2020年）》正式发布

武汉市政府常务会原则通过了《武汉市智慧城市总体规划》

国务院下发《国务院关于大力推进信息化发展和切实保障信息安全的若干意见》

深圳市发布《深圳智慧城市发展纲要》

《北京智慧旅游行动计划纲要（2012—2015年）》和"智慧景区""智慧饭店""智慧旅行社""智慧旅游乡村"四个建设规范正式发布

中国工程院公布包括北京、杭州、武汉、宁波、西安等5个城市成为"中国智慧城市"试点城市

北京市发布的《智慧北京行动纲要》

扬州市出台了《"智慧扬州"评价体系指标V1.1》

杭州市出台了《杭州市智慧城市建设总体规划》

西安市政府通过《高新区发展总体规划（2011年—2030年）》

工信部批复浙江省宁波市成为"智慧城市"国家综合试点城市

《"智慧苏州"规划》通过专家评审

扬州市发布《智慧扬州行动计划》

宁波市出台了《宁波市加快创建智慧城市行动纲要（2011—2015）》

宁波市出台《宁波杭州湾新区"智慧新城规划"》

佛山市发布"四化融合，智慧佛山"发展规划纲要（2010—2015年）》

深圳市研究出台了《关于转变工业经济发展方式的若干意见》，首次提出建设"智慧深圳"

郑州联通计划5年投入100亿打造郑州"智慧城市"

推进期

萌芽期

2012年8月
2012年5月
2012年3月
2011年10月
2011年9月
2011年8月
2011年6月
2010年10月
2010年3月
2009年9月

2012年7月
2012年6月
2012年4月
2012年2月
2011年12月
2011年11月
2011年7月
2011年4月
2010年12月
2010年9月
2009年11月
2006年

株洲市政府发布《智慧株洲规划（2011—2015年）》

常州市正式出台了《常州市智慧城市发展规划》

工信部批复常州市成为"智慧城市"试点

工信部发布《互联网行业"十二五"发展规划》

嘉兴市出台《嘉兴市"智慧城市"发展规划》

《无锡市推进智慧城市建设三年行动计划》形成征求意见稿

舟山市发布了《智慧舟山建设纲要（征求意见稿）》

天津正式下发《智慧滨海建设中期实施方案》

工信部牵头制定的《物联网"十二五"发展规划》发布

南京市出台了《南京市"十二五"智慧城市发展规划》

佛山市正式发布《智慧新城建设工作方案》

《"智慧昆明"建设总体规划》完成编制

《上海智慧城市建设发展共识研究（草案）》完成

《上海市推进智慧城市建设2011—2013年行动计划》正式发布

工信部批复江苏省扬州市成为"智慧城市"试点

科技部批复深圳、武汉成为"863智慧城市主体项目"试点城市

广州市天河区出台了《关于在天河东北部建设天河智慧城的工作方案（讨论稿）》

国家发改委确定北京、上海、深圳、杭州、无锡五个城市成为云计算先行试点示范城市

宁波市出台《中共宁波市委宁波市人民政府关于建设智慧城市的决定》

南京市举行"智慧南京"高峰论坛，提出打造智慧城市

南京市开始积极研究探索特色智慧城市发展道路

根据国脉互联智慧城市研究中心的调研结果显示，截至2012年7月，国内共有150多个城市提出建设或正在建设智能城市，典型的代表有北京、上海、天津、重庆、广州、武汉、成都、深圳、宁波、无锡、佛山等。从各地智

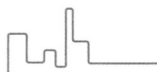

能城市规划纲要、"十二五"规划和政府工作报告中可以看出，其智能目标仍停留在交通、医疗、教育、保险、环境、家居、电子商务、电子政务等产业示范应用的打造，并未形成跨领域的合作交流。换言之，我国智能城市发展仍处于起步阶段，其发展目标、建设模式、运营规律、投资策略、建设重点等都在努力探索中。目前，我国智能城市的建设主要表现出以下特征。

（1）智能城市的建设得到越来越多的重视，各城市的参与积极性越来越高，智能城市数量越来越多。对比 2011 年和 2012 年有关中国智能城市发展水平的调研报告，可以看出，2011 年国内共有 55 个城市提出或正在建设智能城市，但是可以集中采集到数据的城市只有 28 个。至 2012 年，提出并建设智能城市的城市增至 150 多个，其中可以集中采集到数据的城市增加到 50 个。从中可知，政府对智能城市建设的响应程度越来越高，国内智能城市整体发展水平呈稳步上升态势。

（2）"智能城市"理念提出城市之间发展不均衡，东部沿海地区城市遥遥领先。由于经济发展差异和"智能城市"提上日程不同等原因，各个城市智能城市发展水平存在明显差距，东部沿海地区城市起步早、底子好，取得了较好的成绩。

（3）从技术层面看，我国智能城市的建设都非常重视基础设施的建设，能够紧跟技术的发展趋势，以基础数据库、公共信息平台为基础，以物联网、云计算和分布式架构等新技术为体系支撑。

（4）从目标上讲，我国智能城市建设都以医疗、能源、交通、安全、教育、环境、公共服务等关乎民生的重点领域作为试水示范，都以全面提高资源利用效率、城市管理水平和市民生活质量为最终目标，坚持以人为本，注重绿色节约、智能决策和城市服务。

通过对各省、市智能城市建设情况进行分析，发现国内智能城市知识中心的建设有以下四个特点。

（1）对于智能城市知识中心规划、建设和组织管理的研究十分缺乏，现有知识中心的界定概念借鉴了国外经验，不接地气。

（2）更加侧重于城市的整体规划和效益，难度较大。

（3）知识中心的概念和建设均局限于企业、组织内部知识中心，以及行业知识中心，缺乏更高层次的跨领域城市知识中心。智能城市的具体建设也没有将知识中心平台的架设纳入建设方案中，都停留在智能城市的初级阶段，只能在组织或行业内部对采集到的底层数据进行分析和处理，并形成决

策支持方案，未能达到预期更高层次的效果。

五、国内外典型案例分析

（一）阿姆斯特丹智能城市知识中心

阿姆斯特丹智能城市知识中心凭借其在节能项目方面多利益相关方合作的模式，被欧盟评选为智能城市建设的典范。

在技术体系架构上，通过底层传感器、嵌入式装置和高速宽带互联的大规模普及应用，提供实时的数据采集和传输；采用物联网、云计算、高性能计算、自动控制技术和大数据技术，面向应用完成数据的采集、清洗转换、存储、实时分析和分析结果反馈。

在运营模式上，由包括政府、企业、研究机构在内的多组织发起和参与，多应用领域示范，提供以可持续性为核心内容的智能服务。具体应用领域及示范性体现在以下方面。①城市基础设施：智能交通出行、清洁能源、环境监控、智能节能的实现，宽带、无线、FTTH、嵌入式装置的大规模改善及应用。②政府管理：政府服务水平得以提升，政府决策更加科学，决策过程市民参与度更高，监管与评估过程更加透明。

通过对阿姆斯特丹智能城市知识中心进行研究分析，发现其中值得借鉴的一点：建立生活实验室 Living Lab。Living Lab 是一种致力于培养以用户为中心、面向未来的科技创新模式和创新体制的全新研究开发环境。以 Living Lab 的方式开始智能城市的试点建设，在测试通过后，再扩大至更大范围。

（二）巴西 Rio de Janeiro 市智能运行中心

巴西 Rio de Janeiro 市是世界上第一个集成城市所有职能的统一指挥与控制体系及系统的城市。该市由天气引起的自然灾害较频繁，为了保护居民安全，减少灾害带来的损失，建立了智能运行中心，用以实时采集天气、交通、医疗和能源数据，预测突发事件。

在技术架构体系上，该智能运行中心的技术体系及相关软件平台均由 IBM 公司提供。整个过程由三个步骤构成。①数据集成。实现原始业务文件管理的数字化。②系统及平台集成。将城市各领域各类数据集成到统一平台上。③对集成后数据的管理与分析。对数据进行挖掘分析，生成规则或标准，为政府提供城市治理决策支持，预测并处理可能发生的突发事件。

在运营模式上，由包括政府部门、民营交通运输公司在内的 30 多个组织结构共同协作，实现业务数据的跨部门集成共享，建立智能运行中心。该中心的日常管理由政府主导，多部门统一指挥，共同决策。

具体应用领域及示范性体现为自然灾害预警功能（如极端天气、洪灾等）、预防犯罪、突发事件快速处理（如火灾）、特大集会安全预警服务（如世界杯、奥运会）。

通过对 Rio de Janeiro 市知识中心进行研究分析，其中值得借鉴的一点：该中心以综合集成管理、整体系统的方式将城市自然系统与以人为中心的决策系统结合，为政府提供城市管理的决策支持。政府部门联合私营组织完成数据采集、清洗融合及挖掘分析，创新管理模式，吸纳社会力量参与。

（三）QUT 智能交通研究中心

QUT 智能交通研究中心是世界上第一个突破州、政府、相关私人组织的交通权限，集成实时交通数据库，提供交通网络全景图像的研究中心。该中心主要关注目前广泛存在的交通拥堵问题以及智能交通系统的构建，通过对现有基础设施和网络进行改进，提供包括多模式网络优化和智能交通在内的技术、产品、服务解决方案，发展多模式网络应用。

在技术架构体系上，该中心的基本设计原理是完成数据—知识—行动的转化，由数据集成、知识挖掘、决策优化、管理决策中具体方案选择等四步构成基本技术体系；在决策优化和方案选择过程中，以经济学原理为指导，利用收益成本率、投资及收益分析模型构建决策支持管理体系；使用建模、仿真实验和可视化技术完成信息集成、网络效率优化，管理城市化发展问题，为用户期望的可靠出行提供更多优化选择方案。

在运营模式上，由政府交通管理部门、相关企业及研究机构三方参与组成战略管理委员会，就交通领域提出建议和指南；研究咨询委员会负责就现有交通系统问题进行评估，向战略管理委员会提出建议，针对性商讨研究方向，决定智能中心的研究方向和内容；下设多支研究团队，每个团队由相关研究领域顶级专家负责，带领研究人员开展该领域相关课题的研究。

具体应用领域及示范性体现：为居民出行提供多种方案及相关智能应用；路网能力优化，高速公路拥堵实时预测和提醒，未来交通基础设施的可持续发展，技术和产品的开发；经济原则指导下的道路政策以及出行策略研究。

通过对 QUT 智能交通研究中心进行研究分析，其中值得借鉴的一点：

真正实现了跨地区、跨机构的知识中心构建，中心运营机构组织明确，各有分工。

六、措施与建议

智能城市的建设是一个长期过程，智能城市知识中心的建设是其中的关键环节，涉及面广，面临管理和技术两个层面的巨大挑战，尤其是管理机构的改革以及相关法律法规的制定。另外，国内对智能城市知识中心建设的认识还存在一定的误区，认为知识中心和一般的数据中心乃至业务系统并无区别。实际上，知识中心的建设在技术方面还存在诸多的难关需要克服，可谓步步难行。因此在智能城市知识中心的建设过程中，提出以下五方面建议。

（1）知识中心顶层设计。对城市各行业已有信息化建设成果进行调研分析，做到具体城市具体对待，汇集各相关领域专家给出的成熟解决方案，并进行论证，重点关注知识中心平台的兼容性、可扩展性、安全性以及高性能等问题。

（2）知识中心元数据库、安全体系及标准化建设。充分考虑早期底层业务系统和数据中心，根据元数据库和知识中心信息化标准对已有基础设施、系统平台进行改造。在上层知识中心与底层平台整合时，根据安全标准对涉及用户隐私的数据进行加密并加强系统安全性，确保信息安全。

（3）试点示范，稳步推进。知识中心的建设需要巨额的投资，因此其推进过程必须慎之又慎，不能全面铺开（高光耀，2013）。一个好的办法是可以先在交通、医疗或者城市管理等关乎民生的热点领域进行小范围的试点示范；在试点成功的基础上，总结经验教训，对既定建设方案不断地改进完善，稳步在其他领域陆续展开知识中心的建设，直至最后完成整个体系的构建。

（4）完善知识中心评价体系。知识中心建设的根本目的在于它可以促进经济社会的进一步发展，改善人民的生活质量。那么如何得知一个知识中心投入运行后，是否起到了应有的作用呢？因此，必须建立健全知识中心评价体系，从多维度、多层次、多指标（如信息基础设施、智能应用、支撑体系、价值实现）去评价知识中心的运维情况，进一步提高知识中心的运行和服务标准。

（5）政府主导，全社会共同参与。政府知识中心的建设，一般都只存在于城市管理和公共服务领域。因此，必须充分鼓励其他社会力量积极投入各领域知识中心的建设中来，探索出新的运营模式和产业集群，为全社会的可持续发展做出更大的贡献。

第6章

i City

搜索与推荐——智能城市信息服务的基础功能

智能城市运转的重要基础是数据。大量应用都要求对多来源、多形态的数据与信息有流畅的访问。事实上，如果说智能城市的技术基础设施是云计算，那么云计算成功的主要前提就是大数据的存在（李晓明，2011），云计算与大数据共存亡。但是，不同来源的数据通常属于不同的管理域，如何做到数据共享（而不是数据资源割据）是一个基本的问题。一方面，政府要推动各种基本数据的开放；另一方面，考虑到数据拥有部门也可能有理由保护其数据，只能有限制地开放。在这种认识下，我们建议作为智能城市信息环境建设的一种要求，各数据源要有搜索与推荐的基本功能接口并公开发布。该接口在体现有关数据保护政策法规的要求下尽量开放，以利于在相关开放或者交易规则下支持智能城市的应用功能。

一、智能城市中的信息生态

世界正在经历一个急剧城市化的过程。在中国，未来15年中，会有3亿农村居民迁往城市。相关研究称，全球人口增长的90%将发生在城市，80%的财富创造和60%的能源消费总量将发生在城市。在人类社会发展进程中，城市被赋予了前所未有的主导作用，占据着越来越重要的影响地位。然而在这个过程中，城市也面临着一系列的挑战，我们必然会有更严重的空气污染、水资源和能源资源短缺、交通拥堵等问题。因此，一个全球性的当务之急是为城市的发展提供更好的策略，这就需要提高我们对城市的理解，通过科技创新的力量变革当前城市的运行模式，从而最大限度地利用有限的资源，提高城市运行效率，为人类创造更加便捷美好的城市生活。

城市中的信息主要涉及交通、医疗、教育、能源、政务和安防。目前城市中的各种信息基本处于扁平结构（见图6.1），虽然彼此可能存在点对点的交互，但是缺少一对多或多对多的信息交互。城市中的数字信息只有形成紧密高效的信息生态环境（见图6.2），数字城市才会成为智能城市。

图 6.1　扁平结构的城市信息环境

图 6.2　充分整合的智能城市信息环境

随着网络的发展，人类行为产生大量数据，如利用搜索引擎进行检索和在电子商务网站购物的日志数据，以及通过传感器获得的数据（如照片、温度）。通过各种设备系统的监测、测量和捕获，城市的任何信息都能被及时全面地获取，这些信息不断汇集和累积，人们生活的城市逐渐成为数字化城市。数据是支撑智能城市发展的重要信息资源，通过收集各部门有关城市运行体征的数据、量化城市发展状况，可帮助决策者进行数据汇总分析，最终对城市体征的量化形态（即各类数据）进行管理。这些数字化的数据中蕴含着大量的信息，但有价值的信息密度低。显然，若只是把这些数据作为毫无关联的零散片段分割理解处理，将大大浪费它们的价值；反之，如果它们能得到充分的共享和利用，通过更深入的分析和挖掘，进行深度整合和分析，将不同来源、不同格式、不同类型、不同应用的数据进行规范、融合，形成"智能城市"的数据资源体系，打破各系统间数据不能共享的现状，实现空间信息和时间信息的统筹管理、统一服务、共享共用，获得更加全局的洞察掌控，数字化城市就可以进化为智能城市。对智能城市的经济发展和社会管理而言，数据是无形的生产资料，数据价值的合理共享和利用会创造巨大的社会财富。

相比数字城市，智能城市有更高层次的要求、更丰富的内涵和更宏伟的目标。智能城市不是数字城市的简单升级版，也不只是城市基础设施的信息化或简单的智能化，而是以城市的可持续发展和人们生活实际需求为关注点，将先进的信息技术与科学的城市建设理念相结合，在数据的基础上，为

城市注入"智能"的活力。其主要区别在于，数字城市的信息服务是有限的数字化、局部的共享化、初步的自动化，而智能城市的信息服务是整体的数字化、全面的共享化、高度的智能化（颜慧超等，2012）。

在这一过程中，如何将多源分散的数据有机整合起来，有效地实现来自不同数据源的数据共享和融合，提高数据利用率，是智能城市中亟待解决的核心问题。基于数字化的数据构建便于使用的信息环境是关键。因为这些数据分属于不同的管理域，但它们之间有着千丝万缕的联系，从而为各种创新应用提供了巨大的想象空间。大量的数据带来过量信息的同时呈现会使用户无法从中获取真正对自己有用的部分，而搜索和推荐能够实现信息过滤的效果，为用户呈现某些特征排序后的结果，为用户提供个性化的服务，有效解决信息过载的问题。从不同的角度理解搜索和推荐，会有不同的定义。本书中，我们定义搜索是根据输入数据本身产生一个排序的输出，推荐是根据输入数据本身以及其他用户的反馈产生的集合输出。

让我们来看一下城市中已经存在的一些数据形式，便于认清各种数据的特征，进而理解我们面对的城市信息生态，达到下文叙述的应用示例的效果。

（1）交通数据。例如公交卡数据、打车数据。这类数据中包含乘车时间，上、下车地点，以及乘车金额。数据共享帮助用户根据实时道路交通状况获得快速便捷的出行方式，减少不必要的时间消耗。同时，资源共享使城市交通调度协调更易于实现整体优化，高效运用城市道路资源和交通资源，有助于建立综合性立体交通信息体系。与这类数据相结合的应用通常对交通数据的实时性有要求。

（2）视频监控数据。包括来自交通摄像头和街道上的摄像头的信息，如时间、地点、视频图像。这类信息的综合分析能够为城市安保工作提供有力的支持，为居民营造一个安全的城市环境。把实时交通数据与视频监控数据相结合，将产生新的应用。例如，同一时间不同路段出现两个同样的号牌，则必定是出现了套牌车。

（3）医疗数据。包含患者的信息、检查结果和详细病历。医生和患者都能查询到这些信息。不管患者在哪里，不管专家在哪里，远程会诊都可以轻松完成。而且患者随时可以看到自己的信息，医生也随时随地可以关注到患者的病情。这保证了有限的医疗资源得到充分利用和平衡分配，使居民的身心健康得到及时有效的保护。

（4）运动数据。通常由腕带之类的传感器采集，包括运动时间、运动时长、运动地点、运动项目等。通过分析这类数据，可以获得用户的运动倾向和习惯，并结合当前天气情况、健身场所使用情况、用户身体状况等其他数据，为用户推荐合适的运动方式。医疗数据和运动数据相结合，可以更好地指导每个人结合自身情况采用合适的运动方式或者进行康复训练。

（5）教育数据。如大学生选课和图书借阅数据，包含借阅时间、借阅日期、图书类别等。数据蕴含着用户的学习需求、兴趣方向的动态变化曲线等。通过对这类数据的分析，能够为用户推荐相关的书籍、资料、活动等，为用户提高学习效率提供便捷途径。教师可以根据此类数据分析学生的学习情况、兴趣动态，为因材施教的教育方式提供有效的支持。同时，图书馆也可以根据这类信息调整图书储存、购买情况等。慕课（massive open online courses，MOOC）的出现，更使得大规模学习行为数据可得，从而有可能从根本上颠覆以往学生求职的敲门砖为"文凭 + 成绩单"的传统，而代之以"课程证书 + 基于大数据的学习行为分析结果"。

（6）搜索查询日志。包含时间、查询机器 IP 地址、查询词、浏览点击信息。通过分析这些数据，能够洞悉用户的查询意图。结合教育数据和搜索查询日志，可以优化图书馆纸质和电子资源配置。因为从图书馆提供的文献检索日志中，可以获知用户更关心哪些书籍、期刊、论文，以及大家访问这些资源的频度分布（李晓明等，2012）。

（7）网上消费数据。如购物数据。这类信息包括线上和线下，包含购买时间、价格、用户下单前的浏览信息。通过分析这类数据，可以获得用户的购买需求和喜好，分析各商品之间的关联性。为用户推荐关联的商品，帮助用户迅速获得其可能感兴趣的商品信息；同时也能够最大限度地促进商家的销售，发掘其盈利空间。

（8）餐饮数据。包括消费金额、地点、时间、种类等。通过挖掘数据中蕴含的用户饮食习惯和爱好，为用户推荐从地点、时间、消费额度、饮食种类等各方面综合考量的餐饮选择。餐饮业也可以根据此类数据调整运营内容、运营模式，为餐饮行业的营销和管理提供决策依据。

（9）通信数据。包括通信时间、时长、对象、地点等。通过这类数据能够构建整个通信网络，获取信息及其流向。其中有用的信息能为电信运营商发展和决策提供帮助。

（10）社交网络数据。如在社交网络平台发送的信息内容（包括文字、图片、音频、视频等）、发送信息时间、发送信息地点等。社交网络中蕴含着丰富的实时信息，具有广泛的提供者以及很快的更新速度和传播速度。分

析这些数据能够获取社会热点话题信息及发展动态。

充分利用这些信息的智能城市将从各个方面改变城市人群的生活环境，改变人与物之间、物与物之间、人与人之间的关联方式，在衣食住行、学习、工作、娱乐等所有人类行为方式中发挥重要的影响作用，最终创造高效、环保、安全、宜居和良性循环发展的城市生活。

二、搜索与推荐作为智能城市信息环境基础功能的含义

让搜索与推荐作为智能城市信息环境中的一种基础功能，是指处于不同管理域中的数据采用分布式协同工作的方式，整体构成一个智能城市的信息环境。自上向下，利用云计算的思想，构建几个大的云平台，不同来源的数据都集中存放于那些云平台上，从而实现交互和共享。但我们认为这种构想实际上很难做到，而且最终还是回避不了分布式数据的互操作问题。同时，城市数据对时间维度的变化很敏感，具有不同尺度的空间跨度，针对这些指数级增长的多元化和异构化数据，假如采用统一的规范来描述输入，必然带来可扩展性问题，无法在大范围内应用。因此，我们考虑每一种数据可以是一个自制的完整系统，但至少对外提供搜索和推荐两种功能，它们服务于应用程序，而不是最终用户。通过这两种基本功能，就可以根据应用的需要整合不同的数据，满足各种需求。

在智能城市信息环境中，各种信息生态种类多样、结构复杂。因而，对数据的组织、挖掘和应用，在智能城市建设中处于核心的地位。在数据的管理中，让搜索与推荐成为基础和核心的功能，在智能城市的建设中至关重要。实现搜索和推荐两种基本功能，可以有效地管理和利用智能城市的信息数据，从而更好地支持智能城市的运行。

在智能城市信息环境中，海量数据的搜索功能应用广泛，作用巨大。搜索是根据输入数据本身产生一个排序的输出，对于有效信息的检索和搜寻有着重要的意义。基于智能城市的搜索功能的应用领域很多，政府、企业、公众都对搜索有着各种需求。对政府而言，需要所在区域的搜索系统，以便于对该区域的自然环境、街道布置、行业部门、地区群众等多方面的信息的采集并可以起到监管和为群众服务办事的作用。对企业而言，可以利用搜索功能获取企业所需信息，了解行业资讯并更好地改善产品。对群众而言，智能城市的居民可以根据自己的需求进行个性化搜索，满足自己出行、实时信息查找等需求。由此可见，搜索功能可以满足多方面的需求并提供多方面的便

利，使搜索成为智能城市信息环境中的一种基础功能是建设智能城市的必要选择。

除了搜索功能，推荐功能也是在智能城市信息环境中的一种基础功能。推荐是根据输入数据本身以及其他用户反馈，产生的信息集合输出。推荐功能在利用数据本身的知识信息的基础上，通过相应用户行为等各种信息，分析得到用户的生活、行为、喜好等，整合输入数据的信息和其他用户反馈，通过对于智能城市的大数据进行数据分析处理，从中获取最合适的推荐集合。推荐功能可以将用户模糊的潜在需求转化为实际需求，帮助用户过滤掉无用的信息，让用户获得最适合、最需要的信息。在智能城市的建设中，推荐功能可以提升政府、企业、城市居民的体验，更敏锐地探测真实的需求，使得生活更加舒适便捷，这也更能体现智能城市的建设目标。

由城市大数据的多元化和异构化等特性导致的问题，采用分布式协同工作方式是一种很有效的解决方式。处于不同管理域中的数据采用分布式协同工作的方式，整体构成一个智能城市的信息环境。相同管理域中的各种数据节点因为自身了解数据，数据也具有比较类似的结构和性质，这样的数据比较容易组织和整合，也易于提取相关的特征进行类似的抽取和分析，预处理相对简单，挖掘和分析数据中蕴含的规律和知识也更便捷。基于高速发展的互联网络中不同管理域的数据，采用分布式协同工作的方式，整体构成一个智能城市的信息环境，可以通过类似分摊成本的方式满足时间复杂度最优的、充分利用信息化的需求，也使得智能城市的实施成为可能。

让搜索与推荐作为智能城市信息环境中的基础功能，实现不同管理域中数据的分布协同互操作，就可以通过监测、分析、整合和智能响应的方式，综合各职能部门，整合优化现有资源，提供更好的服务，构建绿色的环境、和谐的社会，保证城市可持续发展，为企业及大众建立一个良好的工作、生活和休闲的环境。

三、搜索与推荐作为智能城市信息环境基础功能的意义

据世界银行的测算，一个百万以上人口的城市在投入不变的情况下实施全方位的智能管理后，城市的管理发展水平可提高 2.5 ~ 3 倍。这足以见得一个高效的智能城市系统可以充分利用已有的资源来获得最大的效益。

数据共享也可以认为是信息的交换与交流，在智能城市的建设中占据着十分重要的地位。当智能城市建立之后，各个系统都会产生十分庞大的数

据，如果不对这些数据进行合理有效的利用，将会造成资源浪费，同时也会造成整个智能城市系统分崩离析。那么怎样才能进行有效的数据利用？各个系统内部对自己的信息进行相应的管理自不用说，系统与系统之间也该进行协调统一和信息整合，使之更好地为智能城市进行服务。如同人体中各个组织之间也需要通过神经网络和激素等进行信息传递使得人可以成为一体一样，通过数据共享，智能城市这个宏大的系统才可以成为一个统一协调的存在，为生存于其中的市民提供便利的服务，也为政府和企业提供必要的信息来获知城市的运转趋势和导向。

然而由于各系统内部都有十分庞大的数据，只是单纯地进行数据共享，然后每个系统都必须从海量的数据中找到自己所需的数据。这样不仅会出现大量重复，也会由于不同系统之间的数据各有区别，而使得数据处理十分烦琐甚至难以进行，所以需要对数据共享方法进行优化。

数据处理是对数据的采集、存储、检索、加工、变换和传输，而数据处理的基本目的在于从大量的数据中抽取并推导出有某种特定意义和价值的数据。由于各系统运作时便对自身产生的数据进行处理，而处理过程中可以通过检索与加工获得数据处理的一些中间结果，然后利用这些中间结果去推导出具有另外一种意义和价值的数据。比如在对校内学生通过院系建立倒排索引并获得社科院系的学生名单之后，同样还可以利用这个索引来检索得出理工科院系的学生名单。

所以较好的优化方法就是充分利用各个系统内部数据处理过程中产生的信息，让各个系统只对自身内部的数据进行处理，对外则提供统一的接口。当其他系统需要某些类型的数据时，便可以通过这些接口来获得商定好的信息。这其中也可有权限和优先级之类的管理。最符合这个功能的接口就是搜索功能，通过特定的参数对系统内部的数据进行检索排序，最后产生一个根据相关度进行排序的输出序列。此外，考虑到在不同的管理域下，不同数据通常关联到不同权限的存取。智能城市信息环境中提供搜索和推荐这种基础功能接口，并不意味着数据的彻底公开，而是提供技术性便利，使得构建跨数据域的创新性应用的边际成本趋于零，保证在适合的权限下，如果想要某些信息，可以方便地通过搜索和推荐接口获得。

对于智能城市中的各个系统而言，搜索功能可以作为不同系统之间获得所需信息的一个接口。而对整个智能城市系统而言，整个系统的相关信息需要进行搜索排序还有整合，使得政府和管理者可以了解整个智能城市的状态，也可以利用这些信息进行更好的管理。而对于生活在智能城市中的居民而言，搜索功能是必不可少的，因为生活在一个如此庞大的信息社会中，一个可以快速找到所需信息的渠道是十分必要的，这也使得智能城市更加人性化，提升居民的幸福感。当然，这些信息对于一个智能系统而言，也可以成为自身学习与发展所需要的数据。在这种高效的数据处理接口下，智能城市系统可以节省大量资源，将这些资源用于城市发展中，使智能城市更快更好地发展成一个更加完善的系统。

除了外部通过接口进行搜索得到的信息之外，系统中还可能存在大量看似杂乱无章且无用、实则有用的信息。如用户的购物单平时一般只用于商店的业绩统计以及用户自身的消费记录统计，但是如果通过对这些购物记录进行数据挖掘，可分析出不同用户的喜好，从而对用户进行分类，进而可以在用户购买时对其进行商品推荐。或者也可以通过分析用户购买记录的商品组合，推测出在购买某些物品时用户可能会一起购买的商品组合，从而对用户进行捆绑推荐。这些推荐功能在各种电商或者应用商店中都有应用，且事实证明这些挖掘出来的数据很有用。因此系统可以通过自身所收集到的数据和用户的反馈，来产生一些推荐的集合，向用户呈现出一些可能有用的信息。这种行为不同于搜索行为，搜索行为是用户主动从智能城市系统检索信息，而推荐则是系统自发向用户推荐，体现出一种人性化的关怀，可以帮助用户节省大量搜索的时间，对于企业而言，也可以因此获得更多的利润。

如果能以搜索和推荐作为智能城市系统的基本功能，提高城市管理的效率，那么在不远的将来，城市的管理水平将提高不止三倍，城市的发展将会达到一个全新的高度。或许，在高效的智能城市系统管理之下，通过搜索和推荐的统一接口，综合各个城市系统，整个国家都采用智能系统进行管理都将成为可能。

四、在多数据源搜索与推荐基础功能上的应用示例

过去的几年里，说起"搜索"我们容易想到的是互联网搜索引擎：系统通过匹配用户输入的关键词，按某种算法排序后返回给用户（李晓明等，2012）。在智能城市信息系统中，应该有更多的应用能够探测和理解用户的感觉与需求，在包括但不限于互联网网页的多种数据源中组织资源，寻找解决方法并反馈给用户。智能城市在不断发展，可供搜索与推荐的数据源、数量和种类也会越来越多，组合两种以上的信息源，肯定能够产生很多神奇的应

用。这些应用将给大众生活在衣食住行、情感、教育、医疗等多个方面带来便利，帮助解决城市中的各种问题，彻底改变我们居住的城市。

　　下面的几个应用示例，有的已经成为现实，有的还只是一个努力的方向。

（一）公交导航

　　出行是城市生活中重要的一环，而机动车快速增长带来的交通拥堵和空气污染成为城市发展到一定阶段的通病。公共交通工具的客运效率和路面效率远高于私家车，因此成为政府大力倡导的出行方式。然而想要让公共交通工具对公众更有吸引力，公交系统需变得更加智能。

　　很多地方都为公交划定了专用道路，但在公众心里，公交还是存在等车难、坐车难等问题。在一些西方发达国家，公交车站牌上列出了每班车到站的准确时间，乘客无须等待，直接按点乘车。但是这样做不符合我国城市人口密度大、人均道路资源匮乏的特点。道路出现拥塞的情况不可控制，也很难预测，所以不可能让公交车准时到站。但我们能从网络信息化的角度另辟蹊径，采用公交导航的方式方便人们的公交出行。在用户输入了目的地之后，安装在移动终端上的导航软件根据当时的交通状况，提醒用户什么时候出门，如何到达最近的公交车站，并进行有效的换乘，最终顺利地到达目的地。导航系统可以进一步满足用户的各种偏好，如时间最短、换乘最少、避过交通高峰等；对于一些老年人或者特殊需要人士，导航系统能够预约车上的座位。在导航系统的另一端，公交公司可以准确及时地了解到当前的公交需求，动态调度车辆；另外还可以引导一些不是特别着急的人错峰出行，减轻公交系统的局部压力。

　　上面的过程需要用到以下数据：通过室内定位来确定乘客需要多久才能走出居住的楼房和小区；通过 GPS 导航帮助乘客到达公交车站；通过公交运行线路和实时运行状况来为乘客安排最佳乘坐方式；通过乘客的个人信息系统得知乘客是否需要特殊照顾，是否需要为乘客在公交车上预约座位。

（二）拼车软件

　　公交系统不可能满足市民所有的出行需求，还是有很多的私家车主选择开车上下班。很多车上只乘坐了车主一人，严重浪费了城市的路面资源。在上下班高峰时段，众多私家车加重了道路拥堵、油耗污染环境，不仅耽误车主自身时间，也在经济上加重私家车主负担。这种情况下通过拼车的办法，可以减少上路私家车的数量，有效缓解上述问题。

拼车有一个显而易见的前提，就是需要乘客和车主在时间以及出行线路上大体吻合，也就是"顺路"。顺路不一定要出发地和目的地完全一致，只需乘客的路线包含在车主的出行路线中间，或者对车主的路线进行少量改动就能够实现这一点。没有软件的帮助，乘客和车主很难找到合适的匹配，这就是拼车软件的主要功能。在匹配的过程中使用了乘客与车主的出行路线信息以及城市地图信息。

这仅仅满足了最基本的需要，拼车软件完全还可以有更高级的功能，如保证拼车的安全。在拼车出行的过程中，尤其是要跑长途的时候，乘客希望了解汽车的安全性能是否良好，司机是否有良好的驾驶习惯。这两点信息分别可以这样获得：从车主 4S 店调取车辆的保养维修记录，看是否按期保养，有无重大事故；从交警部门查询司机的交通违章情况。

上述内容，都需要数据的拥有者提供数据接口，以支持查询服务。

（三）百度地图与大众点评

百度地图拥有城市的地图导航数据，大众点评则积累了大量用户去过餐馆之后，拍下的餐馆照片和对餐馆菜品与服务的评价。一个用户如果要找餐馆吃饭的话，他既关心这家餐馆的口味与服务，又关心如何去这家餐馆。仅仅利用各自单独的数据，百度地图与大众点评都无法满足用户"找餐馆"的需求。

两家公司采取了互相调用对方数据的办法，以两种不同的方式帮助用户"找餐馆"。百度地图展现给用户的是城市地图，用户先确定餐馆的大概范围（如在他当前位置 1km 以内），然后百度地图的"附近美食"功能会返回圈定范围内的餐馆列表，每个餐馆后面的详细信息（如菜系、环境、用户评价等），则是来自大众点评的数据。

大众点评则首先将餐馆展现给用户，对用户的用餐需求进行各种各样的筛选，如餐馆的菜系分类、人均消费、所属区域、用餐人数、有没有套餐或者团购优惠等。当用户点击选择了某一家餐馆之后，餐馆的详细页面中嵌套小型的百度地图，标出该餐馆的详细位置及交通信息。

（四）可穿戴设备

最近几年时间里，可穿戴设备发展迅速。它们的特点是能够非常及时和灵敏地探测出穿戴者生理指标的变化，对穿戴者是一种 24 小时的监测，而不是发病之后再去医院做检验。但是这些设备能够测量的人体生理指标数量

有限，且由于测量方式不是那么直接，其准确度和精确度比医院的检验结果相差很多。如果局限于可穿戴设备本身能够采集到的数据，只能实现运动测量方面一些基本的功能；反之，若可穿戴设备能够结合医疗机构积累的患者数据，情况会非常不同。

首先可以通过对比同一个人在医疗机构准确测量的生理指标数据，去校准可穿戴设备；其次对所有医疗机构的疾病数据进行分析，可以寻找监测的生理指标和疾病的关系，从而让可穿戴设备预测或者检测出穿戴者的某些疾病。所以可穿戴设备（如 Apple Watch）与医疗机构广泛开展合作。

可穿戴设备结合个人医疗数据，可能会有下面两方面的作用：①监控人的健康状态，为不同个人制订不同的健身计划，保持健康，预防疾病；②在一些重大疾病，比如中风、心梗发作之前提前预警，从而可以采取措施防止或者缓解病情。

从医疗机构的角度来看，可穿戴设备会成为一个重要的数据源和信息发布平台，可以帮助政府了解公民的健康状况，作为制定政策的依据。如果城市爆发流行病，或者有危害健康的污染情况发生，通过可穿戴设备可以把应对方案第一时间通知给穿戴者。

五、在信息环境中实现搜索与推荐基础功能的要求

智能城市中能否出现丰富多彩的应用来改变人们的生活，关键在于可供访问的数据来源是否足够多。下面把它们分成两类进行讨论：政府与事业单位数据；企业与个人数据。

（一）政府与事业单位数据

在经历了十多年数字化、网络化的高速发展之后，我国城市在绝大部分领域的数字化程度都已经非常高：银行使用大型机存储客户信息，记录和管理着每一笔交易；公安部门用计算机存储公民户籍资料供内部联网查询；酒店把每位旅客的住宿信息录入电脑，上传给公安部门；超市用电脑记录货物的库存，收银员扫描每件售出商品的条码，给顾客结账并更新库存；城市道路上大量的监控探头记录路面状况，供交管部门随时调看；公交车和出租车上都有 GPS 装置，记录车辆的位置、运行信息，供车辆管理者查看。

但并非所有数据都是公开的。大量的核心数据掌握在政府部门和事业单

位手中，有些数据还极具商业价值，令不少商业公司垂涎。核心数据被泄露或者错误使用，会给公民隐私和国家利益带来严重的危害。但是不能因噎废食，它们也可以被有限地公开和正确地使用，在不侵犯公民隐私和国家利益的前提下，给个人和国家都带来好处，如中国疾病预防控制中心定期发布疫情信息，让大众对疫情有充分的了解，既能够引起人们重视，配合政府积极防疫，又不会由于信息不畅而产生恐慌。

通过国家立法的方式，可以有效推动政府部门和事业单位数据的公开。在公开的前提下，商业公司希望能够极大地开发数据中的商业价值，公众则关注能否保护好自己的隐私，于是需要由政府牵头，和商业公司、公众代表一起商讨数据公开的方式和程度、对数据使用的限制等，以保证其正确性。

（二）企业与个人数据

在政府数据之外，还有大量的数据为个人和企业所拥有。为了充分发挥它们的作用，减少资料收集、数据采集等重复劳动和相应花费，应该鼓励数据的共享使用。

在前面的可穿戴设备应用示例中，数据共享协议保证穿戴者的数据仅由数据分析机构采用匿名的方式进行分析，不能泄露给第三方机构或者个人。如此，对比设备带来的便利与乐趣，穿戴者便乐于接受数据共享协议，上传自己的数据了。

企业共享自己的数据，考虑的是能否赢利。企业可以通过创新，在数据共享的过程中找到新的商业模式。在前面的拼车软件应用示例中，4S店把顾客的汽车维修保养数据共享给拼车软件，同时也可以用它来推广、销售汽车。在拼车过程中，汽车通常是一个很受欢迎的话题。车主是4S店的已有顾客，而乘客是4S店的潜在顾客。由已有顾客向潜在顾客介绍一款车，那是再有效不过的。4S店的试驾有一个问题在于，很少能够跑高速路，因而不能让顾客了解车子在高速路上的表现，而通过拼车软件，这个问题可以轻易解决。

（三）用于搜索和推荐的数据共享平台

现在已经出现了一些数据共享平台开始在一些领域按照自己的标准组织数据交换和交易活动，也有一些机构发布了自己的数据接口，对外提供服务。但仍存在以下问题：数据格式、接口不统一，数据不能被机器直接调用；协议五花八门，每一次合作都需要单独商谈。想要数据共享更加深入、

更加广泛，还缺乏统一的、法定的数据共享协议和接口。政府可以引导制定一套统一的标准或接口，推动数据共享。

六、在信息环境中实现搜索与推荐基础功能的挑战与困难

（一）隐私与安全

智能城市中大量数据的开放使用，可以给公众和政府都带来巨大的便利，但同时也带来了安全方面的问题。因而在设计接口时应考虑到用户身份和数据访问权限的验证，让每一部分数据都只能被有权限的用户恰当地访问。但所有的计算机系统都不可能保证绝没有漏洞，随着系统规模、共享数据量的增大，出现漏洞的概率会越来越大。

智能城市中的数据源涉及城市的方方面面，接口设计者、系统运行维护人员在安全方面面临着巨大的压力。即使接口和系统本身并没有漏洞，但在同时拥有多种数据的基础上，利用数据挖掘可能推导出数据之外意想不到的信息，从而对公民的隐私构成威胁。

隐私与安全是一个永恒的话题，公众也在慢慢地习惯与接受这个现实，具备一定的风险承受能力。

（二）海量数据、大型系统的效率问题

每个数据提供者按照接口的要求提供某一格式和内容的数据，但很难预料到数据访问量的多少。原来只被内部访问的数据接口突然面向公众，若突发的请求数量大大超过了服务能力，轻则造成服务的延迟或中断，重则造成数据服务崩溃。如 12306 铁路网上售票系统上线的早期，这种情况就发生过多次。

由于智能城市中的一个应用后面整合了多个数据源，每个数据源出现状况都会导致应用失败。对比使用单个数据源的情况，智能城市中应用失败的可能性会增大。

七、本章小结

一个良好的、边际成本趋于零的信息环境是城市变得智能的前提条件。在经济社会生活广泛数字化的今天，大数据的存在已是基本的现实，是上述信息环境的基础。同时，数据通常各有其主，它们因为某些直接的应用

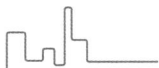

需求而产生，其存在形式通常都不支持共享。大量的智能应用是需要跨不同类型数据集的，因此数据的共享成为必要条件。我们这里提出的建议是让搜索与推荐作为智能城市信息环境中的基础功能，即要求数据的拥有者在建立自己的数据集的时候保证设计一个搜索与推荐的接口，并将它的规范开放。这样，就为需要跨数据集的应用留下边际成本趋于零的数据访问的可能，从而支持数据的共享。

第7章

iCity

智能城市的
信息环境融合与无缝智能

智能城市的用户、决策者、技术提供者都面临一个建设目标的问题，即确定可定性或定量度量的"智能"目标是什么。定性目标回答"是否智能"的问题，定量目标回答"有多智能"的问题。其中，方向性目标，即较为稳定、需要长期坚持的目标，尤其重要。IEEE 计算机学会（IEEE Computer Society, IEEE CS）新近提出的无缝智能概念可以作为智能城市的一个方向性目标。本章结合中国智能城市的建设需求，解读无缝智能概念，讨论智能城市通过信息环境融合实现无缝智能目标的主要挑战，并提出实现无缝智能的"城市即计算机"（CaaC）的建设和运维思路。本章还讨论了国内外几个与智能城市无缝智能相关的案例。

一、设定智能城市的方向性目标至关重要

在智能城市的建设过程中，信息环境是其不可或缺的组成部分。不论是智能城市建设，还是智能城市的信息环境建设，都必须回答三个问题：发展方向是什么？具体的指标体系是什么？做法是什么？这其中，确定发展方向至关重要。正确的发展方向，可以超越政府换届、技术变化、市民需求改变等多种变数。不同的发展方向还意味着非常不同的指标和措施。以建设环保型城市为例，为了解决城市内涝的问题，可以选择大修排水管道的"畅通排水"的发展方向，也可以选择"海绵城市"的发展方向。这两种方向都有其适应的城市情况，指标和措施也是非常不同的。

智慧城市是欧美发达国家提出的。从总体上讲，它们已经经历了信息社会的初级阶段，正在进入信息社会的中级阶段。一个证据是他们的年人均信息通信技术消费（per capita ICT expenditure）已达 1 000 ~ 3 400 美元。他们的城镇化、信息化进程已经进入低速增长发展期。例如，德国 2014 年的人均 ICT 消费只比 2013 年增长了约 1%。因此，他们可以尝试各种方向。有些欧美小城市甚至走与智能化相左的发展路线（他们首要保证的是宁静，即 tranquility）。对欧美国家而言，不论什么方向

181

的尝试，即使失败，负面的影响也不会太大；而成功的话，则能改善市民生活质量和城市生态环境。

中国则不同。中国尽管已经是全球信息技术用户最多的国家，但总体上讲刚刚进入信息社会的初级阶段，年人均信息通信技术消费只有大约 300 美元，不到美国的十分之一。信息社会初级阶段的一个特征是，中国的城镇化、信息化进程仍在快速发展，今后 5 ~ 10 年乃至更长的时间，仍然具有发展空间大、变数多的特点。因此，确定发展的方向性目标十分重要。只要选择的方向正确，并且坚持实践，或迟或早总会实现既定的目标。具体的做法可以多种多样，具体指标和技术也用不着雷同，可以有因时制宜、因地制宜的调整。

智能城市的建设目标设定至关重要。清晰的智能城市目标，不仅有利于地方政府决策、规划、操作实施，而且有利于技术提供者的具体建设和运维工作，还有利于避免错误或落后的思路、误区（某大城市出现一个路口十几台监控摄像机，这只是一个明显的表象）。

智能城市的建设目标又很难清晰地设定，因为不论是从全国范围还是从全球范围来看，智能城市的建设还处于探索阶段，很少有成熟、普适的样板可供拷贝与推广。各个城市的情况不同，需求不同，目标也不尽相同。尽管如此，智能城市的建设还是应该设定清晰的目标，尤其是方向性目标，以指导发展方向和总体思路，哪怕事后需要多次调整和细化目标。

在这方面可以借鉴的一个例子是国家住建部 2014 年年底印发的《海绵城市建设技术指南》，它从生态环保角度提出了城市建设目标、技术指南，并列举了成功案例。它使得海绵城市建设目标清晰，有利于地方政府决策、规划、操作实施。这个指南还有两个值得借鉴的特征：①提出了海绵城市要控制径流比这个关键指标，有助于规划其他指标，如水域面积控制率、绿化率、生态用地保有比；②提出了海绵城市要像海绵一样，具备"吸、蓄、净、释"等功能。相比于单纯强调修大排水道的"以排为主"的城市管理理念，"海绵城市"思路更加先进、环保。

"无缝智能"可以作为智能城市建设的一个方向性目标。

二、什么是无缝智能？

全球最大的科技协会是 IEEE，它拥有 40 万名付费个人会员。2012 年，IEEE CS 启动了面向 2022 年的战略研究，其目标是研究在 2022 年的社会中，什么样的信息技术能够具有重要影响，甚至会改变信息产业。

2014 年年底，IEEE CS 正式发布了战略研究报告"IEEE CS 2022 Report"[1]，一个核心结果是无缝智能（seamless intelligence）概念，它是 IEEE CS 从数千人抽样样本中提取的 23 类重要技术的共性目标。这 23 种技术包括一些常见热词，如云计算、大数据、物联网、网络与互联技术、软件定义网络、3D 打印、慕课等，也包括许多智能城市决策者和用户平常不太关心或不太了解的技术，比如新器件与纳米技术、高性能计算、自然用户界面、开放知识产权运动（见图 7.1）。

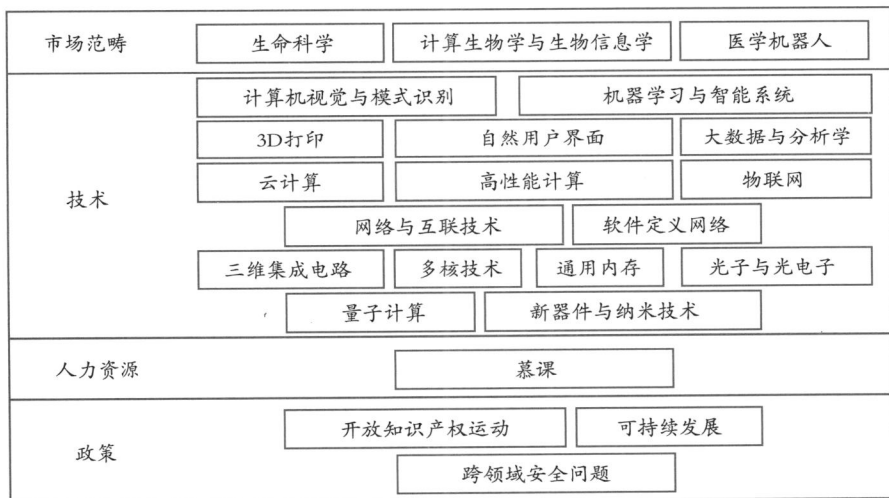

市场范畴	生命科学	计算生物学与生物信息学	医学机器人
技术	计算机视觉与模式识别 / 机器学习与智能系统 / 3D打印 / 自然用户界面 / 大数据与分析学 / 云计算 / 高性能计算 / 物联网 / 网络与互联技术 / 软件定义网络 / 三维集成电路 / 多核技术 / 通用内存 / 光子与光电子 / 量子计算 / 新器件与纳米技术		
人力资源	慕课		
政策	开放知识产权运动 / 可持续发展 / 跨领域安全问题		

图 7.1　"IEEE CS 2022 Report"确定的 23 类影响人类社会的技术 [2]

所谓无缝智能，是 IEEE CS 认为到 2022 年，世界的中高端人群和企业能够得到连接人机物的、无缝的、无所不在的端到端智能。无缝智能概念有如下要点。

（1）无缝智能是高级技术目标，不是人人都可以拥有的、对所有市民都能保障的服务，而是先进的、针对中高端人群和企业用户的目标。所谓中高端用户是指可以支付必要成本的用户（those who can afford）。

（2）无缝智能是端到端智能（end-to-end intelligence），即从智能城市的人、机、物三元世界的数据产生端，一直到用户终端和用户体验，贯穿整个智能城市的信息环境，实现智能的生产与传递，而不只是比特流的传递。

---

[1]　该报告的内容详见 2015 年 3 月发表在 *IEEE Computer* 杂志的概述文章"What Will 2022 Look Like? The IEEE CS 2022 Report"，以及在其官方网站上的报告全文。

[2]　图片来源：（Alkhatib et al.，2015）。

（3）无缝智能是无所不在的智能（ubiquitous intelligence），即从智能城市的任何地点、任何时间都能获取智能。

（4）无缝智能是"无缝"的智能（seamless intelligence），即整个智能城市的信息环境不存在人为或技术的缝隙和瓶颈，更不生产错误信息，智能的生产与传递是流畅的。

三、智能城市为什么需要体现无缝智能？

"IEEE CS 2022 Report"提出的无缝智能是针对广泛的计算机科学技术应用领域和信息技术产业的。无缝智能并不是一套现成的、固定的、可以照搬的技术体系，它是指引未来中长期发展的一种方向性目标。

为什么智能城市的建设需要无缝智能作为方向性目标呢？这主要有三个原因。

1. 智能城市的用户需要无缝智能

不论是市民用户、企业用户、政府用户，还是外来者用户（出差人或游客），都需要体验到流畅的智能传递。在这方面已取得初步成效的例子是机场安检。安检员可以在数秒钟内处理完一个旅客安检，包括在2秒左右捕捉到旅客的人脸图像，从后台数亿人的数据库中匹配出身份证图像，传递到安检口前台，供安检员以人工方式对照旅客本人核实。这不是简单的比特流传递，而是智能传递，涉及人（安检员）、机（整个安检信息系统，包括网络连接的前台和后台）、物（被摄像头传感器感知的旅客及其登机凭证）三元世界中的智能信息处理。

就流畅的智能传递角度看，我国与发达国家还有巨大的差距。这个差距之大甚至到了触目惊心的地步，但往往被我国"互联网繁荣"的假象掩盖了（尤其是对发达国家的情况缺乏客观深入了解的时候）。我国有全球最多的网络用户，但我国的互联网上跑的绝大部分是比特流，不是智能流。这是智能城市需要解决的一个主要矛盾。

国际上统计的信息通信技术（ICT）支出包括信息技术（IT）支出与通信技术（CT）支出。IT支出包括计算机与网络的硬件、软件和服务支出。CT主要支持比特流。IT有部分支持比特流（网络部分），还有部分支持计算。一般说来，计算比例越大，智能程度也越高。

将ICT支出中的IT支出单列出来，表7.1、表7.2和图7.2部分揭示了这个事实：我国的计算消费比例很小，人均 IT 消费只有美国的 1/26（3.8%），甚至还不到巴西的 1/3。

　　中国迫切需要提升信息消费水平，尤其是提升计算（或智能）消费的比例。从城市做起，相比从农村做起，显然是更合适的。

表 7.1　2014 年各国人均信息消费及其 IT 与 CT 比例[①]

国家	人均ICT支出 / 欧元	IT比例	CT比例
美国	2 468	54%	46%
英国	1 912	57%	43%
德国	1 479	52%	48%
巴西	700	25%	75%
中国	230	22%	78%

表 7.2　2014 年各国人均 IT 消费：中国与欧美的比较[②]

国家	人均IT支出 / 欧元	其与中国比例	中国与其比例
美国	1 333	26.34	3.80%
英国	1 090	21.54	4.64%
德国	769	15.20	6.58%
巴西	175	3.46	28.91%
中国	50.6	1.00	100.00%

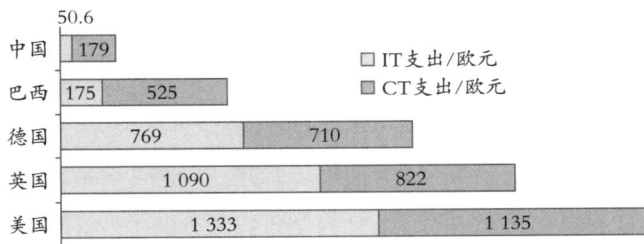

图 7.2　2014 年各国人均 ICT 消费：中国与欧美的比较

2. 智能城市的主导者（政府）需要无缝智能

我国在过去三十年建设了许多条条块块的信息系统，还有很多行业的业

---

①　数据来源：EITO、IDC。
②　数据来源：EITO、IDC。

务信息系统。这些系统总体来讲有很多缝隙和瓶颈，难以构成一个统一的智能城市信息环境系统。另外，随着云计算、大数据、物联网、移动互联网、工业 4.0、"互联网 +"等新趋势的出现和演进，新的需求不断涌现。

智能城市的主导者在规划、实施、改进、完善的进程中，需要解决三个主要问题。

（1）信息与数据集成问题：如何有效地采集数据，并将数据转换成为高质量的智能城市服务，变成一致（无矛盾）、全面（无信息缺失）的知识与价值？

（2）信息资产的整合问题：如何整合存量信息资产与新资产、新应用？

（3）信息管理权的协调问题：如何将条块分割变成条块补充？

这三个问题长期得不到解决，根本原因是没有找到一个共同的长期的方向性目标。设立无缝智能这个方向性目标有利于解决这三个问题。

3. 智能城市的技术提供者需要无缝智能

"十二五"期间，我国已经部署了智能城市的研究开发与建设工作。我国的科研院所、高校、企业（设备厂商、软件商、运营商、服务商）都积极参与了智能城市的建设，出现了不少行业应用系统，一些城市级应用系统已经在运行。这些系统积累了宝贵的经验，有些系统已经发挥出明显的初步效果。但是，它们存在两个突出问题：①系统部件之间充满功能缝隙和性能瓶颈，需要通过开发应用代码和手工优化的方式逐个解决；②缺乏统一的共性平台，智能城市系统的开发成本高、周期长，难以持续升级，难以拷贝推广。

这与移动互联网的产业生态形成鲜明对比。后者提供了客户端的安卓平台和云端的云计算与大数据系统支撑平台，使得我国移动互联网领域的产业化和应用普及迅速增长，也使得我国技术提供商在这一波新市场中不断崛起。这些平台主要是由国际开源社区提供的。

针对城镇化与信息化融合（互联网 + 城市）的趋势和战略需求，以无缝智能为方向性目标，开发无缝智能计算平台，将有助于为智能城市提供可拷贝、可重用、可推广的核心技术。

四、实现无缝智能的主要挑战

"IEEE CS 2022 Report"指出了在 2022 年以前实现无缝智能的四个挑战，即无缝网络、身份联邦、智能软件和隐私缺失。我们根据中国的国情，

提出实现无缝智能的五个挑战。

（1）数据公开。在建设智能城市的过程中，发达国家也面临数据公开和数据共享的挑战，但他们已经重视这个问题并启动了一系列应对措施（包括计划、政策和法规），也有一些有意义的实践。例如，芝加哥的物端阵列（Array of Things）项目从立项阶段就决定，采集的全部数据以每分钟几次的发布频率，向所有个人与组织公开。我国目前的国情使得数据公开和数据共享的挑战更大。如果数据不公开、不实现共享，无缝智能就会是一句空话，智能城市的价值也会大幅度缩水。但什么是公开、向谁公开、如何公开、数据公开的粒度与频度，都是需要明确的。要实现无缝智能，必须有无缝的数据，首先要实现数据的公开与共享、集成。

（2）无缝的网络计算基础设施。城市信息环境包括多种设备、多种网络、多种平台软件，甚至包括基础数据的多个子系统，如"传感器—物端设备—云端设备—人端设备"等硬件设备，"有线/无线的物联网、互联网"等网络，"Linux/Android/Contiki/Docker/Borg"等系统软件，以及"MySQL/HBase/Hadoop/Spark"等数据平台软件。它们必须形成一整套端到端网络计算的无缝基础设施。一个体现是实现从传感器—物端设备—网络—云端设备—人端设备的横向贯通，支持流畅的智能流。

（3）身份联邦。在智能城市中，会出现许多需要命名的实体（entity），涵盖人（如各个用户）、机（赛博空间中的实体，如设备、数据、服务）、物（城市物理世界中的各种物体）。任何将这些实体融为一个系统，比如让用户通过一个身份就可以在其权限范围内，使用所有的城市服务（这些服务来自多个智能城市的子系统，如社保、公安、医疗、就业，各有其身份管理策略），将是一个很大的新挑战。在智能城市实践中，很有可能出现新的需求，要求建立类似于 ICANN 这样的新的命名机构。这方面，腾讯公司已经有了很好的尝试，该公司与多个城市签署了合作协议，采用微信号与 QQ 号身份系统支持多种城市服务。但是，智能城市最好不要强制用户身份必须绑定在某一个厂商的账号平台上，应该支持开放的生态环境。

（4）智能软件栈。这里的智能主要是"计算机化"和"密集计算"的智能，并不是强调"人工智能"的智能，所以，更准确的英文应该是"smart software"，而不是"intelligent software"。在智能城市的信息环境中，需要实现整个软件栈的纵向贯通，理想情况是使得软件栈的各个层次之间没有缝隙，至少也应该减少层次之间、软件子系统之间的转换和拷贝，更应该尽量消除不必要的人工干预（需要依法人工审核的环节除外）。

（5）应对隐私缺失。智能城市很有可能会导致市民和企业用户的隐私进一步的丢失。光靠制定"不准、禁止"之类负面的政策法规，不仅会阻碍智能城市的发展，还难以奏效，因为这类政策法规很难被合理制定出来，即使制定出来，依法实施、执法也很难。应该研究正面的应对措施。美国的AT&T 公司最近推出了一项收费服务，用户每月缴费 29 美元，AT&T 则保证不扫描和不收集用户的信息。这仍然不是正面的措施，但已经比要么禁止、要么默许收集的现有实践多了一种思路。

从无缝智能的目标角度看，上述五个挑战总体来讲是要实现智能城市信息环境的横向贯通（前三个挑战）与纵向贯通（后两个挑战）。

五、城市即计算机：实现无缝智能的一种技术思路

信息技术的一个战略性的长期趋势是计算机化。计算机化的主要特征是将用户看到的信息应用业务系统改造成为构建在通用的计算机平台上的、可编程的、自动无缝执行的系统。

（一）信息产业发展的历史角度

从信息产业发展历史中可以看到计算机化的几个里程碑，出现了明显的技术突破，并为信息产业不断带来千亿美元量级的新市场，逐步替代了原有的传统信息产品和服务。

（1）计算机即计算机。电子数字积分计算机（electronic numerical integrator and computer，ENIAC）是里程碑，取代了机械计算机、企业制表机等传统设备，开创了延续至今的当代计算机科学技术领域与产业。

□ 企业计算机即计算机。IBM 360 是里程碑，用一种通用计算机取代了企业所需的科学计算机、企业流程计算机、数据处理计算机等多种专业计算机，开创了大型机时代，延续至今。

□ 部门计算机即计算机。DEC PDP 系列是里程碑，开创了小型机时代，让大企业的部门和中小企业也用得起计算机。

□ 桌面工作台即计算机。IBM PC 系列是里程碑。这是延续至今的个人计算机时代。广泛应用首先在企业发生，并迅速扩展到家庭、个人。

□ 服务器即计算机。企业的信息服务不只是解方程、做统计之类的科学计算，企业的计算机主要用作服务器，包括事务处理、企业工作流、数据分析等服务。随着数据库与局域网系统的出现，企业的计算模式

继"大型机—终端"模式之后，越来越多使用"服务器—微机"模式。

□ 数据中心即计算机。与互联网结合，开创了云计算时代。数据中心（data center 或 datacenter）是一个外来词。其字面含义对我国的一些政府部门、媒体和专家造成了困惑甚至误区，以为数据中心就是放数据的。其实，数据中心除了放数据以外，也放计算 / 存储 / 网络设备，还放系统软件和应用软件。国外很多数据中心事实上已经成为云计算中心。

（2）网络即计算机。最重要的里程碑是因特网（Internet）和万维网（World Wide Web，WWW）。计算机科学技术领域与产业进入了互联网时代。

（3）手机即计算机。最明显的标志是以 iOS 平台和安卓平台为基础的智能手机取代了以诺基亚为典型的功能手机。计算机科学技术领域与产业进入了移动互联网时代。

（二）信息产业发展的未来趋势角度

从信息产业发展的未来趋势角度，我们可以看出计算机化的一些新动向，每一个都有潜力成为数千亿美元量级的新市场。

（1）物体即计算机。将计算机科学技术扩展到物理世界，主要的称呼包括物联网（Internet of Things，IoT）时代、万物互联（Internet of Everything，IoE）时代、人机物三元计算时代。

（2）通信系统即计算机。这是"5G"时代，其最大特征是计算与通信融合。有人也将这个趋势称为"CT 的 IT 化"。

（3）城市即计算机。这就是正在出现的智能城市时代。

今后十年，信息技术领域的一个大趋势是持续地计算机化。继互联网（网络即计算机）、移动互联网（手机即计算机）之后，计算机化的趋势将延续到物端，出现"物体即计算机"的形态。这个趋势中国科学院在《中国至 2050 年信息科技发展路线图》战略研究报告中被称作人机物三元计算（human-cyber-physical ternary computing）趋势，美国学术界和产业界称之为万物互联（IoE）趋势，其中"万物"指 people、data、processes、things。

今后十年，我国在实施"互联网 +"战略的产业升级实践中，智能城市（= 互联网 + 城市）将是重要的应用市场，融合了国家的城镇化进程与信息化进程。

（三）计算机科学的原理角度

从信息技术产业的发展历史以及计算机科学的原理看，"城市即计算机"（CaaC）不失为一条实现城市无缝智能的思路。这当中最关键的技术是融为一体的城市信息环境（而不是现有的一个城市中许多互不相连、充满缝隙的烟囱式信息系统）。这个一体化城市信息环境具有下列主要特色。

（1）用户体验到无缝智能。当用户选择进入一体化城市信息环境时，不论是市民用户、企业用户还是政府用户，不管底层技术和管理如何变化，都应该体验到无缝流畅的城市智能服务。这些无缝智能服务包括免费服务，但不排除收费服务。除了一体化城市信息环境之外，一个城市也可以有专业的部门服务或企业提供的专门服务，它们之间不保证（也不用保证）无缝智能。一体化城市信息环境可为这些专业服务或专门服务提供统一的目录或搜索引擎。

（2）条块分割变成条块互补。我们应该认识到，智能城市中不可能彻底消除信息孤岛和烟囱式信息服务系统。全世界都是如此。只要有条块，必然会有条块业务信息系统。有些条块信息系统甚至是依法设置建设的。例如，依照现有的法律法规，医院的医生必须有一套迅速将疫情上报疾病控制中心（Center for Disease Control，CDC）的业务信息系统。另外，智能城市也应该鼓励企业提供高质量的专门化城市信息服务，推动产业转型发展、促进信息消费。但是，条块业务系统和企业专门系统存在的合理性并不意味着它们必须是信息孤岛。信息孤岛并没有存在的合理性。网络效应（如梅特卡夫定律：网络的价值与其节点数的平方成正比）告诉我们，这些条块业务系统和企业专门系统如果互联互通，价值会显著提升。一体化城市信息环境有助于实现条块互补（下文的宜昌实践即提供了一个实例）。一体化城市信息环境、条块业务信息系统、企业的专门信息服务系统，共同构成了智能城市的信息生态环境。

（3）具备通用智能计算引擎。一体化城市信息环境有一套通用的智能计算引擎，而不是每个应用构建一套。它支撑实现横向贯通（人机物无缝、端网云无缝）和纵向贯通（硬件栈、软件栈无缝）。从科技发展角度看，亟待突破的核心技术是无缝智能计算引擎，它由共性的智能计算平台以及领域通用的应用资源库组成（可对比为移动互联网的产业生态的安卓智能手机平台与应用商店）。智能计算引擎具备以下三个特征：①计算引擎使能无缝智能。提供纵向（从处理器芯片到整机、系统软件、应用框架）与横向（从物端感知到云端、用户终端）的共性的贯通技术，以较少的应用代码实现用户能够体验到的无缝智能。②计算引擎支持多类生态系统。计算平台可编程，加上领域内可重用、可拷贝的应用资源库，可生成多个生态系统。资源库包括智能城市的应用算法库、数据库、接口库、标准库、工具库等。③计算引擎具备关键创新技术。比如无缝的网络与计算基础设施、灵活易用的软件集成方式、身份联邦、隐私范式等。

六、案例分析

本节讨论有关智能城市信息环境融合与无缝智能三个研究与实践案例，包括一个已经实践数年的生产性应用系统（宜昌），一个正在现场测试（同时不断研究）的系统（芝加哥），以及一个还在实验室研究的系统（伯克利）。这些案例为智能城市的信息环境融合，尤其是对无缝智能所需的横向贯通与纵向贯通，以及城市即计算机的总体思路，提供了部分实践佐证。下面重点分析提炼这三个案例的特色。

（一）宜昌：城市信息整合

本案例的特点在于它是中国本土的案例，并已经实践了数年，取得了宝贵的现场经验，集中体现在宜昌市"社会管理创新综合信息平台服务"系统中。从应用价值角度看，宜昌城市信息整合案例有两个主要特色。

（1）以人为本。政府服务围着市民转，主动将政务服务送到市民身边，而不是市民去多个不同的政府部门。例如，宜昌设立了一种创新的社区服务中心代理机制，市民和企业可以到当地的社区服务中心获取原本被条块分割的各个市、区委办局的信息，社区服务中心为市民和企业代办各个条块部门的相关办公事宜。再比如，城市人口信息不是以政府部门功能划分组织，而是以市民的生命周期为主线组织。宜昌市将市民所需的信息组织成为 111 个数据库字段，覆盖了市民的全部生命周期（从出生到死亡的全过程），涵盖了多个委办局的业务。

（2）将条块分割变为条块互补。宜昌市"社会管理创新综合信息平台服务"系统并不是取代原有的条块部门的信息系统，而是促进了这些系统的互联互通。互联互通不是简单地将这些系统连起来，还需要仔细设计。宜昌把城区 121 个社区划分为 1 110 个网格，每个网格配备一名网格管理员，负责信息采集和综合服务。城区网格化将人、房、事、物、组织纳入网格管理范畴，构建了包括人口、法人、城市房屋、城市部件四大基础信息系统和综合服务管理信息系统的全市社会管理创新综合信息系统，为智能城市提供了网格化管理、信息化支撑、全程化服务、可视化决策的功能。宜昌市从多个委办局获得局部数据，通过多部门数据关联实现信息融合，整合成覆盖市民全生命周期的 111 个数据库字段数据，其价值大于单独的委办局获得局部数据。这些数据及其形成的服务正通过移动互联网 APP 形式，推送到政府、企业市民们手中。

从思路和措施角度看，宜昌城市信息整合案例也有三个主要特色。

（1）整体外包。自 2007 年开始，宜昌市将"社会管理创新综合信息平台服务"外包给专业化公司"三峡云计算中心"，签了十年委托外包合同。

（2）坚定不移向自主技术过渡。国外大公司的技术有其优点，如功能全面、应用案例多等，但这并不表明智能城市的实践只能采用国外巨头的技术。宜昌的实践表明，自主技术，即本土技术和开源技术，与国外公司的专有技术（proprietary technology）相比，具有很多优点。第一是灵活性，不用绑定到某个国外厂商的专有技术。自主技术和本土企业更加灵活，可以采用更加符合当地特点的技术组合，且根据需求不断变化。第二是显然的成本与服务的优势。第三是有助于培养本地人才（这点特别重要，因为智能城市并不是一次性移植过来就行，需要大量的现场优化、改善、迭代工作，特别需要本地人才）。宜昌市从应用软件与应用服务层面开始，不断用自主技术替代专有技术，直到覆盖整个软、硬件技术栈。宜昌市的系统很早就实现了应用层自主化，现在正在不断提升数据层和系统层系统的自主率，取得了明显效果。

（3）利用移动互联网和云计算实现信息化深度整合。利用移动互联网和云计算技术，通过三峡云计算中心，不断实现和完善信息化深度整合，包括硬件基础设施的整合、数据的整合、应用服务的整合，让市民、企业和政府用户体验到越来越多的无缝智能。

宜昌社会管理创新综合信息平台解决方案如图 7.3 所示。

（二）芝加哥：物端阵列

芝加哥物端阵列是由城市计算与数据研究中心（Urban Center for Computation and Data）研制的。这个新成立的公益性研究中心是 2012 年由美国能源部阿岗实验室、芝加哥大学、芝加哥市政府投资约 1 500 万美元联合支持创立的。物端阵列的特点如下。

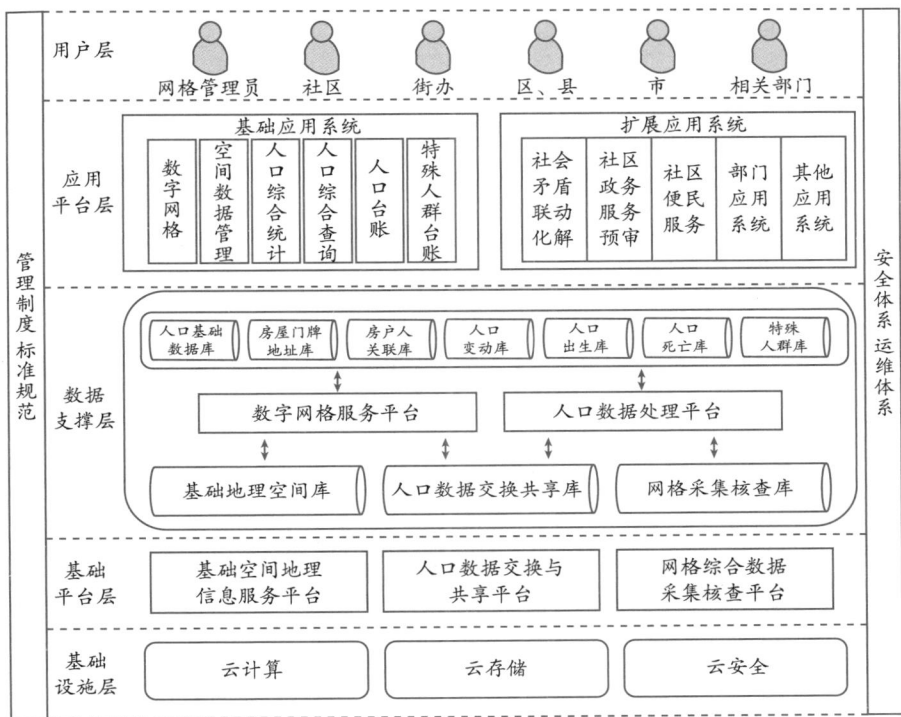

图 7.3　宜昌社会管理创新综合信息平台解决方案①

（1）提供一种通用传感平台。与现有的每种传感器使用自己的平台不同，物端阵列平台统一定义了一种通用的平台，各种各样的传感器都可以安置在其中并发挥作用。这就像计算机领域定义了统一的主板和机架一样。目前的物端阵列已经可以支持天气、空气质量、声音、光线、无线网等方面的十多种传感器。

（2）积极应对隐私难题。研究团队采取了三类措施积极保护用户隐私。第一，技术方面不采集能够确定个体的传感器。例如，不使用照人或车的光学摄像头。物端阵列使用了红外摄像头，是为了测地面温度。无线网计数器只计数有多少无线设备（iPhone、Fitbits 等）在附近，不采集个体无线设备的其他数据。第二，所有的数据、软件、硬件都公开或开源，这样市民可以自行判断物端阵列是否采集了个人隐私数据。目前的方案是数据全部公开，每分钟更新数次（multiple times per minute）。第三，技术方案经专家小组做隐私评估，并提交市长办公室备案。

---

① 图片来源：中科曙光。

（3）提供配套的数据使用平台。这点还没有完全实现。该研究中心开发了一个数据使用平台开源软件，称为 Plenario，任何人都可以使用此软件服务获得芝加哥的各种城市信息，不只是来自物端阵列的数据。目前这个软件尚未与物端阵列完全连接。

数套物端阵列已在阿岗实验室、芝加哥大学、芝加哥城区部署测试，项目组计划在 2015 至 2017 年期间在芝加哥城区陆续部署 500 多套。目前已有 13 个欧美城市向"城市计算与数据研究中心"发出订单，希望成为测试城市，正在等待该中心供货。该项目的传感节点如图 7.4 所示。

（a）城市传感节点部署位置　　　　（b）单个传感节点实际部署　　　　（c）传感节点内部

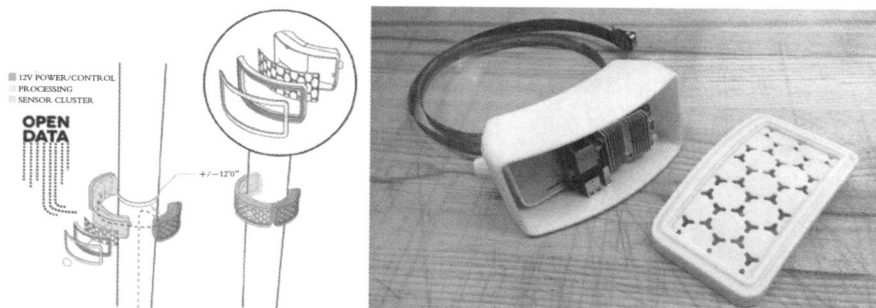

（d）传感节点 2015 年升级版

图 7.4　芝加哥物端阵列项目的传感节点
（阿岗实验室、芝加哥大学、芝加哥市政府合作）①

（三）伯克利：软件定义建筑

软件定义建筑（software defined building，SDB）是一个研究项目，由加州大学伯克利分校的 David Culler 教授领导，目前还处于实验室研究测试阶段。SDB 项目的特点如下。

---

① 图片来源：阿岗实验室 Charlie Catlett 博士（http://arrayofthings.github.io）。

（1）针对社会的本质需求确定研究目标。美国有大约 1.1 亿栋建筑物。当代美国人 90% 的时间是在建筑物中工作生活，三分之二的人觉得不舒适。同时，建筑（以及其中的电器）耗费了美国 70% 的电能，排放了 40% 的 CO_2。如何用信息技术改造建筑物，提高舒适度，同时实现节能减排，就是社会的一个基本需求。

（2）提供一种通用建筑计算平台。SDB 项目采用了一种被称作计算机化的思路，我们称之为"建筑即计算机"，他们自称为"软件定义建筑"。尽管美国有各式各样的建筑物，但 SDB 项目仍希望开发出一套通用的建筑计算平台，使得各式各样的建筑物可编程，适应用户需求并降低能耗。他们的思路是，SDB 项目将研究出一套系统，可用于各种建筑物，支持各种应用。用 David Culler 自己的话说，尽管建筑物都是独特建造的（custom designed），但建筑信息系统应该是可移植的（portable），即"write once, run anywhere"。

（3）实验人机物三元计算创新。与传统计算机科学技术研究局限在信息空间不同，研究团队将 SDB 设于人机物三元世界中。研究团队构建了一个细节丰富的建筑模型，并从真实建筑中采集数据作为模型的实证依据。研究团队还采用计算思维的方法，提出了一系列针对建筑物这样的物理世界实体的计算抽象，如图 7.5 所示。其中有两类很有意思。一是建筑操作系统与服务（building operating system and services，BOSS）；二是物理信息总线（physical information bus），即用于连接物理世界并传递物体信息的总线。他们还提出了一种物理信息的统一表示技术 SMAP。

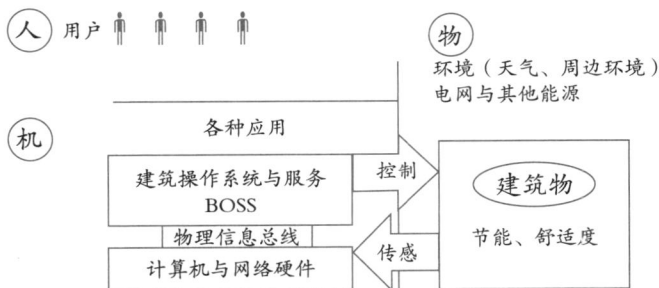

图 7.5　加州大学伯克利分校"软件定义建筑"项目示意[①]

---

① 图片来源：加州大学伯克利分校 David Culler 教授。

第8章
i City

政府数据开放与共享

一、开放与共享的战略意义

（一）透明化促使人类社会进化

信息透明化是人类进化和社会进步的动力和源泉。信息共享参与了猿进化为人的过程，语言的产生是"人猿相揖别"的重要标志。文字的出现为远程和永久共享信息奠定了基础，标志着史前时代的终结。印刷品、无线广播与电视是传播文字、声音和图像的信息共享技术。如今，网络已经成为信息传播共享的主渠道。人类发布和共享信息的技术水平越高、范围越广，人类文明就越进步。大数据的传播与共享可能会引起人类社会的巨大变化。

考察历史可以发现，人类历史由各地区、各部门间的相互闭塞到逐步开放，由彼此分散到逐步联系密切。世界历史是人类由孤立和分散的状态逐步发展成为一个密切联系的整体的过程。在这一过程中，各国政府也在逐步地透明化，政府数据的开放共享已成为不可阻挡的历史潮流。

（二）政府数据开放是国家治理现代化的基本要求

马克思说，人的本质"在其现实性上，它是一切社会关系的总和"。在大数据时代，一切社会关系都可以用数据表示，人是相关数据的总和。如今每一个网民在网上都对应一个"虚拟人"，国家治理的现代化与数据的开放共享有密切关系。

党的十八届三中全会提出："全面深化改革的总目标是完善和发展中国特色社会主义制度，推进国家治理体系和治理能力现代化。"这个提法反映了信息时代的要求，其中最关键的两个字是"治理"。"治理"和过去讲的治国、管理等有联系，也有较大的区别。"治理"强调多元主体的管理，民主、参与式、互动式的管理，而不是单一主体管理，不是从上到下单线的管理。公共事务管理的功能和意义，取决于治理者对大数据和数字化政府概念的理解及赋予其什么样的意义。大数据技术与传统治理方式的简单嫁接，后果只能是进一步固化现有组织机构和工作流程，反而构成国家治理能力现代化建设的障碍。因此，作为国家的治理者之一，政府的官员们应该具备大数据的思维理念。通过对数据的整理分析，预测民众的下一步公共服务需求，可以提供更加智能与高效率的管理和服务，促进国家和社会发展。

政府数据开放与共享和国家治理的现代化程度正相关。各国政府的数据开放指数普查结果表明：一般而言，数据开放程度越高的国家，其治理现代化程度越高。在大数据时代，数据不仅是工具，而且是重要的战略资源。大数据将带来一场社会变革，特别是公共管理与公共服务领域的变革。

我国政府已发布"政府信息公开"条例，各级政府经常讲的也是"信息公开"，较少提"数据开放共享"。"信息"和"数据"是相关但有所区别的概念，"公开"和"开放"的含义也不一样。通常讲的"政府信息"重点是指人可以阅读的文件和统计加工后的内容，而"政府数据"主要是指"机器可读"的未经加工的原始素材。数据如同矿砂等基础材料，而政府过去公开的信息如同冶炼后得到的金属材料和各种加工形成的机器产品。"政府信息公开"主要是指政府信息让老百姓知道，是一种单向的行为；而"政府数据开放共享"强调企业和个人对开放数据的再利用，强调政府和广大群众的互动与反馈。也就是说，公民不但可以凭借制度化的合法途径，顺畅地获知政府拥有的数据，而且可以对这些数据进行比较分析，从中发现行政管理和决策中的问题，提出改进方案，并要求政府做出明确回应。政府数据开放在静态上强调政府和公民共享信息的全面性和精细化，在动态上强调政府与人民群众的互动性。

政府数据开放的精细化和互动性源自两股潮流的历史性交汇。一方面，公民对知情权的要求不断提高，笼统的信息公开已经不能满足公民的需求，政府公开信息的范围、精细程度以及准确度受到了越来越多的关注。例如，过去公布的全国人口普查信息只有十分宏观的统计信息，而现在，人们需要精确到一条街道、一个社区的（匿名化后的）人口信息。另一方面，"大数据"的兴起标志着信息时代进入了更高的发展阶段，出现了更加强大的数据分析工具与技术，创新的小企业和公众也可以在软硬件技术帮助下完成数据分析工作，形成自己对数据的理解。公众的广泛参与是国家治理现代化的基本前提。

我国国家信息化管理体制中存在职能交叉、部门分割、管理不到位、协同能力差等弊端，这些问题不解决将会严重阻碍政府数据开放共享的实施。为满足公众对政府数据重复使用、关联分析、自由加工的需求，各级政府部门应当制定统一的数据格式、质量标准和相关原则，为构建政府数据开放制度构建坚实的制度基础，同时还要加强跨部门的基础数据库的建设。

（三）数据开放的经济效益

数据开放将成为下一个 10 年拉动经济增长的引擎。2014 年 5 月，Omidyar Network 委托 Lateral Economics 展开了一个研究项目，研究结果表明：开放数据将在未来 5 年中为所有 G20 国家贡献大约 1.1 个百分点的 GDP 增长，占到 2%GDP 增长目标的 55%（Tisné，2014）。麦肯锡全球研究院分析报告也指出，开放数据在教育、运输等领域的应用，每年可释放约 3 万亿美元的经济潜力。开放数据对欧盟 27 国的直接经济影响，2010 年已达 320 亿欧元，并以每年 7% 的速度增长。

一份行业报告显示，英国政府通过高效地使用公共大数据的技术每年可以节省 330 亿英镑，相当于英国人每人每年节省 500 英镑（约 5 000 元人民币），其中 130 亿至 220 亿英镑来自通过数据使用优化政府部门的日常运行和刺激公共机构的生产；10 亿至 30 亿英镑来自在福利系统中减少诈骗行为和错误的数量；20 亿至 80 亿英镑来自更有力度的追收逃税漏税的税款。

政府与其支持的事业单位可能拥有 70% 以上的社会数据和科学数据，蕴含着巨大的经济潜力。企业掌握的数据一般不会开放，目前支持大数据产业的数据来源主要靠政府。有些人怀疑，政府数据开放后有什么用？其实不用担心政府开放的数据没有人用。开放数据后，众多第三方创新企业可以对开放的原始数据进行加工和传播利用，创造前所未有的新价值，形成过去没有的数据生态链。例如，纽约市政府数据公开后的 2 年时间内，就有 500 多家企业来做数据相关服务。美国于 2000 年取消了对民用 GPS 精度的限制，国内就有约 300 万的就业岗位依赖于 GPS。

在现代信息社会中，信息的增值利用是推动财富积累和文明发展的重要途径。数据开放使政府信息得到更为广泛、有效的利用，将推动基于大数据研究开发和大数据应用，带动信息消费，培育出完整的大数据生态系统。如果政府的数据不开放，全社会的大数据时代就不会到来。

我们需要从生产方式变革的高度理解"数字红利"的战略性和紧迫性，要充分认识大数据对提高国家竞争力的战略价值。拥有大量实物和货币是工业化时代国力的标志；而在信息时代，对数据的获取、加工和应用能力将成为国力的新标志。

（四）信息化时代的"耕者有其田"

改革开放初期，凤阳农民搞承包，耕者有其田，农业取得发展，带动

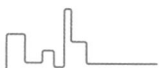

全国改革开放。现在是大数据时代，作为公共财产的政府数据，如果在保障国家安全、保护个人隐私与企业商业秘密的前提下，让与老百姓的利益密切相关的数据回到人民群众手中，其作用就像当年实行的"耕者有其田"一样，是生产关系的一个大变革，也会促进生产力的大解放。

国家掌握的数据有些属于国家机密，因此不能所有的政府数据都开放。党的十八届四中全会已提出："全面推进政务公开，坚持以公开为常态、不公开为例外原则，推进决策公开、执行公开、管理公开、服务公开、结果公开。"公开是一种力量，信任来自透明，只要坚持这一精神，政府数据开放共享的道路就会越走越宽广。

二、政府数据开放与共享是建设智能城市的前提

城市智能化建立在数据充分开发利用的基础之上。智能城市的建设和健康发展，离不开数据的采集、整合、分析和利用，政府数据开放是智能城市大数据开发利用的前提条件。

20 世纪 90 年代，钱学森先生就提出"大成智慧学"，他将其翻译成"Wisdom in Cyberspace"。钱老明确指出："必集大成，才能得智慧。"这就是说，出智慧的关键在于"集"。有了数据，有了信息，不等于就有智慧，要通过集成融合才能出智慧。大数据中包括的全部事实、经验、信息都是"集"的对象和内容。从大成智慧学的观点来看，智能城市能不能建成，与能不能把不同部门、不同渠道的数据巧妙地融合集成紧密相关。

每种数据来源都有一定的局限性。只有融合集成各方面的原始数据，才能反映事物的全貌。事物的本质和规律隐藏在原始数据的相互关联之中。不同的数据的角度不同，但可以描述同一件事情。政府的数据可能更客观、更全面，网络上的数据可能更反映民意。对同一个问题，不同的数据可以反映互补信息，增加了解的广度和深度。要实现各方面信息的集成，首先要做的就是数据开放，只有开放的数据才能共享集成。

医生治病需要对病人做 X 光透视、CT 扫描等各种检查，获得与疾病有关的人体数据。同样，为了治疗生态环境恶化、交通拥堵严重等各种"城市病"，也需要对城市进行"透视"和"扫描"，获取反映城市静态和动态特性的相关数据。智能城市的研究人员需要综合运用信息科学、物理学、社会学等多学科知识，系统分析多种城市数据，对智能城市的建设中存在的问题做

出精准判断，才能因地制宜、对症下药地解决问题，这就是以数据为中心的智能城市技术的魅力。

政府数据在智能城市建设中具有不可替代的关键作用。以医疗领域为例来说说数据开放的好处。有时候为同一种疾病，不同医生会开出截然不同的处方，不同药物的收费差异亦巨大，但是最终效果却相差不远。2009 年，英国公开数据研究所在英国医疗领域发起了开放数据运动，将全国医生所开的处方信息连接在一起，放在网上分享。病人在接受治疗时可以自主判断采用不同的处方，从而一年为英国减少了 2 亿英镑的药费浪费。

电子政务的协同管理需要跨部门的政府信息资源共享，实现整个城市信息系统的整合。例如，办理社保（市民）卡时，以共享信息的方式使用二代身份证照片，就可减少市民照相和出行成本；企业办理港澳商务通行证，通过共享国税地税相关信息，就可以免去到市国地税局开设纳税额度证明的步骤；税务质检登记复用工商信息，可以减少办事人员等待时间等。

三、国外政府数据开放的现状

（一）国外政府数据开放的发展历程

尽管 1776 年瑞典就发布了世界第一个《信息权利法》，但西方各国政府的数据开放也经历了漫长曲折的发展过程，每前进一步都很艰难。政府官员观念落后、既得利益集团俘虏政府、党派利益之争等都阻碍数据开放。直到20 世纪 50 年代，一场轰轰烈烈的信息公开运动才在美国拉开序幕。1967 年美国颁布了《信息自由法》，但是该法律生效之后，联邦政府一直采取消极应对的策略，再加上法律本身也有些不合理条款，使得《信息自由法》成为一张空头支票。1975 年《信息自由法》修正案开始生效，从此美国的信息自由和开放得到加速发展。2003 年，美国国会又通过了《开放政府法》，明确了联邦政府信息公开的范围，并规定司法部作为联邦政府各部门落实《信息自由法》的监督机关，其部长必须每年向国会报告有多少信息公开的要求被拒绝，并说明拒绝的原因。这些措施使美国的政府数据开放走在世界前列。

近几年来，开放政府数据已成为世界潮流，发展方兴未艾。2011 年 9 月20 日，巴西、印度尼西亚、南非、美国等 8 个国家联合签署《开放数据声明》，成立开放政府合作伙伴组织。2012 年 5 月以前，美国联邦政府先后发布了《联邦信息技术服务共享战略》《CIOs 备忘录：增加 IT 服务共享的方法》

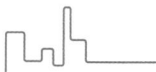

以及《联邦业务架构的通用方式》三个文件，致力于推动联邦信息技术服务实现跨部门、跨领域的信息共享，包括跨部门的业务支持和跨 IT 基础实施提供服务。

2013 年 6 月 17 日至 18 日，美、英、法、德、意、加、日、俄召开 G8 峰会，八国领导人签署了 G8 《开放数据宪章》，承诺在 2013 年年底前，制订开放数据行动方案，进一步向公众开放政府数据。欧盟、经合组织、联合国、世界银行等也加入了开放数据运动中，建立了数据开放门户网站。

截至 2014 年，全球已有 63 个国家和地区推进政府数据开放，并开放了超过 700 000 个政府数据集。美国颁布了《政府信息公开和机器可读行政命令》；欧盟颁布了对《公共部门信息再利用》指令的修订；日本颁布了《日本再兴战略》，提出开放数据；澳大利亚发布了《公共服务大数据战略》，旨在推动公共领域利用大数据分析制定更好的公共政策。新加坡门户网站开放了8 733 个数据集。截至 2014 年 2 月 10 日，美国数据门户网站开放了 88 137个数据集、349 个应用程序、140 个移动应用；美国新版的数据开放门户网站将原来的金融、企业和安全等 6 大类数据集拓展至农业、消费、教育、能源等 20 个大类，与经济和民生需求相关的数据集大幅增加。

通过开放政府数据促进社会转型，带动大数据产业的发展，已经成为各国的普遍共识。政府数据开放一般是"门户 + 应用"的形态，以美国 data.gov为例，通过该门户可以浏览、下载、搜索各个部门和地区的数据。目前，国外开放数据主要关注七个方面。①开放的程度，即数据开放的形式达到什么水平。万维网之父、开放数据的倡导者蒂姆·伯纳斯·李（Tim Berners-Lee）提出的五星方案得到了各国普遍认同。数据开放的质量根据关联数据的五星级别定义如下：基本的信息罗列属于 0 颗星；有数据呈现是 1 颗星；有 xls、txt 格式是 2 颗星；有 CSV 数据[①]呈现是 3 颗星；利用 URL 进行定位是 4 颗星；有关联数据呈现是 5 颗星。②开放许可证，主要解决数据使用权、修改权以及数据的适用性三个方面的问题。③数据安全，除了传统的数据和信息安全外，还要注意数据关联的风险。④数据的质量，主要是保证在部门职能交叉的情况下数据的一致性问题。⑤数据的形式，即以什么样的形式来开放这些数据，包括机器可读的格式等。⑥实施的方法，即以什么途径或者手段来开放数据。⑦开放数据的技术。

---

① CSV：一种通用的、相对简单的文件格式，comma-separated values 的简称。

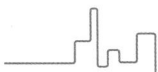

（二）国外政府数据开放的成功案例

国外政府数据开放有许多成功的案例，下面列举的只是其中几个有代表性的案例，可供参考。

（1）基于大数据的治安信息管理系统。1994 年，纽约市的警察部门启用了一个新的治安信息管理系统——CompStat，这个以地图为基础的统计分析系统将静止的数据进行综合分析得到更有价值的信息，从过去案件的发生时间和地点，结合案件成因和环境对即将可能发生的案件进行推理，预测确定第二天的最有可能发生案件的地点（伏击地点），为社会治安做出巨大的贡献。纽约市的地铁抢劫案发生率确实下降了 27%。梅普尔后来创办了一家咨询公司，帮助美国全国各地的大小警局实施 CompStat 系统，帮助降低犯罪案件的发生率。

（2）美国交通事故死亡分析报告系统。此系统由美国国家公路交通安全委员会设计和完善，统计了全美 50 个州的交通死亡事故（包括事故发生后 30 天以内的死亡）。经过几十年的发展，该系统已经演变为一个在线分析系统，任何人都可以上网查询。基于这些数据进行分析和对比，就能够发现交通事故每天的多发地带、多发时刻、事故类型、事故伤亡人口年龄分布等众多有用的信息。

（3）最小数据集。最小数据集的概念起源于美国的医疗领域。1973 年在国家生命健康统计委员会的主导下，为了规范出院病人的信息收集工作，美国制定了统一的出院病人最小数据集，这些数据后来被用于创建统一的医疗账单。经过几年的改变和发展，最终统一了全国的医疗账单格式，并被扩大应用到了医疗保险和索赔等领域。随着时间的推移，最小数据集的概念不仅仅只在医疗领域内应用，还演变成了一个一般性的概念，泛指国家管理部门针对某个业务管理领域强制收集的数据指标。

（4）IT 仪表盘。为了提升联邦政府的信息化效率，奥巴马政府于 2009 年 6 月 1 日率先推出 IT 仪表盘。IT 仪表盘向公众展示了美国联邦政府 53 个部门发布的多组数据和 300 个报告，这些数据和报告不但涵盖了 7 000 多个联邦 IT 投资项目的一般信息，而且还包括 700 多个被政府划分为"关键"程度的项目。通过 IT 仪表盘，联邦机构和公众可以在线了解政府 IT 投资情况，实时跟踪项目进展情况。随着美国数字化战略进程的加速，数据开放、数据资源管理等受重视程度在不断提高，数据开放程度和数据质量被正式纳入 IT 仪表盘，作为评估美国联邦政府 IT 绩效的一个关键指标，丰富和完整了 IT 仪表盘。

（5）开放数据研究所。在英国政府帮助下，2012 年由蒂姆·伯纳斯·李牵头成立开放数据研究所（Open Data Institute，ODI）。该研究所按照有限责任公司方式运行，独立于政府、赞助商和发起人，目标是从开放数据中寻求产品创新、创业机遇和经济增长点。

（6）开放数据中介服务企业。美国利用政府地理数据开展业务的企业数量以每年 15% 的速度增长。美国饥荒早期预警系统网络（Famine Early Warning Systems Network，FEWSNET）已经在全球得到广泛应用，各国政府、国际救援团体、非营利组织和研究人员都可以用它来规划和应对各种人道主义危机。

（7）"我的数据"项目。"我的数据"项目是英国政府寻求数据红利的一次创新性实践。该项目试图集聚政府、产业界和广大消费者的力量，发展"个人信息管理服务市场"，直接推动大数据经济。英国政府首先建立了一个名为"个人数据详录网（Personal Data Inventory）"的网络平台，任何消费者可通过该平台全面了解各种企业、团体、组织所掌握的与自己有关的个人消费数据，并可下载这些电子数据，（委托第三方）进行存储、分析和应用，如把个人名下的所有银行借记卡、信用卡、购物卡的消费数据集合在一起，从而了解自己购买了哪些商品和服务，寻找到更有利于健康的消费选择，为自己制定更合理的日常消费模式。预计英国个人信息管理服务市场 2020 年可达到 200 亿英镑。

（三）国外政府数据开放的效益和经验

通过数据开放，美国 2013 年在政府管理、医疗服务、零售业、制造业、位置服务、社交网络、电子商务七个重点领域所产生的直接和间接价值已经达到了 2 万亿美元。

空间地理信息可用于采矿、林业、农业、渔业、能源、航海、交通运输等行业，气象信息可用于农业、旅游业、灾难管理、环境评估等业务。2011 年，麦肯锡咨询公司发布关于大数据的咨询报告指出：信息资源增值应用可为美国的医疗服务业每年节省 3 000 亿美元，为制造业产品开发、组装等环节节省 50% 的成本，为欧洲的公共部门管理每年节省 2 500 亿欧元，为全球个人位置数据服务提供商贡献 1 000 亿美元（麦肯锡咨询公司，2011）。

为了取得数据开放的效益，美、欧等各国政府在立法、培训教育、互动

反馈等方面做了大量扎实的工作。政府数据开放首先要有法律保证。美国拥有一套较为完善的法律体系，核心法律包括《信息自由法》《宪法第一修正案》《电子信息自由法令》《阳光下的政府法》《隐私权法》《GPO 电子信息获取促进法》等。有了法律，还需要执行和监督机构。美国设立 data.gov 行政督导委员会和 data.gov 项目管理办公室，由它们为 data.gov 的执行提供政策和策略建议，司法部信息政策办公室（Office of Information Policy，OIP）负责监测《信息自由法》的执行。

合作是美国开放政府数据成功之处。具体而言，其合作路径主要包括三种。①构建跨部门工作组。为了引入各部门的专业知识，美国成立行政管理和预算局（Office of Management and Budget，OMB）高级顾问组，其成员包括首席信息官委员会、机构间统计政策委员会、联邦地理数据委员会等七个部门的代表，这个机构由信息和法规事务办公室及电子政务和信息技术办公室共同领导，为 OMB 提供有关 data.gov 的数据策略，从而确保各行政部门数据发布和共享的实现。②形成网络化合作关系。由于各个部门都是在 data.gov 上发布数据，因而美国各个部门首席信息官都在部门内部指定数据管理员，并将其作为"连接点"，从而在部门与 data.gov 项目管理办公室之间搭起一座桥梁。③加强政民互动。政府机构提供数据，公众是数据的最终用户，公众满意度直接决定着开放政府数据的成效。data.gov 强化了公民参与，主要体现在公众既可通过在 data.gov 站点上的电子邮件、评论等方式进行反馈，也可以通过诸如 Twitter、Facebook 的社交媒体来与 data.gov 对话链接中提供的沟通方式进行互动（陈美，2014）。

美国政府为了推动开放政府数据政策的有效执行，分别从内、外部做好铺垫。①推广开放数据的价值。为了提高公众对于 data.gov 的认识，美国政府任命了一个"数据推广员"及一个交流专家团队，由他们对公众及政府部门进行开放政府数据宣传。②良好的信息沟通。司法部信息政策办公室经常与各个机构的首席信息官会面，并举办培训研讨会。

每年 6 月 1 日和 2 日，美国要举行"公民黑客日"活动，届时美国劳工部、人口普查局以及国家航空航天局都为黑客提供开放数据，方便外界开发有助于社会发展的技术。目前已经有 27 个城市准备举行这样的活动。黑客（hacker）与骇客（cracker）是分属两个不同世界的族群，黑客是有建设性的，骇客则专门搞破坏。"公民黑客日"是美国政府与一些民间机构、投资基金会等合作开展的一项活动，其目的是增强政府透明度和公民参与度。

四、我国政府数据开放与国外的差距

开放数据并不是简单地将数据电子化、格式化，降低获取数据的难度和提高数据的再利用程度才是核心。当前发达国家开放数据的重点工作，一是以机器可读方式优先发布高价值数据，二是采取激励措施鼓励企业和创新者利用开放数据开发应用，发展数据产业。

总的来讲，我国在政府数据开放方面不但落后于发达国家，而且落后于许多发展中国家。中央政府和许多省市政府近两年开始重视数据开放，政府数据开放已被提上政府的议事日程。据"开放知识基金会"发布的《2013 年开放政府数据普查》，在被普查的全球 70 个国家和地区政府中，我国综合排名是第 35 位，超过比利时、葡萄牙、波兰等欧洲国家。这个排名的依据是财收预算、税金使用、污染统计资料等数据的开放程度。2012 年我国的排名是 57 位，一年之内提高了不少，这个巨大进步让我们对我国政府数据开放的前途充满信心。

但是，另一份全球统计报告让我们看到我国在数据开放方面还相当落后，必须加倍努力，尽快改变数据开放程度与我国的经济地位极不相称的局面。2014 年 7 月，蒂姆·伯纳斯·李发布了由"开放数据晴雨表项目组"、互联网基金会、开放数据研究会共同编制的《开放数据晴雨表：2013年开放数据全球报告》，中国位列第 61 位，综合得分为 11.82 分，如表 8.1所示（唐斯斯等，2014）。其中，"影响力"指标是指开放数据已导致积极的政策、社会、环境和经济变化的程度，我国得分是 0 分，可能是评审者没有获得有关的信息，评分有失偏颇，但政府开放数据的影响在我国确实还不明显，需要加大推广力度。

表 8.1 2013 年全球数据开放国家排名得分情况

国家	排名	准备度得分	执行力得分	影响力得分	ODB综合得分
英国	1	100.00	100.00	79.91	100.00
美国	2	95.26	86.67	100.00	93.38
瑞典	3	95.20	83.14	71.95	85.75
新西兰	4	81.88	65.49	89.81	74.34
挪威	5	91.88	70.98	46.15	71.86
丹麦	5	83.54	70.20	55.73	71.78

国家	排名	准备度得分	执行力得分	影响力得分	ODB综合得分
澳大利亚	7	87.88	64.71	51.19	67.68
加拿大	8	79.11	63.92	51.59	65.87
德国	9	74.50	63.14	53.81	65.01
中国	61	41.72	9.41	0	11.82

我国政府信息开放工作启动较晚。2006 年，卫生部制定了第一套最小标准数据集，比美国晚了 33 年。2006 年，国家统计局正式成立了社情民意调查中心，比美国晚了 66 年（唐皇凤等，2014）。国际上公认的全球电子政务发展指数（E-government Development Index，EGDI）也能从一个角度体现政府数据开放的程度。2005 年，我国的 EGDI 排名曾上升到第 57 位，但我国电子政务的开展近几年发展趋缓，2012 年 EGDI 排名已跌至第 78 位。成立中央网络安全与信息化领导小组以后，2014 年，我国 EGDI 排名在 10 年内第一次上升，升至第 70 位，这是好的苗头，值得珍惜。

据 2012 年 12 月 5 日发布的《2012 年中国政府网站绩效评估》报告统计，超过 80% 的部委网站已经编制并提供了信息公开目录，明确了本部门政务公开的范围和内容，并通过公开目录系统为公众提供政务信息。但超过半数公开目录存在目录框架不合理，主题、机构、体裁等目录分类不够全面，缺少直属机构、企事业单位信息公开目录，缺少细化分类等问题。为此，我国不仅应在相关文件的指导下规范公开目录架构、主题分类，更应针对信息分散在各个政府门户网站的实际情况，通过信息聚合方式，将这些数据编制在一个统一、集中的开放平台上，并提供多途径的检索系统，真正实现公众获取政府信息的权利。

长期以来，我国的政府数据在很大程度上呈现出碎片化管理的局面，部门主义不断蔓延，大大影响了政府的透明度、回应性与决策的合理合法性。这不仅限制了我国政府信息公开工作的有效开展，而且阻碍了信息公开制度的改革深化，更严重地制约了我国行政效能的提升以及国家的民主政治的进程。

当前，政府数据分散在各个部门、各级部门，有统一数据的需求；政府各部门专网繁多，有数据保密的需求；每项基础数据往往由多个部门在管，但没有一个部门管好；一些上级部门统建应用系统，造成了高高耸立的信息烟囱；已有的数据交换手段仅解决了部分数据的部分共享问题，远不能支撑政府综合数据需求。

面对政府各部门的独立运营、信息分散、互不联通的局面，要进行数据整合。具体实施来看，首先要实现政府所管理的相关数据的整合，包括基础要素数据、城市感知数据和部门业务数据。基础要素数据指人口数据库、企业数据库、地理数据库和宏观经济数据库；城市感知数据是指事关城市运行的物联传感数据，包括定位信号数据、RFID 感知数据、交通流量感知数据、人口流量感知数据、空气水质感知等海量数据；部门业务数据指各部门的业务专题数据，如社保、教育、卫生、税务、财政等。

我国法律中涉及个人信息保护的要求主要集中在安全和保密，对合法利用和安全利用关注不够，缺少保护和利用平衡的视角。现有法律涉及最多的领域是金融保险，政务领域关注较少。现有有关网络环境的法规，主要对象为网络服务提供者、电信业务经营者和互联网信息服务提供者、移动智能终端生产企业、网络商品经营者等，不适应于政府机关。现有法律中还没有专门的政府信息资源管理或个人信息保护方面的法律法规。个人信息种类划分缺少统一标准，难以自动化识别和有效保护。大数据背景下个人信息种类的科学划分、信息化识别及合法性利用规范亟待制定。

我国过去发布的关于信息公开的法规文件有一定局限性，在一定程度上限制了公众的信息自由，如《国务院办公厅关于做好政府信息依申请公开工作的意见（国办发〔2010〕5 号）》第十四条就规定，申请人申请公开的信息必须与本人生产、生活、科研等特殊需要有关，否则，可以不予提供。这种通过限制申请人的申请资格和理由的规定在一定程度上剥夺了公民获取政府信息的自由。

五、政府数据开放的基本原则

2007 年，国外一些学者曾提出政府开放数据的八项原则。

（1）完整性：除隐私、安全或特权限制外，所有数据公众都可获得。

（2）原始性：开放数据有高粒度级别，不是聚合或被修改的形式。

（3）及时性：数据能根据需要尽快获得。

（4）可获取性：数据能提供给最广泛的用户和最广泛的用途。

（5）可处理性：数据结构合理，允许机器自动处理。

（6）非歧视性：数据可用于任何人，没有注册登记的要求。

（7）非专有性（non-proprietary）：不受独家控制。

（8）非许可性（license-free）：开放的数据不受任何版权、专利、商标或

商业秘密控制。

这些原则主要是针对"知情权"而提，强调群众、公民有了解信息的权利。

本课题组也提出了政府开放数据的六项原则。

（1）开放原则：政府信息资源以开放共享为原则，不开放共享为例外。不以任何注册登记等理由设置访问数据的障碍。注意开放与保护隐私的平衡。

（2）保障安全原则：根据安全等级确定数据共享的范围。

（3）价值导向原则：开放的政务数据资源应具有经济价值和社会价值，共享的目的是促进数据资源的利用。努力营造开放数据的文化，壮大数据创新应用的队伍。

（4）质量保障原则：内容完整可信，数据格式方便使用，内容更新及时。

（5）责权利统一原则：政务数据拥有部门承担数据开放的责任，依法明确可开放数据的范围。用户对下载后数据的使用行为负责。

（6）数字连续性原则：被开放的政务数据资源应维护其数字连续性，可检索、可呈现、可理解，保证可持续再用。

我国许多省市都已制定了政府数据开放和共享的法规政策，指导原则各有不同。例如，在某市的《政府信息资源共享管理办法》中写道："行政机关未经提供信息的行政机关同意，不得擅自向社会发布和公开所获取的共享信息。"如果是无条件开放的数据，为什么不能再公开？对于"无附加条件共享"的政府数据，应该允许自由地获取和再转播。还有一个城市的文件中写道："行政机关要求获取的共享政府信息属于政府信息共享目录之外的，信息化主管部门应当提请同级人民政府做出决定。"这些立法的指导思想是规定你能共享什么你才能获得什么信息，不是规定你不能获得什么，其他的数据都可以获得。总之，需要考虑从"管理"到"治理"的转变。应考虑如果在已有"目录"外有新的数据出现，如何迅速处理。如不能及时批准能否共享，就会影响数据的时效性。

六、开放数据需要解决的若干技术问题

大数据与智能城市涉及很多关键技术，开放数据需要解决的技术问题也很多，本书只阐述几项与开放数据有密切关系的技术。

（一）数据融合集成技术

大数据的本质特征是，整体集成的价值大于各部分价值的总和。蒂

姆·伯纳斯·李在展望互联网未来发展的时候，提出了未来互联网发展的
三个主要趋势，其重点就是数据整合。他强调的数据整合的意思是对网络上
所有数据的整理、统一，在相应的网络标准格式下实现整个网络上的所有数
据（包括结构化和非结构化数据）的互联互通和开放共享。数据整合也就是
本书讲的数据融合集成。为了实现数据融合集成，必须建立和完善国家乃至
国际性的数据采集、数据交换、数据接口、数据共享的标准，这是建设智能
城市、发展智能产业的关键。

数据集成是对各种异构数据提供统一的表示、存储和管理，以实现逻辑
或物理上有机地集中。也就是要以一种统一的数据模式描述各数据源中的数
据，屏蔽它们的平台、数据结构等异构性，实现数据的无缝集成。常用的数
据集成方法包括数据转换方法（联邦数据库系统），数据聚合方法（中间件
模式），数据抽取、转换和装载方法（extract-transform-load，ETL）。

在大数据兴起之前，数据仓库是流行的数据集成技术。数据仓库是一个
面向主题的集成的、相对稳定的、反映历史变化的数据集合，用于支持管理
决策。只有建立统一的数据仓库，才便于对不同地区、不同部门的治理能力
进行横向比较以及沿时间轴进行纵向深入研究，让连续检测、分析、计划、
决策成为可能，使得数据的潜在价值得到最大限度的发挥。

智能城市采用了大量的传感器，不同传感器输出的数据形式和环境描
述不一样。数据融合的首要任务是把这些数据转换成相同的数据形式和环境
描述，然后进行相关处理。没有一种传感器其各种性能指标都高于其他传
感器，因此在一个智能系统中，采用多种类型的传感器，可以提高系统的检
测、识别、分类和决策能力。数据融合在军事上应用最早，范围最广，涉及
战术或战略上的检测、指挥、控制、通信和情报任务。工业机器人、交通和
安全监视等领域也需要数据融合。

大数据兴起以后，深度学习（deep learning）成为对集成的数据进行分析
的热门技术。通过机器学习、统计分析、社交网络分析、图像/视频分析、
情感与舆情分析等技术手段，对多源异构融合的海量城市数据进行过滤、提
取、汇聚、挖掘和展现，并通过参考历史数据和领域知识、考虑事件间的相
关性和上下文感知，对事件成因和发展规律进行分析推理，最终给出决策支
持信息。

（二）应对数据挖掘的防泄密与隐私保护技术

许多省市政府在开放数据时，普遍有一种担心：政府公开数据以后，敌

对势力能否通过数据挖掘技术挖掘出未明显呈现的国家机密？具有不良动机的人能否从匿名数据中挖掘出个人隐私？原则上讲，有这种风险，因此需要发展大数据环境下应对数据挖掘的防泄密与隐私保护技术。

开放数据需要经过对数据的脱敏保护隐私。常常采用的方式是匿名化或去标识化。能唯一标识个人的属性称为标识符，通过组合能够以较大概率标识个人的属性称为准标识符。去标识化不一定能够做得彻底，有学者做过研究，只要有性别、出生年月以及邮编这三个数据（准标识符），就很有可能把个人的信息还原出来。麻省理工学院的研究人员发现，如果获悉一天之中个人在四个不同的时间点所处的不同地点，有 95% 的可能把这个人找出来。

为了测试隐私保护技术的有效性，学术界开始研究"去匿名技术"，即通过多数据源的相互匹配实现重新标识。如同加密与解密是一对孪生技术一样，隐私保护和"去匿名"也是一对孪生技术，通过技术的博弈可增强开放数据的安全性。现在已经出现不少隐私保护技术来满足不同的隐私需求，如避免被确认某人是否在某个数据集中，或某人是否有某个特殊属性，或某记录是否对应于某人。

为了提高隐私保护的水平，先后提出了 k-anonymity、L-diversity、t-closeness 匿名技术。在敏感属性不够多样化时，上述方法仍然有被攻击的可能。另一种匿名化技术是差分隐私，即把噪声加入到数据集中，但仍保持它的一些统计属性，使之支持典型的机器学习方法。所有隐私保护方法都是以牺牲原始数据的质量来获得高匿名性的。因此，在隐私安全性和数据可用性之间要做好平衡，当噪声大到一定程度时，数据可用性会变差。从效益考虑，隐私保护的成本一定要低于数据本身的价值。

除了隐私保护外，开放数据的使用还需要审计和问责。当数据授权他人使用后，要监督其使用是否符合法律法规，是否符合双方或各方同意的隐私条款。当年谷歌开始在 Gmail 中植入广告时，通过隐私条款和自律保证只有机器分析程序能读取邮件内容，谷歌的员工不能读取。为了保证分析程序不做坏事，要对其数据使用进行审计。

数据安全或隐私条款需要形式化，基于形式化规则进行合规性检查，合规性检查需要语义分析的支持。一种审计方法是基于日志数据进行合规性的审计。另一种是实时审计，数据违约可在发生之前被阻止。这两种方法都需要对信息流进行建模，形成所谓的数据血统（data lineage）。数据血统是数据治理的重要概念，目前只做到粗粒度建模，今后需要对数据使用进行非常细粒度的跟踪和建模。

（三）数据定价技术

数据是一种战略资产，是一种财富。资产与财富都有定价问题。开放不等于免费，开源软件不等于免费软件；同样，开放数据也不等于免费数据。为了促进数据开放，应制定合理的数据价格政策。原则上用公共财政经费获得且与大众生活密切相关的政府数据应当允许公民免费获取，但为了减少政府开支，考虑数据获取和维护的成本，有些政府开放数据也可以适当收费。不同国家处理开放数据的定价政策不一样，美国倾向于政府开放数据免费获取；而欧洲国家早期倾向于作价授权某些企业使用，近来也开始允许免费获取。

数据和信息的一个重要区别就是，信息是具有特定意义的数据，因为特定意义存在，所以信息价格比较好估计。但数据在还没使用的时候其价值是不确定的，就像赌玉石，不把它剖开来谁也不知道它的价值。更重要的是，数据可以反复使用，当应用于不同领域时可能产生超出其采集时预期的价值。因此，一般不为买断式的数据产权定价，而是为一次使用形成的价值定价，先使用后定价，用得越多，数据估值越高。

数据作为一种商品，还需要考虑稀缺性。数据的稀缺性在某种程度上反映了数据的价值密度。当一类数据很稀缺时，高估值会激励公司和个人来收集和产生类似的替代数据，从而由市场进行价格调节。数据共享和交易中的一个重要挑战是防止劣质数据混入。多方数据相遇时，如果一方混入了劣质数据，将影响最终结果的价值。

七、政府数据开放与共享的评价

（一）开放数据的分类

政府开放共享的数据大致可分为三类，也可以说是三个阶段。

（1）面向操作业务的信息共享。这种共享是为办事人员设计的，办理银行贷款时要查信用数据库；办理出入境手续时要查局级干部名单表；办理税务业务时要查上家的增值税。现在政府部门讲的开放数据，主要指的就是这部分。不管是广州、上海，还是宁波，目前的开放数据大部分是政府各部门之间办公流程所需要的数据。

（2）面向管理的信息共享。使用这种共享数据的大多为各项业务的管理者。管理者需要及时看到业务各方面的运行状态，便于及时控制和调整。

（3）面向研究和决策的信息共享。使用这种共享的主要是政策研究人员、主管官员和企业领导。这种信息共享的作用是发现知识、总结规律，从数据中发现新知识、新问题，制定新政策，这更需要大数据。

目前我们基本上还处在第一阶段，从第一阶段到第三阶段还有很长的路要走。必须先对数据资源进行分类，界定数据的所有权、使用权、知情权，明确法律责任。针对数据的权属，研究数据开放的费用问题，确定哪些数据可以免费，哪些数据需要收费，以及收费数据的费用构成及依据等。此外，还要界定数据涉密和隐私问题，针对敏感性数据确定不开放的依据，确保开放数据不涉及国家秘密和个人隐私。

（二）数据开放共享水平的评价

如何评价政府数据开放和共享是一个值得研究的大问题。我国许多省市在做大数据战略规划，包括政府数据开放与共享时，主要目标是发展大数据产业，往往只从发展经济的角度来思考大数据的意义。例如，最近有一则报道，到 2016 年，中关村要培育 500 家大数据企业，建成 10 个以上行业大数据应用平台，带动产业规模超过 1 万亿元。贵州省规划的大数据产业到 2020 年也要"带动" 4 500 亿元。其实政府数据共享的作用不仅仅是促进经济的发展，应更多考虑促进国家治理的现代化，建立更加透明公开的政府，更加公平正义的社会。我们不能仅仅用促进经济发展来论证政府数据开放的重要性。

由"开放数据晴雨表项目组"、互联网基金会、开放数据研究会共同编制的《开放数据全球报告》（以下简称《报告》）是国际上公认的政府开放数据的评价指标，可供我国参考。《报告》主要从准备度、执行力和影响力三个维度对各国所处开放数据的阶段及其给经济、政治和社会带来的影响进行了评估。准备度是指一个国家是否具备实现开放数据潜力的政策、社会和经济基础，包括政府、企业、公众与民间团体三方面：政府方面主要考察政府开放数据的能力及政府对数据开放的承诺，包括政府开放数据的意愿、让数据更加可用的组织能力，以及如何保证从数据开放中获益；在公众和民间团体方面，主要考察公众社会的自由开放度及其在数据开放议程中的参与度；在企业和公司方面主要考察企业通过对开放数据资源进行再利用所带来的经济利益及其作为"中介"给社会所带来的"催化"作用。执行力指政府发布一系列关键数据集以支持社会各界进行创新、对政府的审计问责和改进有关决策。选取地理环境、人口、政府财政支出、健康、教育、犯罪数据、环境统计等 14 类数据，从在线可用性、是否机器可读、知识产权许可、可持续

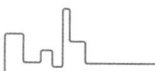

性、升级频率和可发现性等多个维度对数据的可用性进行评估。影响力是主要从开放数据被应用的领域范围，以及数据在提升政府效率和透明度、环境可持续性和社会稳定、经济增长和企业活力等多方面入手，具体观察分析了各国数据开放给本国所带来的实质影响。

成功的政府数据开放需要的不只是数据集，更希望中介机构能够很好地利用这些开放的数据，将其转变成用户可以以不同方式利用、具有社会价值和经济价值的平台和产品。这就是基于政府数据开放的数据生态系统。

参考国外经验，我们认为评价政府开放数据可以考虑采用以下五个维度的框架。

（1）政策与立法：相关的立法文件和政策，政府数据共享的程序和标准（考察数据共享的治理理念）。

（2）技术：共享数据格式的规范程度，数据质量如何，数据是否通俗易懂，数据更新和维护水平等。

（3）管理架构与组织形式：监督和合作机制是否恰当，是否明确谁承担保证数据质量的责任；是否提供激励机制让公共部门提供数据（包括对公务员的激励机制；是否明确谁承担费用，维护政府开放数据的金融机制和费用模式等。

（4）沟通交流：政府开放数据是否形成良性的生态系统，企业界的支持程度，公众对政府开放数据的兴趣，反馈渠道是否畅通，公众对政府开放数据的满意度等。

（5）效果和效益：政府数据共享对促进社会公平正义的作用，数据共享产生的社会效益等。

八、阻碍政府数据共享的因素

阻碍政府信息共享的因素包括不愿共享、不敢共享和不能共享。具体表现在以下几个方面：①缺乏政府数据共享的理念，对治理现代化认识不足；②缺乏政府数据共享机制的责任主体；③担心数据挖掘出国家机密，怕犯泄密错误，宁可不作为；④担心数据带来舆论危机，怕产生负面影响；⑤缺乏数据共享的法规和制度，无法可依或者法律法规间相互冲突；⑥缺乏政府数据共享的统一标准和规范，缺乏治理机制设计；⑦缺乏合理的财政预算，对政府数据共享没有统一的规划；⑧一些政府部门将政府信息资源产权部门化，设置信息利用的壁垒；⑨以为共享的信息越多越好，提出的信息共享目

标不切合实际；⑩信息化基础差，面对跨部门信息共享的需求，心有余而力
不足；⑪政府数据的采集和开发利用投入产出比低、效益低下。

　　本书不打算对以上因素都做详细说明，只对几个最普遍的顾虑和担心做
简单的分析。首先是泄密和信息安全问题。信息安全必须重视，不能不顾安
全一下子开放所有的政府数据。美国对开放政府数据也有某些限制，强调数
据的开放必须与国家安全、法律执行、个人隐私保护等方面达成平衡。开放
政府数据应该是在遵守《信息自由法》中 9 条信息公开豁免条款的前提下进
行的（明确规定有 9 类数据不能开放）（陈实等，2008）。但必须指出，我国
的保密法制定较早，没有体现党的十八届四中全会提出的"公开为常态，不
公开为例外"的指导思想，因此需要根据新的形势修订保密法。

　　本书第 8 章第 2 节中已经说明匿名化和"去匿名"是一对相反相成的孪
生技术，泄密与防泄密也是一样。敌对势力要窃取我国的机密，不管政府数
据开放不开放天天在进行，斯诺登已经告诉我们，美国警报部门可以进入我
国的信息系统。我们应针对大数据的数据挖掘技术做好必要的数据"干扰"
和各种防数据挖掘处理，但不能因为担心别人挖就封闭起来。官员对于政府
数据应当负有两方面的责任：①创造条件和环境，让数据为大众服务；②防
止国家机密泄露。为什么大众有权使用的数据被关在政府的"笼子"里，官
员可以心安理得？泄密是犯罪，为什么阻碍发展、有益之事不作为，却连失
职都算不上？习总书记讲："网络安全和信息化是一体之两翼、驱动之双轮，
必须统一谋划、统一部署、统一推进、统一实施。"必须明白，一个翅膀的
鸟飞不起来，一个轮子的车开不动。

　　要解除对政府数据开放的过分担忧，唯有"责任先行"才能解决问题。
为了推进政府治理的创新，必须要从切实落实政府作为公众代理人的责任入
手，让政府行政人员有开放为民的意识、动力和行动力。其实，数据有问题
并不可怕，可怕的是没有勇气开放。美国的做法是鼓励大家来用，发动大家
来挑刺，并把问题反馈给政府。经过一段时间的挑刺和改错，数据质量不断
提升，从而进入良性循环；如果因为怕出问题不愿意开放，只会进入一个即
无效益又不安全的恶性循环。

　　有些官员担心开放政府数据后，可能有负面影响，会引起社会不稳定，
这可能是一种认识误区。从系统论的角度而言，一个封闭系统往往不稳定，
而开放系统可能更加稳定。贝塔朗非的系统论指出，系统必须对环境保持开
放，才能进化，开放性是进化的必要条件。孤立系统总熵大于零，而且总是
趋向于熵增加，无序度会不断增大。当一个系统保持开放性，而且外界给系

统带来的是负熵（实际上就是民众的知识和智慧），系统有序性的增加将大于无序性的增加，新的组织结构就能从中形成，这就是所谓的耗散结构。生命系统、社会系统都是因开放而进化的耗散结构。

阻碍政府数据开放的障碍也可以通过民间倒逼的形式消除。人们最关心的空气污染指标 PM2.5 就是最明显的一个案例。环保部门内其实早就知道美国有一个环境数据公开网站：airnow.org。在这个网站上有一张美国地图，点击到每个州、每个市，当地的空气质量都有数据记录。这个网站已经建立十多年了，鲜为人知。等到老百姓从美国使馆公布的数据中知道 PM2.5 的严重性时，政府才公布各地的 PM2.5 值，这才引起全国人民对大气污染的关注。这一年来，各地政府加大空气污染治理力度，空气质量有所改善。由此可见，数据开放是件好事，并没有出乱子。

九、政府数据开放初见成效的案例

在调研中发现，虽然许多城市在政府数据开放中遇到重重困难，但也见到一些做得比较好的地方。下面是以宁波市海曙区一个初见成效的案例。

宁波市海曙区通过对区内已建成运行的各类政务信息系统进行分析、梳理，抽取各政务信息系统中的数据资源融合至统一的数据中心。这样不仅实现了区内各部门政务数据之间的共享共用，还将集成融合的政务数据与该市数据中心进行交换与共享，从而完善市局政务信息库。海曙区政务信息资源中心的建设内容主要包括：①区各政府部门的数据交换，实现区内基础数据统一、融合（清洗、比对、整理等）；②建成数据清洗融合体系，覆盖前期采集、清洗反馈、动态更新等过程；③建成数据共享体系，依托区政务信息资源中心进行部门数据集中融合、部门间数据共享共用；④基于区政务信息资源中心进行区级综合管理及应用系统建设，为领导决策提供支撑。

海曙区政务信息资源中心通过 ETL 工具自动定时从前置数据库或各部门数据库中抽取数据并更新资源中心中的数据，同时基于海曙区地理信息进行区内组织单位、自然人口的综合展现、统计、查询等应用，并依托整合的政务信息资源启动海曙区智慧社区建设和区内各街道云服务管理平台试点。海曙区政务信息资源数据的清洗融合以自然人和组织单位为两个维度，结合区内地理信息数据，实现自然人、组织单位与地理位置的一一对应。自然人以身份证件号码为唯一标识，对同一自然人分散在不同部门的各类信息进行比

对融合。组织单位以组织机构代码为唯一标识，整理融合同一组织单位的所有相关信息。海曙区的政务信息资源中心的系统架构如图 8.1 所示。

海曙区政务信息资源中心至今已实现区内公安、工商、计生、安监、教育等 35 个部门的数据共享与交换（累积交换数据量已达 500 万条），共梳理整合出 21 个大项、99 个小项、2 000 余万条数据，信息资源涵盖了区内 42.05 万人口、10.37 万户组织机构、17 万条地名地址。42.05 万人口包括在海曙区住过、上过学等所有与海曙区相关联的人群，其中流动人口 12.15 万，常住人口 29.9 万；10.37 万户组织机构包括在海曙区登记、经营的企业、事业、社团、机关、个体等所有机构，其中在册组织机构有 4.13 万个，其他组织 6.24 万个；17 万条地名地址涵盖海曙区内所有门牌号码。通过一整套"数据采集—清洗—反馈—修改—再次采集"的常态化数据循环清洗处理体系，形成了一套高质量的基础数据，构建出海曙区自然人口、组织单位、地理信息数据的全息视图，实现了自然人口、组织单位、地理信息的一站式信息流转。政务信息资源中心的建立打破了部门之间的信息壁垒，解决了数据孤岛问题，实现了对城市管理、企业和公众信息的全方位收集和管理，有效支撑了部门应用和公共服务。海曙区数据开放平台、某街道云服务平台、某街道新兴商圈乐活网、电子商务企业统计信息共享等一批电子政务应用依托政务信息资源中心的基础数据支撑，实现了系统快速构建和功能有效实施，进一步提升了海曙区全区的电子政务应用水平。

十、在实施政府数据开放中要注意的几个问题

政府开放数据要注意的问题也很多，本书选择几个重要问题提出一些建议。

（一）应用为先，不做表面文章

共享数据一定要以公众的需求为导向，不做表面文章。数据开放的"目录"不是登记政府现有的数据，而是要按照群众的实际需要编写"目录"，按需求归档。美国在政府信息化建设中坚持"以公众需求为导向"的理念，美国联邦政府在电子政务建设中提出了"让人们点击 3 次鼠标把事情办完"的口号，减少企业或老百姓与政府部门打交道的时间和成本。公众的需求将成为未来政府信息化发展的原动力，要使公众真正成为政府信息化的主角，促使政府从内部进行变革。德国政府提出"让数据而不是公民跑路"也体现了

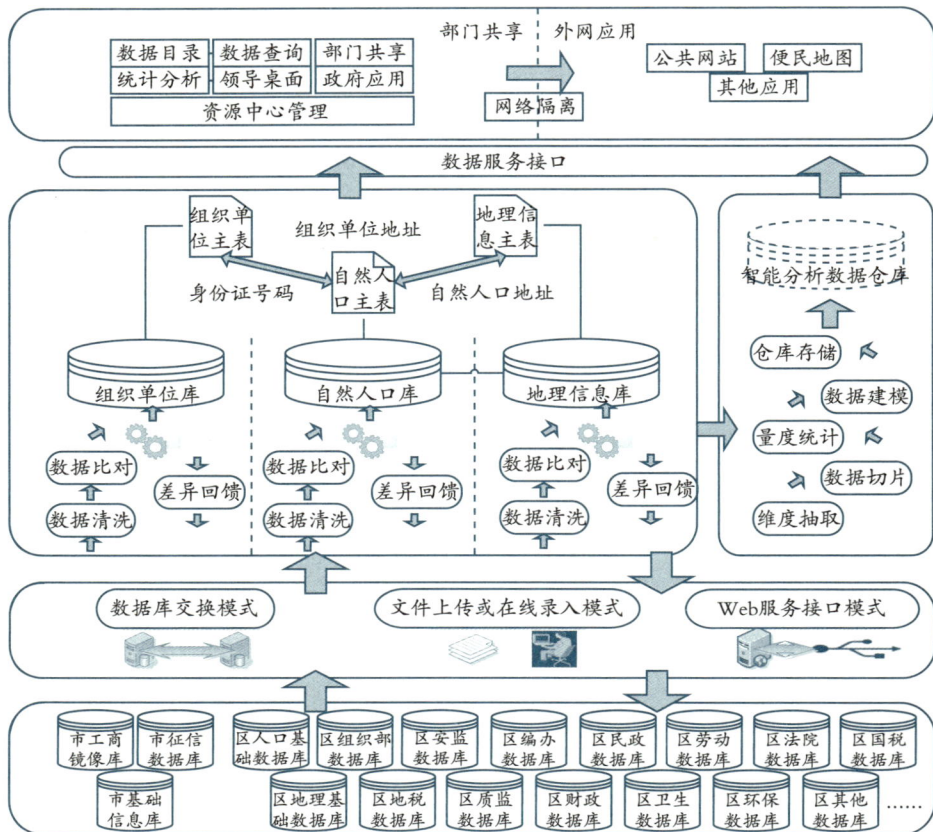

图 8.1　宁波市海曙区政务信息资源中心的系统架构

"以人为本"的服务理念。

　　政府开放数据不能靠技术驱动，而是要应用为先，特别要重视政府开放数据的创新性应用，鼓励以新的思维去创新，通过数据再利用、重组数据、扩展数据等不同的角度对政府的数据资源进行创新性应用。在市场上一个APP 应用就能创建一个公司，例如现在流行的打车软件，就是一个很大的产业，政府一个部门怎么可能雇那么多人做 APP。只有依靠众筹众包，才能破除"数据孤岛"和"APP 孤岛"，形成红红火火的万众创新局面。

　　开放数据本身不是目的，目的是数据的开发利用。加拿大电子政务建设，连续五次被著名跨国咨询公司埃森哲评为全球第一。加拿大组织在线信息和服务时，政府没有大包大揽，并不是根据管理机构的职能提供信息和服务，而是从公众和企业的需要出发，更多地依托社会力量，广泛采取市场运作的外包模式，推动政府信息资源的商业化开发利用。应建立一套科学的绩

220

效评价体系，对政府信息资源开发利用后的"效能、效益和效率"做出全面、客观、公正的评价。

（二）制定"数权法"

政府开放数据需要"数权法"做保障。虽然在党中央和国务院的文件中提到了公民的知情权，但在我国宪法中，知情权还没有列入公民的基本权利。大数据时代需要数据的深入融合，但目前政府、企业、个人的数据界限不清，所有权也讲不清楚，政府几个部门的数据集中起来也不知道该由谁来管。

数据既然是一种资源和财富，就必须产权明晰。数据开放共享的前提是明确数据的所有权，要像制定"物权法"一样尽快制定我国的"数权法"。用公共财政支持采集的政府数据（包括人口普查、土地普查等）应属于全民所有，不应当归采集部门或单位所有。

（三）重视数据共享的成本

信息共享一定要算经济账，不是共享信息越多越好。共享一定要能带来信息化成本的节省。中科曙光在包头市做政府数据共享，节省 50% 成本（节约 1 亿元左右），信息化进度加快 5 年以上。信息共享在给共享方带来多种收益的同时，也带来了相当的成本支出。信息共享的方案设计是实实在在的经济选择问题，经济上不合理的信息共享方案必定不能持久。应建立一个全面、科学的数据共享评价指标体系，不仅关注数字指标，还要特别重视质量指标，如社会满意度、服务质量系数等。要明确规定评估的程序，秉着真实、客观、公平的原则，对其运转过程中的投入、产出和最终成果做绩效评定和划分等级。建立科学的激励机制，为信息资源共享提供强大的动力。

各地在推进智能城市的规程中，正在新建规模不小的数据中心。而美国计划在 2015 年之前将联邦数据中心数量从 2 094 个减少到 1 132 个。截至 2013 年 4 月，美国联邦政府已关闭或计划关闭 471 个数据中心，其中多数集中在美国东北地区，华盛顿市多达 225 个。数据中心不是越多越好，要高度关注数据中心的成本。

（四）因地制宜，分阶段开放政府数据

政府数据开放需要自上而下和自下而上同时进行，分阶段有步骤地开放政府数据。东莞市的问卷调查已经说明，老百姓对政府打算开放的数据也不

一定都感兴趣。做到真正的政府数据开放，还有相当长的路要走。各地应做数据开放的成本效益分析，开放的效益大于成本，就应该早点开放。有些数据错了可能会引起很大的问题，后果难以挽回，就应暂缓放开。美国的 data.gov 也不是一步到位，总有个先易后难的过程。

要打破现有体制机制的障碍，着力推动建立各级各部门政府间数据共享和协调、数据收集和统一发布等机制，加快各种数据集标准的制定与出台，改变当前数据库建设与统一开放平台搭建之间互相割裂的状态。

（五）树立正确的"数据再利用"观念

国外有数据再利用法，中国还没有。我国许多政府官员理解"数据再利用"有个误区：认为政府开放数据后，政府要自己开发利用，越充分利用越好。实际上这是错的！政府花税收采集数据，应当把这些数据交给公众利用。因此，很多国家限制政府再利用，不许政府再利用。因为如果政府再利用数据，政府有近水楼台之便，有其他数据使用者所不具备的竞争优势，对其他数据应用开发者而言是不公平竞争。

（六）建立统一的政府数据开放门户

国家（省、市）建立统一的数据门户网站，集中开放可加工的数据集是各国数据共享的普遍做法。许多国家都建立了 data.gov 网站。印度开通了全国统一的数据开放门户网站 data.gov.in，已开放了 5 811 个数据集和 24 个应用程序，58 个部门和 4 个州参与了数据开放。根据八国集团签署的《开放数据宪章》，各国都在优先开放高价值的数据，主要包括地理空间（地形、邮政编码、地图）、统计（人口普查数据、基础设施、资源）、福利（住房、医疗保险）、交通和基础设施（公共交通时间表、宽带接入点）、医疗卫生（处方数据、绩效数据）、科研（基因组数据、实验结果）、司法安全（犯罪统计、食品安全）、地球观测（气象／天气、农业等）、教育（学校绩效、学校数字化能力）、能源环境（污染水平、能源消费）、金融预算（预算、招标信息）、企业（公司注册信息）、政府责任和民主（立法和法令、三公经费）、全球发展（对外援助）等涉及民生的 14 类数据。我国有些城市的政府数据开放门户网站已做得不错，但多数政府门户网站浏览和下载量都很少，需要积极宣传，让民众真正关心政府开放的数据。

（七）加强数据市场化开发应用

在传统意义上，人们往往只把公共信息公开和提高政府透明度联系起来。但实际上，开放公共数据的意义远不止此。如果埋藏在数据库中，数据永远只能是一堆数据；而如果开放给社会，就有可能被深度挖掘，变成有用的信息，更多有效信息的传播通常能使城市运行更加高效。数据资源的开发利用不应仅限于政府，服务于社会更能产生巨大的价值，能让社会更良性地运转，要高度重视政府数据的市场化应用，通过大众创业、万众创新体现大数据的大价值。

通过市场化开发应用，就可以探索政府数据对社会的诸多应用价值：对于市民来说，可以查询任何公共数据，比如查询空气、绿化、治安等环境情况，楼盘成交价等数据，选择定居点；对于企业来说，可以查询商业伙伴的信用等数据；对于政府来说，在安全机制的保障下，可以指定企事业单位，结合人口分布数据，给企业有偿提供商业选址分析；个体工商业者和企业可以在其上发布自己的商铺和服务，旅游和消费者可以对服务场所进行评价打分和投诉，工商管理部门可以根据投诉进行查处并反馈给消费者；等等。在这个图景下，政府数据既可以提供基础的公共信息服务，又可以给企业提供定制化的信息分析服务；既有市民个人应用，也有企业进行的商业化开发。

建设"四大库"或"五大库"对于数据应用价值的发挥只能起到有限的作用，要挖掘这座"数据金矿"，关键一步是要打通"数据价值链"，把不同数据关联融合起来，只有形成一个整体，才能推动政府数据的市场化应用。举例来说，如果把人口库与地理库关联整合在一起，就可以在空间上分析不同结构人口的空间分布，可为政府在教育、卫生的配套建设上是否均衡提供决策依据；把法人库与空间关联，可以做不同结构产业经济分布分析、产值分布分析；把人口就业与法人关联，可以做就业分布分析；把人口居住地与工作地、商业地结合，可以为交通路网规划提供决策依据；等等。

第9章

iCity

智能城市的
数字连续性管理

一、数字连续性管理的背景

（一）数字连续性管理的含义

数字连续性概念最初来自于英国中央政府 2007 年提出的"数字连续性（digital continuity）"项目，"数字连续性"被定义为公共部门间信息的无缝连接，指保证数字信息能够以你想要的方式被获取的能力（The National Archives，2014）。2009 年，新西兰中央政府发起了第一个数字连续性行动计划，从整个社会数字化建设的连续性出发，要求所有公共部门能够以可获取、可信任和可再利用的方式维护其自身产生的数字信息（Archives New Zealand，2014）。之后，2011 年，澳大利亚中央政府制定了开放政府改革数字连续性计划（National Archives of Australia，2014），在借鉴英国数字连续性概念的基础上，提出数字连续性原则，从信息、人、过程、技术、业务综合集成视角来制订数字连续性计划，强调数字连续性对政府和社会的影响，并以结果为导向，强调社会、政府、业务之间的数字连接能力。

借鉴国际经验，针对智能城市与大数据背景下的我国城市数字连续性管理需求，本书将国外数字连续性管理的主体从中央政府拓展到地方政府，将数字连续性管理的对象从单一客体对象拓展为数字文件、数字信息、数字内容等多元化数据资源客体对象，同时包括数字资源管理活动的连贯性和一致性支撑要素。数字连续性管理概念在本书中具有以下四个方面含义。

（1）指数字生成文件，能够以数字方式保存和数字方式提供可持续再用的能力。

（2）指数字生成信息，能够以数字方式维护，确保其可获取、可信任和可持续再用的能力。

（3）指数字生成内容，能够以数字方式管理，确保其可跟踪、可溯源、可关联和可控制的能力，数字内容跨部门、跨系统、跨层级和跨地域共建、共享、共用和共赢的创新应用。可跟踪指数字内容能够按照时间顺序预测和模拟其演化趋势，用于舆情分析、模拟测试、市场预测等；可溯源指数字内容能够回溯其历史版本，用于发现证据链和评估数字内容的可信度；

可关联指数字内容能够开放关联和跨域存取，避免其片段化；可控制指数字内容能够得到风险控制，维护个人隐私安全和国家信息安全。

（4）指在维护数据资源对象本身的连续性时，充分维护数字业务的连续性及其管理过程的连续性，有业务需求支持、技术环境支持、人员技能支持等连续性供给措施，有相应的政策制度规范连续性供给作为保障。

（二）大数据环境下城市数字连续性管理的特征

智能城市就是充分利用现代信息技术的能力，汇聚人的智慧，政府、企业、市民多利益相关方合作共建、共享、共赢；赋予物以智能，互联、互通、互认，使汇集智慧的人和具备智能的物产生互动，互补互促；提高城市居民生活水平，改善生活质量，实现居民生活梦想，同时优化经济社会活动的城市发展新模式和新形态（潘云鹤，2013；Batty et al.，2012；Kitchin，2014a）；是不同城市数据形成和利用主体联盟，不同城市数据处理活动联通，不同城市数据资源类型（城市政务数据、商务数据和社会媒体数据）联结，各种城市数据管理规则连贯，共同构成基于大数据的城市信息资源综合集成及一体化知识积累、共享及应用，是以人为本的公正法治体系和协同合作的和谐城市文化传承与发展的知识化社会和学习型社会的建构（李国杰，2014）。

智能城市建设不能简单地理解为云计算、大数据、物联网等技术的集成应用，而是工业化、信息化、城镇化以及农业现代化的"四化融合"（潘云鹤，2013）。而四化融合的基础是城市数据数字化、数据处理信息化、数据管理网络化、数据分析和应用智能化。数字数据是否能以数字方式形成、保存和再用，可取、可信、可用，可跟踪、可回溯、可关联、可管理和可安全控制，即城市数据的连续性管理成为影响城市数据管理成功的关键。

智能城市与大数据信息环境下城市数据的连续性管理具有以下两个方面的特征（Kitchin，2014b）。

（1）城市数据被视为城市的社会资源，因此数据的可取、可信和可持续利用将影响城市社会资源的优化配置，影响城市市民的知情权、话语权、参与权和收益权，影响城市公共管理与公共服务的整体绩效。

（2）基于大数据的智能城市数字连续性管理关注的是跨部门、跨系统、跨层级和跨地域的业务协同及其复杂巨系统建设（宋刚等，2014），数据的可取、可信、可持续利用、可跟踪、可追溯、可关联、可控制直接影响城市历史和文化的传承，影响城市资源优化布局、生态文明及其可持续发展，影响城市居民数字生活方式的安全保障能力，直接影响城市企业互联互通工作方

式的社会创新能力，直接影响城市政府智能化方式决策行动的社会治理能力。

（三）城市数字连续性管理研究的关键性问题

依据中共中央、国务院印发的《国家新型城镇化规划（2014—2020 年）》（以下简称《规划》），智能城市与大数据信息环境下城市数据的连续性管理面临以下三个方面的巨大挑战，亟待研究。

（1）基于城市社会资源优化配置视角，如何构建多主体合作联盟的城市数字连续性管理战略，统筹城市发展的物质资源、信息资源和智力资源，明确多种数据来源主体的责权利关系，共建、共营、共同遵循数字连续性管理的基本原则，促进跨部门、跨行业、跨地区的政务信息共享和业务协同，强化信息资源社会化开发利用，推广智能化信息应用和新型信息服务，促进以人为本、"四化"同步、优化布局、生态文明、文化传承的国家新型城镇规划建设水平提升和城市基本公共服务水平提升，尚待研究。

（2）基于信息全生命期管理理论、信息资产连续体管理理论和信息生态复杂系统理论，如何应用多学科综合集成研究方法，加强组织协调，强化政策统筹，建构跨部门、跨系统、跨层级和跨地域的城市数字连续性管理行动计划，明确数字连续性管理的风险影响因素和关键活动要素，促进城市规划管理信息化、基础设施智能化、公共服务便捷化、产业发展现代化、社会治理精细化，增强城市要害信息系统和关键信息资源的安全保障能力，尚待研究。

（3）基于大数据影响，如何在思维方式、行为模式和管理理念三个方面对城市数据管理实施变革管理，明确城市数字连续性计划实施的有效途径，亟待研究。从思维方式来看，大数据时代的到来，并非只需要单纯地去应对数据以数量级的速度增长，更加需要以全新的思维方式来面对，打破对"数据"狭隘的理解，亟须充分认识数据的战略地位、新的形态、丰富的作用与价值；从行为模式来看，大数据环境下，要求管理主体协同参与、过程可管、技术可靠、风险可控，尤其是数据开放与管理风险的问题，是数据应用的巨大挑战；从管理理念来看，有学者提出要"以数据为王"，可仅仅是重视数据的作用、改进行为模式还不能实现数据为王，应充分考虑从数据到信息、知识、智慧决策行动的数据生值、保值与增值优化路径。大数据环境给城市数字连续性管理带来巨大挑战，跨部门、跨系统、跨层级和跨地域的数据真实性、完整性、可靠性、可用性如何维护，数字信息如何可取、可信、可持续再用，数字内容如何可跟踪、可追溯、可关联和可控制，亟待研究。

二、我国城市数字连续性管理的现状调查及问题分析

（一）调研数据采集

本书利用了国家社科基金重大项目"国家数字档案资源整合与服务机制研究"、国家发展改革委员会重大研究课题"信息化（大数据）提升政府治理能力"之"政府数据资源的可持续管理与利用机制研究"以及国家社科基金重大项目"云计算环境下的信息资源集成与服务研究"的调查研究数据。这些调研数据来自城市数据的利益相关方，在一定程度上能够反映其在数字方式形成、保存与提供数据利用服务方面的现状、问题及需求，部分能够回答前文所提出的城市数字连续性管理的关键性问题。

2014 年 1 月至 2015 年 4 月，本课题组对 10 个城市（北京、天津、广州、深圳、珠海、武汉、福州、厦门、西安、宁波），36 个机构 165 位相关人员（综合管理类 60 人，服务部门负责人 19 人，技术部门负责人 33 人，数字资源整合与开发建设部门负责人 26 人，技术开发人员 21 人，其他类人员 6 人）进行了我国国家数据资源整合与服务现状、需求及问题的调查研究。调查对象如表 9.1 所示。

表 9.1　政府数据资源管理与利用机构访谈

调查机构类型	调查对象	机构数量
综合档案馆	北京市档案局（馆）、天津市档案局（馆）、广州市档案局（馆）、深圳市档案局（馆）、珠海市档案局（馆）、武汉市档案局（馆）、西安市档案局（馆）、西安市莲湖区档案局（馆）、安徽省档案局（馆）、陕西省档案局（馆）、福建省档案局（馆）、广东省档案局（馆）、广州市番禺区档案局（馆）	13
专业档案馆	北京市城建档案馆、天津市城建档案馆、广州市城建档案馆、珠海市城建档案馆、厦门市城建档案馆、武汉市城建档案馆、深圳市城建档案馆	7
政务资源中心及其他机构	天津市地下空间规划管理信息中心、深圳市电子政务资源中心、珠海市信息化办公室、福州闽通信息技术有限公司、广州市规划局、福建省交通厅信息中心、福建省经济信息中心、广州市地下铁道总公司、深圳市行政服务大厅、深圳市南山区信息中心、深圳市综合交通运行指挥中心、国家发改委电子政务云计算应用技术国家工程实验室（深圳）、西咸新区沣西新城西安国际化都市综合服务副中心战略性新兴产业基地、广州移动公司档案馆及网管中心、宁波市经济和信息化委员会、宁波市智慧城市建设工作领导小组办公室	16

（二）智能城市与大数据背景下数字连续性管理的实现途径

对165名城市数字连续性管理的利益相关者进行访谈，被访者均认同城市数据为城市社会资源的认识。调查发现，对城市数字文件、数字信息、数字内容等城市数据资源建立跨部门、跨系统、跨层级和跨地域互联互通互认，共建共享共用共赢的一体化管理机制在我国一些城市正在兴起，实践中存在三种实现途径。

（1）以深圳市"织网工程"为代表，对基础信息资源库按照"统一标准、多元采集、共享校核、动态更新、安全可控"的原则进行集约建设和管理，各区可基于基础信息资源库建立本区基础信息资源镜像库，市（区）各部门不得再另行重复建设同类基础信息资源库。市（区）各部门按照"谁提供，谁更新，谁负责"的原则为基础信息资源库提供和更新数据，依托质量管理系统开展数据质量整改工作，及时处理系统中涉及本单位的问题工作单，以确保提供数据的准确性。该模式为跨部门、跨系统、跨层级和跨地域的社会治理工作提供了统筹协调协同工作的信息交换平台，对促进跨部门、跨系统、跨层级的业务协同和公共服务联动，逐步实现公共服务同城通办、就近办理、一证通办和主动服务，零距离、零材料一站式信息惠民服务具有现实意义。但调查揭示，由于缺少基于数字文件全生命期的全程管理统一质量管理标准，数字信息的真实性、可靠性、完整性和可用性还需通过多种方式清洗、比对和关联，且难以认证信息质量，由此影响了数字内容的开放获取及其社会化增值开发利用。

（2）以广州市电子文件档案资源管理中心为代表，在全市近400个市直单位建立了统一的档案管理子系统，统筹规划，分步实施电子文件的归档管理与利用。子系统提供的功能主要包括数据采集、数据处理、数据管理、数据利用、数据移交、系统管理等，与OA系统对接进行归档，同时也可向市档案管理主系统移交电子档案。该中心是对广州市电子政务内网流转的各种电子文件进行归档管理、统一访问的平台，为各部门产生的电子文件提供合适的传送方式，保证文件能够及时地移交到本系统；对移交到本系统的文件进行一些元数据的补充和加工，提供一套完善的安全体系，确保系统数据访问的安全，可通过一级印章中心进行电子印章的盖章和打印，供外界利用。该系统依据《电子文件档案资源管理规范》，规范了广州市电子公文的编码、发布、归档与管理。该规范为进一步推进全市电子政务和档案管理信息化，实现电子文件档案信息资源管理中心系统与各级单位档案系统的数据互联互通提供标准化依据，同时也使全市机关、企事业单位的档案能统一归档、管理和利用。它不仅满足了全市电子政务信息化和档案管理标准化工作的需求，而且提高了政府信息化办公的质量和效率（沈洪，2008）。但是，调查揭示实践中广州市对数字方式生成的文件仍然采用纸质和电子双套制或双轨制管理模式，数字方式生成文件用纸质打印方式保存，再以电子化方式扫描提供利用，数字信息的可取、可信和可持续再用受到影响，数字内容无法关联、跟踪与追溯。

（3）以天津市城建档案馆和天津市地下空间规划管理信息中心的电子文件管理为代表，对政府规划系统数据采用数字方式生成、数字方式保存和数字方式提供利用，建立了跨部门、跨系统、跨层级和跨地域的数据文件管理制度和元数据管理规范，并得以确保城市规划数据在规划系统内跨层级和跨地域可取、可信和可持续利用，数据内容可跟踪、可追溯、可关联和可控制，为天津市政府城市规划决策分析提供数据、信息、知识及智慧决策行动的连续性数据支持。调查揭示，这类实践成功的经验是必须建立跨部门、跨系统、跨层级和跨地域的责权利契约管理制度、监督管理和绩效管理制度；数字信息全生命期规范化联合管理，与业务信息化过程及管理对接，共建、共享、共用、共赢统一的数据保存与利用服务平台。

（三）智能城市与大数据背景下数字连续性管理中存在的主要问题

1. 缺少覆盖数据全生命期及其关键活动环节的信息资源管理规划

收集到涉及数据资源管理与利用的规划文件共有 5 个：《2006—2020 年国家信息化发展战略》（2009）、《中华人民共和国国民经济和社会发展第十二个五年规划纲要》（2011）、《国家电子政务"十二五"规划》（2012）、《"十二五"国家政务信息化工程建设规划》（2012）、《信息化发展规划》（2013）。分析涉及数据管理和利用活动的规划，数量排前三位的是：共享（5个规划）、公开（4个规划）、安全（4个规划）、交换（3个规划）、传播（3个规划）、利用（3个规划）。关注较多的是共享，缺少较为全面和覆盖数据全生命期管理的规划，尤其缺少数据保存和处置的活动规划。

收集到涉及数据资源管理与利用的法律文件共有 13 个：《中华人民共和国档案法》（1996）、《中华人民共和国行政许可法》（2003）、《中华人民共和国数字签名法》（2004）、《中华人民共和国人民法院组织法》（2006 修订）、

《中华人民共和国突发事件应对法》（2007）、《中华人民共和国统计法》（2009修订）、《中华人民共和国保守国家秘密法》（2010修订）、《中华人民共和国行政监察法》（2010修订）、《中华人民共和国人民警察法》（2012修订）、《中华人民共和国治安管理处罚法》（2012修订）、《中华人民共和国传染病防治法》（2013修订）、《中华人民共和国保险法》（2014修订）、《中华人民共和国环境保护法》（2014修订）。分析涉及数据资源管理和利用活动的法律，数量排前五位的是：公开（7个法律）、发布（6个法律）、采集（4个法律）、安全（4个法律）、保管（3个法律）、利用（3个法律）。关注较多的是公开，缺少全面和覆盖数据全生命管理活动的信息法律，尤其缺少数据处置的法律依据。

收集到涉及数据资源管理与利用的行政法规有12个，部门规章有11个，共计如下23个法规文件：《中共中央办公厅、国务院办公厅关于加强信息资源开发利用工作的若干意见》（中办发〔2004〕34号），《国务院办公厅关于做好中央政府门户网站内容保障工作的意见》（国办发〔2005〕31号），《国务院办公厅关于做好施行〈中华人民共和国政府信息公开条例〉准备工作的通知》（国办发〔2008〕36号），《中华人民共和国政府信息公开条例》（中华人民共和国国务院令第492号，《国务院办公厅关于施行〈中华人民共和国政府信息公开条例〉若干问题的意见》（国办发〔2008〕36号），《电子文件管理暂行办法》（中办 国办 厅字〔2009〕39号），《国务院办公厅关于做好政府信息依申请公开工作的意见》（国办发〔2010〕5号），《国务院办公厅关于进一步做好政府信息公开保密审查工作的通知》（国办发〔2010〕57号），《国务院办公厅关于进一步加强政府网站管理工作的通知》（国办函〔2011〕40号），《国务院关于促进信息消费扩大内需的若干意见》（国发〔2013〕32号），《中华人民共和国保守国家秘密法实施条例》（中华人民共和国国务院令第646号），《国务院办公厅关于加强和规范政府信息公开情况统计报送工作的通知》（国办发〔2014〕32号），《财政部关于开展财政部政府信息公开目录编制工作的通知》（财办发〔2008〕3号），《国家工商行政管理总局关于进一步加强工商行政管理信息化工作的意见》（工商办字〔2009〕174号），《国家工商行政管理总局关于在全国工商行政管理系统开展"数据质量建设年"活动的通知》（工商办字〔2010〕80号），《国家税务总局、国家工商行政管理总局关于加强税务工商合作、实现股权转让信息共享的通知》（国税发〔2011〕126号），《民政部关于印发〈国家地名和区划数据库管理办法〉（试行）的通知》（2011），《国家林业局关于进一步加快林业信息化发展的指导意见》（林信发〔2013〕130号），《关于进一步加强政务部门信息共享建设管理的指导意见》（发改高技〔2013〕733号），《国家发展改革委办公厅关于组织实施2013年国家信息安全专项有关事项的通知》（发改办高技〔2013〕1965号），《国家发展改革委关于加强和完善国家电子政务工程建设管理的意见》（发改高技〔2013〕266号），《十二部门关于加快实施信息惠民工程有关工作通知》（发改高技〔2014〕46号），《国家发展和改革委员会、工业和信息化部、科学技术部、公安部、财政部、国土资源部、住房和城乡建设部、交通运输部关于印发促进智慧城市健康发展的指导意见的通知》（发改高技〔2014〕1770号）。分析涉及数据管理和利用活动的法规，数量排前五位的是利用（15个法规）、采集（8个法规）、组织（8个法规）、规划（6个法规）、保存（6个法规）、技术（5个法规）和标准（4个法规）。关注最多的是利用，缺少较为全面和覆盖数据全生命期、全流程和全要素的法规依据，尤其缺少对数据处置活动的依据。调查对数据管理和利用国家政策性法规依据性文件中关注最多的是数据的公开和利用，但是缺少对数据开放利用和再利用的许可机制，缺少提供数据开发利用的责任者相关免责依据。现有依据性文件缺少全面和覆盖数据全生命期及全流程活动的要求，普遍缺少对数据合法合规合理处置和再用的管控原则和实现途径。

2. 政务数据开放利用依据性文件间存在矛盾冲突，责任者免责依据缺失

在被调访政务资源中心，这些机构一方面要履行政府信息公开的职责，另一方面还要落实信息消费和信息惠民政策，开放利用政府数据应该是其常规性业务。但被访者普遍反映对政府信息公开和政府数据开放的责任关系不清楚，同时由于缺少申请公开的法律依据和数据开放利用的免责依据，实际工作中政府数据开放利用困难重重。

在所调研的综合档案馆和城建档案馆中，多数档案馆近年来档案信息不仅越来越不开放，而且原来已经开放在线发布利用的档案还被收回不再开放利用。部分档案馆按《中华人民共和国档案法》30年开放原则，原来有60%可以开放的档案，当前仅有5%～10%得以开放。就问题产生的原因进行调查，被访者认为《中华人民共和国档案法》（1988年施行）、《中华人民共和国政府信息公开条例》（2007）和《中华人民共和国保守国家秘密法》（2010）之间对档案开放利用责任的要求存在冲突，责任者无所适从。

《中华人民共和国档案法》（1988年施行）第十九条规定："国家档案馆保管的档案，一般应当自形成之日起满30年向社会开放。经济、科学、技术、文化等类档案向社会开放的期限，可以少于30年，涉及国家安全或者

重大利益以及其他到期不宜开放的档案向社会开放的期限，可以多于30年，具体期限由国家档案行政管理部门制定，报国务院批准施行。档案馆应当为档案的利用创造条件，简化手续，提供方便。中华人民共和国公民和组织持有合法证明，可以利用已经开放的档案。"由此，档案行政管理部门负责档案开放期限办法的制定。

《中华人民共和国政府信息公开条例》（2008年施行）第十七条规定："行政机关制作的政府信息，由制作该政府信息的行政机关负责公开；行政机关从公民、法人或者其他组织获取的政府信息，由保存该政府信息的行政机关负责公开。法律、法规对政府信息公开的权限另有规定的，从其规定。"由于档案馆保管的大部分档案都来自政府行政机关，按此规定档案馆的档案开放利用应该由档案的形成机关负责，但实践中档案形成机关不愿对此负责。

《中华人民共和国保守国家秘密法》（2010年施行）第十九条规定："国家秘密的保密期限已满的，自行解密。机关、单位应当定期审核所确定的国家秘密。对在保密期限内因保密事项范围调整不再作为国家秘密事项，或者公开后不会损害国家安全和利益，不需要继续保密的，应当及时解密；对需要延长保密期限的，应当在原保密期限届满前重新确定保密期限。提前解密或者延长保密期限的，由原定密机关、单位决定，也可以由其上级机关决定。"但自行解密后是否可以对外公布没有解释，解密档案如何开放利用没有规定。按《中华人民共和国档案法实施办法》（1999年施行）规定，必要时，应当征得档案形成单位同意或者报经档案形成单位的上级主管机关同意后公布。通常档案移交档案馆30年后原形成单位的责任者已不知去向，档案形成单位不再愿意为原来机关形成的档案是否可以开放利用负责，由此导致档案开发利用工作受到严重影响。

表9.2揭示了关于档案开放利用的责任者及其责任要求存在多种矛盾性解释，同时缺少对责任者的相关免责依据，由此产生了档案利用从已经开放利用走向收回不开放的负面影响。

表9.2 我国政务数据开放利用的责任依据

依据性文件	责任要求
《中华人民共和国档案法》（1987年通过，1996年修正）	第二十条 机关、团体、企业事业单位和其他组织以及公民根据经济建设、国防建设、教学科研和其他各项工作的需要，可以按照有关规定，利用档案馆未开放的档案以及有关机关、团体、企业事业单位和其他组织保存的档案。利用未开放档案的办法，由国家档案行政管理部门和有关主管部门规定

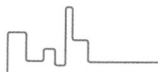

续 表

依据性文件	责任要求
《中华人民共和国档案法实施办法》（1990年发布，1999年修正）	第二十四条　公布属于国家所有的档案，按照下列规定办理：①保存在档案馆的，由档案馆公布，必要时，应当征得档案形成单位同意或者报经档案形成单位的上级主管机关同意后公布；②保存在各单位档案机构的，由各该单位公布，必要时，应当报经其上级主管机关同意后公布；③利用属于国家所有的档案的单位和个人，未经档案馆、档案保存单位同意或者前两项所列主管机关的授权或者批准，均无权公布档案。属于集体所有、个人所有以及其他不属于国家所有的对国家和社会具有保存价值的档案，其所有者向社会公布时，应当遵守国家有关保密的规定，不得损害国家的、社会的、集体的和其他公民的利益。 第二十五条　各级国家档案馆对寄存档案的公布和利用，应当征得档案所有者同意。 第二十六条　利用、公布档案，不得违反国家有关知识产权保护的法律规定
《中华人民共和国政府信息公开条例》（2008年施行）	第十七条　行政机关制作的政府信息，由制作该政府信息的行政机关负责公开；行政机关从公民、法人或者其他组织获取的政府信息，由保存该政府信息的行政机关负责公开。法律、法规对政府信息公开的权限另有规定的，从其规定
《中华人民共和国保守国家秘密法》（2010年施行）	第十九条　国家秘密的保密期限已满的，自行解密。机关、单位应当定期审核所确定的国家秘密。对在保密期限内因保密事项范围调整不再作为国家秘密事项，或者公开后不会损害国家安全和利益，不需要继续保密的，应当及时解密；对需要延长保密期限的，应当在原保密期限届满前重新确定保密期限。提前解密或者延长保密期限的，由原定密机关、单位决定，也可以由其上级机关决定

3. 电子文件双套制或双轨制管理，背离信息化发展宗旨

165名被访者均认为双套制或双轨制已造成机构数据资源的大量重复浪费，增加了副本管理的工作量和库房占用量，降低了工作效率，不利于绿色经济发展和低碳环保。双套制或双轨制尤其不适用于照片、图形文件、数据库文件、音频视频文件等数字原生文件的有效管理，将数字生成的这类文件转换为其他类型文件，不管是以纸质还是缩微方式副本保存，均无法保证其信息的真实性、可靠性和完整性，有些甚至无法输出纸质版本，不利于电子事务的数据化全程管理、留痕跟踪和信息化再用，人为断裂数据链，容易导

致数字资产的流失，导致电子事务数据不可追溯、不可跟踪和不可关联，无法开展大数据历史数据分析研究，影响跨部门、跨系统、跨层级和跨地域的信息交换和业务协同，给城市公共管理与公共服务及社会治理带来困难。多数机构均认同未来管理应该向数字管理单轨制方式转变，但仍然采用双套制管理模式。产生这一问题的主要障碍来自以下三个方面。

（1）电子证据法律可采依据知悉不够。目前，多数机构认为只有纸质方式保存才能保证数据内容的可信性，不了解或不相信电子证据法律可采的依据。我国关于电子证据法律可采的依据主要有两个。一个是 2004 年发布的《中华人民共和国电子签名法》。其中规定："当事人约定使用电子签名、数据电文的文书，不得仅因为其采用电子签名、数据电文的形式而否定其法律效力。"另一个是 2015 年 2 月 4 日最高法正式发布的《关于适用〈中华人民共和国民事诉讼〉的解释》。电子数据是指通过电子邮件、电子数据交换、网上聊天记录、博客、微博客、手机短信、电子签名、域名等形成或者存储在电子介质的信息，存在介质中的录音资料和录像资料，使用于电子数据的规定，可以视为民事案件中的证据。这部司法解释于 2015 年 2 月 4 日起正式实施。

（2）国家相关部门对电子文件归档双套制管理的规定严重滞后，制约了数字文件、数字信息和数字内容的可持续再用。自 2002 年开始，国家相关部门相继出台了有关具有永久价值或长期保存价值或其他重要价值的电子文件需要转换为纸质或缩微胶卷同时归档的要求，具体包括 GB/T 18894−2002《电子文件归档与管理规范》，国家档案局 2003 年印发的《电子公文归档管理暂行办法》，中共中央办公厅、国务院办公厅 2009 年印发的《电子文件管理暂行办法》和国家档案局 2012 年印发的《电子档案移交与接收办法》。上述规定存在以下问题：对电子档案安全保存不信任，认为只有纸质或缩微胶卷版本才能长期保存；重点关注保管而非利用；采用传统手工思维难以适应大数据思维方式，严重阻碍了电子文件的自动化管理与信息化服务（陶水龙等，2014）。

（3）电子文件管理及长期保存和可持续再用的国家标准尚待宣传、持续改进并推广应用。目前已颁布的国家标准 GB/T 26162.1《信息与文献 文件管理 第 1 部分 通则（ISO 15489−1 IDT）》、GB/T 26162.2《信息与文献 文件管理过程 文件元数据 第 1 部分 原则（ISO 23081−1 IDT）》、GB/T 29194−2012《电子文件管理系统功能要求》、DA/T 47−2009《版式电子文件长期保存格式需求》、DA/T 48−2009《基于 XML 电子文件封装规范》等为电子文件单轨方式管理提供了一定条件，但如何集成应用这些标准尚待研究。

通过深入分析我国城市数字连续性管理的依据性文件及其实施的现状，得出以下三个重要结论。①我国城市数字连续性管理缺少数据可管顶层设计和行动计划，缺少数据可信法律依据，缺少数据可用政策和规范。②城市数字连续性管理的上述问题已产生三方面的负面影响，即影响了电子文件合法性，降低了政府公信力；导致双套制的存在，阻碍了无纸化办公的实现，降低了信息化治理能力；产生数据公开与开放障碍，影响了政府公共服务能力，社会治理效率低下。③上述负面影响还将带来政府数据资源失存、失信、失用和失控的风险。

此外，调查研究还发现大量政府管理过程性数据没有得到切实有效的维护与管理，具体体现在以下两个方面。①对过程性数据的连续性管理有利于实现对整体数据全生命期的自动化管理、数据管理活动过程的网络化控制和管理体系要素的智能化关联，使得整个业务流程得到进一步优化，促进业务协同，社会治理创新，同时对于整个数据流的安全可控来说，有着重大的意义。但是，当前政府对电子政务业务过程数据缺少管理制度和规范，此类数据处于失存、失控、失信和失用状态，没有得到有效维护和管理。②在智能城市与大数据信息环境下，大量政府管理过程性数据并没有得到有效管理，数据产生的语义背景信息丢失，难以提供智能化决策支持服务，导致政府数据资源的数据供给力和服务力受到影响。由于缺乏对大量过程性数据的聚合、分析、加工、整合和增值再用，从政府活动过程中所得到的信息并不全面，存在带来决策失误的风险，给智能化决策带来障碍。

三、国外政府数字连续性管理案例研究

（一）国外政府数字连续性管理案例选择

本书采用案例调查方法，选取了政府数字连续性管理经验丰富的英国、新西兰、澳大利亚、美国和荷兰的案例，旨在梳理其政府数字连续性管理的原则和实现途径，供我国参考借鉴。具体的选择依据见表9.3。

表9.3 国外政府数字连续性管理的案例选择

国家	行动年份	驱动因素	连续性管理特征
英国	2007	政府变革管理风险控制驱动	数字信息和业务连续性
新西兰	2009	数字社会可持续发展驱动	数据信息和业务连续性
澳大利亚	2011	数字转型政府治理驱动	数字信息和业务连续性
美国	2011	大数据环境电子政务无纸化办公驱动	数字文件和业务连续性
荷兰	2012	智慧城市建设、智能交通管理	开放数据、社会数据到大数据自动化管理与社会创新
荷兰	2015	云环境政府跨部门业务协同驱动	数字资源和业务连续性

（二）英国政府变革管理背景下的数字信息连续性项目

英国2007年在国际领域内首先提出数字连续性的概念（The National Archives，2014），于2011年开始实施该项目，提出了数字连续性维护的具体措施。施行数字连续性项目的动因包括：有利于政府透明、负责、合法地运行；高效率、强效果地工作；支持信息保障和管理信息风险。在管理数字连续性的过程中还会产生许多间接利益，如通过降低存储成本和资源成本达到减少数据量的效果，通过降低软硬件成本、应用成本和信息技术运营成本来对技术环境进行调整和简化。

英国数字连续性项目的宗旨是要维护信息的可持续利用，包括三个方面：①可用性，即信息能够满足其想要使用的要求；②可取性，即在需要的时候，能够找到需要的信息，并有合适的技术打开它，以需要的方式使用；③完整性，即所呈现的信息能够满足需要，被理解和信任，包括其内容、背景和所必需的元数据。英国数字连续性项目实施的途径包括嵌入业务规划、信息管理、信息架构、信息技术战略及过程、变化管理过程，得到常规性评估和改进。该项目实施的工具包括将DROID应用于识别数字信息的格式，帮助分析数字连续性的要求，评估信息可能存在的风险，规划减少风险的行动，减少不必要数据的存量，更高效和经济地工作（The National Archives，2015）。该项目还通过PRONOM登记了800种独立文件格式，782 271个文件格式软件产品（2002）。电子文件格式登记系统为电子文件提供了一个全面、全程的管理框架，支持对文件格式的公共描述以及这些描述信息的持久

维护，从而在被保存对象、保存技术以及保存环境的不断变化中能够识别、解析、迁移、转换和保存各种形式的数据资源。

针对数字连续性项目的实现，英国提出了 7 项数字连续性管理原则：①信息是有价值的资产（Information is a valued asset）；②信息得以管理（Information is managed）；③信息符合其用意（Information is fit for purpose）；④信息可规范并可关联（Information is standardized and linkable）；⑤信息可再用（Information is reused）；⑥公共信息得以发布（Public information is published）；⑦公民和企业能获取自己的信息（Citizens and businesses can access information about themselves）。数字信息被视为有价值的资产，其重要性被视为同资金、人员、机械等其他资产一样重要，在一定程度上是其他资产赖以生存的基础，需要被有效地创建和管理。数字信息的管理需要根据数字信息的价值，选择适宜的信息资产存储、管理、保存和利用方式。从连续性管理和可持续再用的目标出发，需要采用信息全生命周期管理的技术和规范对信息进行全生命周期管理，同时选择适宜的格式和介质存储有价值的信息，满足其意图，保障其可重复使用，包括内部重用、外部重用和关键数据重用。公共信息应该公开发布并易于获取。在安全性基础上，向公民和企业提供合法的信息访问渠道，市民和企业可访问获取自己的数据信息。

（三）新西兰数字社会可持续发展背景下的数字信息连续性行动计划

新西兰于 2009 年启动数字连续性行动计划（Archives New Zealand，2014），数字连续性行为计划提出的原因有三个。①信息时代数字转型的影响。信息通信技术、网络技术的使用和信息的数字化传播不断地改变着政府部门提供服务的方式和与公民的互动，数字信息支持着政府部门的各项工作。②数字信息的独特性。信息从原先数字化产生到基于信息通信技术的业务过程的这样一个转变，数字信息无法像纸质信息那样被处理，需要持续的资源、积极频繁的行动和计划中的干预来确保任何程度的完整性、可访问性。③现实电子文件管理的急迫性。新西兰国家档案馆 2008 年的调查显示，67% 的公共部门持有一些他们不会再使用的信息，只有 41% 的公共部门已经或计划实行对目前不可用文件的恢复可用性战略，仅 39% 的公共部门对管理电子邮件有专门的流程……调查的种种数字表明，数字信息连续性管理的重要性还没有引起政府部门的足够重视。而数字连续性管理对于保证政府业务的正常运行、监督与问责、公共服务及公众利益至关重要。

新西兰数字连续性行动计划被作为整个政府应对公共部门数字环境可持

续发展、保护国家有价值的知识留存的对策，提供了常规评估、监督、管理和持续改进数字信息管理的机制及治理框架。数字连续性要素包括技术、基础设施、社会动因和经济上的资源可持续性。其中，"技术"是确保数字信息延续的必要条件；"基础设施"是数字信息存储的保障；"社会动因"指公众日益期待高质量的服务提供和对其个人信息的保护；"经济上的可持续性"包括数字信息员工技能和管理资源的可持续性。新西兰数字连续性行动计划的主要目标包括：从战略层需要提高公共部门对数字连续性问题的意识，在国际范围内形成跨专业的共识；从数字信息产生开始就建立综合的治理规范和指南，对数字连续性实施监管，提供恰当的业务信息系统设计和采购，实施有效管理；在机构范围内建立综合的技术设施支持系统的互操作和高效的数字连续性，保证数字信息在机构范围内的安全存储和检索；分析公共部门的职能，识别出高价值的信息，明确高风险的领域，保障高价值的信息长期可取可用；数字信息得到保护，避免非授权的获取和使用；建立良好的治理机制，公共部门全面实施信息管理，并具有领导力和问责制。强调数字信息需要持续的资源和行动支持，需要计划中的干预来确保数字信息完整、可取和可用。此外，近年来，新西兰数字连续性行动计划在不断拓展和深入之中，比较典型的是 2011 年公布的《数字保存策略》和 2013 年公布的《成功数字保存的威胁识别：现场风险评估的模型》，较好地支持了政府数字连续性行动计划的实施。

（四）澳大利亚政府治理背景下的数字信息连续性计划

澳大利亚于 2011 年启动数字连续性计划（National Archives of Australia, 2014），政府信息被视为宝贵的国家资源和关键的业务资产。对政府机构来说，信息对于有效的、透明的和负责的政府业务行为是至关重要的。该计划认为数字信息连续性管理能够提高业务效率和效果，增强业务活动的透明度，促进政府、利益相关方和共同体更为负责；对改善问责制度和法律遵从，降低存储和其他成本，避免信息丢失或不可再用给业务连续性带来的风险，提升政府整体决策能力意义重大。2011 年澳大利亚国家档案馆发布《数字转型政策》（Australian Government Digital Transition Policy），强调尽可能减少纸质文件的形成，2015 年后数字方式形成的文件只能以数字格式移交国家档案馆，并以数字方式进行管理。2014 年，在此政策基础上出台的《数字连续性 2020 政策》（Digital Continuity 2020 Policy）得到国家审计总署的支持。数字连续性目标包括：①所有新的业务和信息通信技术系统及工具都

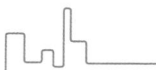

需符合 ISO 16175《电子办公环境下文件管理的原则和功能要求》规范；②任何机构都应采用数字方式产生和记录业务决策，使用数字审批授权和工作流；③信息在机构内和机构间可以共享，在整个政府范围内具有互操作性；④所有政府行政机关都应满足国家档案馆制定的元数据标准底线要求，确保数字内容可以描述、可以共享和可以再用；⑤所有机关都应满足国家档案馆制定的规范专业信息和文件管理的专门资质要求，具备规定的经验和能力；⑥所有机关都应按年度报告其机关数字信息管理的进展，国家档案馆应向政府提交年报。澳大利亚国家档案馆提出了实现上述目标的六条成功准则：①所有信息的形成都是为了准备再用，在政府具有可互操作性，只要需要就可获取和可用；②所有信息按合法性需要都应该在机构间可发现；③所有信息都应该准确、实时地更新，保持完整；④机构治理应该确保信息管理实践能够支持好的决策，诚信、负责和透明地提供好的业务结果；⑤系统应该保护信息不被非授权地篡改、删除或误用；⑥人民理解和认同信息可作为机构及联邦政府资产的价值，作为国家知识资产和民族文化遗产的价值。

澳大利亚联邦政府 2011 年提出了连续性管理六项基本原则：①数字信息作为业务性、凭证性和共同体资源的价值得到认同，并得到相应的管理（The value of digital information as a business, evidence and community resource is understood and the information is managed accordingly）；②数字信息治理被纳入机构治理，治理的人员、责任及资源得到配置（The governance of digital information is integrated with agency governance, with roles and responsibilities clearly defined and allocated）；③数字信息真实和可靠（Digital information is authentic and reliable）；④数字信息可发现、可获取和可使用（Digital information is discoverable, accessible and usable）；⑤数字信息以数字方式管理，以数字方式保存于满足功能要求的业务系统中（Digital information is managed digitally）；⑥数字信息在需要的时间内可管理、可保护和可保存，并得到恰当的处置（Digital information is managed, protected and preserved for as long as required and then disposed of appropriately）。这六项原则在对象、质量、管理组织、价值等方面对数字连续性计划的实现提出了要求。对象上，连续性管理的是数字信息，而非纸质等其他类型的信息；质量上，原则明确数字信息要真实、可靠、可发现、可获取、可利用；组织上，数字信息被纳入组织管理，配置人员并明确责任；数字价值上，数字信息具有业务价值、证据价值和共同体资源价值，必须承认数字信息的价值，相应地采取措施进行有效管理和利用。

（五）美国联邦政府无纸化办公环境下的数字文件连续性管理框架

为实现数字转型，2011 年奥巴马总统签署《总统令：管理政府文件》（Presidential Memorandum：Managing Government Records），提出 2019 年联邦政府将实现无纸化办公，提出了维护电子政务连续性的文件连续性要求；并于 2012 年发布《管理政府文件指令》（Managing Government Records Directive），将数字连续性嵌入数字环境中。这份指令标志着美国联邦政府对文件管理工作的改革，为 21 世纪政府数据文件连续性管理提供了框架。

在此框架下，文件规范化与自动化管理要求被嵌入电子政务无纸化行动计划，数字文件连续性管理具有以下四个特点。①通过更好地记录机构行动和决策来改善政府行为，做到更好地开放和问责；能够让后代理解政府行为和决策；协助行政部门和行政机构成本最小化并更有效率地运转。②管理良好的文件可以被用来评估项目的影响、改善业务流程、在政府内部共享知识，保护公众的权利，记录美国国家的历史。③要求机构在最大限度上取消纸张使用，改为电子文件保管的方式。④从保障电子文件的连续性的角度来保证电子政务的连续性，为打造电子政府奠定坚实基础，从而进一步增强政府服务社会的信息化能力，保障政府信息公开和开放数据服务。此外，美国政府还特别强调了 IT 环境中嵌入数字连续性的重要意义，制定了《评估的文件格式》（2011）、《格式指南》（2011）、《移交指南》（2013）、《电子文件管理自动化》（2014）等文件支持数字连续性管理框架实现。

（六）荷兰政府云办公环境下的数字资源连续性管理信息基础架构

荷兰中央政府计划于 2015 年进入云办公环境，提出数字资源连续性维护要求（Hofman，2011）。为此，荷兰政府提出了统一的电子文件信息制度化与规范化管理要求，包括：将 ISO 30300 文件管理体系系列标准嵌入业务活动管理体系；将 ISO 15489 文件管理标准和 ISO 23081 文件管理元数据标准嵌入事务活动过程和信息流；基于 ISO 14721 开放档案信息系统的数字保存系统和可信数字仓储；欧盟《用于长期保存的数字仓储的最佳实践标准、方针和质量保证》（2011）；支持电子数据信息生成、移交、接收、管理和控制、访问、迁移、转移和提供利用；数据生产者、管理者和信息用户间建立了共同的信息治理框架和合作规范，维护信息的可取、可信、完整和可持续再用。除此之外，荷兰政府还提出了集成的数字资源网络化和智能化信息基础设施及平台建设方案，其主要目的如下：①提供跨部门、

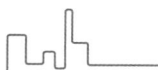

跨领域和跨系统的社会管理协同创新平台；②集成电子政务及其信息资源管理，使人、过程、资源和技术联结；③业务流、文件流、信息流、数据流、资源流、知识流集成；④提升了数据在产生、交互、汇聚和提供使用的全生命期内的质量。

（七）国外智能城市与大数据环境下的城市数字连续性管理经验借鉴

荷兰阿姆斯特丹在智能城市建设中，将政府开放数据和社区实践公众参与形成的社会媒体数据共同视为城市数据，以城市安全、流动性、就业、能源、旅游、文化和民主等七个主题为突破口，开展大数据开放产业应用，促进政府与企业、与市民的互动和合作，旨在产生智能化的思想，支持地方政府决策。除提供 www.amsterdamopent.nl 平台与市民互动外，还提供 Facebook 应用，提供市民对如何构建智能城市的看法，构建了学习型城市合作伙伴关系。

在阿姆斯特丹市内外智能交通管理方面，数字连续性管理演化为从开放数据和社会数据管理到大数据自动化管理的创新合作管理过程，在改善交通流量，改进交通安全和提高城市活力方面取得了成功。开放数据在交通和流动量改善方面的成功使其获得了"2012 年世界智慧城市奖"。阿姆斯特丹地区是荷兰最为繁忙的地区，道路有三个管理主体，即阿姆斯特丹市、北部荷兰省和中央政府，三者都试图优化其管辖区的交通流量，但管理措施经常存在矛盾冲突。为了实现优化交通流量的共同目标，建立主体间的合作成为必然。阿姆斯特丹市当前使用了 TrafficLink's SCM 系统连接中央政府的交通系统，数据融合于同一视频，可以联合自动化管理区域内的交通。自建立区域合作机制实施智能化管理动议后，阿姆斯特丹整个地区的交通拥堵率减低了10%。阿姆斯特丹市智能交通管理系统未来准备与轿车和导航设备连接，共用现代化的数字道路管理员，帮助优化整个地区的交通流量。智能交通管理项目中的政府开放数据激励了交通流动领域的产品与服务创新，促进了城市的未来发展，改善了居住的条件，提高了政府的工作效率和协同创新能力及社会治理创造能力。城市出行与交通数据（如停车收费、空位及可用时间等数据）可供利益相关方获取，出租站台、自行车道和旅游车停站均向公众开放，城市主道路的交通拥堵实时信息随时可取。数据开发商和企业可以利用开放数据开发面向自行车、轿车和公交车驾驶员的各种应用。

荷兰阿姆斯特丹城市数字连续性管理的经验是，政务原始数据被作为开放数据，纳入智能城市建设，融入城市居民智能化生活、政府智能化管理和

企业智力化服务的信息基础架构。开放数据有法可依，建立在已有的信息自由法和个人隐私保护法等法律法规基础上并有配套制度，如开放数据分类方案或开放目录，再利用许可授权机制等。在智能城市与大数据信息环境下，城市数字连续性管理从政务数据加社会媒体数据走向开放数据加大数据，三个维度导向社会治理创新，即政府管理决策服务智能化导向、企业及第三方知识增值服务智力化导向和公民生活服务智慧化导向。

四、我国智能城市数据连续性实现的路径与策略

（一）我国智能城市与大数据环境下城市数字连续性管理的重要意义

城市数字连续性管理应该是智能城市与大数据信息环境治理的重要组成部分，是智能城市电子政务和电子商务的数字工作方式，是在线数字文化、数字社区、数字服务、数字资源可持续发展的安全保障。

城市数字连续性管理不善带来的信息丢失、记忆忘却、身份无法认同、个人隐私和国家机密泄露威胁等高风险控制应该被列入政府信息治理的范畴，以此提升我国国家治理的现代化能力；跨部门、跨系统、跨层级和跨地域的数字文件真实性、可靠性、完整性、安全性和可用性维护应该嵌入数字信息质量契约管理制度，以此提升我国国家数字信息资源的证据力、服务力、安全力和控制力；数字业务系统、文件档案管理系统及信息服务通信技术的供给应该遵循 ISO 16175《电子办公环境下文件管理的原则和功能要求》，倡导数字方式产生和记录业务行动及决策过程，数字转型带来的风险变化应该加以控制，以维护数字信息在机构内和机构间的互操作性，满足国际领域关于文件管理元数据的基准要求，确保数字内容可以描述、可以共享和可以再用。

这些基本要求应该被嵌入智能城市建设和信息惠民工程等的空间信息基础架构，以此提升我国在智能城市与大数据环境治理背景下的社会管理创新能力。

（二）我国城市数字连续性管理的基本原则及其实现途径

借鉴国际经验，结合我国智能城市与大数据信息环境治理的需求，本书从三个层面提出我国城市数字连续性管理的四项基本原则和实现途径。

（1）主体联盟原则。从宏观层制定城市数字连续性项目、政策和行动计划，实施政府数据资产管理，建立数据资产登记管理制度、验证制度和认证

制度，目标互联、互通、互认，确保数字凭证和电子证照的合法性采集和合理性利用，以此提升城市数据资源的证据力。

（2）活动联通原则。从中观层制定政务数据处置活动规范，实施数据资产风险管理和变化管理，建立跨部门、跨系统、跨层级和跨地域的数据采集、共享交换、存储、发布统一标准和数据开放利用授权许可框架及契约管理制度，以此促进城市数据共建和共用，实现城市记忆共享、社区身份认同、居民权益保障、个人隐私和国家机密安全保护，促进城市数据资源服务能力提升。

（3）要素连接原则。从微观层构建覆盖数字文件全生命期、数字信息全流程、数字内容全要素的数据资源全面管理协同创新平台，将数字文件自动化管理系统、数字格式登记系统、数据格式交换平台、文件元数据登记系统、文件元数据交换平台、数据开放利用在线授权许可、可信信息仓储建构等功能要求嵌入城市大数据工程空间信息基础设施架构，进行统一规划、统一设计和统一建设，促进城市数据资源控制能力提升。

（4）制度和规范制定及实施连贯原则。宏观、中观和微观复杂系统综合集成管理，实现数据到信息到知识到智能决策行动的知识连续性管理，以此提升智能城市与大数据环境下的政府公共服务能力和社会创新能力。充分采用文件信息管理国际标准，如 ISO 30300 系列文件管理体系标准、ISO 15489 系列文件管理标准、ISO 23081 系列文件元数据标准、ISO 16175 系列文件管理系统标准、ISO 13008 文件转换和迁移标准、ISO 18128 文件过程和系统风险评估标准、ISO 14721 OAIS 开放档案信息系统标准、ISO 16363 可信数字仓储风险审核与认证标准，促进数字转型，为数据资源无纸化方式单轨制管理创造条件，以提升大数据信息环境的治理能力。

（三）克服我国城市数字连续性管理主要障碍的策略和建议

针对调研中发现的我国城市数字连续性管理中存在的三大问题，借鉴国际经验，提出以下 8 条策略和建议。

（1）制定信息资源管理战略规划，嵌入"十三五"国家电子政务规划，确保政府数据资源连续性管理纳入统一的顶层设计。从《国家新型城镇化规划》对城市建设发展的要求来看，数字连续性是信息可取、可用和可持续再用、维护政府智能化管理、企业智力化服务和市民智能化生活，数字社区生活的基础。制定全市统一的信息资源管理战略规划，构建全市信息资源共建、共享、共用制度和规范及相关的应用系统，对推进城市信息化、网络化和智能化建设意义重大。

（2）制订数字连续性管理行动计划，实施数据全生命期、全流程、全要素全面联合管理。行动计划应该覆盖政府数字信息产生、保管、发布、共享、处置和开放利用的全过程，充分考虑所涉及的技术、资金、法律等支撑要素的持续供给。

（3）树立政府数据资产管理意识，为数据资源可持续再用提供保障。政务信息具有业务价值、证据价值和参考作用价值，是对国家、城市和机构内的个人及其活动的有效记录，是城市建设联系过去、服务现实和预测未来，政府科学合理开展城市治理、有效为社会和为公众提供服务的公共资产。为此，应该明确政府数据资源的资产价值和作用，将数据放在与人员、设备、资金等其他资产同等重要的地位上，加以制度供给和资源管理配置，进行资产化管理。

（4）逐步废弃电子文件双套制或双轨制管理制度，转向数据资产数字方式单轨管理。数字凭证身份合法性认证嵌入相关法律法规政策制／修订计划，构建统一可信电子证照和数字凭证库及认证系统，确保政府数据合法、合规、合理使用。同时，实施数据资产风险识别与管控，数字连续性计划实施过程中会面临数字转型带来的各种变化风险，需要准确识别风险变化类型（业务或组织变化、技术变化、信息资产和管理变化）并制定相应的变化管理制度、技术保障措施及工具，便于风险控制，监管风险变化及其可能产生的负面影响和后果。对信息管理、信息技术等相关人员的管理责任应该明确分工，确保每一类风险变化都有指定的责任者对其负责。风险监管制度应该嵌入相关信息化建设项目全寿命监管制度设计，提升信息化风险控制能力。

（5）全员参与，联合共治。为了保障城市数字连续性管理，支持从开放数据、社会媒体数据到大数据的智能城市建设，需要将政府、企业和市民数据生成者、保管者和利用者纳入城市数字连续性管理体系，明确细化各类人员的职责，从信息管理、信息安全、信息技术等多方面，从数据文件、数字信息和数字内容多维度保障数字连续性，加强城市范围内跨部门、跨系统和跨层级的政府、企业、市民共同参与及协同与合作。

（6）全面质量管理。在数字连续性计划实施过程中，明确数据信息的质量要求，强化目标管理，做好质量控制。从数据产生及来源上控制数字文件的质量，在整个数字文件生命期内维护文件的真实性、可靠性、完整性和可持续利用性。数据格式和文件元数据规范应该嵌入业务应用系统设计规范要求，以确保数字信息的可取、可信和可再用，确保数据内容可跟踪、可溯

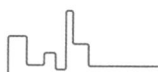

源、可关联和可控制。

（7）加强对政府管理过程性数据的维护和管理，通过对大量过程性数据进行聚合、分析、加工、整合和增值再用，从中可以挖掘出对政府决策有用的决策影响因素及关系、决策活动规律和决策规则，确保政府在管理决策中能够掌握更全面的数据、信息和知识，利于内容关联，采取智慧决策行动，避免决策分析失误，提高决策水平。

（8）针对我国开放数据尚缺乏专门的法律和法规文件依据的现状，应该制定开放数据的管理办法。借鉴国际经验，开放数据应遵循以下四项基本原则。①价值导向。开放的政务数据应具有经济价值和社会价值。②质量保障。开放的政务数据应该可信、完整，及时更新，可取和易用。③责权利统一。政务数据资源拥有部门应该承担数据开放的责任，依法、依职明确部门可开放数据的范围。数据开放者拥有对数据安全利用和增值再用的权利和依法办事的责任。数据用户拥有对其下载数据的使用权利和对其行为负责的义务。④数字连续性管理。只要需要就要保护、保存和管理业务活动及其管理过程数据，保证其以有意义、可信的和数字可获取的方式提供利用，被开放的政务数据应可检索、可呈现、可理解、可被发现和可被再用。

（9）将数据可持续留存与再用作为政府信息治理的创新模式。留存作为一种为公共利益管理社会信息资源与公共资产的可追踪、可回溯、可关联、可开发的可持续发展途径，一种连接过去、现在和未来的可持续发展战略，一种信息资源可持续管理能力，能够提供智能分析和数据资产再用以支持电子取证、社会记忆构建、社区身份认同和在线文化发展等能力构建，最终形成一个更加创新、可持续发展的社会和生态平衡体系。留存作为价值创造过程，保证大数据集和数据流可持续地捕获、留存、再用与智能分析，保障对业务过程的反馈、预测分析、风险分析、机会和模式分析、新设计和创新，维护具有多元价值（如社会价值、历史价值和治理价值）的数据和知识资产的保存，融合个人身份记忆、集体记忆和公共资产，支持竞争与创新。

（10）创新数字连续性管理社会基础架构和技术基础架构，数据连续性留存与再用作为大数据、互联网、物联网和云技术应用产品研发的新功能要求，作为数字经济生产力、生产要素和生产关系的有机组成，作为数字社会国家信息资源证据力、服务力、安全力、协同力、竞争力提升的新路径，作为新兴技术支撑体系自主研发的新方向，包括数据无缝集成可持续留存与再用可信仓存、自适应数据集成可持续留存与再用生态系统、自适应数据集成服务平台和网络空间基础架构等。建立新兴技术信息生态环境，平衡数据实时交换的可持续流动过程所连接的两种环境：①业务环境，即以简洁、高效、非冗余且契合为目标的业务数据库；②存储环境，以构建个人、组织乃至环境或社会记忆的时间、空间、背景和活动历史数据为目标，因具有社会、历史和治理价值而留存的数字资产。

第10章

i City 智能城市大数据应用链的
个人信息保护

一、大数据环境下我国个人信息保护面临的严峻挑战

智能城市的建设以云计算、物联网等大数据技术体系为基础，庞大的数据量涉及政务管理、经济领域、社会生活的方方面面，数据安全问题也成为影响智能城市建设与发展的困扰，一旦数据安全被打破，就会对国家安全、社会稳定和居民生活产生严重的威胁。在智能城市建设中，大数据安全的核心问题之一就是个人信息保护，必须高度重视个人隐私权，一旦个人数据被滥用，整个信息社会的基础就会被推翻，智能城市也不复存在。我国智能城市在信息安全和个人信息保护方面面临以下严峻挑战。

（1）以大数据为技术背景支撑的智能城市本身就具有大数据在信息安全方面的固有隐患，即基于海量数据的强大高效的数据分析能力通过提高个人信息的可跟踪性和可关联性，对个人信息安全形成威胁。

（2）云数据高度共享性特征的隐患。智能城市将海量数据保存在云平台，高度共享性是云平台的重要特征，但这一特征在云平台受到外部攻击时，会导致该平台上的千万用户都受到影响，遭受数据损失、数据窃取、金融诈骗等诸多损害。

（3）我国智能城市建设的核心信息技术缺失。Grand View Research 在其研究中指出，目前在智能城市信息系统的建设领域，Cisco、Cubic、IBM、ABB、Oracle 和 Siemens 等公司处于市场主导地位，没有我国的企业。我国在智能城市建设中所应用的信息核心技术仍然依赖于国外，自主性的缺乏对我国智能城市建设中的信息安全将会产生巨大威胁。

此外，智能城市与大数据信息环境下个人信息的保护面临着如何权衡保护与利用的挑战。

（1）个人信息范畴与价值增大。在智能城市与大数据信息环境中，个人信息与特定自然人相关，能够单独或通过与其他信息结合识别该特定自然人的信息，赋予个人信息更大的价值。

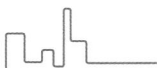

来源于不同数据源的数据被连接起来，将其从信息碎片变为完整的个人资料，通过确定和认证信息所有人的身份，使用大数据分析、数据挖掘等技术分析个人信息的权益，将赋予个人应该得到的智能服务。

（2）个人信息提供与利用环境更加多样。除了在计算机上进行个人信息的收集与提交之外，也有部分政府机关和用户选择使用移动终端、智能手机应用软件等，使得利用环境更加多样化。这一方面为更多的信息提供者与利用者提供了方便，另一方面也要求相关国家机关为这些新的个人信息的提供与利用环境的安全提供保障。

（3）个人信息处理全程风险增大。国家机关大部分业务都是在计算机和云环境中进行处理，个人信息的处理全过程也是在计算机中完成，并储存在数据库中，如果这些数据库与互联网之间存在接口，就有遭到攻击的可能性，其泄露的风险也会增大。云计算更是基于互联网的服务模式，其安全性更加难以保障。

随着我国服务型政府建设的不断深入发展，高效、快捷、便利的一站式社会化服务成为电子政务工作发展的方向。2014年，国家发改委等12个部委发布《关于加快实施信息惠民工程有关工作的通知》（发改高技〔2014〕46号），旨在"增强民生领域信息服务能力，提升公共服务均等普惠水平"。2015年2月6日，李克强总理又提出"让信息多跑路，让群众少跑腿"，从而推行网上受理、办理、监管"一条龙"并联审批服务。国家机关履行职责过程中，越来越多的个人信息需要作为政府信息资源被采集、加工融合、共享、保存、使用，支持跨部门的业务协同，提供社会化增值开放利用，促进新兴信息产业创新发展。在电子政务活动高效开展的同时，涉及隐私的个人信息保护问题已经渗透到社会生活的诸多方面，越来越受到社会的广泛关注。近年来，过度收集、擅自披露和提供、非法买卖公民个人信息等案件时有发生，给公民生活带来了极坏的影响。国家机关应以身作则，切实承担个人信息保护的责任，履行个人信息监管的职责，将隐私保护的管理职能嵌入国家机关组织建构及日常业务活动过程的期望日益剧增，并越来越多地出现在相关法律法规条文中。《国务院关于大力推进信息化发展和切实保障信息安全的若干意见》（2012）在"健全安全防护和管理，保障重点领域信息安全"部分中，专门指出要强化信息资源和个人信息保护。其中包括地理、人口、法人、统计等基础信息资源的保护和管理，保障信息系统互联互通和部门间信息资源共享安全。明确敏感信息保护要求，强化企业、机构在网络经济活动中保护用户数据和国家基础数据的责任，严格规范企业、机构在我国境内收

集数据的行为。在软件服务外包、信息技术服务和电子商务等领域开展个人信息保护试点，加强个人信息保护工作。依据《中华人民共和国刑法修正案（七）》和《信息安全技术——公共及商用服务信息系统个人信息保护指南》（GB/Z 28828-2012）等法律法规及国家标准，借鉴美国、英国、加拿大、澳大利亚、新西兰、欧盟、新加坡、日本、韩国等的相关法律、标准和国际惯例，结合我国国情，制定规范、科学以及合法的国家机关个人信息保护管理制度势在必行。如何满足包括个人信息在内的海量政府信息资源高效处理的需要，同时又不会过多地涉及个人隐私，开展国家机关个人信息依法保护、合法采集和合理使用的保护制度构建研究，显得尤为必要和紧迫。

二、我国个人信息保护制度构建的法律政策依据调查分析

调查中国法律信息总库"北大法宝"，收集到涉及个人信息保护的法律 29 个，各主题所占比例分别是：金融保险事务 21%、民事 17%、法律诉讼事务 14%、证件事务 11%、政务类 10%、儿童事务 10%、权利事务 10%、安全事务 7%。政务类有 3 个法律涉及个人信息保护，即统计法、行政诉讼法、行政许可法，政务活动中的个人信息保护未受到足够重视。

（一）个人信息全生命期管理意识薄弱，重保护、轻安全利用

从信息全生命期管理视角分析涉及个人信息的法律要求，我国法律中涉及个人信息保护的信息管理要求主要集中于安全和保密、利用和共享例外以及处罚，对合法利用和安全利用的关注不够。对于个人信息登记、利用共享、处置和保管的共同要求是依法定程序、依法依职，规定较为模糊，难以操作。依照法律，大数据项目二次利用个人信息需要遵循特定的法律审批程序，依法依职的个人信息类别及其识别亟待明确和规范，缺少程序化操作和管理规范带来的个人信息安全利用问题日益突出。大数据背景下针对个人信息全生命期管理和安全再用的法律依据亟待完善。我国法律中涉及个人信息保护的信息管理要求见表 10.1。

表10.1　我国法律中涉及个人信息保护的信息管理要求

序号	信息管理活动	法律要求	法律数量
1	登记	按法定程序采集登记	1
2	安全和保密	恰当安全保管，分级安全利用，授权利用	26
3	利用和共享	按法定程序，依法依职，信息主体知悉同意	3
4	利用和共享例外	泄露、销售、非法提供	26
5	处置和保管	按法律处理，安全保护，按职能活动目的保存，与职能活动无关的信息需销毁	2
6	处罚	行政处罚、经济罚款、刑事犯罪	19

（二）个人信息种类划分缺少统一标准，难以自动化识别和有效保护

从可管理、可控制和易于个人信息安全保障的角度看，由表10.2可知，我国现有法律中要求保护的个人信息种类主要有五类：可识别个人身份的信息、个人证件信息、个人事务信息、个人公民权利和利益信息、个人精神道德权利信息。法律保护涉及最多的信息为可识别个人身份类信息，其次为个人证件和个人事务类信息。个人信息种类划分的标准亟待统一。个人信息的二次安全利用亟待明确个人信息种类及法律保护的要求。大数据背景下个人信息种类的科学划分、信息化识别及合法性利用规范亟待制定。

表10.2　我国法律中要求保护的个人信息种类

类目数	个人信息类别	需要保护的个人信息内容	法律数量
1	可识别个人身份的信息	姓名、地址、工作单位、含有照片的信息、肖像、信函、日记、电子邮件及其他可以识别出青少年身份的信息	4
2	个人证件信息	身份证号码和相关证明文件、护照信息、顾客身份信息	3
3	个人事务信息	个人财务活动记录（个人银行账户和其他财务信息）、医疗病历	2
4	个人公民权利和利益信息	婚姻状况、身体或精神健康状况、生育状况、财产状况等	1
5	个人精神道德权利信息	与名誉、荣誉、隐私和其他个人权利有关的妇女肖像	1

（三）网络环境下政府机关个人信息保护的专门性政策文件或规范严重缺失

调查揭示，我国现有涉及个人信息保护的 29 部法律尚无专门针对网络环境的特殊要求，但有数部政策性文件或规范提出了专门性针对网络环境个人信息保护的要求。如表 10.3 所示的这些要求主要是针对网络服务提供的企业、信息系统开发部门、电信业务经营者、互联网信息服务提供者、移动智能终端的生产企业及网络商品经营者、有关服务经营者及其工作人员，尚无专门性针对提供公共信息服务的政府部门及行政机关工作人员的要求。

表 10.3　我国在网络环境下的个人信息保护法规要求

序号	网络环境下的个人信息保护法规与规范要求	法规出处
1	网络服务提供者和其他企业事业单位及其工作人员对在业务活动中收集的公民个人电子信息必须严格保密，不得泄露、篡改、毁损，不得出售或者非法向他人提供	《加强网络信息保护的决定》
2	规范了全部或部分通过信息系统进行个人信息处理的过程，为信息系统中个人信息处理不同阶段的个人信息保护提供指导。本指导性技术文件适用于指导除政府机关等行使公共管理职责的机构以外的各类组织和机构，如电信、金融、医疗等领域的服务机构，开展信息系统中的个人信息保护工作	《信息安全技术 公共及商用服务信息系统个人信息保护指南》（GB/Z 28828–2012）
3	电信业务经营者、互联网信息服务提供者对其在提供服务过程中收集、使用的用户个人信息的安全负责	《电信和互联网用户个人信息保护规定》
4	生产企业不得在移动智能终端中预置具有以下性质的应用软件：未向用户明示并经用户同意，擅自收集、修改用户个人信息的；其他侵害用户个人信息安全和合法权益以及危害网络与信息安全的	《工业和信息化部关于加强移动智能终端进网管理的通知》
5	网络商品经营者、有关服务经营者及其工作人员对收集的消费者个人信息或者经营者商业秘密的数据信息必须严格保密，不得泄露、出售或者非法向他人提供。网络商品经营者、有关服务经营者应当采取技术措施和其他必要措施，确保信息安全，防止信息泄露、丢失。在发生或者可能发生信息泄露、丢失的情况时，应当立即采取补救措施	《网络交易管理办法》

续　表

序号	网络环境下的个人信息保护法规与规范要求	法规出处
6	第十二条 网络用户或者网络服务提供者利用网络公开自然人基因信息、病历资料、健康检查资料、犯罪记录、家庭住址、私人活动等个人隐私和其他个人信息，造成他人损害，被侵权人请求其承担侵权责任的，人民法院应予支持。但下列情形除外： ①经自然人书面同意且在约定范围内公开； ②为促进社会公共利益且在必要范围内； ③学校、科研机构等基于公共利益为学术研究或者统计的目的，经自然人书面同意，且公开的方式不足以识别特定自然人； ④自然人自行在网络上公开的信息或者其他已合法公开的个人信息； ⑤以合法渠道获取的个人信息； ⑥法律或者行政法规另有规定。 网络用户或者网络服务提供者以违反社会公共利益、社会公德的方式公开前款第四项、第五项规定的个人信息，或者公开该信息侵害权利人值得保护的重大利益，权利人请求网络用户或者网络服务提供者承担侵权责任的，人民法院应予支持 国家机关行使职权公开个人信息的，不适用本条规定	《最高法院司法解释明确个人信息保护范围：关于审理利用信息网络侵害人身权益民事纠纷案件适用法律若干问题的规定》

综上所述，我国涉及个人信息保护的法律、法规在适应大数据时代发展应用时存在以下问题，亟待解决。

（1）现有法律涉及最多的领域是金融保险，政务领域关注较少。

（2）现有法律对个人信息保护类别的识别主要基于传统纸质工作环境，信息化工作背景、网络化工作环境和大数据时代适应性差。

（3）现有适用于网络环境的法规，主要对象为网络服务提供者、电信业务经营者和互联网信息服务提供者、移动智能终端生产企业、网络商品经营者和有关服务经营者，不适用于国家机关。

（4）现有法律关注最多的是保护，缺少保护和利用平衡的视角。

（5）没有专门的政府信息资源管理或个人信息保护立法覆盖个人信息全生命期，仅有零散、琐碎的规定，监管严重缺位。

三、国外政府机关个人信息保护制度构建的法律政策依据调查

（一）国家层次的个人信息保护法律依据和规范指南

典型调查揭示，国外在个人信息保护方面存在国家和地方不同层次的法律法规依据，表 10.4 仅选择性地列出了对信息消费和信息惠民工程有参考价值的国家级部分法律法规依据。美国的经验是在保护个人事务类信息方面，首先对联邦政府部门提出了通用的基本要求，在此基础上针对不同的职能活动又提出了专业化分工、细化管理的责任要求。加拿大的经验是在保护个人事务类信息方面同时考虑了公共部门和私营部门及其合作的责任及规范性操作要求。澳大利亚的经验是将隐私影响评估及实施贯彻于所有项目活动。英国在制定数据保护法的基础上制定了信息自由法，保护和利用得到平衡，有法可依，有规范可循。

表 10.4　国家层次适用于政府部门的个人信息保护依据示例

国家	适用于政府部门的个人信息保护法律法规规范
美国	隐私法　Privacy Act（1974）
美国	财务隐私权法　Right to Financial Privacy Act（1978）
美国	电子通信隐私法　Electronic Communications Privacy Act（1986）
美国	计算机比对与隐私保护法　Computer Matching and Privacy Protection Act（1988）
美国	录像隐私权保护法　Video Privacy Protection Act（1988）
美国	电话消费者隐私保护法　Telephone Consumer Protection Act（1991）
美国	驾驶员隐私保护法　Driver's Privacy Protection Act（1994）
美国	健康保险可携性与责任法　Health Insurance Portability and Accountability Act（1996）
美国	健康信息隐私权与安全法案　Health Information Privacy and Security Act（2007）
美国	个人数据隐私与安全法　Personal Data Privacy and Security Act（2005, 2007, 2009）
美国	国家健康信息技术与隐私促进法　National Health Information Technology and Privacy Advancement Act（2009）
加拿大	个人信息保护与电子记录法　Personal Information Protection and Electronic Document Act（2001）

续　表

国家	适用于政府部门的个人信息保护法律法规规范
加拿大	政府关于改革隐私法的个人信息问责　Government Accountability for Personal Information Reforming the Privacy Act（2006）
加拿大	二手交易中的隐私保护指南　Privacy Guidelines for Municipalities Regulating Business Dealing in Second-hand Goods（2007）
加拿大	跨地域处理个人数据指南　Guideline for Processing Personal Data Across Borders（2009）
加拿大	隐私规定2013修订本　Privacy regulations Last Modified（2013）
英国	数据保护法　Data Protection Act（1998）
英国	信息自由法　The Freedom of Information Act（2000）
英国	BS 10012:2009 数据保护：个人信息管理体系规范　BS 10012:2009 Data Protection: Specification for a Personal Information Management System
澳大利亚	隐私法　Privacy Act（1988）
澳大利亚	政府机关进行个人事务交流的隐私与公开密钥使用指南　Privacy and Public Key Infrastructure: Guidelines for Agencies Using PKI to Communicate or Transact with Individuals（2001）
澳大利亚	隐私评估指南　Privacy Impact Assessment Guide（2006）
澳大利亚	隐私评估实施指南　Guide to Undertaking Privacy Impact Assessments（2014）

（二）适应大数据项目应用的美国个人信息保护与安全利用对策研究

表 10.5 揭示，美国在开放政府数据、开展大数据项目应用的个人信息保护研究方面已经积累了丰富的成果。20 世纪主要关注信息系统应用背景下的隐私政策，如统计税务系统构建和使用中的隐私保护，进入 21 世纪开始关注数字和网络背景下跨部门和跨系统的隐私政策，如国家范围的电子证照系统建立的隐私风险控制、地理位置社会空间数据共享的隐私保护，以及学生记录的开放研究与隐私保护。近年来开始关注大数据分析预测应用背景下的全球隐私政策，研究中多强调个人信息保护与安全利用的平衡，并具有以下发展趋势。

（1）从机构内保护到机构间协同保护，从公共部门保护到公共部门与私有部门和第三方合作协议保护。

（2）技术对策、行政程序和法律遵从并举。技术上有数据掩蔽技术防止数据泄露，自动化方式提供数据安全和隐私保护及采用个人信息不可识别处理技术方法等对策；行政程序上强调授权使用过程、许可使用协议、

限制利用等措施；法律上强调信息主体的知悉同意及其参与二次利用过程的权利保障。

表10.5　适用于大数据项目应用的个人信息保护问题与对策

美国研究报告	问题与对策
私人生活与公共政策：政府统计数据的保密与获取（1993）	采用统计技术手段和行政审批程序进行限制性利用
内部税收服务的收税系统现代化持续评估：最终报告（1996）	使用授权防止隐私泄露，采用审计跟踪分析防范措施，发现新问题，确保防范机制有效。隐私政策包括明确什么人来监管公开、监管什么、公开什么、公开给谁、公开用途是什么
国家范围的身份证照系统构建（2002）	可信出行者的认证技术与隐私保护程序和信息系统安全控制，存在正负面双重影响。考虑到对公民权利和自由的影响、国家范围内制定监管政策及实施的成本、可能的潜在收益与潜在威胁，建议制订严格详细的审查设计和应用部署的计划
数字时代的隐私与信息技术（2007）	隐私保护的趋势是建立全球化管理的基准，使其具有合法、合规、合标一致性。截至2007年，有30多个国家已颁布隐私保护的法律。信息化背景、网络环境和数字时代，隐私保护具有三个特点：复杂性（需要法律、技术、经济、社会科学、道德等多学科合作）、不确定性（静态管理与动态管理结合，风险评估导航）和集成性（多样化技术工具，无缝系统集成）。隐私保护需要构建管理体系、管理制度、管理规范、管理工具配套实施
与社会空间关联的隐私保护（2007）	建议制定授权使用和共享许可协议，使社会空间数据得到恰当性使用，建立以地理位置为基础的数据领地保护对策；技术对策和机构制度构建共同解决跨数据集和数据用途的数据关联、开放获取、数据质量和隐私保护
学生记录的保护与教育研究发展（2009）	改变数据使个人信息不可识别，限制性利用数据，屏蔽和筛选个人信息。隐私泄露风险存在，保护成本增高，研究性利用不便
数据隐私信息解决方案：大数据时代数据安全增强（2013）	数据掩蔽技术是防止数据泄露的重要手段
大数据治理：原则与实践（2013）	通过设计自动化提供大数据安全和隐私保护
大数据的隐私法律影响（2013）	在大数据时代，信息主体无力判断有意义的知悉同意，对其被采集数据的二次利用用途难以预知；数据中介在二次使用消费者数据方面应该受到严格监管。对大数据分析而言，个人识别措施对敏感性个人信息的保护很难有效。组织在采用大数据分析前应该明确数据分析带来的隐私泄露、荣誉损害、被起诉和法规遵从风险

续　表

美国研究报告	问题与对策
教育机构的大数据应用：隐私法规遵循及法律问题的考虑框架（2013）	数据元素和数据流分析、采用个人不可识别技术策略、签订数据共享与服务协议，包括建立基于隐私保护法律的可识别个人信息公布及使用的限制和安全要求，处理和使用个人信息相关的义务和安全泄露的处罚
隐私与开放政府（2014）	开放政府要求信息以可再用的格式和开放许可方式提供，但给隐私带来了三方面的挑战：如何平衡隐私与"公众"的个人信息透明和问责；传统识别隐私的方法在公共部门和私有部分边界瓦解时难以有效；开放政府数据即使匿名用于大数据环境，公民及活动仍然日益受到监控
大数据及过程：纠正预测隐私损害的框架（2014）	大数据对隐私的损害包括不准确的描述给个人生活带来危害，对大数据分析而言，本课题组建议改进现有的制度，让数据主体有权知悉和有权介入其二次数据使用过程
大数据：抓住机遇，保护隐私的价值（2014）	应建立全球性隐私保护框架，利于社会收益最大化，使大数据便使、经济和安全应用

（三）国外经验借鉴

研究发现大数据应用背景下政府信息资源管理与个人信息保护具有三个特点：①复杂性，需要法律、技术、经济、社会科学、道德等多学科合作；②不确定性，需要静态管理与动态管理结合，风险评估导航；③集成性，要构建管理体系、管理制度、管理规范、管理工具配套实施，需要多样化技术工具，无缝系统集成。国外研究得出以下三方面可借鉴的经验。

（1）多学科方法研究视角。涉及法律、管理学、社会学、信息资源管理、信息技术等学科视角，需要考虑法律对隐私保护的要求，考虑信息资源管理对个人信息全生命期管理的要求，考虑信息技术对隐私数据的隐蔽处理、安全保护及风险控制要求，考虑多种影响因素及其相互作用。

（2）多利益相关方协议。大数据项目应用涉及多利益相关方，需要多方参与共同维护个人信息安全，在动态变化的合作项目中签约协议是较为有效的方式。需要明确个人信息的管理者、个人信息来源者即信息主体、信息产品生产者、信息产品服务者和信息产品消费者等所有相关方的权利、责任和义务。

（3）全生命期、全流程和全要素综合集成管理。采集、保护、利用等关键环节作为重点须遵从法规，隐私保护与利用控制贯穿于全生命期；管理流程要求要素及其相互关系明确，管理规范要求管理对象及内容明确，管理技术要求技术手段及操作规程明确，管理制度要求管理目标、方针与责任明确。目标、职责、方法和要求综合集成，保障合法、合规和合标的一致性。

四、网络信息环境下政府机关个人信息保护制度构建

（一）国家机关个人信息保护制度构建框架建议

对国内外文献中与个人信息保护与管理制度构建相关的视角、原则、目标、内容、要素和方法等进行研究和比较借鉴，得出以下个人信息保护制度构建框架建议。

（1）构建的视角。应考虑全球化和信息化管理的复杂背景，采用多学科集成研究视角，集财权法律、管理学、社会学、信息资源管理、信息技术等多维视角为一体，构建个人信息保护制度，考虑法律（隐私）+信息资源管理（个人信息管理）+信息技术（电子数据处理）+信息安全（保护措施+风险控制）等多种影响因素及其相互作用。

（2）构建的原则。国家机关涉及个人信息的保护与管理活动，应当遵循以下原则。

①合法便民原则：国家机关在进行个人信息的管理活动中，应当遵循国家和地方相关法律、法规，方便信息主体，降低公共服务成本。

②安全保障原则：负责采集、处理和利用个人信息的国家机关必须从管理制度和技术措施上建立安全保障机制和可控措施，防止未经个人信息管理者授权的检索、披露及丢失、泄露、损毁和篡改个人信息或者其他安全事故的发生（参照《信息安全技术公共及商用服务信息系统个人保护指南》（GB/Z 28828-2012 4.2f）。

③全程管理原则：国家机关应按照统一规划和持续改进的全程管理原则，开展个人信息管理，准确采集、动态更新、安全存储和及时处置，保证管理活动的连贯性、一致性和规范性。

④信息化管理原则：国家机关应充分利用信息技术促进个人信息的有效采集、处理和利用，积极推动国家机关公共信息资源的现代化管理，增强个人信息的社会管理和公共服务能力。

⑤最少够用原则：国家机关的个人信息采集活动必须在法定职权范围内进行，只收集与处理目的有关的最少信息，达到处理目的后，在最短时间内删除个人信息（参照《信息安全技术公共及商用服务信息系统个人保护指南》（GB/Z 28828-2012 4.2b）。

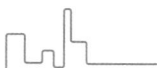

（3）构建的目标。国家机关要管理好部门内部掌握的个人信息，做到合法、合规、合标的一致性问责；支持政府跨部门业务协同、跨地域公共服务、跨层级智能城市与大数据信息资源社会化开发与安全利用，与国际接轨，满足"世界城市"经济社会发展软环境的国际竞争需求。

（4）构建的内容。应以信息资源全流程管理思想为指导，从信息流程视角（采集、保管、发布、处置、利用、再利用）、管理者视角（政府管理部门的权利和义务）、个人信息来源者即信息主体视角（信息主体的权利和义务）、信息使用者视角（信息使用者的权利和义务）分别提出相关管理制度要求（管理目标、方针与责任）、管理流程要求（要素及其相互关系）、管理规范要求（管理对象及内容）和管理技术要求（技术手段及操作规程）等规则。从个人信息全流程管理的思想出发，抓住个人信息保护关键节点，明确个人信息的内涵和范围，明晰个人信息保护的原则，规定个人信息采集、安全保管与处置、共享与使用等方面的任务、责任和要求，使个人信息保护工作有章可循。

（5）构建的策略。借鉴国际惯例，采用 PDCA 过程控制手段构建可持续发展的制度框架。考虑我国没有专门的信息法律以及个人信息或个人隐私保护的专门法律的国情，课题提出"急用先行，逐步完善"的策略，重点对个人信息的采集、安全保管与处置、共享使用环节进行规范。以信息全生命期管理思想为指导，进行关键节点控制（采集、安全保管与处置、共享与使用）。以问题为导向，依《中华人民共和国刑法修正案（七）》第二百五十条，确定隐私高风险领域为金融、电信、交通、教育、医疗等，提出对其实施行业监管的建议。

（二）关于国家机关个人信息保护制度制定及实施的路径建议

2009 年的《法治蓝皮书：中国法治发展报告》提出，"有关部门和地方结合实际先行制定适用于特定行业或地区的个人信息保护机制"。北京市应用上述制度构建框架，在调查研究和专家论证的基础上制定了《北京市国家机关个人信息保护办法（送审稿）》（以下简称《办法（送审稿）》），并将其定位为规范地方各级国家机关内部个人信息管理活动的政府文件。制度框架构建及实施路径选择的合理性和适用性如下。

（1）国家和地方暂无个人信息保护的专门政策法规，法律法规和文件中有关个人信息管理的规定分散，国家机关工作人员很难全面掌握和了解，需要出台一部规范国家机关涉及个人信息管理的文件。

（2）个人信息保护与管理问题复杂，国家已启动相关立法研究，并形成专家建议稿，但目前尚未出台，现有政策规范多针对企业，缺少专门针对国家机关的可操作的实施方案。

（3）考虑到地方对个人信息保护制度的迫切需求，按照先易后难、分阶段实施的思路，从国家机关做起，制定个人信息保护办法。以国家机关为示范，将个人信息保护制度构建嵌入国家机关内部管理制度建设、行业监管制度建设和信息化项目外包服务管理制度建设。

（4）待《办法（送审稿）》发布后，地方行业主管部门可基于文件要求和行业特点，依法制定适合本行业的个人信息保护规定，软件与信息服务企业则通过参与国家机关外包项目，不断增强个人信息保护意识，从而逐步形成全社会保护个人信息的氛围，为地方政府法制办组织地方立法奠定基础。

（5）基于行业特点推动行业监管，与国家相关法律法规合法、合规要求相一致，建议公安、教育、卫生、民政、社保、住建等隐私泄漏风险最大的行业部门先行制定本行业个人信息保护实施指南。

（6）针对信息化项目外包议题，考虑数字经济的全球发展趋势，新兴技术创新发展中的保护与利用平衡关系，借鉴国际惯例，倡导企业自律。建议电信、金融、交通等公共服务企业，软件和信息服务企业，行业协会共同合作建立企业自律联盟，构建信息化项目人信息保护的服务与产品认证体系和品牌标识。

（三）关于国家机关个人信息保护关键性业务环节的规范性要求

《北京市国家机关个人信息保护办法（送审稿）》提出了合法、合规、合标、合理和合用的个人信息保护办法和具体的管理措施，分为七章共三十九条：第一章为总则，第二章为采集，第三章为安全与保管，第四章为共享使用，第五章为系统管理，第六章为监督检查与咎责，第七章为附则。

1. 关于个人信息的采集

针对随意采集、过度采集个人信息问题，提出如下要求。

（1）明确要求国家机关采集个人信息时，必须依法依职，有明确的目的，并建立个人信息采集内部审批制度，编制个人信息采集目录，在本市共享交换平台中登记。国家机关应采取措施，保证掌握个人信息的准确性、真实性、可靠性、完整性、可用性和安全性。

（2）对于国家机关采集涉及个人隐私信息的情况，要求应当以有效的方

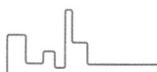

式通知信息主体并征得其同意。但法律、法规明确规定并履行相应的法律手续；国家机关履行法定职责必须的和出于保护国家安全、社会公共利益以及个人生命安全的需要例外。

2. 关于个人信息的安全与保管

针对超期保管个人信息的问题，国家机关应遵循相关法律法规要求，制定相应的保管期限表，定期检查保管期限内个人信息的处置及安全，定期检查信息的准确性、真实性、可靠性、完整性、可用性和安全性，并确保个人信息保管和销毁的安全。当个人信息完成特定目的后，应及时销毁或按法律法规要求移交有关部门。

为防止个人信息被泄露、丢失，在宏观层面要求将保护个人信息的安全措施纳入信息系统安全保障体系；在中观层面要求明确工作制度；在微观层面要求及时备份重要数据，采取技术措施，确保个人信息在存储、传递等环节不被泄露、丢失。国家机关应当在个人信息管理过程中，识别、分析、评估潜在的风险因素，制定风险应对策略，采取风险管理措施，监控风险变化，并将残余风险控制在可以接受的范围内。国家机关应保证系统平台的安全，对存储、组织信息的系统进行实时风险监控，若使用第三方服务商提供的信息系统，则需要同时监控第三方系统的运行，及时发现系统的漏洞；系统应记录并可追溯使用人员（含系统管理员、国家机关工作人员和用户）长期的和跨网站的操作行为。

3. 关于个人信息的共享使用

针对不当使用个人信息的问题，首先明确规定国家机关使用个人信息必须符合采集目的，禁止超范围使用。为提高行政效率，国家机关可以跨部门、跨层级依法依职共享使用个人信息，但需要有特定目的，应签署协议并备案，并做好个人信息的共享使用过程记录，以备后查。国家机关共享个人敏感信息，必须依照国家法律法规规定，并履行相关法定程序。共享个人敏感信息的机关单位应当按照有关规定与该信息的提供单位签署保密协议。政府部门公开个人信息，要遵循《中华人民共和国政府信息公开条例》。国家机关不得公开涉及个人隐私的政府信息，但是经权利人同意公开或者国家机关认为不公开可能对公共利益造成重大影响的涉及个人隐私的政府信息，可以予以公开。

4. 关于信息系统建设

重点对信息化项目、个人信息库建设与应用、网站及社会媒体管理、系统定级、外包项目管理中的个人信息保护工作提出要求。

信息化项目申报、审批和审计时，涉及个人信息的项目申报，应当对个人信息的来源、类型、质量规范及安全保护措施进行说明。审查和审计部门要加强对申报部门所提出的个人信息保护措施的审查和审计。

对于个人信息库，应当统一建设与维护，并为本市国家机关提供查询、比对等共享服务，建设部门应当保证个人信息数据库存储、保存的个人信息的准确性、完整性、保密性和可用性，并且随时予以更新，以保证个人信息的最新状态。个人信息数据库的使用与查阅应当建立备案登记制度，并有专门的管理人员负责。记录应当包括责任人、存储目的、时限、更新时间、获取方法、获取途径、位置、使用目的、使用方法、安全承诺等内容。

对于网站和社会媒体管理，国家机关应加强政府媒体，尤其是政府网站、微信、微博中个人信息的管理，须制定和发布针对网页活动的隐私保护声明。隐私保护声明应让用户知悉国家机关采集个人信息的范围、目的、使用方式以及用户的权利。在使用网络技术记录用户的长期活动时，应特别注意个人信息保护，并限制其在合法合规合理使用的范围内。

依据信息系统安全等级保护相关法律、法规，在充分听取专家和国家机关意见的基础上，明确规定：国家机关涉及个人一般信息的应用系统的安全等级应不低于第二级；涉及个人敏感信息的应用系统的安全等级应不低于第三级；涉及如传染病人信息、海量个人信息等高敏感性个人敏感信息的应用系统的安全等级应不低于第四级。

在系统建设与运行维护项目外包过程中，国家机关应加强对涉及个人信息的系统建设与运维外包项目管理，对于从事个人敏感性信息系统建设与运维的单位，应具备信息安全服务二级及以上资质。国家机关应对从事个人信息系统建设与运维的单位和人员进行信息安全服务资质审查和信用情况审查，并对场地及系统条件进行评估。与项目承担单位签订合同时，应明确承担单位的法律责任与义务，并就重要事项进行约定；在项目实施过程中，定期检查并记录承担单位履行合同规定的安全和保密措施情况；在项目结束时，监督承担单位按规定及时销毁个人信息或者向指定机构移交。

5. 关于个人信息的管理责任

将个人信息的管理责任分为内部管理责任，跨部门、跨层级共享使用的管理责任，行业监管和统筹协调四个层次。由于个人信息保护工作十分重要和具体，建议同政府信息公开一样，有一个统筹协调部门，鉴于目前个人信息保护工作通常是在信息化条件下组织实施的，建议地方政府明确信息化主管部门为个人信息保护的统筹协调部门。

6. 关于监督管理

建立监督检查机制，由本市监察部门会同市公安部门、市保密部门、市信息化主管部门共同对国家机关掌握个人信息的管理活动进行监督和检查，并公示检查结果。同时依据《行政机关公务员处分条例》《刑法修正案（七）》等相关法律法规，对违反个人信息保护相关规定的责任追究、出售或非法提供个人信息的责任追究和外包项目管理过程中的责任追究做出具体规定。

（四）关于国家机关个人信息保护争议性问题的处理策略

由于我国尚无专门针对个人信息保护的法律和法规，国际惯例能否适用于我国，需要进行国情调查并做适应性改进。在《办法（送审稿）》编制的用户调查和专家调研过程中遇到了争议性问题，本课题组提出了以下处理策略。

1. 个人信息的定义及分类

长期以来，"个人信息""个人数据""隐私"等相关概念使用较为混乱，无论在法律领域还是学术领域一直未达成共识，含义常常存在交叉。在我国已有的法律法规中，没有提到"个人数据"的概念，用得较多的是"个人信息"与"隐私"，"个人信息"使用得更为广泛。因此，《办法（送审稿）》采用了"个人信息"这一概念。

（1）关于个人信息的定义

《办法（送审稿）》将"个人信息"定义为："国家机关在履行职责或提供服务过程中获得的，法律、法规规定的，与特定自然人相关、能够单独或通过与其他信息结合识别该特定自然人的信息。"该定义主要有以下两个方面的含义。①《办法（送审稿）》是规范国家机关内部管理的，因此将"个人信息"的范围限定为"国家机关在履行职责或提供服务过程中获得的"，强调其是一类重要的政务信息资源，应纳入政务信息资源管理范畴。②《办法

（送审稿）》中将"个人信息"定位为"能够识别该个人身份"。《中华人民共和国刑法释义》（第 4 版）（全国人大常委会法制工作委员会，2009 年）中"公民个人信息"的定义为："主要指公民的姓名、住址、身份证号、电话号码、银行账号、银行卡号和财产状况等能够识别公民个人身份等情况的信息。"

（2）关于个人信息的分类

按照"共同带有区别"的思路，参照《信息安全技术公共及商用服务信息系统个人保护指南》（GB/Z 28828-2012 3.7），按应用和保护程度将个人信息分为个人一般信息和个人敏感信息。个人敏感信息指公民不愿向他人公开的有关个人信息，如患者的病历资料、邮件和电子信件、个人储蓄存款信息、未成年人的信息等法律法规规定需要特别保护的个人数据。个人一般信息指除个人敏感信息外的个人信息。

按照分类保护的原则，从国家机关管理与保护的可操作性上考虑，在对个人一般信息管理流程进行规范的基础上，对个人敏感信息提出更严格的管理要求，可管可控。

（3）关于个人隐私信息的处理

我国现有法律、法规中没有关于个人隐私的定义，但在一些具体的法律条文中规定了个人隐私的具体内容。参照 GB/Z 28828-2012，本课题组直接使用了个人敏感信息这一概念，替换了 2011 年完成的《办法（送审稿）》中的个人隐私信息提法。这主要是因为，在国外，个人隐私的概念含义非常广泛，包括政治权利、宗教信仰、结社自由等，而在我国，由于国情的不同，如果采用含义广泛的个人隐私概念，会导致与我国相关政治制度的冲突。

（4）关于个人信息保护与共享使用的平衡

国家机关采集和共享使用个人信息是为了更好地面向公众提供公共服务，而保护个人信息则是为了更好地实现这一目标。国家机关要做到个人信息保护与共享使用的平衡，既要依法依职采集和共享使用个人信息，又要遵照相关法律法规对个人信息进行保护；既不能过度强调保护，制约了信息的共享使用，也不能忽略国家机关依法行政的需要。

一些专家认为，对于个人信息，应以保护和不共享为原则，共享为例外，还有一些专家持有相反的观点。本课题组认为，国家机关之间可以共享使用个人信息，但必须依法依职，建立完善的共享使用制度，且需做好个人信息的共享使用过程记录，以备后查。

《办法（送审稿）》将个人信息分为个人一般信息和个人敏感信息，并对这两类信息的保护与共享使用做出了不同程度的规定。对于个人一般信息，

按照《中共中央办公厅国务院办公厅关于加强信息资源开发利用工作的若干意见》（中办发〔2004〕34 号）中"根据法律规定和履行职责的需要""完善信息共享制度"的要求，规定国家机关之间必须以签署承诺书的方式，依法依职共享个人信息；对于敏感度比较高的个人信息的共享使用，则需要"依照国家和本市相关法律、法规规定，履行相关法定程序"，在共享使用信息的同时进行更为严格的保护。

（5）关于个人信息保护和管理的职责及其统筹协调部门

对于个人信息保护和管理在国家机关内部管理责任的划分，根据北京市法制办、市工商局的建议以及国家和北京市信息资源管理的相关规定，国家机关应当按照"谁主管谁负责，谁拥有谁负责，谁使用谁负责"的原则来承担个人信息的管理与保护职责。

对于个人信息保护的统筹协调部门，与政府信息公开工作最初没有统筹协调部门一样，现行的国家和北京市的相关规定中尚未明确指定。信息化主管部门只是负责"统筹协调电子政务、电子商务、公共服务信息化和经济领域信息化的发展""推动跨行业、跨部门的互联互通和重要信息资源的开发利用、共享"。《规定（征求意见稿）》中仅规定由信息资源主管部门来负责，但究竟由谁来作为信息资源主管部门也没有明确。

许多国家和地区都制定了一部一般法，规范公共机关与私营部门对个人信息的收集、使用和传播等活动，同时会有一个监督机构负责法律实施。中国香港发布了《个人资料（私隐）条例》，并设立了个人资料私隐专员公署。涉及信息化领域的个人信息保护则主要由"政府科技资讯总监办公室继续与个人资料私隐专员合作""保障个人资料私隐"。同时，政府科技资讯总监办公室要为"资讯及通信科技行业的专业人员制定指引""促使私营机构妥善保护客户个人资料"。

借鉴国际惯例，考虑到北京市政务信息资源数字化程度和业务信息化程度，我们建议由信息化部门、保密部门、监察部门共同对国家机关涉及个人信息的管理活动进行监督和检查，承担监管责任。对此，北京市编办、北京市法制办没有反对意见，北京市保密局、北京市监察局也没有反馈意见。专家建议此条款由市领导研究确定并以"三定方案"的形式写入相关部门的职责中。

（6）个人信息保护制度如何适应法律法规与信息化技术的动态变化

对信息化背景下不断出现的泄露个人隐私问题，应该建立基于信息资源全流程管理的 IT 治理方案，以确保涉及隐私的个人信息的真实性、可靠性、

完整性、安全保密性、合法合理可用性。全流程管理意味着管理活动可跟踪审计，依法依职能管好国家机关和高风险领域的个人信息，从全流程中的关键节点控制入手，逐步完善个人信息保护的管理制度和规范。

《办法（送审稿）》对国家机关个人信息保护工作提出了整体要求，但由于个人信息保护涉的法律、法规问题日益增多，新兴技术应用带来的隐私风险越来越突出，各行业差别很大，本课题组提出各部门、各行业应依据颁布的《办法（送审稿）》制定实施指南，以增强文件的可操作性。

《办法（送审稿）》提出信息化主管部门会同相关部门制订具体的实施方案，各行业主管部门制定本行业国家机关个人信息管理与保护实施指南，明确本行业个人信息、个人敏感性信息的具体内容，细化各项管理与保护措施，以满足特定领域的动态适应性发展要求。这一做法证明是可行的，如北京市公安局已经发布了《北京市公安局关于对外提供查询人口信息户籍服务工作规范（试行）》；北京市住建委也正在与市法制办联合制定建筑行业个人信息保护相关规定；北京市卫生局正在酝酿制定卫生行业个人信息保护相关规定。

五、本章小结

本章在中外法律、法规、相关文献调查及比较研究的基础上，采用多学科综合集成研究视角、多元化风险评估方法和 PDCA 系统过程控制手段，以信息资源全生命期管理思想为指导，以我国迫切需要解决的关键问题为先导，以国家和地方相关法律法规文献调查为保障，以《北京市个人信息保护办法（送审稿）》的编制为示例，为组织层面个人信息保护制度构建提供了合法、合规、合标、合理和合用的框架和策略。采用用户调查法和专家验证方法，论证了框架的合理性和合用性，提出了框架有效实施的策略。对突破我国国家和地方无专门的个人信息保护法律法规的制度建设瓶颈，具有示范意义；对增强政府机关个人信息保护意识、管理责任，改进电子政务和信息化项目绩效，提高政府信息资源管理水平、服务型政府建设能力，具有重要的指导意义；为引导、协调和控制我国智能城市与大数据信息环境治理及为控制个人信息泄漏风险提供了可规划、可实施、可评估和可持续改进的操作方案及实施途径。

将个人信息作为政府信息资源有机组成，通过增强政府机关个人信息保护意识、管理责任，为电子政务绩效改进和信息化项目绩效改进、政府问责和服务型政府建设提供了引导、协调和控制我国智能城市与大数据信息环境治理的个人信息保护制度构建模式。

针对个人信息保护制度构建中的复杂性和不确定性问题，提出了在处理个人信息和涉及个人隐私的信息关系问题上，"共同带有区别"，分类分级管理的策略；在处理个人信息保护和共享利用的关系问题上，以保护个人信息为主，兼顾跨部门、跨层级有限合理使用的处理策略；在处理信息化技术带来的隐私泄漏风险控制问题上，提出信息化管理策略；为个人信息的保护与管理提供了可规划、可实施、可评估、可审计、可持续改进的制度建设方案；为覆盖个人信息资源的政府信息资源管理制度的持续改进提供了整合、优化、创新发展的实施策略，为国家机关个人信息保护与管理的能力的提高、管理水平的提升提供了适应性改进的方针。

国家机关个人信息保护制度框架应该嵌入服务型政府建设的战略管理规划，实现国家机关管理制度的创新及持续改进：应纳入政府问责与电子政务绩效评估与审计体系，纳入政府信息化投资项目的绩效评估体系，纳入智能城市与信息惠民工程项目申报审批与项目验收审计；应纳入信息化平台基础设施建设、系统采购与外包、信息安全技术工具认证等行动计划。

国家机关个人信息保护制度实施策略应该嵌入我国国家机关公务人员的管理技能培训及能力构建，以提高政府信息资源管理的整体效益，提高我国智能城市与大数据信息环境治理的引导、协调与控制能力。

第11章

iCity　智能城市信息环境建设与
大数据产业发展

一、智能城市的第二经济

（一）第二经济带来的城市经济结构的变化

信息技术正在带来某些深刻的变化，远远超出在互联网上使用电脑、社交媒体和电子商务的变化。许多曾经在人与人之间发生的业务流程，现在正以电子方式来执行。这些业务发生在一个看不见的领域——一个完全数字化的领域。这些变化正在无声息地创造一个新的经济形态，其重要性和戏剧性并不亚于工业革命。

美国经济学家亚瑟（William Brian Arthur）提出了"第二经济"（second economy）的概念，他指出：由处理器、链接器、传感器、执行器以及运行在其上的经济活动，形成了人们熟知的物理经济（第一经济）之外的第二经济（不是虚拟经济）。第二经济的本质是在第一经济之上附着一个"神经层"，使国民经济活动智能化（见图11.1）。这是自一百年前电气化以来最大的变化。他还估算了第二经济的规模，认为到2030年，第二经济的规模将逼近第一经济（中国科学院信息科技战略研究组，2013）。智能城市中的信息技术的价值并不只是传统的硬件、软件和服务，信息技术融入人类社会和物理世界具有更大的价值空间。

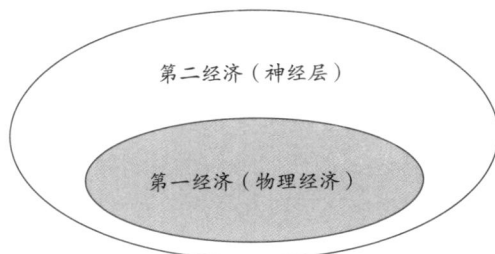

图11.1　附着在第一经济上的"第二经济"愿景

这种第二经济并不生产任何有形的产品，但它在数不清的经济活动中不停运行。例如，它跟踪销售和库存情况，将货物从一个地方发送到另一个地方，执行交易和办理银行业务，控制生产设备，进行设计计算，为客户结账，帮助诊断病情，以及指导手术。

自 20 世纪 90 年代以来，计算机之间开始通过网络连接相互通信。到今天，越来越多的个人计算机和服务器接入网络，成为庞大网络系统的一个个"神经元"。如果说 18 世纪 60 年代以来，蒸汽机让世界经济以机械动力的形式发展了强有力的"肌肉"系统，那么计算机和服务器通过网络的连接正在发展世界经济的"神经"系统，它带来的是对经济的智能化、自动化响应（Arthur，2011）。这种数字化的经济方式就是"第二经济"活动形式。

举个例子来说，20 年前，如果来到机场，您会走到柜台前，向一位工作人员出示纸质机票。这位工作人员会在一台计算机上为您登记，通知您要乘坐的航班，并检查您的行李。所有这些流程都由人来完成。如今，您走进机场，并找到一台检票机，放入常客卡或信用卡，只需三四秒钟就能取回登机牌、收据和行李标签。从您的卡被放进机器那一刻起，您就开始与机器会话。一旦您的姓名被确认，计算机就会与航空公司核对您的航班状态、您过去的乘机记录、您的姓名。计算机会核对您选择的座位、您的乘客身份以及您要去的候机厅。这种看不见的隐秘会话在多个服务器之间进行，一些服务器与另一些服务器会话，与卫星会话，这些卫星又与一些计算机会话，与护照管理部门、外国移民部门和下一站的转机航班进行各种核查工作。为了确保飞机的载重分布合理，这些计算机还要根据机身前部或后部是否载荷较重，开始调整乘客数量和座位。

第二经济的发展依靠的是大量的数据，包括对大量数据的智能化处理。从这个意义上讲，第二经济的本质是服务经济和知识经济。智能城市搭建了良好的信息环境，信息环境催生了各行各业的大数据。对数据的智能化处理带来了对实体经济的自动化响应，使得国民经济活动智能化，规模巨大且极其高效。第二经济还是建立在大数据的生产、分配、交换和使用基础上的经济。大数据用于经济，大数据成为经济发展的主要动力。第二经济时代突出表现为以下特征：①信息技术是载体和基础；②大数据成为重要资源；③智能化是经济手段和经济方式。

需要注意的是，在享受到第二经济带来便利的同时，人们也不得不面对会被智能化取代的危险。根据预测，第二经济的规模将会越来越大，并最终超越第一经济。大量需要具体员工的工作正在逐渐被数字化、信息化、智能化取而代之，这种变化是逐渐的、看不见的，却是来势凶猛的。第二经济将深刻地变革我们的社会，其中带来的负面影响是，原先大量从事第一经济的人员由于没有经过自身素质的提升和知识的更新换代，可能由于第二经济的发展而失业（Arthur，2011）。由于第二经济是附着在实体经济上"神经层"，

是对实体经济智能化的自动响应，原来很多需要实际工作人员的场合将不断减少，例如商品交易中，客户通过远程下单、电脑自动处理订单、筛选商品、打包、运送等。越来越多的人工环节被自动化响应所取代。未来，有可能数亿人将因为第二经济的发展失去本有的工作岗位。

但是相应的机遇也是存在的，智能城市信息环境建设为这种变化的到来打下了基础，大数据的挖掘和利用为这种变化的到来铺平了道路。

（二）适应城市第二经济发展的战略思维

1. 推进城市品质的提升

第二经济的发展即将带来社会的深刻变革。整个城市，包括政府管理人员、城市市民、各行各业的工作人员，都将受到影响。①我们要配套建设相应的信息环境，改善城市经济运行智能化基础设施，用先进的信息技术支撑和拥抱第二经济，提升城市基础设施品质；②也需要健全政策和法律法规，完善城市经济和社会发展的"软环境"，提升城市人文环境的品质；③人的素质也必须相应得到提高，包括观念和意识。这三方面结合起来发展，将显著提升城市发展的品质。为推动城市品质的提升，人们还必须具备以下素质。

（1）互联网思维。越来越多现实中的活动在往互联网空间迁移或延伸，比如互联网购物、互联网社交、互联网营销、互联网金融等。随着互联网用户的持续增加，利用互联网和信息技术促进传统产业转型升级已势在必行。2015 年，"互联网＋"已经提升到了国家战略层面，各行各业都在借助互联网进行新一轮的转型或升级。本质上，互联网是信息工具之一，互联网经济属于第二经济的范畴，是附着在第一经济上的、促进第一经济数字化和智能化的经济活动。

（2）大数据思维。随着信息技术的不断发展，数据已无处不在。利用好这些数据是推动经济发展的重要动力。要充分利用和发挥数据的价值，首先要促进不同类型数据的融合，政府需要出台大数据开放共享和利用政策，引导各行各业充分认识数据的价值，挖掘数据的价值，利用数据的价值。在开放和共享数据的同时，要尊重数据权，保护隐私权。第二经济的本质，也是对大数据的处理、加工和利用，从而产生智能化的服务经济。

在智能城市信息环境中，人们通过互联网相互连接，机器和设备通过互联网相互连接，商品和服务也通过互联网相互连接，从而促进了第二经济的飞速发展。人们的经济和社会活动对网络和信息技术的依赖日益增强，当到处印

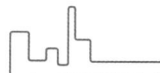

刻着个人信息、行为习惯、生活偏好、健康指数和工作履历等痕迹时，可以获得的个人数据量越多，为个人提供精准化服务的可能性就越大。只要拥有足够多的数据，我们甚至可能发现有关于一个人的一切显性和隐性的需求。

大数据产业链中最终的服务对象是人，信息环境的建设应当以人为核心。大数据本身价值并不大，关键在于通过挖掘数据的价值而提供精准有效的服务，挖掘越深，价值往往越大。

第二经济是对人的进一步解放，让人们可以往更高层次的劳动形式迈进。正如蒸汽动力让大量劳动力资源得到解放，依附于第一经济并且反作用于第一经济的"第二经济"将使得大量劳动和智力资源得到解放。甚至，利用大数据分析和挖掘技术，还会发现和产生普通智力资源无法发现的价值和规律。

2. 加强城市信息环境软硬件一体化建设

智能城市信息环境建设分为"硬环境"建设和"软环境"建设两个方面。所谓"硬环境"是指构成和搭建智能城市信息环境的一切基础设施、设备等；所谓"软环境"是指基于"硬环境"的各种应用平台、信息服务、软件服务、网络服务，以及相应的法律法规、政策观念等。相应地，两个方面也形成了相关的产业：信息基础设施产业和信息应用服务产业。同时，随着各种信息和应用平台的繁荣，互联网、移动互联网的发展，大数据时代来临，数据成为一种特殊的资产，大数据产业产生了。

第二经济的本质是信息服务经济，是利用信息的处理和加工，提升和改变实体经济方式的经济。因此，一方面，要打造良好的智能城市信息"硬环境"，包括网络环境、各种信息设备、传感终端、智能处理设备等；另一方面，要大力加强和发展智能城市信息服务"软环境"，包括各种信息服务平台、应用，例如医疗信息服务、金融信息服务、交通信息服务等。以大数据为中心，加强城市信息环境软硬件一体化建设。

二、智能城市信息环境建设催生城市大数据产业

智能城市信息环境的建设催生了大数据，整个城市就是一个庞大的信息系统。各种传感设备和终端通过复杂的网络系统连接，产生并交换数据。不同行业也通过各自的信息子系统产生和累积了大量业务数据，例如互联网大数据、金融大数据、健康医疗大数据、交通大数据等，这些大数据的融合和挖掘利用成为智能城市大数据的关键技术和应用方向，并为最终形成智能城

市的大数据产业和城市服务经济奠定基础。

（一）大数据产业

随着智能城市信息环境的建设，各行各业的大数据迅猛发展，数据管理、数据分析、数据挖掘、数据安全等围绕大数据商业价值的利用逐渐成为业界和学术界争相追捧的焦点。大数据的关键不在于数据量有多大，而在于对这些含有意义的数据进行专业化处理。换言之，如果把大数据比作一种产业，那么这种产业实现盈利的关键在于提高对数据的"加工能力"，通过"加工"实现数据的"增值"。

1. 大数据产业的应用领域

大数据产业的应用主要体现在两个方面：①政府主导的社会公共管理和服务方面，涉及交通、环保、医疗、科技服务等与民生有关的行业；②企业主导的以互联网为代表的自由市场方面，涉及电子商务、金融等行业。其中，商业智能、公共服务、市场营销是大数据应用上广被看好的三大领域。

（1）商业智能是对消费者和企业行为的分析和预测，基于大数据分析来判断消费者需要什么，企业能提供什么，消费者需求的趋势会演变成什么，大数据将引导商业智能的水平更加科学化。

（2）公共服务是指通过对大数据的分析和挖掘，可以有效地提高政府决策的科学性。一方面，政府利用大数据技术把各个部门积累的历史数据进行分析和挖掘，以为民众提供更为广深的公共服务；另一方面，政府可以通过对交通、环保、卫生等领域的大数据进行实时分析，以提高危机预判能力，为实现更有效的危机响应提供支撑。

（3）大数据应用于市场营销是指利用大数据分析技术对顾客用户的群体细分，针对每个群体实现不同的行动。借助大数据技术，营销可以近乎准确地判断每一个人的属性，包括兴趣爱好、购物经历、行为轨迹等，通过灵活组合这些数据，进行目标人群定向，实现精准营销及优化。

2. 大数据产业的生态系统

从大数据生命周期来看，数据生成、数据存储、数据处理、数据分享、数据分析与挖掘、数据可视化，是数据产业化链条上不可或缺的几大环节。人们的日常生活、政府管理、企业经营都不断生成巨量的交互数据、交易数据和传感数据。数据存储是对数据资源的管理，也就是对已收集的数据进行有效的汇总和组织。数据处理是对原始数据进行清洗、融合等，为数据的分析和应用创造良好的基础。数据分享是指将数据提供给相关方使用，并结合特定应用场景对数据进行重新修整。数据分析与挖掘是大数据产业链最核心的环节，通过建立一定的分析处理模型对大数据进行智能分析，将数据中隐藏的价值挖掘出来，并发现其中隐含着的新规则、新信息。没有高质量的数据分析，大数据的应用就无从谈起。数据呈现（可视化）是将数据分析的结果利用各种直观的形式展示给用户，使得用户能够更清晰、方便、深入地理解数据分析结果并加以使用。

从数据的价值链来看，数据产业可分为三种商业模式：数据拥有者、技术提供者和服务提供者（见图 11.2）。其中，数据拥有者拥有数据但不具有数据分析能力，技术提供者提供数据分析的技术，服务提供者挖掘和提供数据的价值。

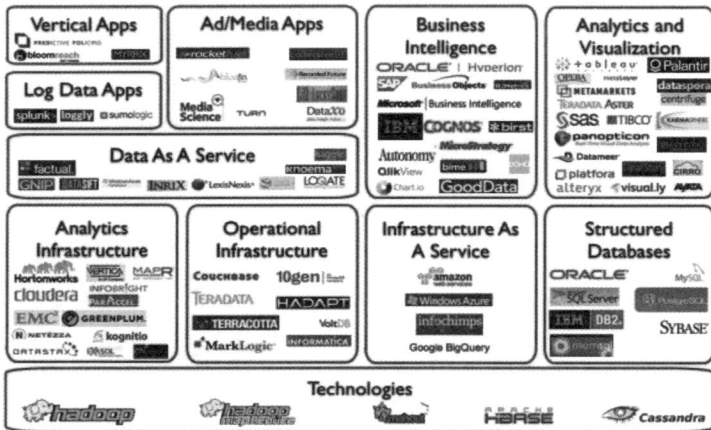

图 11.2　大数据产业生态系统[1]

在生态链的各个环节以及商业应用的三种模式上，除了传统的 IT 厂商之外，新兴企业也纷纷涌现，形成了传统 IT 厂商和新兴企业齐头并进的发展格局。在大数据产业的数据生成、数据存储、云服务平台和云设施等基础设施领域，传统的 IT 巨头具有较大的先发优势，形成了一个相对封闭的发展格局；而在数据交易、数据可视化、数据安全等新兴领域，新兴企业则试图通过新技术和新方法来实现新的模式。

---

① 　图片来源：http://bigdatalandscape.com。

（二）城市大数据及其服务型经济

根据不同行业的特点，对不同领域的大数据进行整合和利用，诞生了相应的服务型经济。对政府大数据的有效利用，产生了升级版的服务型政府；对健康医疗大数据的利用，形成了更有效的民众健康医疗服务模式等。摸清该行业该领域的大数据家底，根据需求对数据进行融合和分析，从而挖掘出新的价值，是城市大数据利用的关键，也是城市大数据服务型经济新的增长点。

以下以政府、健康医疗、互联网、地理信息等领域的大数据来进行说明。

1. 政府大数据及其服务型经济

政府数据是一笔巨大的财富，既是开启智能政府大门的钥匙，也是政府推动服务型经济的重要组成部分。

智能政府离不开政府开放数据，而政府开放数据形成的生态圈，则将有力地推动智能政府又好又快地发展。政府数据总量及种类庞大繁多，与民众生活密切相关。虽然政府拥有这些高价值数据，但是其数据资产的利用和运营仍处于较为原始的阶段。政府部门数据的整合、融合和挖掘利用是政府服务民众方式转型升级的重要机遇。

智能政府不仅仅是电子政务的智能化，还包括智能服务和开放数据，三者缺一不可。开放数据能够让政府以较小的投入延展便民服务的深度和广度，从而撬动庞大的大数据产业链条，带动整个产业的兴旺。因此，智能政府的建设不仅需要各级政府开放思想、开放数据，还需要引入设计合理的市场机制，才能极大地加快智能政府的建设。

政府数据资源的整合是智能政府建设的前提和基础。宁波市海曙区便是全国迈出政府各部门数据整合、融合关键一步的先行者。政务信息资源中心涉及自然人 11 个部门，组织单位 25 个部门、空间地址 1 个部门。采用系统数据库对接、数据接口、手工导入三种方式实现与部门间数据交换共享。宁波市海曙区在开放政府数据方面，主要通过建设海曙区数据开放平台，将政府数据资源向社会开放，使其产生更大价值。数据开放平台以多种采集方式对各大公共服务网站、政府或部门网站和海曙区政务信息资源中心推送的各类数据资源进行梳理整合，形成 17 个大类（主要包括医疗卫生、人文居住、交通出行、文体娱乐、教育科研、政府机构、福利救助、个人办事指南、便民服务、司法公证、通知公告、政策法规、档案查询、企业办事指南、行政审批、地理地图、志愿公益），186 个小项开放数据项，为企业和个人对政府数据再利用提供支撑。

但不可忽视的是，当越来越多的政府部门意识到数据是一种"财富"的时候，反而阻碍了内部数据资源的整合。几乎拥有数据的每个部门都想成为这场"数据盛宴"的主导者，都有自己的数据资源整合和利用的蓝图，都想把别的部门的数据整合过来为我所用。因此，需要探讨一种市场化的机制，来发挥政府掌握的大数据的资源，进一步发展基于政府大数据的服务型经济。

2. 健康医疗大数据及其服务型经济

随着计算机网络和信息技术的发展以及现代医学技术的不断进步，与医学和健康相关的数据正在急速增长。如何高效收集、处理、存储、交换和挖掘海量的健康大数据，从而为医护人员的及时和正确诊断、个人健康的监测护理与诊疗建议、医疗相关机构的管理与决策提供大数据分析和系统支持，已经成为跨医学和计算机科学领域的一个重要的研究和产业发展方向。

国内医疗行业经过多年的建设和发展，目前已经普遍建成了以医院信息系统（hospital information system，HIS）、电子病历（electrical medical record，EMR）、实验室信息管理系统（laboratory information system，LIS）、医学影像系统（picture archiving and communications systems，PACS）以及放射信息管理系统（radiology information system，RIS）为主要应用的综合性信息系统，极大地提升了各级医院的医疗服务水平。在医疗数据规模和种类急剧增长的情况下，传统的医院内各系统间的数据交换、存储、处理和服务模式都要适应新形势下的医疗健康大数据服务需求。第 12 章第 2 节详述了宁波市健康医疗大数据的应用情况。

健康医疗部门掌握了大量关于病人和疾病等的基本数据和业务数据。对该领域大数据的有效利用，可以为广大群众提供更好的、更精准的医疗健康服务。这些社会化、市场化的服务可以直接催生健康医疗大数据服务产业。

在健康医疗领域，大数据挑战是指电子健康和医疗相关数据集十分巨大和复杂，以致很难用传统的软件、工具和方法来管理和处理这些数据。具体来说，健康医疗领域的大数据包括临床诊断数据，临床决策支持相关数据（如医生撰写的病历、处方、医学图像，以及其他和实验、药品、保险有关的数据），病人电子健康记录数据，各种医学传感器产生的数据（如移动传感器监测到的心电图数据），社会媒体产生的健康医疗相关数据（如微博、微

信、网页上的健康和医疗相关数据）等。因此，将健康医疗大数据转化为城市第二经济的健康医疗大数据产业，虽然前景广阔，但还需要做大量的技术研究和转化工作。

3. 互联网大数据及其服务型经济

互联网应用的深入发展产生了海量的大数据，大数据是互联网的重要资源，也是互联网商业模式的核心价值所在。互联网应用的多样性导致其涉及的大数据内容呈现不同的特点，针对不同需求研究和采用适宜的大数据技术能够获得更好的互联网应用和服务，从而提升用户体验，带动互联网的整体发展。根据中国互联网络信息中心 2014 年 7 月发布的最新一期《中国互联网络发展状况统计报告》，互联网应用主要分为四类：商务交易类、信息获取类、交流沟通类和移动互联网类。

（1）大数据应用于互联网商务交易。截至 2014 年 6 月，我国网络购物用户规模达到 3.32 亿户，网上支付是用户规模增长速度最快的商务类应用。在互联网时代，由于用户群体庞大，当前电子商务平台必须面对海量的应用大数据。与此同时，用户提出了越来越强的信息过滤和个性化需求。要想匹配用户个性化需求，实现精准销售，需要借助大数据技术在海量数据中提取精准信息，其中首要任务是充分分析数据特征。

（2）大数据应用于互联网信息获取。搜索引擎是最主要的互联网信息获取类应用，截至 2014 年 6 月，我国搜索引擎用户规模达 5.07 亿户，使用率为 80.3%。搜索引擎天生就是一个大数据系统，互联网产生了海量数据，如何从中找到需要的信息就是一个大数据的命题。同时，利用大数据理论和技术，通过对网民搜索内容、习惯、爱好、行为、关键词等的深入分析，可为网站的建设和搜索引擎技术的改进等提供依据。

（3）大数据应用于互联网交流沟通。随着微博、微信等社交工具的不断壮大，基于社交网络的各种互联网交流沟通类应用不断演进和发展，截至 2014 年 6 月，即时通信网民规模达 5.64 亿人，使用率仍高居互联网交流沟通类应用第一位。无论是即时通信、微博还是博客，都是网民交流的平台，每天都要产生大量的数据。通过对社交网络中的大数据进行分析，可以了解用户的思维习惯及其对社会的认知。对微博等社交网络信息空间的大数据进行挖掘，能够及时反映社会的动态与情绪，预警重大、突发和敏感事件（如流行疾病暴发、群体异常行为等），协助提高社会公共服务的应对能力，对维护国家安全和社会稳定具有重大意义。

（4）大数据应用于移动互联网。截至 2014 年 6 月，我国手机网民规模达 5.27 亿，网民中使用手机上网的人群占比进一步提升，由 2013 年的 81% 提升至 83.4%，首次超越传统 PC 网民规模。移动互联网最大的特点是以用户为中心。一个移动设备对应一个用户，包含位置、联系人、浏览内容等所有信息。数据本身的价值在于更完整和更生动地描绘用户的生活轨迹。对于大数据分析来说，移动互联网的特殊性首先是能够锁定一个特定用户，其次是能够获取用户地理位置信息，再次是时空信息等多元化的数据种类。这三点导致移动互联网上的数据量比传统互联网更大，形式也比传统互联网更加丰富，从而具有更高的价值。

4. 地理信息大数据及其服务型经济

地理科学研究的是一个复杂的系统和天然的大数据。上至卫星遥感数据，下至地震传感数据，以及我们常见的统计、环境、水利、资源、土地等领域的数据都属于地理数据，所以地理信息技术需要处理的范围广，数据源多，数据类型多样，其数据量巨大是不言而喻的。

地理信息数据涉及领域广泛，多渠道的数据积累形成海量数据。地理信息资源涉及各行各业，有多种类型的空间数据，主要包含地图（矢量和栅格）数据、影像数据、派生数据、公众数据、开源数据、标签数据、元数据、分类和未分类数据、视频和传感器数据等。

地球表面的信息量巨大，感知手段多样。目前的遥感数据处理能力已经不可想象，还要考虑多波段、多时相、多产品、历史数据、中间数据、重叠区、雷达、点云数据等问题。遥感数据之外，北斗定位系统的建立、移动互联网和物联网的快速发展也会导致包括来自各种传感器以及个人网络活动的高频空间关联信息的数据洪流涌入，并且要求快速处理响应。

以宁波市为例，全市地理信息数据的情况如下。

（1）电子地图数据。1:500 电子地图范围涵盖三江片、高新区、东部新城、东钱湖、镇海区和北仑区；1:2 000 电子地图范围涵盖三江片、江北慈城北部和镇海西部，并进行动态更新。另外，鄞州区、奉化市也建成了 1:500 和 1:2 000 的电子地图。

（2）地理实体数据。建成了覆盖老三区（海曙、江东、江北）的房屋、院落、境界、政区、道路、水系等实体的 1:500 地理实体数据库。

（3）地名地址数据。原有老三区（海曙、江东、江北）约 13 万条，每年更新。另外，鄞州区、奉化市也建成了地名地址数据库。2014 年与市公安

局合作，形成了全市地名地址数据 200 万条。

（4）城市三维模型和 2.5 维模型。宁波市已建成城市精细三维模型，总面积达 270km²，能够精确地反映建筑物的位置、高度信息，以及门、窗、走廊等外部结构，最高精度达到 5cm，实现了基于方案评审过程更新、建筑竣工测绘更新。2.5 维模型（立体侧视地图数据）范围为 370km²。

（5）360° 街景影像。街景影像是一种实景地图服务，为用户提供城市、街道或其他环境的 360° 全景图像，用户可以通过该服务获得身临其境的地图浏览体验。通过街景，只要坐在电脑前就可以真实地看到街道上的清晰景象。已有覆盖城区主要道路 2 000 多个点，135km 的 360° 街景影像。

基于地理信息数据可以开发出多种应用场景，地理信息数据在国土资源、环保、电力、公安、交通、水利、铁道、民政、农业、林业、公共应急等领域得到广泛应用，并和汽车、手机及其他多种导航终端结合，将应用和服务延伸到了社会大众衣食住行的各个方面。地理信息技术不仅已成功应用于水利环保、能源矿产、气象环保、国土房产等行业中，而且成为国家数字城市与智能城市建设的核心平台。

综上所述，第二经济是附着在第一经济之上可以对第一经济进行智能化自动响应的服务经济，第二经济的智能化来源于信息的流动，以及对数据的分析和处理。智能城市信息环境建设与大数据发展对推动城市发展第二经济意义重大。智能城市信息环境每时每刻都释放出海量数据，无论是围绕政府管理与服务、企业生产和销售，还是个人的身份特征、生活轨迹、消费习惯等，都变成了以各种形式存储的数据。海量数据背后隐藏着大量的经济与政治利益，尤其是通过数据整合、分析与挖掘，其所表现出的数据价值、数据整合与控制力量已经远超以往。因此，需要高度关注智能城市建设过程中的第二经济发展。

第12章

iCity

智能城市信息环境建设与
大数据案例分析

一、深圳市"织网工程"社会协同创新机制解析

智能城市建设的顺利开展需要有良好的信息治理环境为其提供支撑和保障，然而目前我国信息治理的可持续发展却面临着诸多问题，如跨领域、跨部门和跨层级的数据资源可持续管理问题，政府数据的开放与利用问题，个人信息保护与安全利用等。

为了有效改善信息治理环境，作为早期智慧城市试点的深圳市，积极迎接挑战、勇于创新，建设了以"信息融合"为核心、以"智慧化"为理念、以"信息化"为手段的可持续发展的"织网工程"。自2012年7月《深圳市社会建设"织网工程"综合信息系统建设工作方案》发布以来，"织网工程"在我国首次实现了特大型城市政府数据的大集中、大共享，推动了政府职能由"管控"到"服务"的转变，促进了可持续发展。具体说来，"织网工程"就是将各部门的信息资源编织到一个统一的数据库中，通过信息采集、比对核实和数据交换，进行信息资源共享和数据挖掘应用，实现信息资源的动态管理、互联互通和共建共享，再造政府流程，提升服务效能和城市管理精细化程度。这一信息治理的创新举措，让深圳市成为全国首个"政务信息共享国家示范市""信息惠民示范市"。

本节采用典型案例研究方法，对深圳市以"织网工程"为核心的信息治理的创新举措进行系统的研究，旨在总结信息治理可持续发展的路径、机制和手段等，为其他城市的发展提供借鉴。本节所理解的信息治理可持续发展，是指在信息治理全流程中，以数据资源可持续管理为理念、以社会协同创新为依托，有效实现数据资源的社会化利用，有力解决信息治理所面临的关键性问题，从而构建政府主导、社会共治的可持续发展的信息治理生态圈，以信息治理推动政府治理、政府治理促进社会治理，最终提升国家治理的能力。

（一）信息治理中的数据资源可持续管理理念

我国政府数据资源间长期处于割裂状态，这是由政府部门的条块管理体制所决定的，"信息孤岛"现象由来已久。从对有

关政府数据资源管理的发展规划的研究中发现，我国政府目前正缺乏进行数据资源可持续管理的战略意识，缺少覆盖数据资源全生命期各类关键管理活动的全面性和全程性规划。为此，深圳市"织网工程"以数据资源可持续管理为理念，相继发布配套的工作方案、管理办法，全面规划，提出了建设"一库一队两网两系统"，从数据采集、共享校核、利用及大数据应用全生命期来进行数据管理，保证了数据可信、可取、可用、可跟踪、可关联、可溯源，提供了"全覆盖""全天候""全领域"的公共服务综合平台，如图12.1所示。

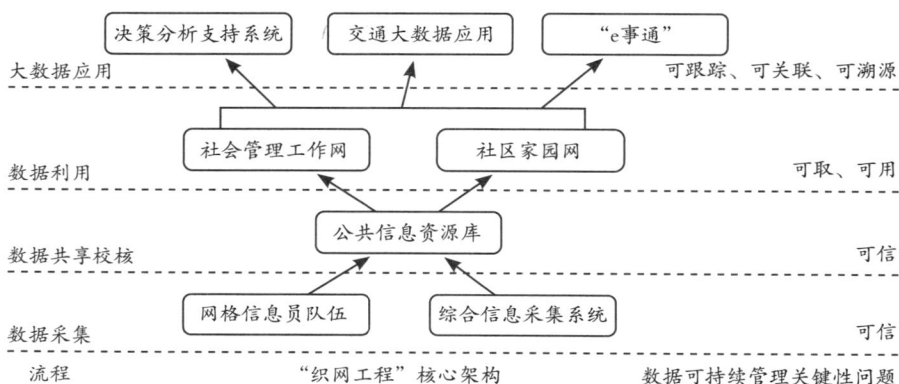

图12.1　"织网工程"数据可持续管理理念实践

1. 多源化信息采集机制保证数据的可信

数据的真实、完整、可信，是数据可持续管理的基础。而数据采集是保证数据可信性的第一步。为此，"织网工程"采取了"1+N"的机制来保证数据的可信性。

其中，"1"是指以网格信息员队伍作为信息采集的前端，以"一格一员"的原则，为全市的15 000个基础网格配备网格信息员，通过PDA设备现场采集数据，及时、动态地更新数据，从而在一定程度上确保数据的真实性、完整性及可信性。然而，在实践中发现，网格信息员所采集的数据也存在不真实、不完整的情况，因此还需要其他N种信息来源来进行补充修正，将多源化的基础数据进行比对、清洗、核实，以保证数据的质量。

这种多源化的信息采集机制，体现了在信息治理过程中的多主体参与，在数据交换、共享校核时有效地打破了信息壁垒，为数据的可持续管理奠定了基础。

2. 一库两网联动保证数据的可取、可用

"织网工程"以公共信息资源库为唯一的数据资源库，以社会管理工作

网和社区家园网作为面向公众的服务平台。在运行过程中，一库两网对接联动，纵向到底、横向到边，集行政性服务、公益性服务、市场化服务于一体，可以实现数据的及时调用、事件的网上处置等，以强有力的网络连接力保证了数据的可取、可用。

3. 多样化大数据应用保证数据可跟踪、可关联、可溯源

数据的可持续管理最终要落实到数据的利用与再利用。在智能城市、大数据时代的背景下，政府数据资源的大数据应用是多样的。深圳市利用"织网工程"对大量的基础数据进行采集，并建立一库两网，实现了数据的初步利用；此外，也对数据进行关联，实现了大数据应用的试点，如决策分析支持系统、交通大数据应用系统、电子证照库、"e 事通"政务服务平台等。

决策分析支持系统将人口等公共基础数据与地图定位关联，进行数据挖掘，提供决策支持，实现了社会资源优化、科学、合理的配置。交通大数据应用系统也给老百姓的生活带来了极大的便利。例如，利用出租车 GPS 定位数据，跟踪出租车行车路径，帮助乘客找寻遗落在出租车上的物品，据统计，仅 2014 年 1—11 月，共处理出租车乘客报失 27 250 宗，帮乘客找回的失物估值 1 647.45 万元（深圳市交通运输委员会，2014）；此外，"交通在手"实现了交通数据的实时开放。正在建设的电子证照库，致力于解决电子证照的可信性问题，旨在实现老百姓办事"零距离""零材料"。"e 事通"政务服务平台是一项基于电子证照的全流程电子化管理、网络化资源共享及协同应用服务的信息惠民工程。

可以发现，基于"织网工程"的多样化大数据的应用，大都是以民生为核心的信息惠民工程，实现了政府数据的社会化增值利用，保证了数据的可跟踪、可关联、可溯源，是数据可持续管理的要义所在。

总的来说，大数据时代的政府数据管理已经发生了多维度、多层次的变化。面对多变的挑战，只有把握数据可持续管理的理念，才能够有效地改善信息治理环境。灵活的机制和有效的技术手段，能够保证数据的可信、可取、可用、可跟踪、可关联、可溯源，从而实现数据的可持续管理。

（二）信息治理中的社会协同创新策略

信息治理强调多主体，需要政府、企业、公众共同参与治理，这种治理主要通过协同创新来实现。协同创新是指创新主体为实现共同目标而协同工作，以促进创新资源共享、竞争互补，从而实现整体效应的最大化和集体利

益的最大化的过程。协同创新主要体现为多元化主体联盟、多维度过程联通及多层面要素连接。

在信息治理过程中，为了破除"信息孤岛"、重塑政府流程、改善公共服务、创新社会管理，深圳市的"织网工程"通过建立机制与多样化的手段，有效实现了主体联盟、过程联通、要素连接的协同创新策略，如图12.2所示。

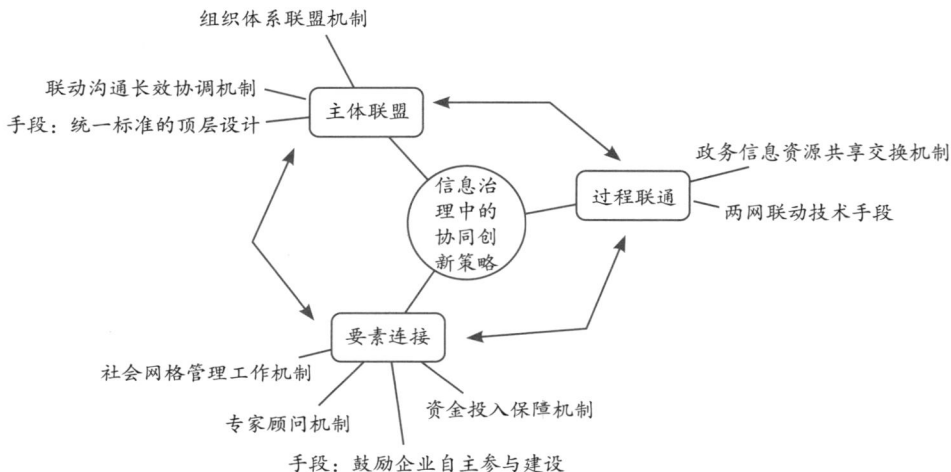

组织体系联盟机制

联动沟通长效协调机制
手段：统一标准的顶层设计

主体联盟

信息治理中的协同创新策略

过程联通

政务信息资源共享交换机制

两网联动技术手段

要素连接

社会网格管理工作机制

专家顾问机制　　资金投入保障机制

手段：鼓励企业自主参与建设

图12.2　信息治理中的协同创新策略架构

1. 主体联盟，构建互惠共存的协同创新体

深圳市"织网工程"作为我国地方政府运用信息化手段推动社会治理创新的重要尝试，涉及全市跨区域、跨层级、跨部门的联动，全体政府部门、多个社会企业、公众都要参与到治理过程中。因此，主体联盟是破除"信息孤岛"、规避我国条块管理体制缺点的有力方式，通过主体联盟构建的互惠互存的协同创新体，在信息治理过程中将政府"川"字形结构改变成"井"字形结构，能够有效地破除信息壁垒。

（1）以组织体系联盟机制建立了强有力的领导核心

政府是信息治理中的主导性主体，在我国由于条块化管理体制的存在，使得政府内部各主体之间是长期割裂的，因此主体联盟最重要的一步就是要将政府内各主体强有力地凝聚起来。深圳市委、市政府以最高规格建立了社会建设"织网工程"的工作领导小组，通过组织体系联盟机制，建立了强有力的领导核心。具体是由市委书记任领导小组组长，将市社工委作为其办事机构、26个市委和市政府的工作部门为其领导小组成员单位。这样的主体联盟，就把全市社会建设和社会管理作为一个大系统全面整合了起来。

此外，在建设过程中，公安局、民政局、教育局等 36 个部门悉数接入公共基础资源库，其中 16 个部门实现数据同步更新，可见组织体系联盟的机制使得各主体都积极参与到数据共享中来，协同创新体发挥了实际的作用。

（2）以联动沟通协调长效机制保证了跨部门及时沟通

跨区域、跨部门、跨层级的沟通不畅，常常是导致协同创新机制无法顺利施行的关键。为此，深圳市发布的《关于全面推进社会建设"织网工程"的实施方案》（2013）中重点提到要建立部门联动沟通协调长效机制："充分发挥市社会建设'织网工程'工作领导小组及其办公室的作用，统筹协调工作中遇到的重大及跨部门问题。"这种联动沟通协调长效机制，实则是组织体系联盟机制的延伸和保障。

（3）以统一标准的顶层设计手段规避了分散建设

分散建设、重复建设是政府信息化过程中普遍存在的问题，这直接导致了资源浪费、数据格式标准不一致、数据共享不畅等问题。为此，"织网工程"明确提出首先要进行统一标准的顶层设计。深圳市于 2012 年发布《深圳市社会建设"织网工程"综合信息系统建设工作方案》，在全市范围内展开对顶层设计问题的讨论。统一标准的顶层设计统筹指导了市直各部门、各区遵循全市统一的标准规范，有利于构建"织网工程"综合信息系统，实现数据资源的大集成、大共享。

通过构建强有力的领导核心，建立良好的沟通机制，推行统一标准的顶层设计，"织网工程"从主体联盟的层面推动了协同创新策略对信息治理的作用。

2．过程联通，构建一站式、全天候综合服务平台

过程联通是指不同层次创新活动协同互动的复杂非线性作用过程，在实践中就是将各政府部门的业务有效整合起来，并为公众提供直接、方便的服务。由于"织网工程"涉及所有政府部门，需要对全市计生服务、劳动保障、民政业务、房屋租赁、法律援助、城管业务、组织关系、经济科技服务 8 大类 43 小项业务进行整合，因此过程联通显得尤为重要。

（1）以政务信息资源共享交换机制保证全过程联通

"织网工程"建立了政务信息资源共享交换机制，包括政策、平台、监督三方面。首先，在政策上制定一系列信息资源共享配套措施，包括政务信息采集、交换、共享、管理、安全保障等工作的具体实施方案与管理办法。其次，以市电子政务资源中心现有的政务信息资源共享交换平台为基础，编制了政务信息资源交换目录和共享目录，在内容上明确了相关单位提供的公

共基础信息。最后，建立了责任制和监督机制，公共基础数据坚持"谁提供、谁负责"的原则，及时进行数据更新，保证数据的准确性和权威性，设置电子监察点等，用以监督社会管理工作网上矛盾纠纷、问题隐患的及时解决。这就从体制机制的角度保证了"织网工程"的全过程联通。

（2）以两网联动的技术手段保证过程联通的网络连接力

"织网工程"的过程联通主要体现在"数据一次采集、多方共享、矛盾联动化解"，以社会管理工作网和社区家园网的两网联动，开展矛盾纠纷和问题隐患的分流、处置、督办、反馈和考核，初步实现各类事件网上处理。通过整合政府部门业务，以社区的自主服务终端为触角，实现了一站式（one-stop）、全天候（non-stop）的社会化服务，实现了市、区、街道和社区社会服务管理网信息系统上下联通的强有力的网络连接力，从而有效保证了过程联通。

这种基础信息一网采集录入、社会事件一网分流督办考核、公共资源一网整合共享、关联数据一网查询比对、社区服务一网延伸的实现，从过程联通的层面，推动了协同创新策略对信息治理的作用。

3. 要素联结，构建优势资源效益最大化模式

在协同创新过程中，需要将人才、资金、知识和技术汇聚起来，进行创新资源的竞争互补、匹配协调的创新资源动态整合与共享，实现多层面要素的连接。深圳市"织网工程"也在要素连接方面做了诸多努力，将人才、资金、企业都有力连接并有效利用。

（1）以社会网格管理工作机制与专家顾问机制发挥人才资源优势

"织网工程"通过建立网格信息员队伍，保障了数据的质量。而网格信息员队伍的建设也就成了关键之一，为此，深圳市建立了社会网络管理工作机制。该机制规定以各区（新区）为主体，统一管理网格信息员队伍，实行统一招聘培训、统一薪酬待遇、统一综合履职、统一考核管理，从而不断提升网格信息员的综合素质，以保证采集数据的质量。此外，深圳市明确提出要聘请权威知名的高等院校、科研院所和行业企业的信息化专家为顾问，为"织网工程"提供智力支撑，实为专家顾问机制。这两大机制的有效推行，能够促进人才资源优势的充分发挥。

（2）以资金投入保障机制发挥特区经济资源优势

深圳市在改革开放之际成为我国的经济特区，拥有得天独厚的经济资源优势，因此，在"织网工程"的建设中，便建立了可靠的资金投入保障机制。

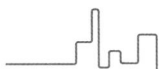

2013 年发布的《关于全面推进社会建设"织网工程"的实施方案》明确规定："市、区要在统筹规划、整合资源、提高财政资金使用效率、避免重复建设和资源浪费的前提下，加大对'织网工程'的政策扶持和资金保障力度。"这便为发挥特区经济资源优势提供了制度上的保障。

（3）以鼓励企业自主参与建设的手段发挥活力型企业优势

深圳市作为特区，拥有大量的有活力的中小企业，在"织网工程"推广中，面对资金不足的障碍，政府通过灵活发挥企业优势解决了这一问题。以社区家园网的建设为例，全深圳共有 673 个社区，每个社区都需要自己的家园网。按照预算，其建设费用需 3 600 万元，且每年的维护费用需 2 000 万元。为此，提出的解决方案是：在全市建 1 个总后台，同时做出 8 个网站模板，让每个社区共用这个总后台，并自行挑选模板。社工委劝服供应商不收取后台和模板费用，因为多个社区将成为其潜在客户，估算每年度的业务额约达 2 万元（李秀峰等，2014）。于是，供应商积极参与投标，最为棘手的预算问题也迎刃而解。在这个过程中，通过集约化的方式建设网络平台，调动社会力量参与建设的积极性，实现了政府、企业、公众的共赢。

除此之外，政府的项目并不是全部外包给一个公司或机构，而是通过充分发挥不同企业或机构的优势，来承担不同的子项目。另外，采取了"资格标"的模式，让入围招标的公司拥有建设资格，根据分工，顺应要求，及时调整，年末按工作量结算。这些措施使得各公司竞争互补，把优势资源都有效连接了起来。

"织网工程"通过将人才、资金和企业多种要素有效连接，构建了一种优势资源效益最大化的模式，从要素连接的层面推动了协同创新策略对信息治理的作用。

（三）小　结

深圳市的"织网工程"以可持续管理与共享为理念、以社会协同创新策略为依托，有效实现数据资源的社会化利用，首次实现了从以户籍人口为依据转变为以实有人口为依据进行公共服务的递送，是信息治理可持续发展社会协同创新机制的跨越式成功模式。但信息治理所面临的个人隐私保护的问题并未在该工程中得到充分的重视，而随着大数据应用的深入推广，这将成为"织网工程"进行数据融合的一大隐患，也将阻碍政府主导、社会自治的可持续发展的信息治理生态圈的构建。希望未来深圳市能够不断完善信息治理措施，为其他智慧城市的建设提供最佳实践示范，从而实现以信息治理推动政府治理、以政府治理促进社会治理，乃至国家治理能力提升的自适应可持续发展模式创新，为可持续的生态社会基础建构提供创新思路和实现路径。

二、宁波市政府民生大数据"家底"与开放利用调研

政府大数据是不同于网络数据的、具有高价值密度的数据，是一笔宝贵的"资产"。如何有效整合和利用政府各部门的数据资源，挖掘政府大数据的价值，以提升政府管理水平、促进社会经济发展、改善民生服务，是盘活政府大数据资产需要研究的核心问题。本节以宁波市为例，选取了宁波市人社局、公安局、卫计委、教育局、规划局、统计局、质监局、海曙区经信局、市民求助服务中心等9家与民生密切相关的政府部门作为研究对象，重点探讨了以下几个方面的问题：①部门掌握的数据情况（包括数据种类、数据规模、数据更新情况等），以及对外数据需求情况；②部门数据的共享和对外开放利用情况；③政府部门大数据共享开放和社会化利用的对策。本节结合这些问题，分析了宁波市民生政府部门的数据情况和应用现状，并探讨了政府部门大数据共享开放和社会化利用的障碍和问题，以及对策。

（一）民生部门数据基本情况及对外数据需求情况

与民生相关的部门是政府中掌握大数据的"大户"。从政府管理和服务百姓两个应用角度看，民生大数据都具有极大的价值。而这些民生大数据获得应用的前提是每个部门都要清楚自己掌握的数据情况，比如都有哪些类型的数据、数据量基本情况及其增长变化情况等。下面以宁波市民生相关的几个部门为例，详细介绍政府民生部门掌握的大数据情况。

宁波市人社局掌握的数据主要表现在以下四个方面。

（1）社保卡。已累计发行超过 446 万张。

（2）医保领域。目前宁波市医疗保险制度覆盖 400 余万参保人、1 000 余家定点机构，拥有成熟的医疗保险管理信息系统，包括实现即时结算的医保实时交易系统、实现参保人在全市范围内定点机构就医的医保一卡通系统，以及实现对参保人、定点机构、医师监管的医疗服务监控系统。

（3）就业创业领域。基本实现了全市就业创业信息服务一体化，包括就业管理及服务、创业管理及服务、各种促进就业创业政策的实施、失业保险等方面，全市 152 个街道（乡镇）、557 个社区及 2 566 个行政村与县（市、区）就业管理服务机构实现网络互联，信息资源实现共享，就业创业服务覆

盖 660 余万劳动者、40 余万家用人单位。

（4）养老、统征领域。社会保险统一征缴信息系统覆盖全市十个区的基本养老保险、基本医疗保险、工伤保险、失业保险、生育保险五大险种的登记、申报、缴费核定、基金征缴等业务，并为社会保险支付系统提供单位基本信息、人员基本信息、缴费信息等数据服务。基本养老保险参保 320 多万人（县级市 540 多万人），城乡居民养老保险参保 40 多万人（大市近 170 万人），工伤保险参保 170 多万人（大市 290 多万人），生育保险参保 160 多万人（大市 250 多万人）。

宁波市卫计委负责的业务范围主要有两大部分：医疗业务和公共卫生业务。宁波市卫计委掌握的数据主要表现在以下五个方面。

（1）医疗卫生单位。据统计，目前全市共有二级以上医院 50 家，其中三级以上医院为 20 家。医院主要的业务信息系统主要包括 HIS 系统、电子病历系统、LIS 系统、PACS 系统等。① HIS 系统是用于医院综合管理的信息系统，主要的数据内容包括患者就诊记录（如挂号住院信息、门诊和住院就诊费用信息、门诊和住院结算信息）、各类诊疗记录（如处方明细、检查检验记录明细等），主要是结构化数据。目前 HIS 系统已经在全市医院普及。以一家医院现有 HIS 系统数据容量 100GB，年增长 10GB 计算，全市各医院现有 HIS 系统数据 5 000GB，年增长 500GB。②电子病历系统的主要内容包括患者住院诊疗文档（有住院病人首页、病人病程记录和手术记录等），主要是结构化数据。目前电子病历系统已经在全市三级以上医院基本普及。以一家医院现有电子病历系统数据容量 5GB，年增长 1GB 计算，全市各医院现有电子病历系统数据 100GB，年增长 20GB。③ LIS 系统主要用于医院检验，主要的数据内容是患者的检验数据，主要是结构化数据。目前 LIS 系统已经在全市二级以上医院普及。以一家医院现有 LIS 系统数据容量 50GB，年增长 10GB 计算，全市各医院现有 LIS 系统数据 2 500GB，年增长 500GB。④ PACS 系统主要用于医院影像检查，数据内容主要包括结构化的报告及非结构化的原始 DICOM 检查影像文件。目前 PACS 系统已经在全市三级以上医院基本普及。以一家医院现有 PACS 系统数据容量 100TB，年增长 20TB 计算，全市各医院现有 PACS 系统数据为 2 000TB，年增长 400TB。

（2）公共卫生单位。目前全市公共卫生单位的业务信息系统基本采用市级集中统一建设、各地共用的模式，因此数据也集中于市级公共卫生单位。主要有以下五个方面的数据。①疾病控制数据。目前宁波市疾病控制中心建立了数字疾控平台，主要数据内容包括传染病报告卡信息、慢性病报告卡信

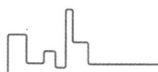

息、应急指挥资源数据、免疫规划、学校卫生数据等，主要是结构化数据。现有数据容量为 600GB，年均增长量约为 100GB。②卫生监督数据。目前宁波市卫生监督所建立了宁波市卫生监督综合管理系统，现有数据量为许可数据 5 152 条、被监督单位基本数据 24 792 条、监督数据 52 715 条、监测数据 5 299 条、处罚数据 2 253 条、无证数据 562 条、水质在线监测数据 2 262 083 条、在线考试数据 6 098 条、投诉举报数据 42 条。主要数据类别是结构化数据。③120 急救数据。目前宁波市急救中心建立了宁波市急救指挥调度系统，主要数据包括接警、受理、调度记录数据（结构化），车辆节点状态、定位轨迹记录数据（结构化），急救病历数据（结构化），急救电话录音数据（非结构化），无线对讲录音数据（非结构化）等。现有数据容量为数据库 600GB、电话录音 450GB、无线对讲录音 450GB，年均增长量为数据库 70GB、电话录音 80GB、无线对讲录音 50GB。④血液管理数据。目前宁波市血站建立了宁波市血液信息管理系统，主要数据内容包括宁波市全大市献血者信息、血液制备检验信息、血液发放使用信息、医院用血相关信息。现有数据容量约为 6.5GB，年均增长量为 1GB 左右。⑤病理数据。目前宁波市病理诊断中心建立了病理信息业务管理系统，主要数据内容包括病理标本及流程信息、病理图文报告。现有数据容量为 82GB，年均增长量为 20GB。

（3）宁波市健康档案协作平台。共计 5 大类 188 个数据集，包括基本信息类（2 个数据集）、公共卫生类（97 个数据集）、医疗服务类（45 个数据集）、卫生资源类（11 个数据集）、电子病历类（33 个），主要为结构化数据，现有数据容量为 1TB，年均增长量为 150GB。目前宁波市健康档案协作平台实现了与下属 8 家市级医院、11 个县（市、区）医院的对接。数据记录达 9 亿条，健康档案达 800 万份。其中 2014 年诊疗信息 3.5 亿条，按 2014 年全年统计，为市级医院提供健康档案调阅 3.8 余万次，实现健康提醒 25 余万次，已向各县（市、区）（北仑、慈溪除外）下发 230 余万条健康数据，其中诊疗数据 95 余万条，并且已与公安局进行了诊疗数据的共享。

（4）区域医疗服务平台（区域心电）。宁波市建立了以宁波市第一医院为诊断中心，覆盖宁波市江东区（5 家社区卫生服务中心、3 家区级专科医院、14 个社区卫生服务站）、海曙区（8 家社区卫生服务中心）和江北区，能够为全大市服务的区域心电服务诊断服务平台，实现优质资源的下沉，方便百姓就医。主要数据内容为心电数据、诊断报告，主要为结构化数据，现有数据容量为 586MB。按 2014 年全年统计，全年累计诊断 2.6 万次，其中诊断中心（上级医院）完成诊断 2 000 余次。

（5）综合卫生管理平台。基于区域卫生信息共享与交换平台的综合卫生管理平台，其目的就是通过整合分析、挖掘等技术手段实现对医疗服务体系管理、公共卫生管理、医疗保障管理、药物管理、卫生资源管理等的决策支持。综合卫生管理平台数据主要包括卫生资源管理、医疗服务管理、公共卫生服务管理、医疗保障管理、药物管理等数据。项目自 2014 年 3 月招标开始，目前还处于项目建设阶段。平台数据来源于市级 8 家医疗单位、宁波市疾病预防控制中心、宁波市妇幼保健医院、宁波市中心血站、宁波市卫生监督所及 11 个县（市、区）区域卫生信息平台。截至目前，总数据为 361GB，每天增量 455MB 且逐渐增大，涉及医疗服务、公共卫生、药物管理、医疗保障、卫生资源等多个方面。

与民生相关的其他几个部门掌握的数据情况如表 12.1 所示。

表 12.1　其他部门掌握的数据情况

部门	数据情况
公安局	人口基础数据库（已导入 1 006.3 万条实有人口信息，包括421.2 万流动人口和585 万户籍人口）
规划局	基础地理信息数据库（数字线划图数据、数字高程模型数据、数字正射影像数据、遥感影像数据）；地理空间框架数据库（电子地图数据、地理实体数据、地名地址数据、城市三维模型和2.5维数据、360° 街景影像）
统计局	按月从10多万家调查对象收集、汇总近千个经济和社会发展指标数据，每年新增数据量达1GB，累计数据总量达20GB以上
质监局	以企业档案为基础的业务信息库（企业档案6.94万份，累计日常巡查记录4.43万份，监督抽查报告3.52万份，检验项目82.06万项，行政许可证书信息1.66万份，案件信息1.15万件）
教育局	数字化教育教学资源（未包含大学园区图书馆）1.4TB，每周更新，每年新增600GB；管理类数据信息10GB，每半年更新，每年新增1GB
海曙区经信局	政务信息资源中心数据总数16 976万条，涉及人口数据表82张、组织单位数据表224张、地址数据表14张、人口属性字段1 069个、组织单位属性字段2 561个、地址属性字段169个
市民求助服务中心	语音数据、图片数据、视频数据、数据库数据、网页及其他可编译脚本数据五大类。截至2015年3月，81890求助服务中心共产生数据记录4 400.24万条，共储存文件9 889 569份，数据总容量达16.12TB

由此可见，政府的每个部门都有不同的数据存量，涉及不同的业务类型。传统认知的大数据特征是数据量大、数据类型繁多、处理高速、价值密度低。而不同于一般互联网络上的数据量大、价值密度低的特征，政府的大

数据是具有高价值密度的数据。当然，要有不同政府部门数据的互联互通和不同类型数据的融合，政府大数据的价值才能发挥出来。比如将卫计委的数据和人口、地理数据等融合，可以有新的发现，产生新的价值。这才是大数据真正的价值所在。

因此，政府数据的共享和利用可以分阶段逐步开展和进行。首先，可以在政府部门内部进行数据整合，在部门之间进行数据共享。这就要求各个部门和单位要清楚地列出两个清单：①本部门掌握的数据家底清单，包括什么类型的数据、有多大的数据量、增长情况如何、数据质量如何等；②本部门基于业务和大数据应用的需要对其他政府部门的数据需求清单，如需要什么部门的什么数据、干什么用等。例如，表12.2和表12.3分别是宁波市公安局和宁波市81890求助服务中心根据大数据应用需要对其他部门提出的数据需求清单，可将其作为很好的例子供其他部门参考。有了这两份清单，就可以更有针对性地促进多个部门的数据交换和共享，并进行统一协调。

表12.2　宁波市公安局对其他政府部门的数据需求清单

序号	提供单位	采集项目
1	贸易局	商业类从业人员和会员卡信息
2	工商行政管理局	企业法人及员工信息
3		服务行业从业人员信息
4		家政服务行业信息、从业人员信息
5		维修登记、行业、员工信息
6		企业动产抵押登记
7		商标注册信息管理局
8		婚姻中介
9	卫计委	医院门诊信息、住院信息、健康档案信息、体检信息、医院从业人员信息、精神患者排查信息、无偿献血人员信息、儿童体检信息
10		民办医疗机构企业信息、就诊人员信息
11	市教育局	学校学生信息、家长信息、教师信息、招生信息、学校信息
12		民办教育培训机构信息、从业人员及学生信息
13		校车驾驶员信息

序号	提供单位	采集项目
14	市城管局	环卫工人信息
15		供水信息
16		燃气充装单位信息和用户信息
17	市电业局	供电信息
18	市广电集团	数字电视用户信息和宽带用户信息
19	电信公司、移动公司、联通公司	客户信息
20		宽带信息
21		电信CDMA、移动、联通基站
22	市民政局	民政婚姻、死亡、需救助人员信息及计生信息
23	市住建委	房屋产权类信息
24		建筑企业信息及从业人员信息
25		房产中介信息
26	市邮政管理局	快递业经营业务信息、从业人员信息、发货清单信息
27		报纸杂志类订阅人员信息
28		邮政储蓄开户信息
29	市旅游局	旅行社会员信息、旅行社员工信息及客户信息
30	市交通委	物流货运车辆、物流驾驶员、物流仓储业行业、仓储物流从业人员信息
31		交通运输货运从业人员、摩托车和非机动车销售业务信息、机动车销售信息、银行签约ETC车辆信息
32		IC卡、公共自行车用户信息
33		全市机动车驾驶员培训学校及学员信息
34		租赁车信息
35		全市出租车从业人员及相关信息
36		公共交通工业监控信息
37		公交、中巴、客车、货车驾驶员和线路运营信息
38		汽车维修登记

续　表

序号	提供单位	采集项目
39	市人社局	机关事业单位就职人员信息
40		社保、失业人员信息，劳务市场就业信息
41		人才市场
42		外来务工人员信息
43	市人武部	征兵办公室新兵信息
44		全市退伍军人信息
45		全市招兵政审人员信息
46	市信访局	全市信访人员信息
47	市残联	残疾人信息
48	市安监局	民爆危化物品使用企业信息
49	市计生委	计生信息
50	市图书馆	图书借阅卡登记资料
51	市银监局	金融机构营业网点/ATM机分布、客户信息
52	证监会（宁波监管局）	金融证券业客户信息
53	市烟草公司	烟草专卖许可证经营户信息
54	市民宗局	全市宗教场所及从业人员信息
55	市司法局	监狱服刑人员、监外执行人员、社区矫正对象、刑满释放人员信息、在押人员、拘留人员、收缴人员、戒毒人员、康复人员（精神病）
56	中石化、中石油公司	加油网点、加油站信息、消防重点单位消控室从业人员信息
57	市海事局	进出港船舶信息
58	市财政局	注册会计师证信息、会计从业资格信息
59		会计事务所执业证书
60	市国税局	税务登记、个人登记、变更、注销、纳税信息
61		行政处罚记录
62	市地税局	税务登记、个人登记、企业纳税信息
63		行政处罚记录

续　表

序号	提供单位	采集项目
64	市国土资源局	土地证登记、变更信息
65		从业人员信息
66	市保险行业协会	经营业务信息
67		投保人员信息
68	市中级人民法院	诉讼案件当事人信息、个人财产保全情况、个人涉案的民事信息、刑事判决发生记录、企业破产清算信息
69		判决离婚信息
70	团市委	志愿者信息
71	市规划局	城市地图信息、兴趣点信息
72	社会福利院	从业人员信息
73	红十字会	志愿工作者信息
74		接受援助信息
75	寄递行业协会	从业人员信息
76		寄递物品信息

表 12.3　宁波市 81890 求助服务中心对其他政府部门的数据需求清单

序号	提供单位	采集项目
1	市工商行政管理局	企业及个体工商户注册、注销相关信息（如联系电话、地址、经营项目），各类商会信息、广告、展览审批等业务信息
2	市公安局	人口户籍信息及证照验证（验证志愿者身份、核实鹊桥会未婚男女的单身身份）、出入境申办信息、交通管制信息、交通法规咨询、交通设施报修、交通路线咨询、路况信息，各派出所、治安大队、看守所、监狱信息等，另诸如车辆年检预约是否能向81890开放，让市民享受到免费的服务
3	电信、移动、联通公司	所登记单位的电话号码、营业厅网点、各类活动、通信网络基站归属及有关辐射投诉处理对接
4	市规划局	城市地图信息、兴趣点信息（81890也能根据百姓求助的内容标注新的兴趣点）
5	市机构编制委员会	各级政府部门、服务机构相关信息
6	市安监局	安全生产相关业务、相关专业培训项目和机构、对外服务信息

303

续 表

序号	提供单位	采集项目
7	市交通委	物流仓储类单位信息、IC卡、公共自行车、客运、航运、出租车单位、机动车销售单位、机动车驾驶培训学校、租赁车单位、危险物品运输、公交中巴客车线路、能源汽车加气点等信息
8	市卫生局	各大医院、卫生院、社区服务站、诊所及妇幼保健、民办医疗机构等基本信息（包括医院联系方式、特色、先进仪器、擅长领域、专家坐诊、门诊时段），体检、工伤鉴定、防疫、医疗纠纷、药品（保健品）、药店信息、献血、急救等方面的查询、咨询、政策法规等信息。建议卫生系统的预约挂号资源能向81890开放，因为81890与妇儿医院合作，可代居民在妇儿医院挂号，不收取任何额外费用，深受百姓的欢迎，而通过其他平台进行的网上挂号均需要付出费用
9	市人社局	涉及人社方面的政策、查询、考证等信息，如退休档案、社保、补贴等查询，人事代理，补助发放，优惠政策企业托管，职业培训，招聘，职称技能资质考证，验证等，以及相关政策法规的查询
10	市教育局	学校的基础信息、教学特色、招生地段划分及要求、出国留学、培训机构及其培训内容、托管机构、书籍查购、教育讲座、自考、成考、教学仪器销购、对外开放场馆等相关信息
11	市住建委	涉及拆迁安置、保障房、房产交易、住房贷款、物业、房屋鉴定评估、房屋安全（如白蚁防治）、老小区公共部位维修、产权归属、违章搭建、新楼盘、房屋档案、地段划分规划、建筑垃圾清理等方面的相关政策、数据、办理指向、房产中介、建筑企业、相关专业培训机及培训项目等信息
12	市民政局	养老机构、福利院、救助站、所属彩票网点、社团组织、补助发放、困难户等信息
13	市城管局	水、电、气、路灯、户外霓虹灯各网点信息、业务办理、保修抢修、停用预告、公园广场活动等信息
14	市电业局	各网点信息、业务办理、保修抢修、停用预告，基站辐射
18	县（市、区）政府	各县（市、区）、街道（镇）、社区（村），各类园区的行政、地理划分的详细信息，各级政府部门信访联系信息、外地驻宁波办事处
19	市银监局	金融机构营业网点和ATM机分布、各大银行汇率、利率、理财的信息
20	市证监局	证券、期货等各金融企业的网点及操作信息
21	市司法局	各法院、检察院、法律援助中心、律师事务所、公证处等部门的基本信息
22	市邮政管理局	邮递、快递、物流、邮政储蓄等的网点、业务的信息

序号	提供单位	采集项目
23	市旅游局	旅行社、旅游景点、宾馆酒店、各类活动、旅游线路、旅游产品、农家乐等信息
24	市残联	各服务网点、相关活动、政策法规
25	市计生委	各服务网点、政策法规（主要是单独二孩方面）
26	市内各大图书馆	网点分布、服务项目、开放时间、特色服务、相关活动
27	市民宗局	全市宗教场所（如寺庙、居士林、教堂）
28	中石油、中石化公司	加油网点、加油站信息
29	市海事局	专业咨询电话及对外公开服务（如打捞、救援）
30	市保监局	各保险单位经营网点及产品信息
31	市贸易局	各大菜场网点、屠宰场、各类市场及公共资源
32	市农林局	服务网点及种子、养殖、农机的专业信息
33	市环保局	废品回收网点、垃圾分类、回收、销毁、动物宠物死体、化学品处理
34	与失物招领相关的单位	涉及交通、车站、码头、环卫、公交、公安等单位共享失物信息，以81890失物招领为载体，更便利地为丢失物品人群服务

（二）数据共享开放及利用情况比较分析

1. 数据共享开放及利用情况

对于政府部门而言，其掌握的大数据能够开放和共享的前提是，已经做好了内部数据的整合和融合，以确保数据质量，可被共享和利用。在这方面，宁波市海曙区迈出了政府数据共享开放及利用的重要一步。

宁波市海曙区经信局对全区 25 个部门的数据进行了整合、融合，建成了区级层面的政务信息资源中心，迈出了政府数据共享开放及利用的第一步。从政务信息资源中心数据规模分析来看，截至 2015 年 3 月 12 日，海曙区一级政务信息资源中心数据总数已达 2 592 万条，历史数据为 14 384 万条，总计 16 976 万条；涉及人口数据表 82 张，组织单位数据表 224 张，地址数据表 14 张；数据字段涉及人口属性字段 1 069 个，组织单位属性字段 2 561 个，地址属性字段 169 个。

从数据目录角度分析来看，海曙区政务信息资源中心数据目录分为原始采集目录和共享融合目录。

（1）原始采集目录是指从原始业务部门交换共享至政务信息资源中心的数据目录，目前已包含涉及自然人 11 个部门，涉及组织单位 25 个部门，涉及空间地址 1 个部门。

（2）融合数据目录是指在汇集原始业务部门数据的基础上，对数据进行一整套清洗、比对、融合后，围绕自然人的组织关系、教育、医疗等，以及组织单位的用能、部门监管、信用、经营等主题形成的可直接供部门业务应用开发的数据目录。共享融合目录目前已形成 18 个主题、66 个子主题。

从数据类别分析来看，在民生领域，全区教育学校、学生数据，个人健康档案，医疗就诊数据，生育信息，人员组织单位关系等方面的数据已较为全面，涉及婚姻、就业、家庭经济状况等的数据较为缺乏。在组织单位、企业领域，全区登记组织机构、企业的基本信息较为全面，具体的经济指标数据（包括纳税额、交易额等）、法人信用等的数据较为缺乏，需要在下一步政务信息资源整合过程中进一步深化。

因部门信息化水平存在差异，宁波市海曙区政务信息资源中心目前采用系统数据库对接、系统数据接口、手工导入三种方式实现与部门间数据交换共享。卫计委、教育局、组织部、市场监管局、安监局等信息化程度较高的部门已实现同政务信息资源中心的实时数据交换，目前整个政务信息资源中心 60% 以上的数据交换采用这种方式进行。

从数据更新的数量来看，整个政务信息资源中心的数据更新在几万条量级，平均每天更新数据量在 1.2 万 ~ 1.5 万条，累计更新数据量已达 530 多万条，更新的数据大部分涉及企业登记、注销信息，医疗就诊信息，常住、流动人口信息。

从数据更新的频率来看，通过系统对接及数据接口形式的数据交换方式能保持较稳定的状态，采用手工导入方式的数据交换因受部门局限，只能不定期发生数据更新。

对数据进行整合和融合的目的是为了共享和利用。目前海曙区政务信息资源中心已有包括区委办、区府办、宣传部、政法委、纪委、检察院、统计局、发改局、人社局、卫计局、安监局、审计局、白云街道、电商中心、市场监管局、民政局等在内的 16 个部门使用单位，用户数达 71 个。基于基础数据开发和改造的应用项目已有某街道云服务平台，电子商务产业统计应用项目，区编办、计生等 10 余个部门业务系统等，范围涵盖基础人口数据共享、企业基础信息共享、企业统计信息共享、组织机构定位信

息共享等专项应用。

同时，数据还应向社会开放，以进行市场化和社会化利用。海曙区在开放政府数据方面，主要通过建设海曙区数据开放平台，将政府数据资源向社会开放，使其产生更大价值。数据开放平台以多种采集方式对各大公共服务网站、政府或部门网站、海曙区政务信息资源中心推送的各类数据资源进行梳理整合，形成 17 个大类（包括医疗卫生、人文居住、交通出行、文体娱乐、教育科研、政府机构、福利救助、个人办事指南、便民服务、司法公证、通知公告、政策法规、档案查询、企业办事指南、行政审批、地理地图、志愿公益）、186 个小项开放数据，为企业和个人对政府数据再利用提供支撑。

通过政府数据的开放，已有电信 ITV、华数数字电视、左邻右舍、启商科技等社会企业积极联系沟通，通过数据开放平台获取需求数据。据统计，企业主要需求数据如表 12.4 所示。

表 12.4　企业主要需求数据

企业	数据需求内容
电信ITV	医疗机构、专家信息、疾病检预门诊、药店名录、燃气服务点、家政服务、社区通告、停水通告、停电通告、加油站、停车场、公共自行车租赁点、市民卡充值、铁路售票点、民航售票点、汽车售票点、咪表卡服务、民航服务、公交线路、学前教育、义务教育、普高教育、中等职业教育、高等教育、民办教育、特殊教育、户籍、就业创业、婚姻、医疗卫生、证件办理、退休、死亡殡葬、人力社保、健康教育、学校通告
华数数字电视	社区简介、社区公告、社区风采、社区固定人口、社区流动人口、社区居委会、社区警务室、社区卫生服务中心、老年活动中心、海曙新闻、社区新闻、就业（招聘信息）、物价信息、卫生（健康百科）、生活圈（商家优惠）、交通出行、教育
左邻右舍	海曙区标准地址信息、社区专家门诊、街道社区概况、社区通告
启商科技	KTV、足浴、游泳馆、水果店、餐饮企业名录、蛋糕店

其他几个部门在数据共享和利用方面的情况如下。

宁波市规划局的电子地图数据，经脱密变形处理，制成政务版和公众版的电子地图，为不同的市直接管辖的各委员会、办公室、局级机构应用提供服务。工商、质监、城管、财税等部门直接通过平台发布，并各自维护其专题地理数据。基础空间地理数据库的共享模型如图 12.3 所示。

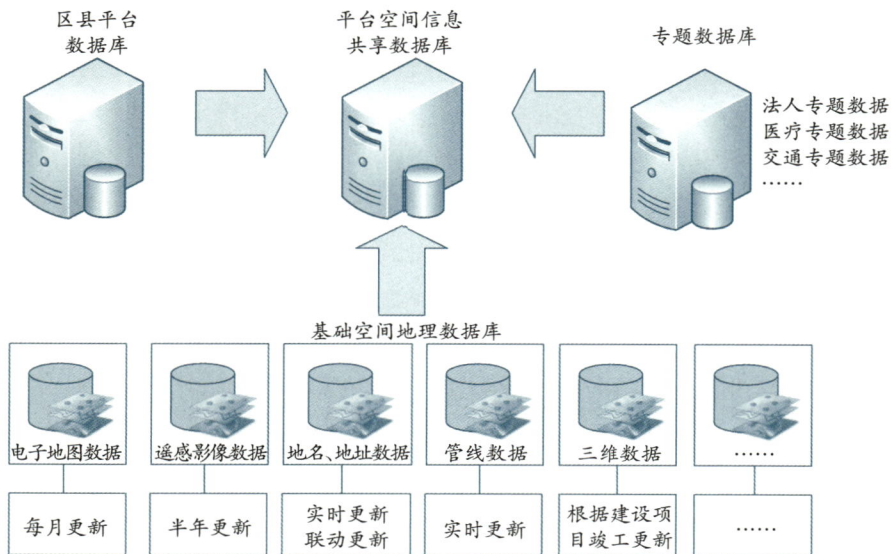

图12.3　基础空间地理数据库共享模型

宁波市统计局按月从10多万家调查对象中收集、汇总近千个经济和社会发展指标数据，并在此基础上通过部门数据收集、数据分类汇总及整合等途径生产并对外提供近400个主要指标及1 000多个分类指标，再加上年报数据和各阶段性的国情国力调查，每年新增数据量达1GB，累计数据总量达20GB以上。

根据《中华人民共和国统计法》（简称《统计法》）等相关法律法规，除涉及企业商业秘密和个人隐私的个体资料，以及未经上级审核公开的指标数据不得对外提供外，其余统计局已公开的汇总及分项资料原则上都可对外提供。

统计局在数据利用方面，一是精心编制统计产品。每月编制和对外提供两期《统计专报》、一期《统计月报》和一期《浙江省数据要情（宁波市部分）》，每年编印和对外发布《宁波市国民经济和社会发展统计公报》《宁波市概览》和《宁波市统计年鉴》。二是主动做好信息公开。按照政府信息公开的相关要求，及时在内网、外网及政府信息公开网公开统计公报、统计年鉴等年度数据和统计专报、统计月报等月度进度数据，便于社会各界查阅。三是热情应对各方信息咨询。通过统计微博、网上局长信箱、政府信息公开网、宁波市新闻网《民生e点通》栏目，以及向社会公布的统计咨询电话等平台，热情向社会各界提供快捷、方便、优质、周到的统计信息服务，全年应答和反馈信息咨询近千条（次）。每年承担大量的重要会议材料数据的提供和校对工作，并为各项重点工作提供数据服务。

宁波市质监局的数据利用和共享表现在如下几个方面：①企业档案基本信息与规划局进行数据交换标注；②监督抽查信息按季度在门户网站公开；③行政许可信息按发证情况在门户网站公示，今后统一使用浙江政务服务网办理、提供在线查询；④市级案件信息已在门户网站公开，并与市电子监察系统进行数据交换；⑤日常监管信息为工作记录信息，需进行后续工作，具有一定的不确定性，暂时无法用于公开。此外，法人库建设完成，先后与工商局、质监局、安监局、统计局、财政局、国税局、人力社保局、检验检疫局、审计局等部门进行了数据对接，制定了法人库共享目录、法人库共享协议、法人库共享审批流程等工作规范。

在数据开放方面，宁波市教育局目前主要将数字化教育教学资源向社会公众开放，以实现优质教育的普及。教育局 2013 年启动智慧教育项目，2014年完成一期建设。一期建设主要有三个方面的内容：①针对传统基础教育，打造了人人通软件平台，平台开放了个人空间和师生互动平台，人人通软件平台注册用户 6 万～7 万人，活跃用户 1 000～2 000 人；②开设直播课和进行在线教学；③针对高校师生，提供数字化阅读平台，通过大学园区图书馆实现不同学校的文献传递和共享，节省费用。同时面向社会人群打造终身教育平台（老年教育、职业培训等）。在此基础上，教育局进行了二期的建设规划，主要有三个方面的内容：①打造门户网站；②整合一期的三部分内容，打造学习平台，学习平台包含教育商城（政府全资的智慧教育投资公司，由政府授权运营，并预留接口给第三方，采用 B2C 的模式，企业可通过平台出售资源）；③夯实作为基础设施的云平台和数据中心。

2. **数据共享开放的问题和障碍**

宁波市公安局目前已实现户籍人口身份证号、姓名、性别、出生地、出生日期、民族、照片七项数据的对外共享；通过接口方式向各政府共享部门提供户籍人口的信息核查、比对服务，基本实现与市人口计生委、人力社保局、卫生局的人口信息实时交换、共享和应用。

政府数据要共享和利用，首先要进行部门内部的数据整合。以上几个部门，除了宁波市海曙区经信局初步完成了其下 25 个部门的数据整合、质监局完成部分数据整合（法人库建设）外，其他部门均暂未实现部门内部的数据整合。数据整合、融合完成后，以上部门中，只有求助服务中心的数据可以完全对外开放；大多数政府部门，如人社局、卫生局、公安局、统计局、质监局的原始数据都难以对外开放。政府数据对外共享和开放的障碍和问题究竟有哪些呢？

宁波市海曙区在实施政务信息资源整合、建设数据开放平台的过程中，遇到了如下一些问题。①各政府部门普遍以保密为理由，拒绝共享开放具体数据。②从电子政务发展趋势看，由省、市统筹建设信息系统，实现部门业务和数据的集中管理是比较合理的。但上级政府部门在统筹信息系统建设过程中，基本都不考虑本部门以外的数据需求，更不考虑下级政府部门的数据落地和应用需求，因此，这些系统都不预留数据输出途径（如手工电子表导出批量数据和直接接口对接）。③没有可作为明确依据的法律法规来界定哪些具体数据可以在互联网上开放，哪些统计数据可以开放，哪些个体数据不能开放。④政府人员的能力水平、软件开发单位的实施能力及工作规范性严重制约着数据整合、数据开放的质量和效果。

从人社局来看，目前全世界还没有将社保数据开放给企业使用的先例。例如，澳大利亚的社保数据是由 Centrelink 公司开发和利用的，该公司的性质类似于国内的事业单位。新加坡是由一家公司来做全国的数据管理和利用工作的。一方面，国家限制社保数据的开放；另一方面，担心将数据开放给公司和企业使用，会泄露隐私。

对于规划局而言，目前存在的问题包括：①数据更新频率不够，需要至少每年一次，但因为缺乏资金，某些数据 4～5 年才更新一次；②数据精度问题，脱密加工后的精度为 4～5 米，不能更好地支持某些应用；③不同部门的数据整合、融合不够。另外，目前三维立体数据还没有被开放利用；地下管线数据还不完善；自然资源，尚无数据，需要多部门来协调建设。

从卫生局来看，宁波市对智慧健康数据利用有巨大的需求，但也存在一些制约因素。①数据互联共享的基础还不扎实。这几年市卫计委集中精力从区域层面来打造互联共享的信息环境，以消灭信息孤岛，但具体到各个单位，由于业务系统由多个软件商承建，数据标准规范不一致（数据结构不同，同一数据名称、定义也不同），各业务子系统着重点不同，协同性差；由于患者隐私保护、数据敏感（药品信息等）、数据质量不佳、接口改造经费不足等原因，医院内众多信息系统之间尚不能形成充分的互联共享，基层的信息化基础成为全市互联共享的制约因素，临床数据中心和医院集成平台建设是解决这一问题的主要途径。②医疗大数据挖掘利用的技术和技术人才的缺乏。希望政府增加促进医疗卫生行业内大数据挖掘的扶持政策，加强与科研院所的合作来提升宁波市人口健康数据利用水平，同时与企业合作开展基于居民健康服务促进的大数据利用。③医疗大数据利用相关法规的缺失，制约

了医疗大数据的社会化利用。从信息安全和保护患者隐私的角度出发，在国家没有明确的相关政策出台之前，不主张将人口健康信息向社会开放，或用于促进居民健康这一基本目的之外的商业利用。

公安局掌握与人有关的一切数据，公安局的目标是成立一个信息中心资源库，来整合全局数据。目前，因为各个部门权限不一样，绝大部分数据涉密，业务有分割，所以公安局的数据整合和共享利用也存在如下问题：①各共建单位的人口共享维护数据目前尚未完全实现交换对接；②各单位实际需求与原有的人口共享平台设计功能有所出入；③《中华人民共和国居民身份证法》规定，不能批量对外提供居民身份信息。

统计局则因受相关法律法规制约，各相关部门基础数据的对外开放和共享存在着障碍，特别是根据《统计法》，量大面广的企业（单位）基础数据不能对外公开；同时，综合数据库建设是系统工程，需要市委、市政府及相关部门的支持和配合。此外，对统计数据的深挖利用需要大量人力，亟须在统计人员的配备上给予支持。

质监局面临的主要问题则是对法人信息存在实际需求的单位较多，但这些单位没有接入政府外网，无法通过政府外网实现数据交换和信息共享，而在互联网内实现法人信息的应用，需要考虑数据的安全性。

教育局的数据共享和利用问题表现在如下几个方面。①缺乏标准。在数据公开和共享方面，例如，办理智慧校园卡，需要提供十几个字段，提供后是否会被非法利用？②数据对其他应用的支撑很差。很多时候，数据需要先导出，再导入，而这涉及权限问题。③梳理、整合、开放、共享培训、教育资源（各部门、学校、社会等）时，需要将版权与收益模式建好。例如，规定公办教师不能社会化兼职，如果将其课件共享，实现社会化利用而获得了收益，该如何确定收益分配模式？④教育局和市级层面都需要出台相应的激励政策。

由此可见，总体来看，实现政府部门数据的开放和共享主要存在以下几个方面的问题。

（1）缺乏开放标准。对于哪些数据可以开放，哪些数据不能开放，缺乏官方的标准和法规，没有明确的规定。若开放，政府部门、企业、个人等各方权责也不清晰。目前缺乏政府数据共享和开放的模型及流程。

（2）受限于当前的法律法规和安全隐私的保护。政府部门的数据可能涉及国家安全、公民隐私等，无法对外开放和共享。例如，关于规划局的测绘数据，原始数据需要经过脱密，且精度要降低才能对外开放和共享，统计局的原始统计数据及省级以上统计数据是不能对外公开的。为此，我国已有明确的法律法规规定政府哪些部门的数据不能开放或共享。例如，卫生局数据的共享和开放受制于《医务人员医德规范及实施办法》《医疗机构病历管理规定》《中华人民共和国传染病防治法》等；公安局数据的共享和开放受制于《居民身份证法》；统计局数据的开放和共享受制于《统计法》；规划局的测绘数据因为受到《测绘法》《测绘成果管理条例》《国家基础地理信息数据使用许可管理规定》《基础测绘成果提供使用管理暂行办法》等的限制，不能完全开放和共享。

（3）数据的开放还面临数据质量问题。主要原因是政府部门掌握的原始数据因为数据标准、数据格式不统一，各个系统的数据无法融合，或因管理混乱等历史原因，造成数据质量差，无法对外共享和开放。例如，关于卫生局的数据，因为医院各自有自己的业务系统，数据标准不统一；公安局因为各个业务垂直管理，导致各个系统独立，数据标准不统一；规划局的测绘数据需要经过脱密处理，数据精度下降，质量降低；海曙区经信局的数据虽然经过整合，但整合后有些数据还不完整、完善；因为权限问题，教育局各个系统的数据需要导出、导入才能使用，整合困难等。

3. 对比分析

以下对各个部门目前掌握的最有价值的数据，当前数据共享、开放和利用的最大亮点，主要应用情况，存在的最大问题几个方面进行对比，如表 12.5 所示。

表 12.5　政府部门、单位数据共享对比

政府部门	目前掌握的最有价值的数据	当前数据共享、开放和利用的最大亮点	主要应用情况	存在的最大问题
海曙区经信局	对本区25个部门的整合数据	已基本完成内部各部门数据整合、融合	社区应用等	获得原始数据的通道不畅通
市民求助服务中心	积累的历史数据	数据可无障碍完全对外开放	对外提供案例、统计结果等	对其他政府部门数据需求强烈
统计局	各类统计数据	有《统计法》作为依据	统计月报、年报等	原始数据和省级以上统计数据不可开放
规划局	地理信息数据	脱密处理后可对外开放	基于基础地理信息数据库开发的20多种应用	数据更新慢；数据质量、精度不够

政府部门	目前掌握的最有价值的数据	当前数据共享、开放和利用的最大亮点	主要应用情况	存在的最大问题
质监局	法人库数据	制定了法人库共享目录、法人库共享协议、法人库共享审批流程等工作规范	法人库与多个部门进行了数据对接	对外数据接口问题
人社局	社保数据（养老、医疗、就业）	无	内部的统计分析	担心涉密，无法对外开放
卫生局	医疗业务和公共卫生业务数据	无	内部建设的三大应用平台	各大医院系统独立，数据分割现象严重，整合困难
公安局	人口库数据	无	无	因业务原因，内部各部门数据整合困难且大多数据涉密，无法对外开放
教育局	数字化教育教学资源	无	智慧教育平台	内部数据整合困难

（三）政府大数据开放和社会化利用的总结与建议

1. 政府部门掌握大量高价值密度的数据，尚未发挥出真正意义上的大数据价值

不同于一般互联网上的数据量大、价值密度低的特征，政府的大数据是具有高价值密度的数据，每个政府部门都有不同的数据存量，涉及不同的价值方面和业务类型。

有些单位把历史的业务数据、财务数据等进行整合、统计和分析，然后得出一些曲线图、统计图等，这是传统数据的统计分析，是信息化的初级阶段，还没有到真正的大数据应用阶段。政府大数据要有不同政府部门数据的互联互通，更要有不同类型业务特点的数据融合，这样，政府大数据的价值才能发挥出来。比如卫生局的数据和人口方面、地理数据等的融合，可以有新的发现，产生新的价值。这才是大数据真正奇妙的地方所在。

有一种观点认为"大数据就是烧钱，没有钱是玩不起的"。显然这种认识还没有走出"信息化投入与生产力悖论"的误区，如果政府信息化大数据

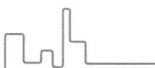

只是盲目上设备、大搞建设，却不知价值所在，当然会入不敷出。政府信息化大数据的真正价值是长远的，与大规模投资和人力资源投资的经济绩效产出比相比，信息化投资的绩效远高于前两者已经早有定论，不能用"时间断面式"评价政府信息化大数据的价值。

2. 考虑政府数据的开放不能仅从政府自身的角度

目前政府部门的数据开放平台（网站）大多是从政府部门自身出发给出的。其列出的可开放数据清单只是政府数据的一部分，甚至是很小的一部分。大多数市民对一些公开的大部分数据并不感兴趣，或者根本就不知道政府数据开放平台的存在。然而我们并不能就此认为百姓对政府数据漠不关心，原因如下。

（1）数据清单是政府从自身出发列出的，在政府看来是可开放的，而不是全部数据。市民可能对"单采血浆站许可证审核信息"不感兴趣，但不表示对"医院医护人员专家信息"不感兴趣。

（2）数据开放，不能将其理解成将原始数据裸露给市民。例如，市民可能对培训机构基本信息兴趣不大，但如果将培训机构做成一个大众点评模式，市民上去之后，不仅能看到附近有哪些培训机构，还能看到各个机构的优势在哪里，大家对它的评价如何等，那样会大大增加市民的兴趣。因此，政府数据开放，不能将原始数据裸露给市民，而必须加以应用，找到应用场景。裸露原始数据给市民，既有安全和隐私问题，又不知道市民对什么感兴趣。对政府数据应用而言，企业是政府和市民的桥梁，特别是"微、小、众"企业。这些企业，将政府大数据汇集的资源与民众的各种各样的需求进行对接，并开发出各类应用，这样比政府将大数据直接裸露给市民来用更为有效，因此也是一个有效的途径。

3. 数据权与商业利用的悖论问题

政府部门掌握的大量有价值的大数据，若能有好的开发应用，肯定能带来好的经济效益。但是政府部门被限制不能从事商业经营活动，比如公安局掌握的大量数据。政府部门明明知道数据有价值，但是既不能做成可商业化利用的产品，又不能将数据直接卖给企业，因此数据权的问题就出现了。比如，政府把数据卖给了企业，企业将数据市场化利用了，产生了经济效益，但从市民的角度看，政府部门是通过行政手段或者自身的业务积累掌握了大量市民的数据，它凭什么拿了市民的数据去卖呢？因此，必须弄清楚数据权问题，划分好

数据的责权利，才能建好数据产业链，促进数据产业的健康发展。

4. 政府部门整合数据，要找到核心应用的出发点和主要依托单位

这就是谁来主导的问题。大多数政府部门，只要是掌握了一部分核心数据的，都希望把别的部门的数据整合过来，形成一个统一的平台，对开发各种应用都有一个蓝图，也都说得头头是道。问题是，大家都不愿意把自己的核心数据交出去。因为有些数据就是某些部门的命脉，一旦交出去，这个部门可能就没有存在的必要了。这也是"信息孤岛""信息烟囱"存在的主要原因。

因此，对"信息孤岛""信息烟囱"问题，也要辩证地看待。有好多独立的系统确实有独立存在的必要，有现实的业务需求。在现有体制下，必须是"信息烟囱"，才能保证数据安全，才能保证业务顺利开展。以公安局为例，各个部门之间都是独立的业务系统，都有保密需求，要做到数据的互通共享是非常困难的，同时再加上上面提到的"部门利益"，形成了很难破除的体制障碍和壁垒。所以，政府数据开放和利用，不能盲目追求数据的大整合，必须有条件地逐步实现。

所以，多个部门的数据整合并不是最终目的，整合的目的首先是满足最优的政府职能的行使，其次是供社会利用。这两者都有一个共同的问题，就是找到核心应用，满足政府管理和老百姓的应用需求。现在最重要的问题是，虽然信息公开了，但没有形成稳定信息推送服务系统，只在网站上"一挂了之"，没有走完"最后一公里"。

5. 政府各部门列出数据共享清单，成立顶层的大数据应用协调部门

（1）列出本部门掌握的数据清单，并且对数据进行分级分类（前提是有部门牵头制定相应的分级、分类标准及其依据）。首先是各个部门列出本部门掌握的数据清单，并且要对数据进行分级分类，哪些可以开放，哪些不能开放，哪些可以逐步开放，哪些绝对不能开放，等等。但是因为业务性质不同，不同的部门需要不同的划分标准和依据。比如统计局因为跟数据打交道，目前已有自己的数据开放模型和标准。哪些可开放，哪些整理完才能开放，以什么样的形式开放，多长时间开放一次，都有依据。因为有《统计法》可依。统计局有依据，其他掌握了数据的核心部门也可以有，并且应该有。

（2）给出本部门对其他政府部门的数据需求清单。同时，结合本部门的业务和大数据应用需要，各个部门还需要分析和提供本部门对其他政府部门的数据需求清单。如前文所述，宁波市公安局和市民求助服务中心都提供了

详细的数据需求清单，需要哪些部门的哪些数据，为什么需要，干什么用，都写得很清楚。

有了以上两份清单，政府可以成立顶层的大数据应用协调部门，进行数据的对接和协调，甚至是数据的交易。解决挖掘核心应用、确定主导部门、避免重复建设等问题。

三、广州市电子政务中心数据共享案例——政府信息共享平台

（一）背　景

广州市电子政务中心隶属于广州市科技和信息化局，为其下的一家事业单位。该中心主要负责以下三个方面的工作：①电子政务中心核心骨干网的建设、运维和管理工作；②电子政务公共平台的建设，包括数据中心和市、区两级纵横双方的交换（纵为市、区两级的数据交换；横为并行直属单位的交换）；③统一认证的建设和部署，广州市民可通过统一认证在网上办理相关业务。

广州市的政府信息共享平台是在 2000 年开始规划的。2002 年，在大社保专项中作为大社网的数据中心，当时平台上汇集了 22 家单位在社保领域的数据。2004 年，根据综合治税和国家企业基础信息共享的相关文件，建立了企业的基础信息库，并配套加入了行政审批的电子进程。2007 年，根据广州市流动人员管理和企业行政审批，采集了流动人员的信息。2011 年，平台开始进入工程建设领域做信用支撑，发布了企业基础信息，并可供内部人员查询。2012 年，进行全市的中小客车的总量调控——在后台做小车申请信息的核对。广州市政府信息共享发展历程如表 12.6 所示。

表 12.6　广州市政府信息共享发展历程

时间	发展历程
2002年	大社保规划、社保数据中心规划
2004年	建设社保数据中心
2006年	企业基础信息共享、电子监察等
2007年	流动人员管理、企业并联审批等
2008年	平台升级改造为市电子政务数据中心
2009年	综合治税、外籍人员管理等

时间	发展历程
2011年	工程建设领域项目和信用
2012年	中小客车总量调控
2013年	商事制度改革

（二）广州市政府信息共享成效

1. 化繁为简，优化流程，实现受惠于民：中小客车总量控制

通过应用市政府信息共享平台，实现了公安局、人社局、工商局、国税局、地税局、质监局等7个部门的数据共享和业务协同。例如，市民原来需要跑7～8个部门来申报中小客车指标，至少需要2～3天的时间来完成所有的步骤，现在只需要在中小客车指标申报的网站上录入基础信息，然后交委系统把信息发送到公安局、工商局等各个部门去核查指标，核查无误后就把结果公布出来，市民可以在网上查询结果，查到了以后，也无须任何证件，就可以到车管所去上牌（车管所可以在网上把市民的信息调取出来），如图12.4所示。截至2013年9月30日，已有438 320个市民和18 223个企业进行网上申请，共节约时间约92.22万小时。

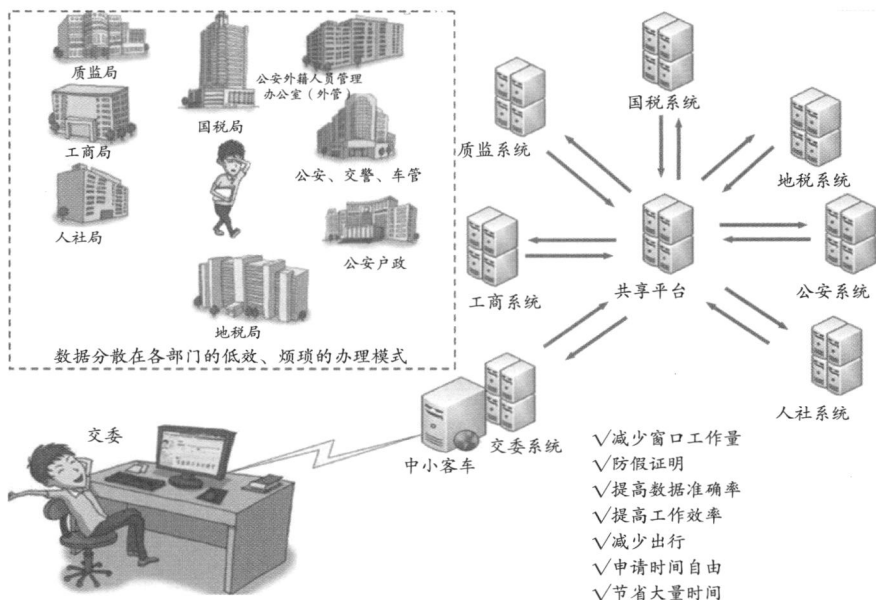

图 12.4　市民申报小客车流程简化

2. 实现信息互动：综合治税

依托广州市电子政务中心，通过建设综合治税应用系统，将税务、工商、质监、国土、房管等多个部门的信息进行共享，以满足税务部门监控税源的需求。在开业登记信息、税务登记信息、纳税信息等实行共享之前，若企业仅去工商机关做开业登记而不去税务部门做税务登记，税务部门难保不会对一些企业漏征漏管；而现在工商部门开业信息共享到质监、国税、地税等部门后，各部门已形成了对企业成立情况的全面监管，可防治偷税漏税。根据国税部门统计，税务部门年税收增加至少超过 50 亿元。信息共享前、后对比情况如图 12.5 和图 12.6 所示。

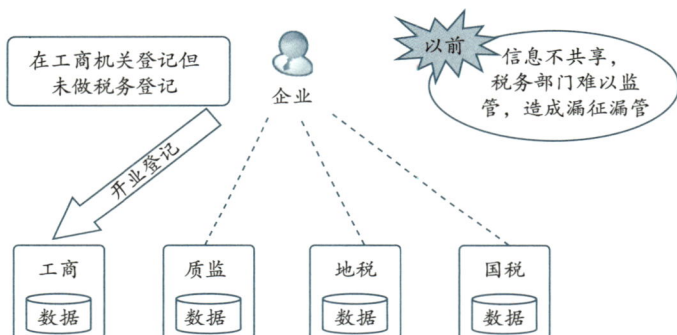

图12.5 信息共享前

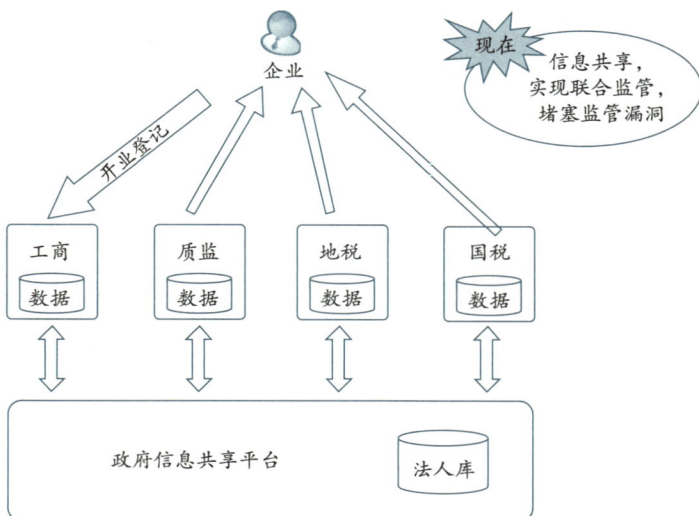

图12.6 信息共享后

3. 形成一套数据共享的政策、标准和规范

广州市就数据共享历年来发布的政策、标准和规范如表 12.7 所示。

表12.7 广州市就数据共享历年发布的政策、标准和规范

时间	政策、标准和规范	备注
2008年	《广州市法人基础信息共享暂行管理办法》	
2011年	《广州市政府信息共享管理规定》（广州市人民政府第75号令）	提出信息共享的原则"以共享为原则，不共享为例外"（后在2012年9月改为"依职能共享和使用"）
2012年	《广州市政府信息共享管理规定》	明确了政府信息应"依职能共享和使用"，实现政府信息共享有法可依，使政府信息共享的推进更加顺利，尤其是市政府信息共享目录的发布，明确了政府信息共享的具体范围
2013年	《政府信息共享接入规范》	指导和规范各级政府部门接入政府信息共享平台的接口开发工作
2014年	《广州市政府信息共享管理工作规范》《广州市政府信息共享管理工作指南》《广州市政府信息共享管理培训教材》《广州市政府信息资源目录编制规范》《广州市政府信息资源目录管理规范》《广州市政府信息资源数据标准规范》	为政府信息共享的各个层面提供详细、具体的操作指导

（三）广州市政府数据共享现阶段的特点

1. 推行机制：利己属性主导的由下至上专项推行

广州市政府数据共享现阶段成功推行的特点是：由下至上，以各部门的利己属性为基础，通过专项形式推行。利己属性是指需要通过多部门协同办理的政府的业务因通过数据共享大大简化了流程，节省了成本，各部门因此受益，因此将其作为各政府部门向其他部门分享其数据的动力。专项形式是指如下过程：①政府发文，根据政府的发文内容提出专项的建设内容，并明确牵头部门和相关的参与部门；②由牵头部门梳理整个专项业务流程，广州市电子政务中心配合牵头部门的工作行程，整理出专项信息资源目录；③根据这个信息资源目录，电子政务中心制定共享交换的数据标准；④标准经过各部门核实确认之后，电子政务中心做共享交换的实施、接口、主题创建等。以上步骤完成后，各部门就可以开始进行日常的共享交换了。

通过利己属性，尝试打破各个政府部门间因利益问题而不愿共享数据的困境，逐渐将被动共享数据引导为主动共享数据。这个思路在其他地区政府共享数据的案例中是比较罕见的。图 12.7 是以专项形式推行政府数据共享的步骤。

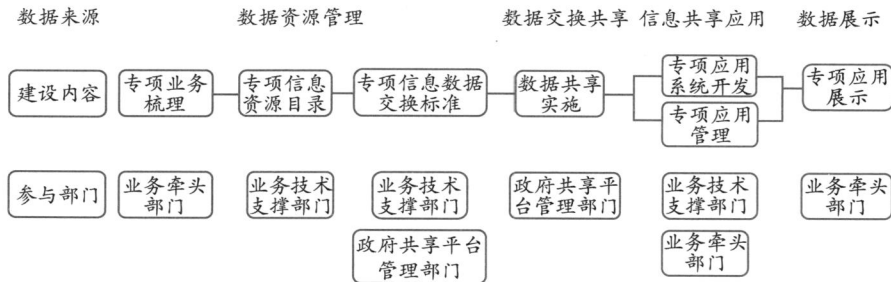

图 12.7　政府数据共享的步骤

2. 管理模型：星状结构

共享模式为一对多基于平台的星状结构（见图 12.8）。信息资源都集中在信息共享平台统一管理，利于建立合理的共享体系，而且解决了以下 3 个问题：①所需信息资源在哪里；②获取所需信息资源的渠道；③如何就信息资源共享实行有效的沟通协调。这就避免了因传统多对多网状结构造成的无序、统筹协调管理成本高、周期长、已投入资源难以使用、具体操作困难等一系列问题。

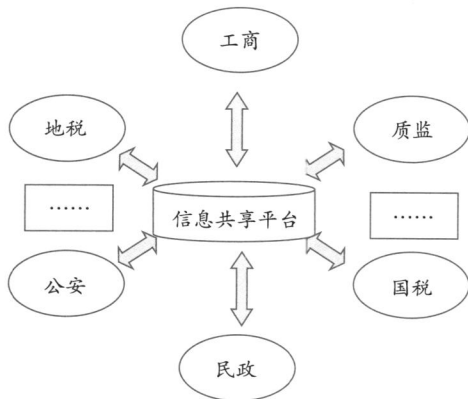

图 12.8　一对多基于平台的星状结构

3. 共享机制：以共享目录为核心

共享机制围绕共享目录这个核心而形成。尽管国家对数据资源的分类还没有统一的标准和规定，广州市电子政务中心对此做出了尝试，以方便数据资源可管理、可利用和可支撑。2013 年 9 月，广州市科信局发布《关于征求〈广州市政府信息共享目录 V1.0（征求意见稿）〉意见的函》，向 37 家相关单位征求意见，并根据收到的 28 个部门的 124 条意见，整理形成《广州市政府信息共享目录 V1.0（修订稿）》。2014 年 7 月，《广州市政府信息共享目录（第一版）》经市政府审批同意，正式印发。

广州市政府信息共享目录分为三个子目录：基础信息共享目录、部门信息共享目录和专项应用共享目录（见图 12.9）。这三个子目录是并行的。其中，信息最全面的是部门信息共享目录，其他两个子目录——基础信息共享目录和专项应用共享目录都是从部门信息共享目录中根据一定的规则抽取出来的。整个目录共包含来自 36 个政府部门的 936 个共享信息资源，其中基础信息资源 29 个，部门信息资源 499 个，专项应用信息资源 408 个。

根据《信息共享管理规定》，每个目录都有五个要素：数据主题、提供单位、数据项、提供频率和共享范围。表 12.8 为实施样例。

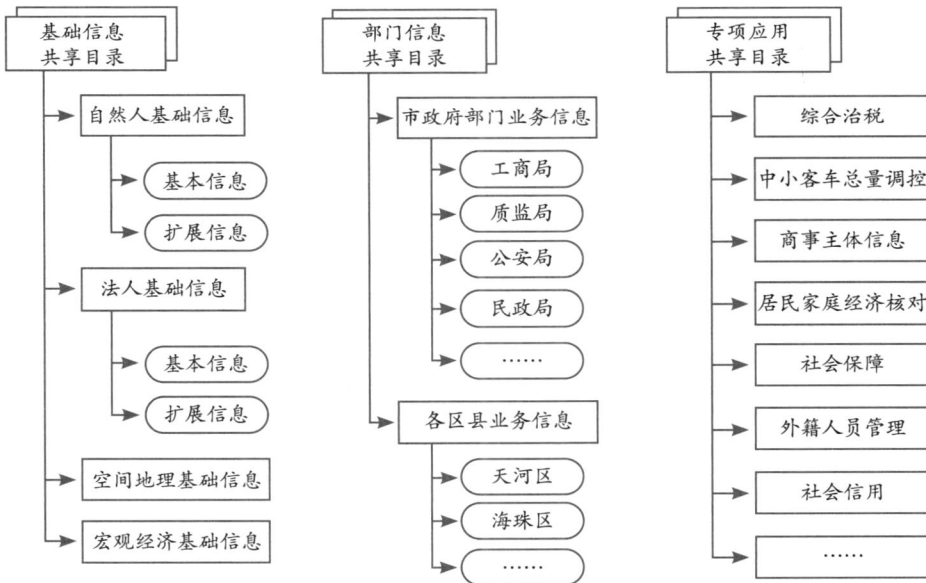

图 12.9　政府信息共享目录层次结构

表 12.8　政府信息共享目录实施样例

样例项目	样例内容
数据主题	个体税务登记（变更登记）信息
提供单位	市场税局

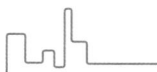

续　表

样例项目	样例内容
数据项	组织机构代码，注册号，纳税人识别号，经营者姓名、身份证件号码、联系电话，注册地址，行政区划，税务登记日期，税务登记机关，登记状态代码，登记状态，变更日期
提供频率	每天
共享范围	无条件共享，依职能提供给各级政府部门使用

在共享目录的基础上，制定了共享的原则和现在共享的角色分工。现共享原则为"依职能共享和使用"。参与共享的有以下三个角色分工：数据提供单位、数据获取单位和数据管理单位。①数据提供单位，是需要使用和采集数据的部门，通过业务把数据采集上来并进行维护，同时还要建设部门的业务信息系统和业务库，包括它自己部门的业务信息资源目录和数据共享目录。②数据获取单位即需求数据的部门，通过政府信息共享平台获取数据、使用数据，同时将数据使用情况反馈回来。如遇有问题的数据，会返回原单位去核准。③数据管理单位即广州市电子政务中心，建设和管理信息共享平台，做日常的数据交换、数据管理，以及制定相关制度。

4. 监管机制：一数一源

一数一源，即基础数据由权威源头部门确定。例如，公安部门是户籍信息的权威源头部门，如果其他部门提供的信息与其提供的户籍信息产生冲突，将以公安部门提供的信息为准；此外，公安部门还需为其所提供的户籍信息的真实性负责。

（四）小　结

广州市政府信息共享在全国走在前列。推行机制和星状的管理模式为"共享机制的核心文件—共享目录—提供基础"。一数一源的监管机制又为数据的可靠性和解决数据冲突提供了保证，让各个政府部门业务能化繁为简，优化流程。数据共享后能提高效率、降低成本的益处又增强了各政府部门信息共享的意愿。基于这套逻辑，广州市政府信息共享的工作逐步有了今天的成果。这也为其他省（区、市）推行政府数据共享的工作提供了新思路：如何让数据共享比数据封锁给各数据持有部门带来更大的利益，最后实现双赢局面。例如，政府部门工作化繁为简，业务压力减轻；业务办理方便、简单。以这种良性循环的结果作为政府数据共享的动力，也许不失为打破信息

壁垒的一个良方。

四、基于东莞市政府开放数据意见征集平台数据的分析调查

（一）概念与背景

政府开放数据的关键在于民众对其的参与与利用，所以民众反响是回答上述问题的一个风向标。民众反响（response of audiences），顾名思义就是政府开放数据在民众中产生的反响。它包括民众对政府开放数据的了解度（认知水平）和参与度，其中参与度又包括了民众对其的关注度和利用程度（见图 12.10）。本节根据以下部分的量化标准来分析总结。

图 12.10　民众反响

1. 了解度的量化标准

将民众对政府开放数据的认知水平划分为五个层次：①从未听说过；②听说过，但不清楚具体是什么；③听说过，有个模糊的概念；④认真查询过（或被科普过），能说出具体的某些概念；⑤非常了解该类信息。

2. 民众关注度

可从两个方面的量化标准来分析民众对政府开放数据的关注度。

（1）民众在政府开放数据相关网页／网站上的行为指标（参考了美国政府对其开放数据官网的量化指标），如表 12.9 所示。

表 12.9　行为指标

量化标准	定义
总访问量	访问为行为个体在网站浏览一个或多个网页的行为，总访问量为网站在某一确定时间段的总访问人次
页面被访问总次数	在某一确定时间段，网页被访问的总次数
可区分的访客人数	在某一确定时间段，访问网站至少一次的确定用户（或IP地址）的总数

续　表

量化标准	定义
每人次平均的访问页面量	某一确定时间段的所有页面被访问的总次数/在此时间段的总访问量
每个页面平均的停留时间	每个访客在某一页面停留的时间总和/该页面的总访客量
跳跃率	打开网站后马上离开的访问比率
回访率	访问后再回访网站的可区分访客人数/可区分的访客人数

（2）细化民众属性后的关注度分析，详见本章后面的"从受访者属性细化分析其对政府开放数据的关注度"一节内容。

3．利用程度

利用程度是指民众是否能利用政府开放的数据满足自己对社会和政府的知情权，是否能从中挖掘商机从而创造经济价值。

（二）调查的实施方法

1．问卷调查

问卷调查分为面向个人和面向企业两个部分。面向个人的问卷调查通过线上和线下两种方式进行；面向企业的问卷调查由东莞市物联网产业促进会协同实施。

（1）面向个人。本次的分析调查主要基于东莞政府开放数据意见征集平台（http://www.govopendata.org）的网站数据及纸质的《政府开放数据意见征集调查问卷》的数据进行。网站数据包括网站的总访问量、可区分的访客人数等；纸质问卷总共回收了 4 264 份有效问卷（有效回收率为 85.28%，共发放 5 000 份）。东莞政府公开的数据目录（仅是目录，并没有开放目录下的数据）有 7 个大类，分别是文化教育（32 个目录）、环境（25 个目录）、民生（10 个目录）、经济（6 个目录）、农业（4 个目录）、安全（3 个目录）、医疗（2个目录），总计 82 个目录。本次问卷为实名问卷，受访者提供年龄、性别、学历等个人信息，并对政府公开的 82 项数据目录进行投票：对其感兴趣的目录投支持开放票，表示希望进一步开放目录下的数据；对反对开放的目录投反对票，表示不希望开放该目录下的数据；对不了解、不熟悉或不感兴趣的目录投不感兴趣票，表示并不关心该目录是否会开放其下的数据。前期进行网络问卷调查（见图 12.11），由东莞政府开放数据意见征集平台的访客自主、自愿、自发地填写问卷。后期进行为期两个月的实地纸质问卷调查（见图 12.12），首先是联系学校或企事业单位的行政部门，再由学校或企事业单位的行政部门将问卷发放到个人，个人完成后交予所属的行政部门，最后再向行政部门按份付费回收。

图 12.11　前期网络问卷实施流程

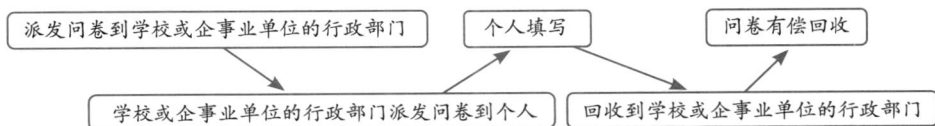

图 12.12　后期实地纸质问卷实施流程

（2）面向企业。联系当地的企业联盟，由企业联盟具体发起和实施问卷调查。共有 40 家企业参加（共 47 份问卷），涉及电力、IT、交通、服务、制造等 8 个行业。问卷的目的主要是摸清现阶段企业对政府数据的需求强度、使用情况以及具体需求目录。

2. 采访式调查

对当地企业家 / 企业高管、政府部门人员等进行匿名采访，以问答形式了解他们所关心并希望政府开放的数据目录清单（采访问题及分析详见本章的"面向企业采访分析和问卷调查"的"企业采访"一节内容）。实施流程如图 12.13 所示。

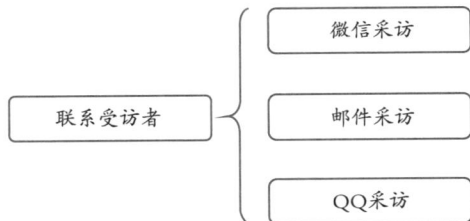

图 12.13　实地采访实施流程

3. 国内外网站对比

到其他政府开放数据的网站上做调研，并与东莞政府开放数据意见征集平台上的数据（例如网站总访问量等）做比较。

其他政府网是英国的政府开放数据网站（www.data.gov.uk）和上海的政

府数据服务网（www.datashanghai.gov.cn）。英国的官网上有直接的网站调研数据；上海的官网上没有直接的调研数据，则需对访问量、下载量等数据做分析处理。

（三）问卷调查结果

1．受访者属性

问卷总共发放 5 000 份，有效收回 4 264 份（回收率为 85.28%）。受访者的性别、年龄、职业和学历分布如表 12.10 至表 12.13 所示。

表 12.10　性别分布比例

性别	比例	人数/人
男	50.28%	2 144
女	45.57%	1 943
未提供	4.15%	177

表 12.11　年龄分布比例

年龄	比例	人数/人
未提供	5.82%	248
20岁以下	4.01%	171
20～29岁	21.83%	931
30～39岁	26.59%	1 134
40～49岁	39.61%	1 689
50～59岁	1.83%	78
60～69岁	0.26%	11
70～79岁	0.02%	1
80岁及以上	0.02%	1

表 12.12　学历分布比例

学历	比例	人数/人
未提供	14.33%	611
高中以下	23.03%	982
高中	23.17%	988

学历	比例	人数/人
专科	17.05%	727
本科	22.02%	939
硕士	0.33%	14
博士及以上	0.07%	3

表 12.13　职业分布比例

职业	比例	人数/人
白领（公司员工、公务员等）	30.65%	1 307
未提供	22.54%	961
学生	15.13%	645
商人（个体户/家族企业等）	13.86%	591
蓝领（工人、保安等）	10.69%	456
自由职业者	3.52%	150
待业/家庭主妇	2.93%	125
务农	0.68%	29

　　以上数据一部分来自网上问卷，一部分来自实地纸质问卷。纸质问卷除了派发给公司/工厂的职工和在校大学生外，还有 60% 派发给中学生的家人（学生家人的职业、学历和性别随机性很大）。从表 12.10 可知，样本数据的男女比例接近 1:1。从表 12.11 可知，受访者的年龄集中在 20 ～ 49 岁；20 ～ 29 岁、30 ～ 39 岁和 40 ～ 49 岁的比例大致为 2:2:3。从表 12.12 可知，样本学历集中在本科（含本科）以下，高中以下、高中、专科和本科的人数接近 1:1:1:1。从表 12.13 可知，受访者中白领人数最多，它与其他几个主要组成部分（学生、商人和蓝领）的比例大致为 2:1:1:0.6。

　　上述采样具有一定的随机性。样本男女比例均匀，主要年龄段分布均匀，本科（含本科）以下学历分布均匀，主要职业分布也较为均匀，保证了后面的数据分析不会出现较大的偏差。

　　2. 问卷投票结果

　　公开的数据目录有 7 个大类，分别是文化教育（32 个目录）、环境（25 个目录）、民生（10 个目录）、经济（6 个目录）、农业（4 个目录）、安全（3

个目录）、医疗（2 个目录）。受访者对目录的态度如表 12.14 至表 12.17 所示。

表 12.14   受访者投赞成票最多的前 8 个数据目录

投票排名	数据目录名称	票数	比例	分类
1	饮用水源水质信息	4 097	96.08%	环境
2	空气质量信息	4 077	95.61%	环境
3	主要江河水质信息	4 044	94.84%	环境
4	污染物排放许可证信息	4 023	94.35%	环境
5	东莞市公办义务教育规范化学校信息	4 018	94.23%	文化教育
6	东莞市公办等级普通中小学信息	4 016	94.18%	文化教育
7	高等院校基本信息	4 010	94.04%	文化教育
8	公办（集体办）幼儿园基本信息	4 003	93.88%	文化教育

表 12.15   受访者投反对票最多的前 8 个数据目录

投票排名	数据目录名称	票数	比例	分类
1	东莞市学生运动员信息	835	19.58%	文化教育
2	教育行政处罚信息	257	6.03%	文化教育
3	教师资格基本信息	222	5.21%	文化教育
4	提取工商登记涉及培训的数据	211	4.95%	文化教育
5	环保行政处罚信息（自然人）	209	4.90%	环境
6	机动车抽检超标排放车辆信息	182	4.27%	环境
7	无证培训机构调查情况	173	4.06%	文化教育
8	工商登记信息	164	3.85%	经济

表 12.16   受访者投不感兴趣票最多的前 8 个数据目录

投票排名	数据目录名称	票数	比例	分类
1	电影放映经营许可证信息	905	21.22%	文化教育
2	电影发行许可证信息	851	19.96%	文化教育
3	印刷经营许可证信息	834	19.56%	文化教育
4	动物诊疗许可证信息	814	19.09%	农业
5	修理计量器具许可证信息	804	18.86%	民生
6	营业性文艺表演团体营业许可信息	753	17.66%	文化教育

投票排名	数据目录名称	票数	比例	分类
7	典当业特种行业许可证信息	690	16.18%	经济
8	提取工商登记涉及培训的数据	653	15.31%	文化教育

表12.17　各票种比例平均数

赞成票比例平均数	反对票比例平均数	不感兴趣票比例平均数
88.48%	2.33%	9.19%

每项总票数为 4 264，表 12.14 至表 12.16 中的比例为每项获得的赞成票 / 反对票 / 不感兴趣票除以 4 264。表 12.17 的各票种比例平均数为赞成票 / 反对票 / 不感兴趣票的比例之和除以 82。赞成票的比例平均数压倒性地最高，为 88.48%，反对票的比例非常低，仅为 2.33%，还有约 10% 的为不感兴趣票。从表 12.14 中可知，支持率最高是与民众日常生活切身相关的环境类和文化教育类目录，前四项皆为环境类的目录，后四项皆为文化教育类的目录。表 12.15 中的目录皆为涉及个人隐私的目录或含负面信息的目录，其中"东莞市学生运动员信息"明显表明其数据涉及个人数据，反对率高达 19.58%，远远超出了平均值 2.33%。表 12.16 中的目录皆为与日常生活相关性不大的，也没有明显涉及个人隐私或包含负面信息的目录。

由上可知，受访者对大多数的公开目录持支持开放的态度。受访者最希望开放的是与自身密切相关的环境数据，其次是文化教育数据。明显涉及个人信息的数据开放会遭到比较强烈的反对，涉及负面信息的数据（例如目录名称中包含"处罚""无证"等关键词）也会遭到民众的反对。与日常生活关系不大且不涉及个人数据或负面信息的数据，受访者的关注度普遍偏低。

3. 从受访者属性细化分析其对政府开放数据的关注度

分析步骤如下。

①算出每个属性层投赞成票 / 反对票 / 不感兴趣票各占各属性层的总票数的比例。

②将各属性层投赞成票 / 反对票 / 不感兴趣票的比例分别做比较，得出各项投赞成票 / 反对票 / 不感兴趣票的最高的属性层。

③将第二步中的数据做比较，得出每个属性层投赞成票 / 反对票 / 不感兴趣票比例最高的次数。

（1）年龄属性

由于 60 岁以上的人数仅有 13 人（占总人数 0.30%），为了避免分析产生较大偏差，所以删去这部分样本。图 12.14 至图 12.16 和表 12.18 至表 12.20 是按照分析方法得出的结果。

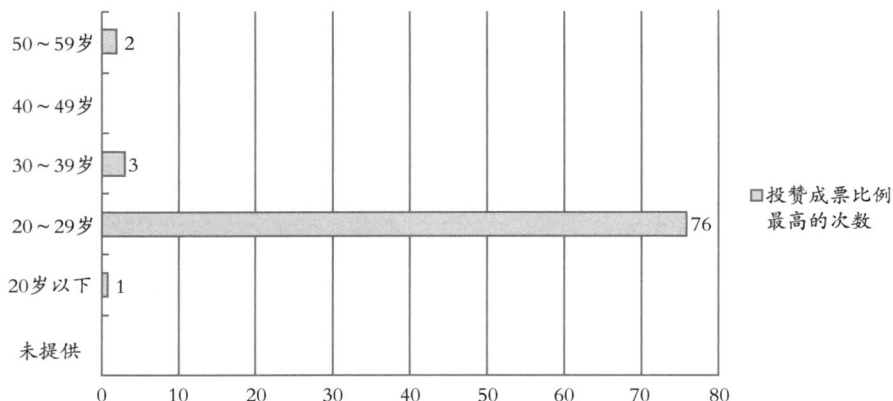

图 12.14 各年龄层投赞成票比例最高次数分布

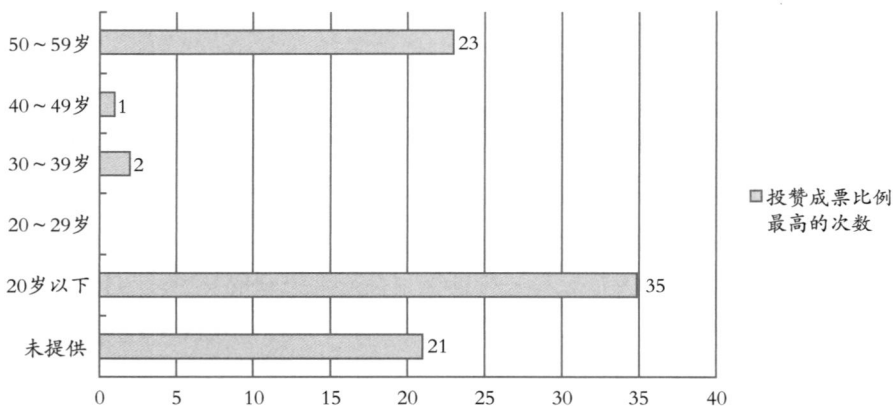

图 12.15 各年龄层投反对票比例最高次数分布

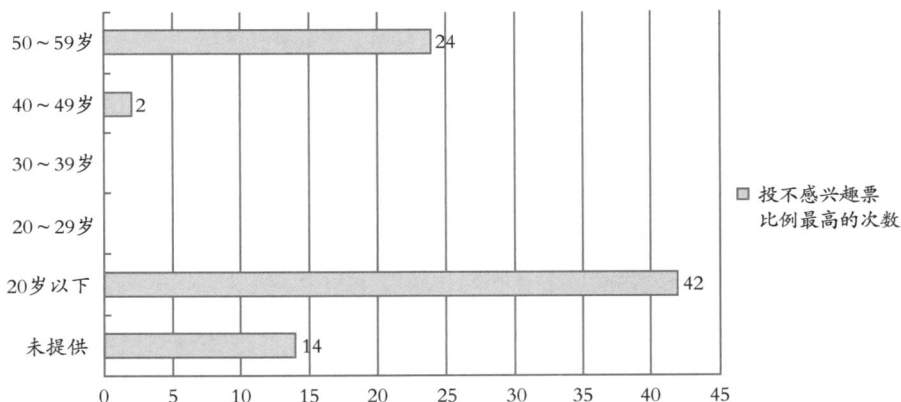

图 12.16　各年龄层投不感兴趣票比例最高次数分布

表 12.18　各年龄层每项投赞成票的人数占所在年龄层人数的比例平均数

未提供	20岁以下	20~29岁	30~39岁	40~49岁	50~59岁	平均数	标准差
85.20%	83.82%	92.42%	88.13%	87.68%	85.72%	87.16%	0.03

表 12.19　各年龄层每项投反对票的人数占所在年龄层人数的比例平均数

未提供	20岁以下	20~29岁	30~39岁	40~49岁	50~59岁	平均数	标准差
3.00%	3.26%	1.73%	2.28%	2.46%	2.85%	2.60%	0.01

表 12.20　各年龄层每项投不感兴趣票的人数占所在年龄层人数的比例平均数

未提供	20岁以下	20~29岁	30~39岁	40~49岁	50~59岁	平均数	标准差
11.79%	12.92%	5.85%	9.59%	9.86%	11.43%	10.24%	0.02

从图 12.14 可得，在 82 项开放目录中，20 ～ 29 岁年龄层投赞成票比例最高的次数高达 76 次，占总次数（82 次）的 92.68%。由表 12.18 可得，每项投赞成票的人数占 20 ～ 29 岁年龄层总人数比例的平均数高达 92.42%，比总体比例平均数的平均数（87.16%）高出了约 5 个百分点。其他年龄层在投赞成票的表现皆比较平均。总体而言，各年龄层每项投赞成票的人数占所在年龄层人数的比例平均数的平均数（87.16%）和标准差（0.03），都说明大部分受访者对政府开放公开目录中的数据持支持的态度。

从图 12.15 可得，20 岁以下的受访者投反对票的比例最高的次数为 35 次，占总次数的 42.68%；接下来表现比较明显的是 50 ～ 59 岁年龄层（23 次，占总数 28.05%）和未提供年龄（21 次，占总数 25.61%）的受访者。但从表 12.19 各年龄层每项投反对票的人数占所在年龄层人数比例平均数的平均数（2.60%）和标准差（0.01）来看，其实各个年龄层对投反对票都持有相对

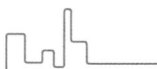

谨慎的态度；投反对票的仅占各年龄层整体的一小部分，而且每个年龄层的表现都比较平均，每个年龄层在 2.6% ± 1.0% 浮动。

从图 12.16 可得，20 岁以下的受访者投不感兴趣票的比例最高次数高达 42 次，占总次数的 51.22%；接下去表现比较明显的年龄层为 50 ～ 59 岁（24 次，占总数的 29.27%），还有未提供年龄的受访者（14 次，占总数 17.07%）。表 12.20 所示的比例平均数除了 20 ～ 29 岁的受访者仅为 5.85% 外，其他各年龄层皆在 11% ± 2% 浮动。

虽然 20 岁以下的受访者相对其他年龄层对政府开放数据的目录表现出较为明显的抵触或不感兴趣，但有一项数据目录，这个年龄层表现出较为强烈的兴趣（见表 12.21）。

表 12.21　20 岁以下受访者相对其他年龄层支持开放比例最高的数据目录

序号	目录
1	东莞市学生运动员信息

同理，30 ～ 39 岁和 50 ～ 59 岁的年龄层也有各自表现出较为强烈兴趣的数据目录（见表 12.22 和表 12.23）。

表 12.22　30 ～ 39 岁受访者相对其他年龄层支持开放比例最高的数据目录

序号	目录
1	民办中职学校基本信息
2	公办中职学校基本信息
3	主要江河水质信息

表 12.23　50 ～ 59 岁受访者相对其他年龄层支持开放比例最高的数据目录

序号	目录
1	东莞市公办等级普通中小学信息
2	高等院校基本信息

粗略分析，20 岁以下受访者更支持开放东莞市学生运动员信息也许与学生运动员能在中／高考中获得加分有关。30 ～ 39 岁的受访者对民／公办中职学校基本信息尤感兴趣也许与这个年龄层的人考虑继续进修有关。50 ～ 59 岁的受访者关注东莞市公办等级普通中小学信息和高等院校基本信息也许是因为这个年龄层的人大部分都有孙儿了，他们更关注隔代的教育问题。但具体情况都需要进一步辅助分析。

大部分受访者对政府公开的目录持支持开放数据的态度，特别是 20 ～ 29 岁的受访者表现尤为突出。对政府开放公开目录的数据持保守态度的，20 岁以下或 50 ～ 59 岁的受访者表现出较为明显的反对或不感兴趣的态度。受访者的年龄属性与他们支持政府开放数据态度的相关性曲线呈不规则的倒"V"字形。受访者对与自身利益相关的数据普遍都表现出更为强烈的开放倾向。

（2）学历属性

由于硕士及以上学历的人数仅 17 人（占总人数的 0.4%），为了避免分析产生较大偏差，所以删去这部分样本。图 12.17 至图 12.19 和表 12.24 至表 12.26 是按照分析方法得出的结果。

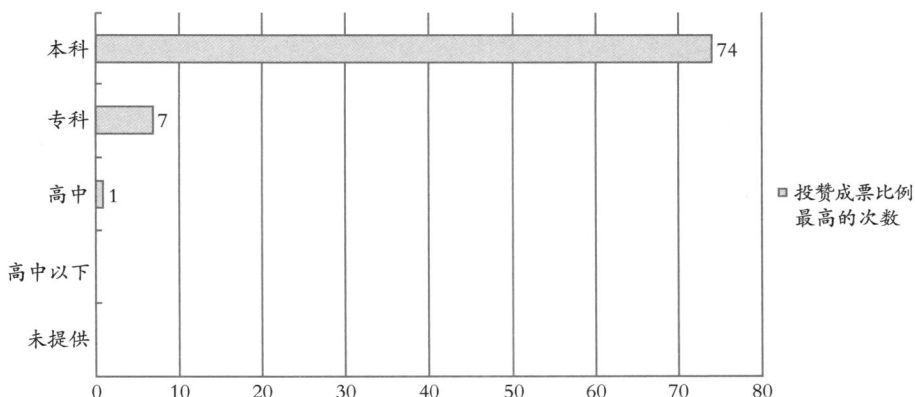

图 12.17　各学历层投赞成票比例最高次数分布

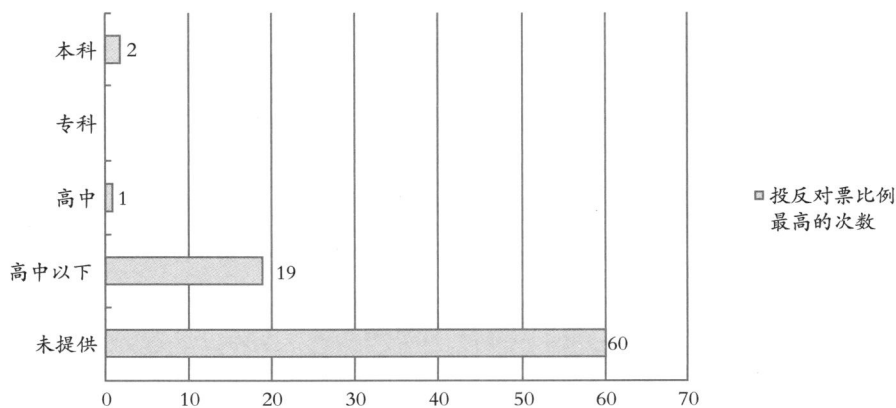

图 12.18　各学历层投反对票比例最高次数分布

333

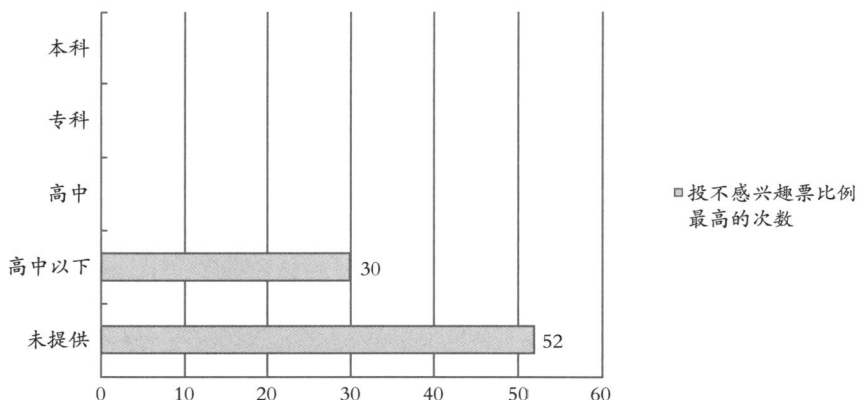

图 12.19　各学历层投不感兴趣票比例最高次数分布

表 12.24　各学历每项投赞成票的人数占所在学历人数的比例平均数

本科	专科	高中	高中以下	未提供	平均数	标准差
93.00%	90.10%	88.25%	85.53%	84.73%	88.32%	0.03

表 12.25　各学历每项投反对票的人数占所在学历人数的比例平均数

本科	专科	高中	高中以下	未提供	平均数	标准差
1.79%	1.57%	2.27%	2.87%	3.34%	2.37%	0.01

表 12.26　各学历每项投不感兴趣票的人数占所在学历人数的比例平均数

本科	专科	高中	高中以下	未提供	平均数	标准差
5.21%	8.33%	9.48%	11.60%	11.94%	9.31%	0.03

从图 12.17 可得，本科在相同学历中投赞成票的比例与其他学历层相比最高的次数达 74 次，占总次数（82 次）的 90.24%。在表 12.24 中，学历和支持政府开放公开目录数据的态度呈明显的正相关关系，即学历越高，支持政府开放公开目录数据的倾向越明显。就数据样本整体而言，受访者对政府开放公开目录的数据持压倒性支持态度，高达 88.32% 的平均数和低至 0.03 的标准差就是很好的佐证。

从图 12.18 可得，除去未提供学历信息的受访者，高中以下学历的受访者对政府开放公开目录数据的态度相对保守；与其他学历的受访者相比，他们投反对票比例最高的次数为 19 次，占总次数的 23.17%。但从表 12.25 所示的低至 2.37% 的平均数和 0.01 的标准差来看，投反对票的仅是各学历层的一小部分人群。

　　从图 12.19 可得，未提供学历信息的受访者投不感兴趣票占同属性人群的比例相比于其他学历层最高的次数为 52 次，占总次数的 63.41%；高中以下学历的受访者为 30 次，占总次数的 36.59%。从表 12.26 可得，除本科学历的受访者外，其他学历层的受访者投不感兴趣票皆占同属性人群的 10% ± 2%；各学历每项投不感兴趣票的人数占所在学历人数比例平均数的平均数为 9.31%，标准差为 0.03。且学历与受访者对政府开放公开目录数据不感兴趣的态度呈明显负相关关系，即学历越低，对政府开放公开目录数据不感兴趣的倾向越明显。

　　本科学历的受访者对政府开放数据的态度最积极。学历属性和支持度呈明显的正相关关系，即学历越高，对政府开放目录数据的支持度越高；相反，学历属性和对政府开放公开目录数据的不感兴趣度呈负相关关系，即学历越低，表现出来的不感兴趣度越高。

　　（3）性别属性

　　图 12.20 至图 12.22 和表 12.27 至表 12.29 是按照分析方法得出的结果。

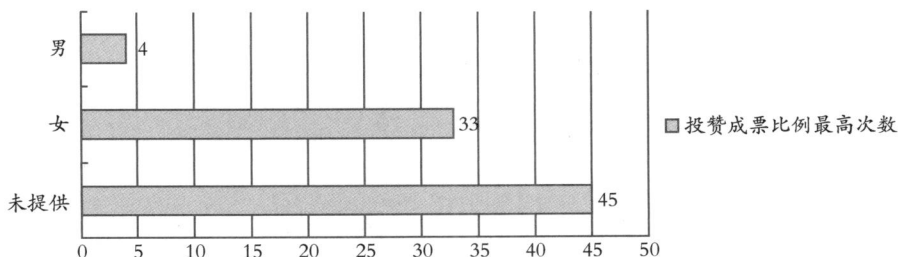

图 12.20　不同性别投赞成票比例最高次数分布

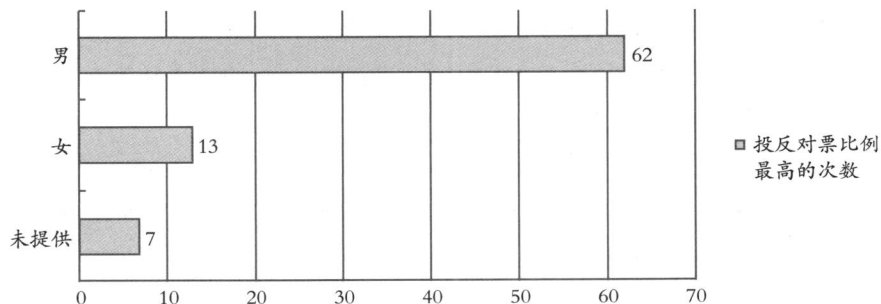

图 12.21　不同性别投反对票比例最高次数分布

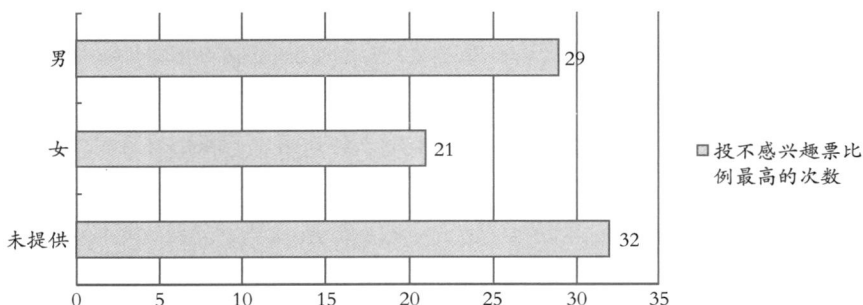

图 12.22　不同性别投不感兴趣票比例最高次数分布

表 12.27　各性别每项投赞成票的人数占相同属性人数的比例平均数

男	女	未提供	平均数	标准差
88.18%	88.72%	89.78%	88.89%	0.008

表 12.28　各性别每项投反对票的人数占相同属性人数的比例平均数

男	女	未提供	平均数	标准差
2.48%	2.25%	1.41%	2.05%	0.006

表 12.29　各性别每项投不感兴趣票的人数占相同属性人数的比例平均数

男	女	未提供	平均数	标准差
9.34%	9.03%	8.81%	9.06%	0.003

从图 12.20 来看，除去未提供性别的受访者，女性投赞成票占同属性人群的比例最高的次数为 33 次，占总次数的 40.24%；男性仅为 4 次，占总次数的 4.88%。相比之下，女性受访者更倾向于政府开放公开目录的数据。从表 12.27 所示的各性别属性每项投赞成票的人数占相同属性人数的比例平均数生物平均数 88.89% 和标准差 0.008 来看，各性别属性的大部分受访者都支持政府开放公开目录的数据。

图 12.21 的数据显示，男性的 62 次反对的比例最高，占总次数的 75.61%，远高于女性的 13 次（15.85%）。表 12.28 的数据显示，各性别属性投反对票的比例平均数的平均数为 2.05%。

图 12.22 的数据则显示，不同性别属性投不感兴趣票的比例相当，男性 29 次（35.37%），女性 21 次（25.61%）。表 12.29 的数据显示，各性别属性投不感兴趣票的比例平均数的平均数为 9.06%。

从投票占同属性人群比例平均数的平均数和标准差来看，男、女相差不大。但是从性别属性占同属性人数比例最高的次数来看，女性投赞成票的比例最高的次数明显多于男性，男性投反对票的比例最高的次数明显多于女性。所以，从宏观上看，性别属性对政府开放公开目录数据态度的影响不大；但在微观层面，女性会比男性更接受政府的这项举措。

（4）工作属性

图 12.23 至图 12.25 和表 12.30 至表 12.32 是按照分析方法得出的结果。

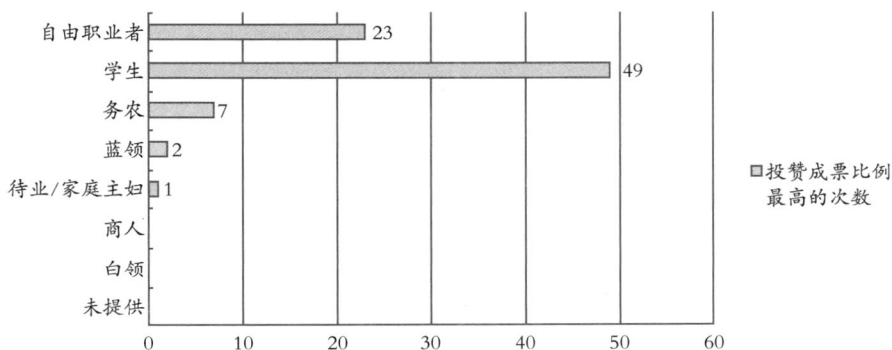

图 12.23　不同工作属性投赞成票比例最高次数分布

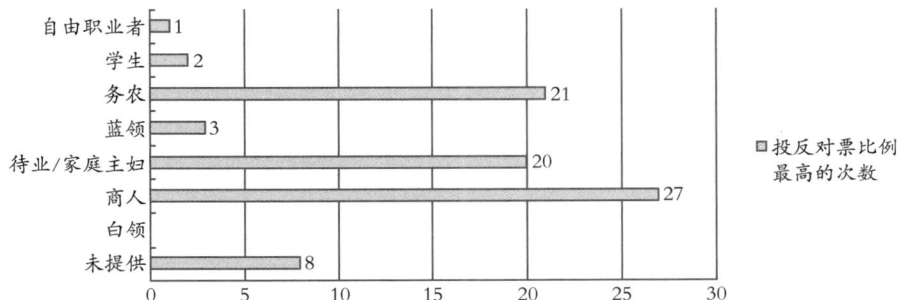

图 12.24　不同工作属性投反对票比例最高次数分布

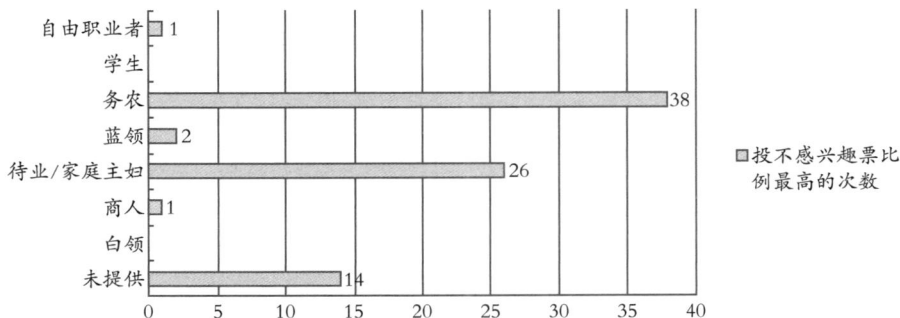

图 12.25　不同工作属性投不感兴趣票比例最高次数分布

表12.30　各工作类别每项投赞成票的人数占所在类别中人数的比例平均数

自由职业者	学生	务农	蓝领	待业/家庭主妇	商人	白领	未提供	平均数	标准差
90.50%	92.28%	84.69%	87.91%	84.36%	87.14%	89.58%	86.05%	87.81%	0.03

表12.31　各工作类别每项投反对票的人数占所在类别中人数的比例平均数

自由职业者	学生	务农	蓝领	待业/家庭主妇	商人	白领	未提供	平均数	标准差
1.57%	2.12%	2.02%	2.23%	3.02%	3.30%	1.74%	2.75%	2.34%	0.01

表12.32　各工作类别每项投反对票的人数占所在类别中人数的比例平均数

自由职业者	学生	务农	蓝领	待业/家庭主妇	商人	白领	未提供	平均数	标准差
7.92%	5.61%	13.29%	9.87%	12.62%	9.56%	8.68%	11.21%	9.84%	0.03

从图 12.23 可得，相对于其他职业的受访者，学生和自由职业者对政府开放公开目录数据持持更加积极的态度，投赞成票比例最高的次数分别是 49 次（59.76%）和 23 次（28.05%）。从表 12.30 可得，这两类受访者投赞成票的人数占同类别受访者的比例平均数分别为 92.28% 和 90.50%，也远高于其他职业类别的受访者。

从图 12.24 可得，反对票占同类比例最高次数最多的前三位分别是商人、务农和待业 / 家庭主妇的受访者，分别是 27 次（32.93%）、21（25.61%）和 20 次（24.39%）。从表 12.31 可得，商人和待业 / 家庭主妇投反对票的人数占同类的比例平均数分别为 3.30% 和 3.02%，也是最高的两类。务农受访者投反对票占同类的比例平均数仅为 2.02%，结合职业分布表数据来看，务农的受访者仅为 21 人，数据偏差会比较大。

从图 12.25 可得，投不感兴趣票占同类比例最高次数最多的前两位为务农和待业 / 家庭主妇，分别为 38 次（46.34%）和 26 次（31.71%）。从表 12.32 可得，这两类受访者投不感兴趣票的比例平均数也是最高的，分别为 13.29% 和 12.62%。

由上可知，学生和自由职业者对政府开放公开目录数据的积极态度远比其他职业类别的高；待业 / 家庭主妇和务农相对其他职业类别明显表现出更低的兴趣度；商人对政府开放公开目录数据相当谨慎（他们关注政府的举措，但不一定赞成）。

（四）民众在政府开放数据相关网页（网站）上的行为分析

（1）数据来自东莞市政府开放数据意见征集平台（www.govopendata.org），截至 2014 年 12 月 16 日。根据表 12.9 的量化标准和定义计算出以下结果（见表 12.33）。

表 12.33　东莞市政府开放数据意见征集平台的民众行为量化数据

量化标准	数据
总访问量	4 028人次
页面被访问总次数	19 519次
可区分的访客人数	564人次
每人次平均访问页面量	4.85页
跳跃率	54.26%
回访率	36.35%

（2）数据来自上海市政府数据服务网（www.datashanghai.gov.cn），截至 2014 年 12 月 16 日。按浏览人次递减的顺序排列了前八项数据目录（见表 12.34）。

表 12.34　上海市政府数据服务网浏览人次最多的八项数据目录

排名	数据名称	浏览量/人次	下载量/人次
1	房地产开发企业基本信息	3 147	2 901
2	社保卡受理网点	2 062	1 758
3	专科医院	1 634	816
4	派出所基本情况	1 559	4 740
5	看守所信息	919	1 387
6	居住证受理网点	918	1 199
7	全市公共停车场库名录	839	1 500
8	保障房工程项目信息	836	1 174

（3）数据来自英国政府开放数据官网（www.data.gov.uk）的网络调研，截至 2014 年 12 月 16 日（见表 12.35）。

表12.35　英国政府开放数据官网的用户数据展示

数据指标	数据
总浏览次数	14 342 342次
总访问量	4 480 638人次
每人次平均访问页面量	3.23页
跳跃率	32.29%
新增浏览人数	76.61%
平均浏览耗时	00:02:12（132.95s）

东莞市政府开放数据意见征集平台从 2014 年 7 月 1 日正式上线，至
2014 年 12 月 16 日，访问量仅为 4 028 人次，可区分的访客人数仅为 564 人
次，访问量稀少且跳跃率高达 54.26%。这一方面与宣传力度不够有关，但另
一方面也说明现阶段民众对政府开放数据的了解不多，更谈不上需求。但从
36.35% 的回访率和每人次 4.85 页的平均访问页面量来看，还是有一部分人开
始关注政府开放数据的内容了。

东莞的状况无独有偶，上海市政府数据服务网（共开放数据条目 209 项）
从 2014 年 5 月 14 日开通到 2014 年 12 月 16 日，7 个月的时间内访问量最多的
"房地产开发企业基本信息"也仅被浏览了 3 147 人次；下载量最多的"派出所
基本情况"仅被下载了 4 740 人次；第 5 项数据目录"看守所信息"的浏览量更
下降到 1 000 人次以下。相比上海庞大的人口数量，该网站的关注度非常低。

英国政府开放数据官网的数据是从 2012 年 7 月开始统计（截至 2014 年
12 月 16 日），总访问量为 4 480 638 人次，即平均半年就有 896 127 人次的访
问量。与东莞的跳跃率相比，英国的相对低很多，仅为 32.29%。英国的新访
问者比例为 76.61%，即回访率为 23.39%；每人次平均访问页面量为 3.23 页，
东莞的这两项指标都略高于英国。

英国是最先发起政府开放数据运动的国家之一，宣传到位，民众接受率
高，所以相比之下，从民众访问政府开放数据官网的整体情况来看，英国要
远远好于中国的两个地方级官网。但一些数据（例如回访率和每人次平均访
问页面量）也表明，如果中国政府加强这方面的宣传普及和教育，是很有可
能大大提高民众对政府开放数据的关注度和参与度的。

（五）面向企业采访分析和问卷调查

1. 企业采访

通过邮件/QQ 消息/微信消息介绍了政府开放数据的背景和例子后，采访中向特定受访者提出了两个问题。Q1：作为企业家/企业高管，您最希望政府开放哪方面的数据？Q2：若政府开放这方面的数据，能给企业带来哪些益处？能否给予经济估值？

通过整理后，Q1 的答复可归类为以下五项：政府对企业科技支持数据、工商管理数据、人力资源数据、环境保护数据、政府政策规章数据。

Q2 的答复多为暂无法估量经济价值，但有利于企业运作。

2. 企业问卷调查

由于以上两个问题是企业名称及所在行业登记，故问卷数据分析从 Q3 开始。图 12.26 至图 12.28 是回收数据分析后的结果。

Q3：您（或贵公司）是否曾向政府申请过数据，以供企业决策和发展使用？

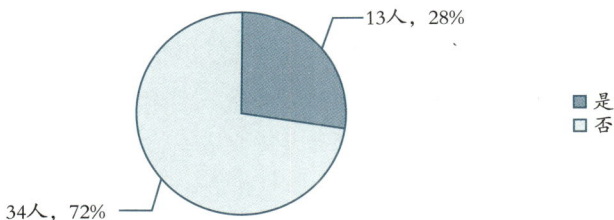

图 12.26　受访企业向政府申请过数据的比例统计

从图 12.26 可得，有超过四分之一的人曾向政府申请过数据，以供企业决策和发展使用。

Q4：在向政府申请数据的过程中，您是否遇到以下困难？（可多选）

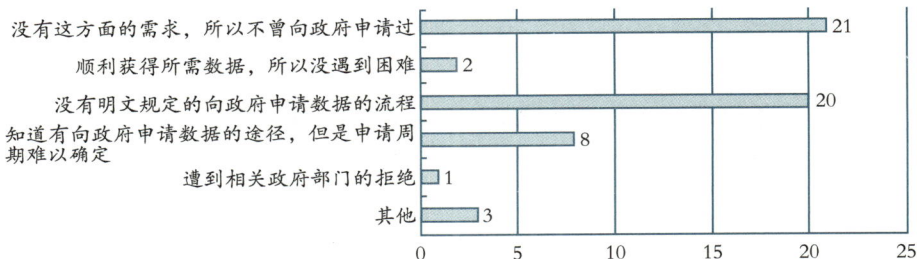

图 12.27　受访企业申请政府数据所遇困难统计

Q5：若申请遭到相关政府部门拒绝，对方拒绝的理由是什么？（可多选）

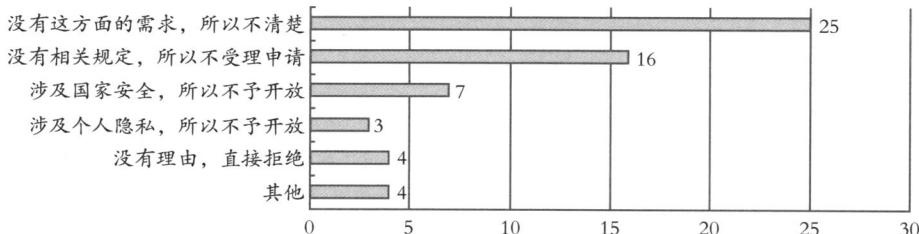

图12.28　受访企业被拒理由统计

从图12.27和图12.28可得，约接近一半的企业暂时没有申请政府数据的需求，也即依然有约一半的企业在向政府申请数据的过程遇到了不同程度的困难，能顺利获得所需数据的仅有2人（见图12.27）。这两幅图反映出最突出的问题是，政府没有明文规定的申请数据的流程和相关配套的文件或规定，造成了企业不知该如何向政府申请数据（见图12.27），或向政府提出申请时遭到相关政府部门的拒绝（见图12.28）。申请周期难以确定也是由于相同的原因，没有明确的步骤，自然也不知道办手续所需时间。从图12.28还能看出，政府以涉及国家安全和涉及个人隐私为理由直接拒绝企业数据申请的情况并不太多；因为没有任何的政策和规定，政府无理由直接拒绝的情况也存在。由此可初步推断，从企业的角度来看，现阶段导致向政府申请数据困难的主要原因还并不是所申请数据涉及国家安全或涉及个人隐私，而是没有明文规定的申请流程和与之配套的文件或规定。

本问卷还调查了企业希望政府对其开放数据的意愿强度，由表12.36看出，企业的意愿非常强烈，近一半的受访者表示强烈支持；整体都倾向于政府对企业开放数据（10分的有22人，其余的也在5～9分徘徊，意愿的平均分达8.43）。此外，企业还明确表达了自身对政府哪方面数据的偏好，如图12.29所示。

表12.36　受访企业希望政府开放数据的意愿强度

Q6：您希望政府对企业开放数据的意愿强度？ （从1到10。1表示强烈反对；5表示既不支持也不反对；10表示强烈支持）										
意愿强度	1分	2分	3分	4分	5分	6分	7分	8分	9分	10分	平均分数
人数	0	0	0	0	5	4	5	7	4	22	8.43
比例	0	0	0	0	10.64%	8.51%	10.64%	14.89%	8.51%	46.81%	

Q7：根据贵企业的情况，您最希望政府能向企业开放哪些政府数据？

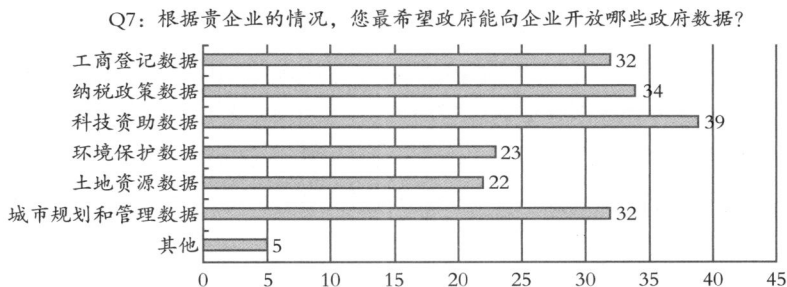

图 12.29　受访企业希望政府开放数据统计

在图 12.29 中的其他项内，企业也给出了补充内容。他们还希望政府开放：行业企业数据，社保、住房公积金、征信数据，交通、路况等数据，银行信息数据。企业希望政府能尽可能多地开放数据。

（六）小　结

（1）从各方面数据来看，大部分民众现阶段对政府数据的了解不深，所以也谈不上有具体的需求；企业对政府数据的需求相对明确一些，但也无法提供具体的作用和估值。

（2）如果政府开放数据，民众普遍不会反对，但会对明显涉及个人隐私的数据或明显含有负面信息（例如目录名称中含有"处罚"的关键词）的数据开放比较敏感。民众对与自身相关的环境和文化教育数据表现出更高的关注度。

（3）对政府开放数据关注度最高的人群有以下（一个或全部）特征：20 ～ 29 岁，大学生或白领，高学历。相反，20 岁以下或 50 岁及以上，待业 / 家庭主妇或务农，学历偏低的人群会表现出较低的关注度。

现阶段政府开放数据主要带来的是社会效益，以满足民众对自身所处社会环境及自然环境的知情权，但所能带来的经济效益并不明确。而且政府若想更好地实现自身开放数据的社会效益，势必要加强在民众中的普及和推广。因此，对政府提出了以下几条建议。

（1）现阶段政府可先不用急于向民众大量开放自身的数据（这并不是一个很好的时机）。可利用这段时间落实立法，制定开放规则，普及和加深民众对政府开放数据的认识等，为之后政府数据的大量开放做好准备工作。

（2）政府现阶段若开放数据，可先开放民众最为关注的含有水、空气、污染等关键词的环境数据，以及含有学校资质、培训、教育等关键词的文化教育数据；针对企业，可先开放工商管理、人力资源、政府对企业科技支持

等方面的数据。

（3）政府在开放数据和进行宣传时，可以考虑到所面向人群的不同属性，选择不同的宣传和数据开放的方式与力度，以达到最佳效果。例如，高学历的20～29岁的大学生或白领是对政府开放数据最关注的人群，政府可在这部分人最关注的微信公众号或QQ群等中投放更多的宣传广告，并开放更多受这部分人关注的数据。又如，从事商业的人群关注政府开放数据，但对某些条目数据开放相当谨慎，政府同样可以在这部分人群关注的网站／网页和会议上发布更多的宣传信息，同时对他们关注的数据采取"登记使用"的开放方式。

总而言之，政府开放数据势在必行，但不可操之过急。在大量开放政府数据前，我们还是有相对充裕的时间做好准备工作。相信有国外的经验和例子作为参考，再以国内自身的调研考察作为依据，政府开放数据的社会和经济价值最终还是能发挥出来的。

附 录
iCity

一、个人信息保护制度问题的相关研究

　　长期以来，我国关于个人信息保护的研究多局限于国家层次和法律视角，较少将其置于政府信息资源管理能力提升框架之下，较少关注国家机关、组织机关层面的个人信息保护与管理制度构建问题。如何突破我国国家和地方无专门的个人信息保护法律法规的制度建设瓶颈，为个人信息保护与管理制度的构建提供可实施的策略，是迫切需要解决的问题。

　　建立个人信息保护制度需要研究以下三个方面的问题。

　　（1）为什么要构建个人信息保护制度？需要调查我国同个人信息保护与管理相关的法律、法规、制度、规范及其他相关文献，研究涉及隐私的个人信息保护的合法、合规、合标、合理和合用的一致性要求及制度构建的决策依据。

　　（2）应构建怎样的个人信息保护制度？调查国外与国家机关个人信息保护与管理相关的法律、法规、制度、规范及其他相关文献，借鉴国外的个人信息保护与管理的原则、框架、要素、要求。

　　（3）怎样构建个人信息保护制度？考虑我国国家机关个人信息保护与管理制度构建的框架及实施策略。

　　应采用多学科综合集成研究视角、多元风险评估方法、系统过程控制手段指导研究方案设计及实施。多学科集成研究视角包括法学、经济学、社会学、信息技术、信息资源管理、道德等视角的综合应用，用于解答个人信息保护制度构建中的复杂性问题，提供合法、合规、合标的一致性要求及理论支持。多元风险评估方法指以风险评估为导航，从多个维度分析个人信息最易泄露的领域和各种管理活动，为个人信息保护制度构建中的隐私保护与利用平衡提供合理的决策依据。

　　系统过程控制手段应采用规划（planning）、实施（doing）、评估（checking）、持续改进（action）的系统方法进行制度框架设计；以信息资源全生命期管理思想为指导，将国家机关个人信息视为政府信息资源的有机组成，为整合管理要素、优化管理过程、创新管理思想，提供连贯和一致的框架及合用的策略。

二、个人信息保护与管理制度的相关研究现状分析

1. 国外研究特点

在 Proquest 和 Web of Science 两个数据库搜索得到的相关文献研究显示，国外相关研究的关注焦点多在个人信息，对其的关注多于对个人数据及个人隐私的关注；研究视角多为综合管理视角、保护与利用平衡视角，单纯保护视角的研究较少。近三年来的研究热点：全球化背景下的社会道德、安全、经济发展、网络技术应用与隐私泄漏数据关系问题，隐私风险管理和网络环境、跨境数据迁移问题，其研究背景为电子贸易和数字经济时代。国外相关研究具有以下特点。

（1）重在研究在线技术和网络隐私权，反映出新技术带来的隐私保护研究滞后问题。

（2）对个人隐私保护与政府信息公开如何有效结合做了大量的研究，对于有相抵触的地方增加免除条款，使得两者能够同时适用。

（3）多视角研究，从人权的视角、个人信息经济价值视角、技术手段视角去探究隐私保护。

（4）对涉及个人隐私的个人信息保护和管理有明确的立法原则，如美国所确定的知会原则、选择权原则、通道与参与原则、安全与完整性原则。

（5）美国、加拿大以及欧洲的一些国家多成立专门的隐私管理机构。全球涉及隐私的个人信息管理有四种模式：①综合法律模式，包括公共与私人领域个人信息收集、使用和传播（如欧盟模式）；②行业领域专门法律模式，规定特定行业，如公共或私人领域（如美国模式）；③合作自律模式，由行业制定隐私和数据保护实施标准，公共机构监管及实施（如加拿大和澳大利亚模式）；④自律模式，要求私人领域遵循公司或行业或协会制定的保护数据的规范（如日本、新加坡、英国模式）。最常用的是前两种模式，其既强调用自上而下的强制行为，也强调用自下而上的自律行为来保护个人隐私。

（6）对个人隐私信息的定义，对合法采集、跨境迁移的规定，世界各地因技术发展及普及、社会认识、法律制度的差异而不尽相同。

（7）对于数字时代的隐私，应考虑技术、法律、经济、业务、社会科学和道德等影响因素，隐私保护与管理问题具有复杂性。

（8）越来越多的国家和地区在制定数据隐私保护法规，开发法律导向的

数据隐私保护应用软件成为未来新兴技术创新发展的方向。

2．国内研究特点

采用"个人信息""个人隐私""个人数据"和"个人资料"题名检索中国期刊全文数据库、中国博士学位论文全文数据库、中国优秀硕士学位论文全文数据库、中国重要会议论文全文数据库，检索结果揭示"个人信息"一词使用最多。在关于个人信息的研究中，当前研究最为关注的是个人信息的保护问题，对个人信息管理的研究很少，个人信息管理问题未受到足够的重视。对国家机关涉及个人隐私的个人信息保护制度构建的相关建议如下。

（1）建立专门的管理机构。借鉴一些发达国家的做法成立专门的管理机构，配备数字警察或网络警察，组建专门的信息安全监察部门，对网络违法进行专门管理。

（2）对信息服务主体的监督管理。加强对网络运行环境中服务主体（如因特网服务提供者、网站经营者、互联网信息提供商）的监督管理。政府应制定一套系统的管理规定（包含审批制度、登记制度，督促网络运营商建立完善的内部管理机制等），并通过相关专业部门进行监督管理。

（3）采取行业自律的信息隐私权保护模式。主要是由政府在监管组织、职权、程序、监督等方面加强对行业自律保护个人隐私的行政监管。在监管组织上，成立专门的监管机构；在监管职权方面，可以考虑赋予独立的监管机构一些专有的职权；在监管程序上，建立信息公开、告示和听证制度。

（4）采用技术保护手段。可以成为我国除法律保护和行业自律以外，解决信息隐私保护问题最为直接而有效率的另一种方式。技术保护手段主要包括使用身份认证、加密、分级管理及信息监管等模式。

（5）完善各项保护制度。具体包括如下四项。①个人信息收集保护制度。为了便于进行行政管理和提供公共服务，行政主体需要掌握公民的相关个人信息。行政主体应告知相关人其个人信息的收集目的、储存管理部门及使用范围。而且，行政主体必须在法定职权范围内收集公民个人信息且收集公民个人信息确属必要。②个人信息使用保护制度。如必须经个人信息主体明确表示同意等，即明确处理和公开信息的权限。政府应当规定任何个人信息资料未经许可不得公开，个人资料的使用和安全未经本人的同意不得用于最初收集该资料目的以外的其他场合，除非法定例外情况。资料收集人还要保证该资料的完整、准确和安全。③个人信息查询展示制度。即明确个人对信息的查询权利。行政主体应建立相应的个人信息查询系统，以方便公民及

时了解行政主体储存、使用自己个人信息的情况。④个人信息侵权救济制度。对个人网络信息资料的滥用或者错误不实的数据而导致侵害当事人权利，有关国家机关应当承担国家赔偿责任。

3. 中外研究比较及借鉴

对中外研究的动议、视角、对象、内容、方法、成果应用进行比较，得出以下结论。

（1）从为什么构建的动议来看，国外研究个人信息保护的动议来自促进数字经济创新发展和个人信息保护与使用平衡的全球化战略，旨在为新兴信息产业发展、新兴信息技术发展、全球经济发展构建个人信息风险管理和安全再用的长效机制和保障体系。我国的研究则多来自构建个人信息保护的立法需求、社会需求与政府问责要求。原因在于越来越多的国家已经建立了个人信息保护的法律、法规、制度和规范，而我国尚无专门的个人信息保护法律。

（2）从构建什么的对象来看，国内外对"个人信息""个人资料""个人数据""个人隐私"的研究中，对"个人信息"的研究均是主流。国外研究多将"个人信息"视为国家、政府、企业信息资源和信息资产的有机组成，将个人信息保护视为个人信息全生命期管理的有机组成，将信息风险管理和安全管理、业务连续性管理的有机组成进行综合集成的管理体系、管理原则、管理要素和管理活动要求制度构建。而我国学者的研究多限于保护环节，多为原则性描述，缺少具体的可操作的建议和整套的制度体系构建研究。

（3）从构建什么的内容来看，国外研究较为细致、全面和深入，多为微观领域，对侵犯隐私的主体有明确的约束机制和内容，且多由问题导向。隐私问题研究不仅包括保护，还包括采集、共享、使用及泄露等较为完整的全流程管理问题和管理体系框架构建问题。而我国学者的研究多限于单一的采集、保护、使用环节，缺少对保护影响因素及其相互作用机理的研究。

（4）从如何构建的视角来看，国外研究视角较为多元，对技术与社会、法律、文化、道德等因素的相互作用、影响，以及其复杂性问题、不确定性问题均有研究。我国学者的研究视角则较为单一，多限于法律保护或技术手段视角。

（5）从如何构建的方法来看，国外研究多采用社会调查和实证研究方法，研究数据多来自国际、国家和地区的法律、法规、政策、最佳实践规范及指南，对其中的普适性原则和特殊性具体规定进行分析，包括对相关法律法规制定的目的、依据、适用范围、主管部门、具体处理方法、罚则、解释权、生效时间、与原来有关法律（决定）的关系等进行研究，研究过程清晰透明，具有可重复性、可验证的规范性特点。而我国学者的研究多侧重文献研究和理论分析，研究过程和数据来源不透明，缺少研究方案设计，难以验证和重复所做的研究。

4．数据基础

本书以如下项目的研究成果为基础：北京市信息资源管理中心"国家机关涉及个人隐私与商业秘密电子数据的管理办法"、北京市信息资源管理中心"政务信息资源资产化管理与个人信息保护研究"、南京市档案局委托江苏省档案局的 2012 年度立项科技计划项目"档案利用中的个人信息保护问题研究"和北京市社会科学基金项目"网络环境中的个人信息安全保护研究：以北京市为例"。在前期研究的基础上特别拓展了对智能城市与大数据背景下信息安全与个人信息保护、安全利用难题的研究，更新了 2010 年至今的个人信息保护相关法律法规，新增了对我国网络环境和国外大数据环境相关法律、法规、政策、规范的专门调查；在前期研究假设的基础上，与首都之窗合作，2014 年（调查人员：刘莎、余勇妮、郑丽、陈昊）和 2015 年（调查人员：刘莎、张明、乔辉、余勇妮）连续两年使用在线用户调查方式验证了网络环境下个人信息保护的问题及其对策。以最新出台的国家政策法规和规范文件为依据，对 2011 年完成的《北京市国家机关个人信息保护规定（送审稿）》进行了修订，新修订稿更名为《国家机关个人信息保护办法（送审稿）》。

2011 年完成的《北京市国家机关个人信息保护规定（送审稿）》的研究基础包括：截至 2010 年，收集到国内相关政策、法规、文献 123 部，以 1984—2010 年颁布的 103 部涉及个人信息保护的法律法规文件为样本（其中，法律 33 部，行政法规 13 部，部门规章 34 部，国务院文件 4 个，部委文件 19 个），从个人信息全流程管理及其关键节点等多维度对这些法律、法规的相关要求进行了分析。调查揭示，最早出现涉及个人信息保护的文件是 1984 年制定的《人民法院诉讼档案管理办法》。1984—2010 年的 27 年间，相关文件数量大致呈现增长的趋势。在 2001—2010 年期间，数量明显增长，仅 2009 年就有 22 部法律法规颁布，这也反映出个人信息保护和管理问题逐步受到重视。个人信息议题、主题越来越丰富，个人信息保护与管理的法制建设问题已经渗透社会生活的方方面面。按主题划分，覆盖医疗、金融、行政、司法、社会劳动保障、网络、未成年人、信息化、农业、公安、证件、通信、电信、教育、妇女、律师、统计、旅游等 18 个方面。其中，医疗、金融、行政、司法、社会劳动保障和网络这 6 个主题中涉及个人信息的法律法规最多，属于与人们日常工作和生活关系最为密切的活动领域，也是个人信息最易泄露的领域。应该采用风险管理方法，将这些领域视为高风险领域，加强相关行业主管部门的行业监管，重视对法律法规的教育，规范信息处理者的行为。调查揭示 103 个文件中法律法规在安全性、使用与共享、使用与共享例外和管理咎责四个重要方面的要求最多。研究发现，我国法律法规重视对涉及隐私的个人信息的安全保护和合法使用，但缺少将个人信息作为机构和社会信息资源的全流程管理，缺少基于 PDCA 过程的个人信息保护及管理体系，以及法律法规要求。

2009—2010 年采用文献调查法和典型案例研究法，收集到中国、美国、加拿大、英国、澳大利亚、新西兰、日本、韩国、新加坡、瑞典等 10 个国家，欧盟 1 个地区和经济合作与发展组织 1 个国际组织的 221 件与个人信息保护相关的法律、法规、政策、标准、期刊文献，对其与个人信息保护与管理制度构建相关的术语、原则、框架、要素和要求进行研究和比较分析，在此基础上，提出了国家机关个人信息保护制度构建的框架及实施策略。

将个人信息保护的国际惯例与北京市的需求相结合，在研究北京市相关地方性法规 6 部、地方政府规章 2 部、地方政府文件 2 个、地方政府部门 2 个的基础上，以我国法律遵从和问题解决为导向，编制出《国家机关个人信息保护规定（征求意见稿）》。

2010 年 2 月到 12 月，先后召开市政府部门和区县座谈会 2 次，召开法学专家征求意见会 1 次，并与权威专家交换了意见；组织召开中共中央办公厅、国务院办公厅、国家信息化专家和人大代表、政协委员等人员参加的座谈会；向北京市 101 家国家机关发文征求意见。在修改过程中，多次与北京市政府法制办沟通，并召集相关部门会议确认修改内容，在整个征求意见阶段共收集意见 149 条，采纳 123 条。经过 73 次修改，于 2011 年 11 月形成《北京市国家机关个人信息保护规定（送审稿）》。

本书更新了相关法律依据：1979—2014 年，涉及个人信息保护的国家法律有 29 部。更新了相关北京市法规文件：2001—2014 年，涉及个人信息保护的北京市地方性法规有 35 部，文件规定有 26 个，共有 61 件与个人信息保护相关的依据。

"网络环境中的个人信息保护问题调查" 2014 年 8 月收回 351 份，2015 年 2 月收回 325 份；"个人一般信息与个人敏感信息的划分调查" 2014 年 8 月收回 311 份，2015 年 2 月收回 251 份。由于研究问卷及结果分析所占篇幅过多，本文略去了此部分内容，仅采用了网络环境下国家机关个人信息保护制度构建必要性的论证结果，采用了一般信息与个人敏感信息分类保护、分级安全利用必要性与可行性论证的主要结论。

参考文献
REFERENCES

安小米，2013. 国外智慧城市知识中心构建机制及其经验借鉴 [J]. 情报资料工作，34(4)：31-35.

常洁，2012. 多终端协同的泛在网络中若干关键技术的研究 [D]. 北京：北京邮电大学.

陈诚，2012. 基于云计算的智慧城市垂直搜索技术研究 [J]. 软件产业与工程 (4)：24-30.

陈美，2013. 美国开放政府数据的保障机制研究 [J]. 情报杂志，32(7)：148-153.

陈如明，2012. 智能城市及智慧城市的概念、内涵与务实发展策略 [J]. 数字通信，39(5)：3-9.

陈实，曾娅妮，2008. 美国《信息自由法》中的"豁免公开信息例外" [J]. 新闻界 (2)：32-34.

陈真勇，徐州川，李清广，等，2014. 一种新的智慧城市数据共享和融合框架——SCLDF[J]. 计算机研究与发展，51(2)：290-301.

陈志成，白庆华，2011. 城市信息化战略与城市发展战略匹配模型研究 [J]. 同济大学学报（社会科学版），40(4)：48-53.

崔雨勇，2012. 智能交通监控中运动目标检测与跟踪算法研究 [D]. 武汉：华中科技大学.

傅予，贾素玲，杨涛存，等，2011. 基于物联网和云计算的智能城市体研究 [J]. 微计算机信息，27(12)：71-73.

高光耀，2013. 我国智慧城市顶层设计基本思路研究 [J]. 管理现代化 (6)：46-48.

辜胜阻，杨建武，刘江日，2013. 当前我国智慧城市建设中的问题与对策 [J]. 中国软科学 (1)：6-12.

顾成城，2014. 中国智慧城市建设现状及空间分析——以上海市为例 [D]. 上海：华东师范大学.

官清珍，2007. 平安城市监控联网系统深度解析 [J]. 中国公共安全 (8)：67-71.

郭骅，周吉，2013. 数据挖掘在智慧交通领域的应用 [J]. 现代商贸工业，25(12)：152-153.

国务院，2012. 国务院关于大力推进信息化发展和切实保障信息安全的若干意见 [A/OL]. (2012-07-17)[2015-02-11]. http://www.gov.cn/zwgk/2012-07/17/content_2184979.htm.

黄凯奇，任伟强，谭铁牛，2014. 图像物体分类与检测算法综述 [J]. 计算机学报，37(6)：1225-1240.

黄天航，刘瑞霖，党安荣，2011. 欧洲智能城市发展研究 [J]. 住区 (6)：129-133.

黄文良，2010. 构建移动互联网业务创新生态环境 [J]. 世界电信 (11)：62-64.

李朝英，2014. 国外物联网产业发展经验及启示 [J]. 硅谷 (9)：1.

李翠平，王敏峰，2013. 大数据的挑战和机遇 [J]. 科研信息化技术与应用，4(1)：12-18.

李德仁，姚远，邵振峰，2012. 智慧城市的概念、支撑技术及应用 [J]. 工程研究 - 跨科学视野中的工程 (4)：313-323.

李德仁，姚远，邵振峰，2014. 智慧城市中的大数据 [J]. 武汉大学学报（信息科学版），39(6)：631-640.

李国杰，2014. 智能城市信息环境建设与大数据研究进展报告 [R]. 武汉：第三届中德智能城市建设研讨会.

李国杰，2015. 新一代信息技术产业培育与发展战略研究报告 [M]. 北京：科学出版社.

李晓明，2011. 人云亦云云计算：关于云计算成功的三个假设 [J]. 先进技术研究通报，5(9)：37-39.

李晓明，闫宏飞，王继民，2012. 搜索引擎：原理、技术与系统 [M]. 2 版. 北京：科学出版社.

刘畅，2007. 综合搜索引擎与垂直搜索引擎的比较研究 [J]. 情报科学，25(1)：97-102.

刘东,2013. 浙江研讨智慧城市 个人信息保护成难点 [EB/OL]. (2013-11-05) [2015-02-12]. http://business.sohu.com/20131105/n389566611.shtml.

卢安文,胡明哲,2012. 电信基础设施共建共享策略研究文献综述 [J]. 改革与战略,28(3)：184-187.

芦效峰,李海俊,程大章,2012. 智慧城市的功能与价值 [J]. 智能建筑与城市信息 (6)：17-22.

母冠桦,肖莹光,2013. 国外智能城市研究与实践 [J]. 规划师,29(S1)：66-72.

潘云鹤,2013. 仅靠"大数据"撑不起中国智能城市 [J]. 中国经济周刊 (28)：26.

秦洪花,李汉清,赵霞,2010. 智慧城市的国内外发展现状 [J]. 信息化建设 (9)：50-52.

全国信息安全标准化技术委员会,2013. 信息安全技术公共及商用服务信息系统个人信息保护指南：GB/Z 28828-2012[S]. 北京：中国标准出版社.

上海浦东智慧城市发展研究院,2011. 智慧城市指标体系 [EB/OL]. (2011-07-01)[2015-12-11]. http://www.pdxxh.gov.cn/pdxxh2010/content-101-5195.html.

上海社会科学院信息研究所,2014. 2014全球智慧城市优秀应用案例集 [EB/OL]. (2014-12-22)[2015-6-20]. http://globalcityinfo.org/c/713.htm.

沈洪,2008. 广州电子文件档案资源管理实现标准化 [EB/OL]. (2008-09-02)[2015-12-20]. http://www.cqn.com.cn/news/zgzlb/dier/220462.html.

寿航涛,2012. 智慧城市网络建设与分析 [J]. 信息通信 (1)：205-206.

宋刚,朱慧,董云海,2014. 钱学森大成智慧理论视角下的创新2.0和智慧城市 [J]. 办公自动化 (17)：7-13.

苏逸,2011. 物联网发展存在的问题及前景 [J]. 才智 (22)：76-77.

唐皇凤,陶建武,2014. 大数据时代的中国国家治理能力建设 [J]. 探索与争鸣 (10)：54-58.

唐斯斯,刘叶婷,2014. 全球政府数据开放"印象"——解读《全球数据开放晴雨表报告》[J]. 中国外资 (5)：28-31.

陶水龙,田雷,2014. 电子档案双套制管理问题研究 [J]. 档案学研究 (4)：61-64.

王静远,李超,熊璋,等,2014. 以数据为中心的智慧城市研究综述 [J]. 计

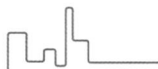

算机研究与发展，51(2)：239-259.

王珊，李翠平，李盛恩，等，2012. 数据仓库与数据分析教程 [M]. 北京：
高等教育出版社.

王烁棋，2013. 浅谈物联网的发展与应用 [J]. 北方文学（下旬刊）(3)：
203-204.

王奕程，2014. 智慧城市建设研究——以合肥市为例 [D]. 合肥：安徽大学.

吴迪，朱青松，2015. 图像去雾的最新研究进展 [J]. Acta Automatica Sinica，
41(2)：221-239.

吴伟萍，2007. 城市信息化发展战略路径：基本理论分析框架 [J]. 情报科学，
25(1)：21-24.

谢珏琪，2012. 从平安城市到智慧城市——智能视频监控技术的升级应用 [J].
中国公共安全 (3)：84-87.

邢帆，2012. 智慧城市典范——宁波：智慧城市建设的先行者 [J]. 中国信息
化 (9)：16-20.

徐昊，袁峰，2014. 智慧城市顶层设计的思路及其误区 [J]. 城市观察 (3)：
141-148.

许海玲，吴潇，李晓东，等，2009. 互联网推荐系统比较研究 [J]. 软件学报，
20(2)：350-362.

许志杰，王晶，刘颖，等，2013. 计算机视觉核心技术现状与展望 [J]. 西安
邮电学院学报，17(6)：1-8.

闫海，2013. 我国智慧城市建设水平评价研究 [D]. 太原：太原科技大学.

颜慧超，盛建新，刘炜，等，2011. 面向智慧城市的智能化信息服务体系 [J].
中国科技资源导刊，43(6)：43-48.

袁远明，2012. 智慧城市信息系统关键技术研究 [D]. 武汉：武汉大学.

曾锐利，2007. 多信息融合的城市交通监控系统若干关键技术研究 [D]. 天
津：天津大学.

张波，徐晓林，2007. 城市政府知识中心的管理研究 [J]. 电子政务 (11)：
35-41.

张晨，黄开枝，李桥龙，等，2010. 异构无线网络融合方案及其接入认证机
制研究 [J]. 信息工程大学学报，11(4)：425-428.

张伟，2014. 智慧城市建设中的关键技术应用研究 [D]. 西安：长安大学.

张新红，于凤霞，刘厉兵，等，2012. 信息化城市发展战略的基本框架 [J]. 电子政务 (Z1)：20-30.

张永民，杜忠潮，2011. 我国智慧城市建设的现状及思考 [J]. 中国信息界 (2)：28-32.

张勇，2014. 万州智能城市建设研究 [J]. 长沙民政职业技术学院学报 (4)：65-75.

郑胤，陈权崎，章毓晋，2014. 深度学习及其在目标和行为识别中的新进展 [J]. 中国图象图形学报，19(2)：175-184.

中共中央，国务院，2014. 国家新型城镇化规划（2014—2020 年）[A/OL]. (2014-03-16)[2015-02-08]. http://www.gov.cn/gongbao/content/2014/content_2644805.htm.

中国电子技术标准化研究院，全国信息技术标准化技术委员会 SOA 分技术委员会，2014. 中国智慧城市标准化白皮书 [R/OL]. (2014-02-26)[2015-11-09]. http://wenku.baidu.com/link?url=NfXX84A8gptUMGO6BXpTwh9fj31CxxhLCrz-yWA6ZW897N7iK3hakzoTJr9H610XMw9J3sSsTKLNIL9DnXpPUrHG1ayyiNLI-_EszD4Whyq.

中国计算机学会大数据专家委员会，2014. 中国大数据技术与产业发展白皮书（2013）[R/OL]. (2014-06-20)[2015-11-09]. http://wenku.baidu.com/link?url=TZjHZ_uKHH2knomNfHkyjSXDUra_CDapjpwBQAGFM0-KqhKbJvjWOLHC6-VJMhillj22aRkOwSjHZoSN0cUfTmIyAWB03J6GL5-MOwjdrHYtu.

中国科学院，2013. 科技发展新态势与面向 2020 年的战略选择 [M]. 北京：科学出版社.

中国科学院信息科技战略研究组，2013. 信息科技：加速人—机—物三元融合 [R/OL]. (2013-02-28)[2015-12-20]. http://www.docin.com/p-605056312.html.

中国科学院信息领域战略研究组，2009. 中国至 2050 年信息科技发展路线图 [M]. 北京：科学出版社.

中国通信学会，2012. 智慧城市白皮书（2012）[R/OL]. (2012-08-01)[2015-11-30]. http://wenku.baidu.com/view/fcb9ac6e25c52cc58bd6bece.html.

中科院云计算中心，2014. 智慧城市白皮书-城市应急平台 [R/OL].

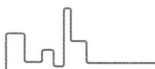

(2014-09-22)[2015-10-20]. http://www.casc.ac.cn/Trend/478.html.

邹佳佳，2013. 智慧城市建设的途径与方法研究——以浙江宁波为例 [D]. 金华：浙江师范大学.

高度情報通信ネットワーク社会推進戦略本部，2013.電子行政オープンデータ推進のためのロードマップ [R/OL]. (2013-06-14)[2015-11-08]. http://www.kantei.go.jp/jp/singi/it2/kettei/pdf/20130614/siryou3.pdf.

閣議，2013.世界最先端 IT 国家創造宣言 [A/OL].(2013-06-14)[2015-11-08]. http://www.kantei.go.jp/jp/singi/it2/kettei/pdf/20130614/siryou1.pdf.

株式会社 NTT データ経営研究所，2009. 平成20年度「IT による改革の達成度に関する調査」報告書（電子政府分野）[R/OL]. (2009-03-01)[2015-11-08]. http://www.kantei.go.jp/jp/singi/it2/ithyouka/itaku_houkoku/20itaku.pdf.

ALAWADHI S, ALDAMA-NALDA A, CHOURABI H, et al., 2012. Building understanding of smart city initiatives [C]//International Conference on Electronic Government. Lecture Notes in Computer Science: Vol 7443. Berlin/Heidelberg Springer: 40-53.

ALKHATIB H, FARABOSCHI P, FRACHTENBERG E, et al., 2015. What will 2022 look like? The IEEE CS 2022 report [J]. Computer, 48(3): 68-76.

ANGIELLO G, CARPENTIERI G, Mazzeo G, et al., 2013. Review pages: smart city: Researches, projects and good practices for the city [J]. Tema Journal of Land Use, Mobility and Environment, 6(1): 113-140.

ARCHIVES NEW ZEALAND, 2009. Digital Continuity Action Plan [EB/OL]. [2014-10-30].http://docs.niwa.co.nz/library/public/9780477100991.pdf

ARTHUR W B, 2011. The second economy [EB/OL]. [2015-12-10]. http://www.mckinsey.com/business-functions/strategy-and-corporate-finance/our-insights/the-second-economy.

AUSTRALIAN GOVERNNENT, 2011. Digital Transition Policy [A/OL]. [2015-02-08]. http://www.naa.gov.au/information-management/digital-transition-and-digital-continuity/digital-transition-policy/index.aspx.

AUSTRALIAN GOVERNMENT, NATIONAL ARCHIVES OF AUSTRALIA, 2011. Digital Continuity Plan [A/OL]. [2014-10-30]. http://www.naa.gov.au/

Images/12.02.05%20Digital%20Continuity%20Plan%20web_tcm16−52027.pdf.

BATTY M, AXHAUSEN K W, GIANNOTTI F, et al., 2012. Smart cities of the future [J]. The European Physical Journal Special Topics, 214(1): 481−518.

CASTELLANO M, PASTORE N, ARCIERI F, et al., 2005.A knowledge center for a social and economic growth of the territory [C]// Proceedings of the 38th Annual Hawaii International Conference on System Sciences, January 6, Big Island, Hawaii. IEEE: 26b.

CHOWDHURY N M M K, Boutaba R, 2010. A survey of network virtualization [J]. Computer Networks, 54(5): 862−876.

CLARKE R Y, 2013. Smart cities and the internet of everything: The foundation for delivering next−generation citizen services [R/OL]. [2015−10−30]. https://pdfs.semanticscholar.org/8a67/62e4847685fd1ce8a9fe4018dce3703cd47d.pdf.

COMPUTER SCIENCE AND TELECOMMUNICATIONS BOARD, NATIONAL RESEARCH COUNCIL, 1996. Continued review of the tax systems modernization of the internal revenue service: Final report [R]. Washington, D.C: National Academy Press.

CORREIA L M, WÜNSTEL K, 2011. Smart cities applications and requirements [R/OL]. (2011−05−20)[2015−12−30]. http://grow.tecnico.ulisboa.pt/wp−content/uploads/2014/03/White_Paper_Smart_Cities_Applications.pdf.

CRAWFORD K, SCHULTZ J, 2014. Big data and due process: Toward a framework to redress predictive privacy harms [J]. Boston College Law Review, (55): 93−128.

CULLER D E, 2013. Software defined buildings—a computer systems approach to making the built environment better and more sustainable [R/OL]. (2013−05−02)[2016−01−20]. https://people.eecs.berkeley.edu/~culler/talks/MIT−SDB−5−2−13−v2.pptx.

HAMAGUCHI K, Ma Y, TAKADA M, et al., 2012. Telecommunications systems in smart cities [J]. Hitachi Review, 61(3): 152−158.

HAN J, KAMBER M, 2007. 数据挖掘概念与技术 [M]. 范明, 孟小峰, 译. 北京: 机械工业出版社: 374.

HOFMAN H, 2011. Recordkeeping implementation issues in the Netherlands

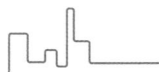

[R/OL]. (2011−05−06)[2015−12−29]. http://members.rimpa.com.au/lib/ StaticContent/StaticPages/pubs/nat/iam/HansHofmanIAM2011.pdf.

JIMÉNEZ C E, SOLANAS A, FALCONE F, 2014. E−government interoperability: Linking open and smart government [J]. Computer, 47(10): 22−24.

KIM H J, LEE D H, LEE J M, et al., 2008. The QoE evaluation method through the QoS−QoE correlation model [C] // Fourth International Conference on Networked Computing and Advanced Information Management. IEEE Xplore: 719−725.

KITCHIN R, 2014. The real−time city? Big data and smart urbanism [J]. GeoJournal, 79(1): 1−14.

KITCHIN R, 2015. Making sense of smart cities: addressing present shortcomings [J]. Cambridge Journal of Regions, Economy and Society, 8(1): 131−136.

LEE J H, PHAAL R, LEE S H, 2013. An integrated service−device−technology roadmap for smart city development [J]. Technological Forecasting and Social Change, 80(2): 286−306.

LIZ ENBYSK, 2014. New reports high light smart security, smart citizens and smart city essentials [R/OL]. (2014−11−14)[2015−02−12]. http://smartcitiescouncil. com/article/new−reports−highlight−smart−security−smart−citizens−and− smart−city−essentials.

MALIK P, 2013. Governing big data: principles and practices [J]. IBM Journal of Research and Development, 57(3/4): 1−13.

MCKINSEY GLOBAL INSTITUTE, 2011. Big data: The next frontier for innovation, competition, and productivity [R/OL]. [2015−10−30]. http:// www.mckinsey.com/business−functions/digital−mckinsey/our−insights/big− data−the−next−frontier−for−innovation.

MINERVA R, 2011. Smart cities: Challenges & opportunities for communication operators [R]. Paris: COST Exploratory Workshop on Smart Cities.

MITTON N, PAPAVASSILIOU S, PULIAFITO A, et al., 2012. Combining cloud and sensors in a smart city environment [J]. EURASIP Journal on Wireless Communications and Networking (1): 1−10.

NAM T, PARDO T A, 2011. Conceptualizing smart city with dimensions of technology, people, and institutions [C] // Proceedings of the 12th annual international digital government research conference: digital government innovation in challenging times, June 12−15, College Park, Maryland. New York: ACM: 282−291.

OPEN NETWORKING FOUNDATION, 2012. Software−defined networking: The new norm for networks [R/OL]. (2012−04−13)[2015−11−20]. https:// www.opennetworking.org/images/stories/downloads/sdn−resources/white− papers/wp−sdn−newnorm.pdf.

PERERA C, ZASLAVSKY A, CHRISTEN P, et al., 2014. Sensing as a service model for smart cities supported by internet of things [J]. Transactions on Emerging Telecommunications Technologies, 25(1): 81−93.

RAMDHANY R, COULSON G, 2013. Towards the coexistence of divergent applications on smart city sensing infrastructure [R]. Philadelphia: 4th international workshop on networks of cooperation objects for smart cities.

ROITMAN H, MAMOU J, MEHTA S, et al., 2012. Harnessing the crowds for smart city sensing [C] // Proceedings of the 1st International Workshop on Multimodal Crowd Sensing, November 02, Maui, Hawaii. New York: ACM: 17−18.

SÁNCHEZ L, ELICEGUI I, CUESTA J, et al., 2013. Integration of utilities infrastructures in a future internet enabled smart city framework [J]. Sensors, 13(11): 14438−14465.

SCASSA T, 2014. Privacy and open government [J]. Future Internet, 6(2): 397−413.

STRICKLAND E, 2011. Cisco bets on South Korean smart city [J]. IEEE Spectrum, 48(8): 11−12.

SZABO R, FARKAS K, ISPANY M, et al., 2013. Framework for smart city applications based on participatory sensing [C] // 4th International Conference on Cognitive Infocommunications, December 02−05, Budapest, Hungary. IEEE: 295−300.

THE INFORMATION SOCIETY AND MEDIA DIRECTORATE GENERAL− OF THE EUROPEAN COMMISSION, THE EUROPEAN TECHNO− LOGY PLATFORM ON SMART SYSTEMS INTEGRATION,

2008. Internet of things in 2020: A roadmap for the future [R/OL]. (2008-09-05)[2015-12-13]. http://www.smart-systems-integration. org/public/documents/publications/Internet-of-Things_in_2020_EC- EPoSS_Workshop_Report_2008_v3.pdf.

THE NATIONAL ARCHIVES, 2011. Understanding digital continuity [R/OL]. [2014-10-30].http://www.nationalarchives.gov.uk/documents/information- management/understanding-digital-continuity.pdf.

THE WHITE HOUSE, OFFICE OF THE PRESS SECRETARY, 2011. Presidential memorandum—Managing government records [R/OL]. (2011-11-28)[2015-02-08]. http://www.whitehouse.gov/the-press- office/2011/11/28/presidential-memorandum-managing-government- records.

TISNÉ M, 2014. 开放数据与 G20：开放的商业机遇 [EB/OL]. 高丰，译. (2014-06-24)[2015-12-09]. http://opendatachina.com/the-business-case- for-open-data.

Xu Z, Li G, 2011. Computing for the masses [J]. Communications of the ACM, 54(10): 129-137.

ZIMMERMANN T, WIRTZ H, PUNAL O, et al., 2014. Analyzing metropolitan-Area networking within public transportation systems for smart city applications [C]// 6th International Conference on New Technologies, Mobility and Security. IEEE: 1-5.

索　引
INDEX

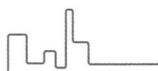

S

三元融合	33
射频识别	15，93，94
数据共享	22，30，176
数据开放	39，48，107，197，199
数字连续性	227，230，238

W

无缝智能	182，184，186
物联网	36，96

X

信息环境	13，14，73

Y

遥感	5，58
移动互联	86
元数据	144

Z

知识管理	140，146
知识中心	48，137，138
智能工厂	49
智能交通	49，160
智能医疗	49
智能政府	50，281